权威·前沿·原创

皮书系列为
“十二五”“十三五”国家重点图书出版规划项目

东南亚蓝皮书

BLUE BOOK OF SOUTHEAST ASIA

教育部哲学社会科学系列发展报告

东南亚地区发展报告（2017~2018）

ANNUAL REPORT ON THE DEVELOPMENT OF SOUTHEAST ASIA (2017-2018)

主　编／王　勤

社会科学文献出版社
SOCIAL SCIENCES ACADEMIC PRESS (CHINA)

图书在版编目(CIP)数据

东南亚地区发展报告. 2017 - 2018 / 王勤主编. -- 北京: 社会科学文献出版社, 2018.12

(东南亚蓝皮书)

ISBN 978 - 7 - 5201 - 4124 - 6

Ⅰ. ①东… Ⅱ. ①王… Ⅲ. ①区域发展 - 研究报告 - 东南亚 - 2017 - 2018 Ⅳ. ①F133

中国版本图书馆 CIP 数据核字(2018)第 293175 号

东南亚蓝皮书

东南亚地区发展报告(2017 ~2018)

主　　编 / 王　勤

出 版 人 / 谢寿光
责任编辑 / 陈晴钰

出　　版 / 社会科学文献出版社·皮书出版分社(010)59367127
　　　　　地址: 北京市北三环中路甲 29 号院华龙大厦　邮编: 100029
　　　　　网址: www.ssap.com.cn
发　　行 / 市场营销中心(010)59367081　59367083
印　　装 / 三河市龙林印务有限公司

规　　格 / 开 本: 787mm × 1092mm　1/16
　　　　　印 张: 24.75　字 数: 376 千字
版　　次 / 2018 年 12 月第 1 版　2018 年 12 月第 1 次印刷
书　　号 / ISBN 978 - 7 - 5201 - 4124 - 6
定　　价 / 98.00 元

皮书序列号 / PSN B - 2012 - 240 - 1/1

本书如有印装质量问题, 请与读者服务中心(010 - 59367028)联系

东南亚地区蓝皮书编委会

主　　编　王　勤

编　　委　（以姓氏笔画为序）

衣　远　刘才涌　闫　森　许　可　李金明

吴崇伯　沈红芳　张长虹　林　梅　范宏伟

赵海立

主要编撰者简介

主 编

王 勤 经济学博士，教育部人文社会科学重点研究基地——厦门大学东南亚研究中心主任，教授、博士生导师，主要研究领域为东南亚经济、区域经济一体化、中国与东盟关系。现已出版《东南亚蓝皮书：东南亚地区发展报告（2016—2017）》（主编）、《东南亚蓝皮书：东南亚地区发展报告（2015—2016）》（主编）、《东南亚蓝皮书：东南亚地区发展报告（2014—2015）》（主编）、《东南亚蓝皮书：东南亚地区发展报告（2013—2014）》（主编）、《东南亚蓝皮书：东南亚地区发展报告（2012）》（主编）、《东盟国际竞争力研究》、《中国与东盟经济关系新格局》、《新加坡经济发展研究》等学术著作，在国内外学术期刊发表论文200余篇，在新加坡《联合早报》、菲律宾《世界日报》等国外报刊发表时评文章50余篇。

主要编撰者

吴崇伯 经济学博士，厦门大学东南亚研究中心教授、博士生导师，厦门大学国际关系学院/南洋研究院副院长，主要研究领域为东南亚经济、印尼问题、中国与东盟关系。现已出版《当代印度尼西亚经济研究》等学术著作，在国内外发表学术论文150余篇。

范宏伟 历史学博士，厦门大学东南亚研究中心教授，厦门大学南洋研究院副院长，主要研究领域为缅甸问题、中国与东盟关系、海外华侨华人问题，现已出版《和平共处与中立主义：冷战时期中国与缅甸和平共处的成就与经验》《缅甸华侨华人史》等学术著作，在国内外发表学术论文40余篇。

沈红芳 经济学博士，厦门大学东南亚研究中心教授、博士生导师，主要研究领域为东南亚经济、菲律宾问题、中国与东盟关系。现已出版《东南亚的工业化、外国直接投资与科技进步》《东亚经济发展模式比较研究》《经济全球化与经济安全：东亚的经验与教训》《菲律宾》等学术著作，在国内外发表学术论文100余篇。

李金明 历史学博士，厦门大学南洋研究院、南海研究院教授、博士生导师，主要研究领域为中国南海疆域、南海主权与国际海洋法、中国海外关系史、中国海外交通史。现已出版《中国南海疆域研究》《南海争端与国际海洋法》《南海波涛：东南亚国家与南海问题》《海外交通与文化交流》等学术著作，在国内外发表学术论文近200篇。

赵海立 法学博士，厦门大学东南亚研究中心副教授，厦门大学国际关系学院国际政治系副主任，主要研究领域为东南亚政治与国际关系、中国与东盟关系，现已出版《国民党在台湾执政经验分析：以合法性为视角》等学术著作，在国内外发表学术论文30余篇。

林　梅 经济学博士，厦门大学东南亚研究中心副教授，主要研究领域为东南亚经济、印尼问题、中国与东盟关系，在国内外发表学术论文40余篇。

刘才涌 经济学博士，厦门大学东南亚研究中心助理教授，主要研究领域为东南亚经济、泰国问题，在国内外发表学术论文20余篇。

闫　森 经济学博士，厦门大学东南亚研究中心助理教授，主要研究领域为东南亚经济、马来西亚问题，在国内外发表学术论文10余篇。

衣　远 法学博士，厦门大学东南亚研究中心助理教授，主要研究领域为东南亚政治与国际关系、越南问题，在国内外发表学术论文10余篇。

张长虹　文学博士，厦门大学东南亚研究中心图书馆主任，副研究馆员，主要研究领域为东南亚文学、东南亚图书信息管理，现已出版《移民族群艺术及其身份：泰国潮剧研究》等著作，在国内外发表学术论文30余篇。

摘　要

东南亚位于亚洲东南部，由中南半岛和马来群岛两大部分组成，包括文莱、柬埔寨、印度尼西亚、老挝、马来西亚、缅甸、菲律宾、新加坡、泰国、东帝汶和越南11个国家。东南亚地处亚洲与大洋洲、太平洋与印度洋的“十字路口”，战略地位十分重要。东南亚国家联盟（ASEAN）是东南亚最重要的区域性组织，除东帝汶外，其他东南亚国家均为东盟成员国。

近年来，东南亚国家保持了政局相对稳定，经济持续中速增长，区域一体化进程加快。2016年，菲律宾、越南、老挝和缅甸完成了政权更替，新政府执政后其政绩不尽相同。2018年，马来西亚和柬埔寨举行了大选，前者宣告了长达半个多世纪执政联盟连续执政的终结，后者执政党胜选组阁洪森首相迎来其第六个任期。同时，印度尼西亚和泰国进入2019年大选的备选阶段，政治博弈有所加剧，新加坡的领导层接班问题已被提上议事日程。同时，在世界经济处于深度调整的背景下，东南亚经济持续稳定增长，依然是世界经济最活跃的地区之一，但经济增长的不确定性因素增多，中期发展前景谨慎乐观。2015年底东盟共同体如期建成，这标志着东盟区域一体化进入了新时代。三年来，东盟致力于以人为本、以规则为基础的共同体建设，并取得新的进展。目前，东盟是世界上人口第三大的地区（仅次于中国、印度），是世界第六大经济体（仅次于美国、中国、日本、德国和英国），是世界上第四大进出口贸易地区（仅次于中国、美国和德国），也是世界上吸收外国直接投资（FDI）的重要地区之一。据东盟的预测，到2030年东盟将成为全球第四大经济体，仅次于美国、欧盟和中国。

东南亚是中国最重要的周边地区之一，也是“一带一路”建设的重点地区。2017年11月，习近平在亚太经合组织领导人与东盟领导人对话会上提出，要打造更高水平的中国—东盟战略伙伴关系，迈向更为紧密的中国—东盟命运共同体。2017 年 11 月，在菲律宾举行的第 20 次中国—东盟领导人会议上，李克强总理提出将“2 +7 合作框架”升级为“3 + X 合作框架”，构建以政治安全、经贸、人文交流三大支柱为主线、多领域合作为支撑的合作新框架。2018 年 11 月，中国与东盟发布了《中国—东盟战略伙伴关系 2030 年愿景》。伴随着东盟共同体的建设和“一带一路”倡议的实施，东南亚在共建“一带一路”中的地位与作用将进一步提升。在“一带一路”沿线国家中，东南亚总体的经济规模（GDP）、贸易总额、外国直接投资（FDI）流量均为最大，在中国对沿线国家十大贸易伙伴中有六个是东盟国家（越南、马来西亚、泰国、新加坡、印尼、菲律宾），中国对沿线国家十大直接投资存量国中也有六个是东南亚国家（新加坡、印尼、老挝、缅甸、柬埔寨和泰国）。东南亚是“一带一路”基础设施互联互通的重点地区，是“一带一路”国际产能和装备制造的合作区，是中国企业“走出去”的聚集地，也是国际人文交流的示范区。

本报告以年度东南亚地区发展为主题，跟踪各国的政治、经济、对外关系等发展态势，对东南亚地区近期和中期发展进行分析与预测，以揭示全球化和区域化进程中东南亚地区发展的格局与趋势，从而为中国的外交战略和周边策略提供决策依据。本报告由总报告、区域篇、国别篇、专题篇和附录五大部分组成：（1）总报告。2017 ~2018 年东南亚政经形势的回顾与展望。（2）区域篇。论述东南亚地区经济、政治、社会和对外关系发展中的热点和前沿问题。（3）国别篇。对近期柬埔寨、印尼、老挝、马来西亚、菲律宾、泰国和越南的政治、经济和对外关系进行分析与预测。（4）专题篇。聚焦东南亚地区海洋经济发展的现状与前景。（5）附录。《中国—东盟战略伙伴关系 2030 年愿景》《2017 年东南亚大事记》《东南亚发展统计》。

关键词： 东南亚　政经形势　东盟共同体

目 录

Ⅰ 总报告

Ⅱ 区域篇

Ⅲ 国别篇

Ⅳ　专题篇

Ⅴ　附录

皮书数据库阅读使用指南

总 报 告

General Report

B.1

2017 ~2018年东南亚地区政治经济形势：回顾与展望

王 勤*

摘 要： 近年来，东南亚国家保持政局相对稳定，菲律宾、越南、老挝和缅甸完成了政权更替，2018 年马来西亚和柬埔寨的大选、2019 年印尼和泰国的大选则是东南亚政坛热点。在世界经济处于深度调整的背景下，东南亚经济持续稳定增长，依然是世界经济最活跃的地区之一，但经济增长的不确定因素增多，中期发展前景谨慎乐观。2015 年底东盟共同体如期建成，标志着东盟区域一体化进入了新时代。三年来，东盟致力于以人为本、以规则为基础的共同体建设，并取得新进展。

* 王勤，教育部人文社会科学重点研究基地——厦门大学东南亚研究中心主任、教授，博士生导师，经济学博士。

关键词： 东南亚　政经形势　东盟共同体

东南亚位于亚洲东南部，由中南半岛和马来群岛两大部分组成，包括文莱、柬埔寨、印度尼西亚、老挝、马来西亚、缅甸、菲律宾、新加坡、泰国、东帝汶和越南11个国家。东南亚地处亚洲与大洋洲、太平洋与印度洋的“十字路口”，战略地位十分重要。东南亚国家联盟（ASEAN）是东南亚最重要的区域性组织，除东帝汶外，其他东南亚国家均为东盟成员国。①近年来，东南亚政局总体相对稳定，经济持续稳定增长，区域一体化进程加速。本文拟就近期东南亚的政经形势及其前景做一分析。

一　2017～2018年的东南亚政坛

近年来，东南亚国家保持了政局相对稳定。2016年，菲律宾、越南、老挝和缅甸完成了政权更替，新政府执政后其政绩不尽相同。2018年，马来西亚和柬埔寨举行了大选，前者宣告了长达半个多世纪执政联盟连续执政的终结，后者执政党胜选组阁洪森首相迎来其第六个任期。同时，印度尼西亚和泰国进入2019年大选备选阶段，政治博弈有所加剧。新加坡政治局势稳定，但新领导层的接班人问题已提上议事日程。

2015年，昂山素季领导的民主联盟在议会选举中获得大胜，结束了缅甸数十年的军人统治。2016年3月，民盟候选人吴廷觉当选总统，成为缅甸54年来第一位民选总统。近两年，昂山素季领导的缅甸政府艰难前行，国内经济发展缓慢，种族冲突有增无减。2018年3月，缅甸总统吴廷觉宣布辞去职务，吴温敏当选缅甸新总统。当前，缅甸政局基本稳定，但乱象丛生，政府面临着如何协调民盟与军方间的关系、解决罗兴亚人和少数民族武

① 东南亚国家联盟（简称东盟）成立于1967年8月8日，初期成员国为印尼、马来西亚、菲律宾、新加坡和泰国。1984年文莱加入东盟，1995年越南成为东盟成员国，1997年缅甸、老挝也加入东盟，1999年柬埔寨成为东盟的第10个成员国。

装等棘手问题。

2016年6月，杜特尔特就任菲律宾第16任总统。根据菲律宾总统府盘点，杜特尔特总统上任以来取得的政绩主要是大胆扫毒、经济快速增长、与反政府武装和谈等。杜特尔特执政一年半，执法机构没收价值达189.2亿比索的毒品及制毒工具。近两年，菲律宾经济保持了强劲增长势头，基础设施建设逐步展开，追求独立自主的外交政策，新政府与反政府武装开展了和平对话。然而，2017年5月在棉兰老岛爆发的武装冲突，打乱了新政府政治与经济改革的步伐，加上扫毒反腐运动因误杀无辜而招致国内外舆论的谴责，与菲共达成和解谈判陷于停滞。随着各种反对势力的聚集与壮大，杜特尔特执政前景不容过于乐观。

2018年5月，马来西亚举行全国大选，马来西亚前总理马哈蒂尔领导的反对党阵营希望联盟赢得国会122个超过半数的席位，执政61年的执政党联盟国民阵线获得79个国会议席，马来西亚长达半个多世纪由一个执政联盟连续执政的历史由此宣告终结，首次出现了政党执政轮替的局面。马来西亚希望联盟胜出的主要原因可归结为马哈蒂尔的个人影响力、政府的消费税引起物价上涨、纳吉布家族的贪污印象，以及影响乡区垦殖民区的联盟土地发展局贪腐案等。马哈蒂尔领导的希望联盟执政后将面临如何处理民粹经济挑战、平衡执政联盟内部各党政治利益，以及协调与公正党实权领袖安瓦尔的关系等问题。马哈蒂尔表示，两年后会将权力移交给安瓦尔。

2018年7月，柬埔寨举行第六届国会选举，柬埔寨人民党、民主联盟党、奉辛比克党、基层民主党等20个政党参加竞选，角逐国会125个席位。2017年11月，柬埔寨最大的反对党救国党（CNRP）因被最高法院裁决为“非法”而立即解散。根据选举结果，人民党获得488.9113万张支持票，得票率为76.84%。由现任首相洪森领导的执政党人民党赢得大选，获得国会全部125个议席。国民议会是柬埔寨最高权力机关和立法机关，每届任期5年，国会议席根据选举结果分配，获多数席位的政党负责组建新一届政府。在首次政府内阁会议上，洪森首相提到第六届政府将继续加强和扩大由第四届政府所提出的“四角战略”，新政府将维护国家和平、政治稳定，保障宏观经济稳定和持续发展，深化政府行政改革，确保国人安居乐业。

泰国自2014年军政府上台以来，随着政局的稳定，国内要求军政府还政于民的呼声日益高涨，巴育总理曾经多次承诺举行大选的计划一直未兑现。2016年8月，军政府举行全民公投，通过泰国自君主立宪制以来的第20部宪法。根据泰国宪法，选举必须在宪法颁布后的150天内举行，巴育在宪法颁布后宣布将于2018年11月举行大选，但大选再次被推延。2018年2月，巴育总理表示，泰国的大选最迟于2019年2月前举行。2014年民选政府下台后，军政府以维护和平与稳定为由，严格禁止一切政治活动。不过，随着大选在即，军政府于2018年9月解除了限制政党活动的禁令。泰国总理巴育说，最迟将在12月解除对政治活动的禁令。泰国大选的时间虽未确定，但国内各政党已开始备战，泰国现有69个政党。泰国最大的政党为泰党自2014年后首次召开全体大会，推选了曾任副总理的威洛（Viroj Pao-in）为新任主席。为泰党表示，为泰党有信心在大选中胜出，但为泰党首相候选人仍未确定。同时，泰国现任总理巴育有意延续其政权，由四名内阁部长成立的一个新政党，可能推选巴育参选。

2018年9月23日，印尼2019年总统选举的竞选活动拉开序幕，将持续到2019年4月13日。2019年，印尼的议会选举和总统大选将同步举行，现任总统佐科·维多多和前军事将领普拉博沃·苏比安托将是最有竞争力的两名候选人，普拉博沃曾在2014年的总统选举中输给了佐科。自2014年佐科执政以来，印尼经济持续和稳定发展，年均经济增长率保持在5%以上，而通货膨胀率则保持在4%以下。2018年3月底，印尼贫困率为9.82%，首次降至10%以下，创下自1998年以来20年来最低的纪录。印度尼西亚调查圈（LSI）在候选人登记参选之后进行的民意调查结果显示，佐科的支持率高达52%，而普拉博沃的支持率为30%。[①]作为2019年总统大选前哨战，2017年全国性地方首长选举分别在101个省市县展开，尽管在雅加达省等

① 《2019年大选竞选拉开帷幕》，印尼《国际日报》2018年9月24日。

个别地区失利，但佐科所属的执政党联盟在地方选举共拿下56个省市县，赢得超过五成的地区。2018年，全国性地方首长选举在171个省市县再次举行，执政党联盟继续保持领先优势。

2018年4月，新加坡进行了政府内阁调整，它是本届国会任期内第三轮改组，多个部长职务有所调动，随即引发关于李显龙为领导层换届做准备的猜测。在此轮内阁调整中，三位60岁以上的资深部长林勋强、林瑞生和雅国将卸任，接任者年龄在50岁左右。此轮改组没有委任新的副总理，这一职务将由张志贤和尚达曼继续担任。①新加坡内阁调整后，李显龙表示未来几年的领导层过渡正在顺利进行中，年轻部长们将逐步承担起治理新加坡的更多责任。自1965年新加坡独立以来人民行动党一直是执政党，2004年起李显龙出任新加坡第三任总理，下一届新加坡大选预计将于2021年初举行，人民行动党有望继续引领新加坡政府，因此该党提前锁定未来领导人已是当务之急。

二　近年来东南亚经济增长与结构调整

在世界经济处于缓慢复苏和深度调整的背景下，东南亚依然是世界经济最活跃的地区之一。近年来，东南亚经济持续稳定增长，整体经济实力和国际地位提高，各国加快了产业结构的调整与升级，积极改善营商环境，努力提升国际竞争力，并取得明显成效。

（一）东南亚经济持续稳定增长，整体经济实力和国际地位提升

在世界经济增长放缓的形势下，东南亚国家经济增长速度普遍减缓，但各国经济继续保持了弹性，多数国家经济保持中速增长。据统计，2012～2017年东南亚10国（除东帝汶外）年经济增长率分别为6.2%、5.2%、

---

① 《2018内阁改组，16政府部门换血》，新加坡《联合早报》2018年4月24日。

4.7%、4.8%、4.8%和5.3%。[①] 2017年，东南亚国家经济增长速度普遍加快。据东南亚主要国家的官方统计，2017年印尼的经济增长率为5.1%，马来西亚为5.9%，菲律宾为6.7%，新加坡为3.6%，泰国为3.9%，越南为6.8%。进入2018年，第一季度印尼的经济增长率为5.06%，马来西亚为5.6%，菲律宾为6.6%，新加坡为4.4%，泰国为4.9%，越南为7.45%；第二季度印尼的经济增长率为5.27%，马来西亚为4.5%，菲律宾为6.2%，新加坡为3.9%，泰国为4.6%，越南为6.73%。据各国的官方预测，2018年印尼的经济增长率为5.4%，马来西亚为4.3%~4.8%，菲律宾为6.5%~6.9%，新加坡为2.5%~3.5%，泰国为4.2%~4.7%，越南为6.5%~6.7%。

尽管受国际金融危机冲击，但东南亚地区经济仍保持稳定增长的速度，东南亚已成为世界和区域经济重要增长极。据东盟官方的统计，2017年，东南亚10国国土面积为449.35万平方公里、人口6.42亿、国内生产总值（GDP）为2.77万亿美元、人均GDP为4305美元，对外贸易额达2.56万亿美元，吸收的外国直接投资（FDI）流量为1337.64亿美元。[②]目前，东南亚是世界上人口第三大的地区（仅次于中国、印度），是世界第六大经济体（仅次于中国、美国、日本、德国和英国），是世界上第四大进出口贸易地区（仅次于中国、美国和德国），也是世界上吸收外国直接投资（FDI）的重要地区之一。2016年，柬埔寨正式脱离低收入国家而成为下中等收入国家，至此东南亚四国（柬埔寨、老挝、缅甸和越南）均已脱离低收入国家，进入中等收入国家的行列。[③]

在全球经济处于深度调整的背景下，世界经济复苏的基础仍不稳固，全球经济复苏之路还不平坦，美国加快调整和实施货币政策和税改计划，尤其

① ASEAN Secretariat（2018）. ASEAN Statistical Highlights 2018. Jakarta：ASEAN Secretariat.

② ASEAN Secretariat（2018）. ASEAN Statistical Highlights 2018. Jakarta：ASEAN Secretariat.

③ 2016年7月世界银行对世界各经济体的收入分类标准为，2015年人均国民收入（GNI）1025美元及以下为低收入国家，人均国民收入1026~4035美元为下中等收入国家，人均国民收入4036~12475美元为上中等收入国家，人均国民收入12476美元及以上为高收入国家。

是美联储加息步伐快于预期将导致全球金融条件收紧，汇率波动加剧，进而危及全球经济金融的稳定，对贸易与投资产生负向溢出效应。同时，中美贸易摩擦将导致全球贸易紧张局势的升级，新兴市场国家将遭受双重压力，地缘政治风险也增加了全球经济的不确定性。从中期看，东南亚经济仍将保持中速增长，但各国经济增长的波动性将增加，国际市场环境的变化加剧了一些国家外向型经济的脆弱性。

（二）各国加快产业结构的调整与升级，应对第四次工业革命的机遇与挑战

随着第四次工业革命的浪潮，东南亚国家积极调整经济发展战略，实施“工业 4.0”战略与政策，促进产业结构的调整与升级，以应对第四次工业革命带来的机遇与挑战。2018 年 4 月，印尼总统佐科发布了印尼第四次工业革命路线图，将优先重点发展五大产业数码建设，使之成为制造业发展牵引者，该五大产业分别是电子、汽车、食品和饮料、纺织服装和石化工业。[①] 2016 年，新加坡推出 45 亿新元的产业转型计划（Industry Transformation Programme），为 23 个工商领域制定转型蓝图，以提高企业生产力、投资技能、推动创新和走向国际化为目标。这 23 个具体行业涉及制造业和服务业，其中制造业包括能源化工、精密工程、海事工程、航空业等。2016 年，泰国提出“泰国 4.0”战略，确定了十大目标产业部门作为未来经济发展新引擎，包括新一代汽车制造、智能电子、高端旅游与医疗旅游、农业和生物技术、食品深加工、工业机器人、航空和物流、生物能源与生物化工、数字经济、医疗中心。其中，政府将东部经济走廊（EEC）建设作为“泰国 4.0”战略性项目。

在新的国际产业分工格局下，以“产品内分工”为基础和以跨国公司为主导的全球价值链迅速形成与发展，东南亚成为全球价值链和区域生产网

① 《总统发布“工业 4.0”路线图，呼吁全民积极参与全新技术工业革命》，印尼《国际日报》2018 年 4 月 5 日。

络的重要节点。国际金融危机以后，亚太地区面临着价值链的重新分配和生产网络的重新布局，美国试图促使制造业的回流，日元持续贬值也使得日本制造业回流迹象初显。当前，东南亚国家积极借助全球价值链和生产网络调整与重组的时机，消除货物和服务流通障碍，促进贸易投资自由化和便利化，依托区域供应链推动产业集群的形成，推进国内产业结构的调整与升级。同时，一些后起国家利用比较成本优势，吸引跨国公司在当地投资设厂，承接部分劳动密集型产业和工序的转移，促使国内辅助工业的发展，力争成为跨国公司的区域零部件供应商和组装厂。

（三）东南亚国家积极改善营商环境，进一步提升国家竞争力

近年来，东南亚国家普遍重视营商环境的改善，政府加大基础设施建设，实施贸易自由化和便利化措施，放宽对外资的部门与经营限制，降低物流成本，提升公共服务效率，并取得明显的效果。据世界银行的统计，在2015~2018年全球营商便利度指数排名中，文莱从第101位升至第56位，柬埔寨保持在第135位，印尼从第114位升至第72位，老挝从第148位升至第141位，马来西亚从第8位降至第24位，缅甸从第177位升至第171位，菲律宾从第95位降至第113位，新加坡从第1位降至第2位，泰国保持在第26位，东帝汶从第172位降至第178位，越南从第78位升至第68位。[①]其中，以文莱、印尼和越南营商环境的改善最为显著。

2015年9月起，印尼政府先后推出16期振兴经济配套计划，着力解决印尼贸易限制繁多、物流成本偏高、土地征用困难、公共服务缺失、行政效率拖沓等问题和弊端。截至2018年1月，第16期经济配套措施计划取消223项行政法规，实际取消219项，完成计划数的98%。2017年，有191个项目实现许可证3小时快速核准，115个项目实现优先开工建设，50个配套物流中心建成，为不同工业部门提供服务，修改外商投资负面清单放宽外资

① World Bank（2015）. Doing Business 2015：Going Beyond Efficiency，Washington D. C.；World Bank（2018）. Doing Business 2018：Reforming to Create Jobs，Washington D. C..

持股比例限制，对诸如冷藏、运动中心、电影制作、餐馆、医药原材料生产等行业放宽持股比例至100%。[①]通过16期经济配套措施的实施，印尼投资营商环境日益改善。在2015～2018年全球营商便利度指数排名中印尼上升了42位，在全球竞争力指数排名中从2005～2006年的第69位升至2017～2018年的第36位。[②]

越南为了改善经商环境和提升国家竞争力，建立和完善国家一站式服务机制，简化审批手续，减少通关程序，提升服务效率。截至2018年7月15日，越南通过国家一站式服务机制，共有11个部门间政务服务相互衔接，为2.28万企业的134万份审批单办理53项行政审批事项。到2018年底，国家一站式行政服务平台预计新增审批事项143项，行政审批事项总数将为196项。[③]同时，越南还参与东盟“单一窗口”服务机制，与东盟其他成员国交换原产地证明书，设立东盟海关申报单交换系统等。经过多年的努力，越南的营商环境得到明显的改善。在2015～2018年全球营商便利度指数排名中越南上升了10位，在全球竞争力指数排名中从2005～2006年的第74位升至2017～2018年的第55位。

三　东盟共同体建设的新进展

2015年底，东盟共同体正式建成，这标志着东盟区域一体化进入了新时代。2015年11月，第27届东盟首脑会议通过了《东盟迈向2025年吉隆坡宣言：携手前行》《东盟共同体2025年愿景》《2025年东盟政治—安全共同体蓝图》《2025年东盟经济共同体蓝图》和《2025年东盟社会—文化共

① Bank Indonesia. Republic of Indonesia Presentation Book, January 2018, https://www.bi.go.id/en/iru/presentation/red/Pages/Republic-of-Indonesia-Presentation-Book—January-2018.aspx.

② World Economic Forum (2017). *The Global Competitiveness Report 2017 - 2018*, Geneva, Switzerland.

③ 《国家一站式服务机制、东盟一站式服务机制的辐射作用日益凸显》，越通社，2018年7月25日。

同体蓝图》，为未来十年东盟共同体制定了发展愿景和蓝图规划。近三年来，东盟致力于以人为本、以规则为基础的共同体建设，并取得新的进展。

（一）东盟政治—安全共同体的新进展

近年来，全球性的恐怖主义和极端暴力危机对东南亚地区安全与稳定造成严重威胁，跨国犯罪、环境污染和气候变化等非传统挑战日益凸显。在新的国际和区域形势下，东盟政治—安全共同体（APSC）致力于地区和平、安全与稳定，有效地解决了成员国间的争端，维护了该地区的安全与稳定。目前，《2025 年东盟政治—安全共同体蓝图》制定的 290 个项目已全面展开。

东盟政治—安全共同体以“尊重各成员国的独立、主权、平等、领土完整和民族特性”为基本原则，为东盟各成员国促进政治互信、互相了解、团结一致以及提高区域合作创建了稳固的基础，为东盟各成员国之间和东盟与各伙伴国在政治安全领域开展有效与务实合作提供了便利条件，成为各成员国发表各自立场、寻找共同声音、就解决政治冲突和安全挑战的方式达成一致的平台。东盟通过巩固和完善东盟地区论坛（ARF）、东亚峰会（EAS）、东盟峰会、东盟外长会议、东盟防长会议等合作机制，制定与分享和平自由中立区（ZOPFAN）、《东南亚友好合作条约》（TAC）和《南海各方行为宣言》等行为准则，东盟就综合安全达成共识。东盟政治—安全共同体在框架内，促进对话、树立互信和分享行为准则的进程，为抵御东盟及其成员国面临的安全挑战和危机做出积极贡献，从而维护了地区和平和阻止了冲突的发生。①

随着东盟政治—安全共同体的建立，东盟在地区构架中的核心地位得以确立，东盟与中国（10 + 1）领导人会议、东盟与中日韩（10 + 3）领导人会议、东盟防长扩大会议、东盟地区论坛对东盟的主导地位给予了肯定。在重要的国际场合，东盟共同体还对反恐和应对气候变化等全球问题

① 《东盟政治安全共同体携手应对挑战》，越通社，2017 年 8 月 11 日。

发出了负责任和强有力的声音。同时，东盟政治—安全共同体是东盟扩大和深化与美国、欧盟、中国、俄罗斯等合作关系的有效机制。近年来，东盟政治—安全共同体继续扩大对外关系，智利、埃及、伊朗和摩洛哥加入《东南亚友好合作条约》（TAC），使该条约缔约国增至35个。同时，东盟与挪威和德国分别确定为对话伙伴，与瑞士建立部门对话伙伴关系。目前，86个伙伴已任命驻东盟大使，东盟有关委员会在50个国家设立代表处。

2018年8月，第25届东盟地区论坛（ARF）在新加坡举行，东盟十国、东盟十个对话伙伴（澳大利亚、加拿大、中国、欧盟、印度、日本、新西兰、韩国、俄罗斯和美国）以及巴布亚新几内亚、朝鲜、蒙古、巴基斯坦、东帝汶、孟加拉国和斯里兰卡27个国家的外长和一些组织代表参加。会议一致肯定，东盟地区论坛作为地区政治安全、建立信任和推进预防性外交的主要对话与合作机制的地位与作用。会议一致认为，该论坛应坚持所达成的基本原则，其中包括引导达成共识、以符合各方的速度循序渐进发展和尊重东盟的核心地位；继续展开建立信任措施与预防性外交相结合；通过切实行动落实2020年东盟地区论坛愿景，有效应对地区内日趋复杂的安全挑战。

（二）东盟区域单一市场体系逐步形成与发展

东盟区域经济一体化进程经历了从1978年起实施的特惠贸易安排，到2010年建成自由贸易区，再到2015年底步入经济共同体时代，实现了区域经济一体化形式从低级向更高形式的升级和发展。近年来，东盟积极取消或削减关税与非关税壁垒，推进贸易自由化和便利化，进一步开放服务贸易部门，放宽投资部门的限制，加快专业人才资质互相认可，由此东盟区域的单一市场和生产基地逐步形成，区域化的贸易和投资效应日益显现。

随着东盟区内关税和非关税壁垒取消或削减，各国的单一窗口制度逐步建立起来，交易成本大幅降低，带动了区内贸易迅速扩大。到2015年，东盟区内各成员国货物进口的简单平均关税税率已降至0%～0.8%。[①]据统计，1995～2016年，东盟区内出口贸易额从701.79亿美元增至2822.74亿美元，东盟区内进口贸易额从536.02亿美元增至2386.83亿美元；1993～2016年，东盟区内出口贸易占出口贸易总额的比重从20.6%升至24.7%，区内进口贸易占进口贸易总额的比重从17.1%升至22.2%。

东盟加快了区域服务贸易自由化进程，逐步取消服务贸易的限制。自1996年起，东盟展开了区域服务贸易自由化的谈判，并签署了9个《东盟服务框架协议一揽子计划》。目前，“东盟贸易服务协议”（ATISA）的谈判已结束，各成员国正在完善相关文件和对协议进行法律审查。各成员国加快了服务贸易自由化，放宽了服务贸易的部门限制，推动了区域整体服务贸易的扩大。据统计，2010～2017年，东盟区内服务出口额从420.92亿美元增至611.71亿美元，区内服务进口额从388.12亿美元增至548.38亿美元。

2008年，在原有“东盟投资框架协议”的基础上，东盟签署了“东盟全面投资协议”。2014年，东盟又签署了“东盟全面投资协定的修正议定书”，逐步放宽或取消了投资限制，主要涉及制造业、农业、渔业、林业、采矿业和服务业等领域。近年来，东盟吸引的区外投资迅速扩大，成员国间相互投资与日俱增，区域化的投资效应日益显现。据统计，1984～2016年，东盟国家吸收的外国直接投资（FDI）总额从30.41亿美元增至957.32亿美元；1995～2016年，东盟吸收的区内FDI总额从46.54亿美元增至239.54亿美元，区内FDI占FDI总额的比重从17%升至25%。[②]

2016年9月，东盟发布了《东盟互联互通总体规划2025》（MPAC 2025），其愿景是构建一个无缝、全面连通和整合的东盟，并将可持续基础设施、数字创新、无缝物流、卓越监管和人口流动作为五大优先战略领域。其中，可持续基础设施是东盟互联互通的基础，东盟国家每年需投资1100多亿美元用于基础设施建设。其中，东盟公路网（AHN）旨在建立连接所

① ASEAN Secretariat（2017）. ASEAN Community Progress Monitoring System 2017. p. 26.

② ASEAN Secretariat（2017）. Celebrating ASEAN：50 years of evolution and progress，Jakarta：ASEAN Secretariat. pp. 26－28.

有东盟成员国和邻国的高效、综合、安全和环境可持续的区域陆路运输走廊，目前东盟公路网已没有缺失路段，Ⅲ类公路以下道路的总长度由2010年的5311.2公里降至2015年的2454公里，其中包括1200公里的优先运输路线（TTR）；泛亚铁路从新加坡到金边的路段正在按计划进行，但老挝、柬埔寨、越南、泰国等仍陷于融资困难的问题之中；东盟成员国的海上运输专注于三条优先航线，即杜迈—马六甲、白兰海—槟城—普吉岛和达沃/桑托斯将军城—比通；东盟电网（ASEAN Power Grid，APG）下的9个电力连通项目和泛东盟天然气管道（Trans-ASEAN Gas Pipeline，TAGP）内的13个双边气体管道皆已完成，2016年1月沙捞越—西加里曼丹的最新电网联通项目已成功完成。①

（三）东盟社会—文化共同体建设成效喜人

东盟社会—文化共同体（ASCC）旨在建立以人为中心、对社会负责任的共同体，通过建设一个具有共同身份，一个共享、关爱、开放的社会，一个人民幸福、生活水平与福祉不断提高的社会，构建东盟各国和人民之间长久团结和统一。在《2025年东盟共同体愿景》和联合国《2030年可持续发展议程》相结合的实施过程中，东盟社会—文化共同体建设取得了良好成效。

作为东盟共同体三大支柱之一，东盟社会—文化共同体的所有行动计划都与区内各国人民的生活密切相连。在东盟成员国的发展水平仍有较大差距的背景下，东盟社会—文化共同体主要是继续制订同步计划来有效开发人力资源。东盟着力推动进步，优化教育，加强大学生交流和东盟奖学金交换，加强地区内年轻领导之间的交流；加大对促进人力资源发展的投资力度，以提升劳动者的技能水平；举办东盟巧手竞赛；实现就业的可持续发展；提高弱势群体的营销技能和民事服务的能力，进而建立在地区和国际具有较强竞

---

① ASEAN Secretariat（2016）. *Master Plan on ASEAN Connectivity 2025*. Jakarta：ASEAN Secretariat. pp. 18－19.

争力的高素质人才队伍。

缩小各成员国之间的发展差距，是东盟社会—文化共同体建设的优先任务之一，旨在确保区内人民均可享受到该共同体所带来的利益。东盟创始六国与各伙伴国通过贯彻落实《东盟一体化倡议》（IAI）和《东盟公平经济发展框架》，为缩小东盟成员国之间的发展差距提供积极的帮助。2016 年 9 月，第 28 届东盟峰会通过了《东盟一体化倡议第三份工作计划》，确定了未来五年合作缩短发展差距的五大优先领域，即粮食与农业、贸易便利化、中小微企业发展，以及教育、卫生、福利，并取得可喜成效。截至 2017 年 9 月底，26 项合作项目中的 11 项和总值为 828 万美元的 6 项扶持内容中的 22 个项目得以实现。2017 年，IAI 所开展的项目数量翻了一番、经费总额翻了两番。IAI 项目集中解决柬埔寨、老挝、缅甸和越南四国的农产品安全、电子商务发展、英语培训、招商引资等问题。

东盟社会—文化共同体为促进成员国在教育、医疗卫生、社会福利、环境、应对自然灾害和流行疾病等合作领域的全面发展，并迈出实质性步伐创造最为便利的条件。东盟社会—文化共同体各项活动的主要目的，是协助各成员国充分利用东盟共同体带来的机遇，有效地应对融入国际社会过程中所遇到的挑战和困难。东盟承诺促进社会公道，将人民的权利贯穿在东盟的政策和生活等各方面中，其中包括妇女、儿童、老年人、残疾人、农民工等容易受伤、缺乏社会关心的弱势群体的权利和福利。为此，东盟还设立了促进和保护妇女儿童权益委员会，开展有关消除对妇女和儿童暴力行为的行动计划。

此外，作为多元文化和多元种族的地区，东盟积极推动成员国的社会与文化领域的合作，构建一个多样性的统一共同体。各成员国通过有关东盟的刊物和在媒体上报道有关新闻、实行东盟计划、提高校园内学生对东盟的认识、举办有关东盟知识竞赛等，培养东盟意识，提高人民对东盟共同体的认识；通过各种表演节目和文化交流活动来保护和推广东盟文化遗产，促进社会团体参与东盟共同体建设。

四 结语

在世界多极化、经济全球化、社会信息化和文化多样化的背景下，作为东南亚最重要的区域性组织，东盟制定了中长期愿景规划和发展蓝图。根据2025 年东盟共同体的发展蓝图，东盟将进一步推进和深化政治安全互信、区域经济融合、社会文化包容的共同体建设。通过东盟政治—安全共同体，提升东盟在政治与安全领域的合作水平，建立一个以制度为基础的包容性共同体；通过东盟经济共同体，构建区域单一市场和生产基地，参与全球价值链和提升国际竞争力；通过东盟社会—文化共同体，促进多元文化的理解和对话，促进区内的民间交流。

近年来，东南亚国家保持了政局相对稳定。2016 年，菲律宾、越南、老挝和缅甸完成了政权更替，新政府执政后其政绩不尽相同。2018 年，马来西亚和柬埔寨举行了大选，前者宣告了长达半个多世纪执政联盟连续执政的终结，后者执政党胜选组阁洪森首相迎来其第六个任期。同时，印度尼西亚和泰国进入 2019 年大选的备选阶段，政治博弈有所加剧。新加坡政治局势稳定，但新领导层的接班人问题已成为当务之急。

当今世界，东南亚已成为全球经济最活跃的地区之一，区域实力和国际地位迅速提升。目前，东南亚是世界上人口第三大的地区，是世界上第六大经济体，是世界上第四大进出口贸易地区，也是世界上吸收外国直接投资（FDI）的重要地区之一。2016 年，柬埔寨正式脱离低收入国家而成为下中等收入国家，至此东南亚四国（柬埔寨、老挝、缅甸和越南）均已脱离低收入国家进入中等收入国家的行列。在世界经济处于深度调整的背景下，东南亚经济将继续保持弹性，多数国家经济将中速增长，但经济增长的不确定因素增多，中期发展前景谨慎乐观。

2015 年底，东盟共同体正式建成，标志着东盟跨入共同体时代。近三年，东盟致力于以人为本、以规则为基础的共同体建设，并取得新的进展。在新的国际和区域形势下，东盟政治—安全共同体（APSC）注重维护地区和平、安全与稳定，应对区内日趋复杂的安全挑战，有效地解决了成员国间的争端；东盟经济共同体（AEC）积极推进贸易投资自由化和便利化，加快专业人才资质互相认可，由此东盟区域的单一市场和生产基地逐步形成，区域化的贸易和投资效应日益显现；东盟社会—文化共同体（ASCC）继续制订同步计划来有效开发人力资源，缩小各成员国间的发展差距，推动各国间在社会与文化领域的合作。不过，未来东盟共同体的建设仍将任重道远。

参考文献

ASEAN Secretariat（2014）. Master Plan on ASEAN Connectivity 2025. Jakarta：ASEAN Secretariat.

ASEAN Secretariat（2015）. ASEAN 2025：Forging Ahead Together. Jakarta：ASEAN Secretariat.

ASEAN Secretariat（2016）. ASEAN Community in Figures（ACIF）2016. Jakarta：ASEAN Secretariat.

ASEAN Secretariat（2017）. Celebrating ASEAN：50 years of evolution and progress. Jakarta：ASEAN Secretariat.

ASEAN Secretariat（2017）. ASEAN Community Progress Monitoring System 2017. Jakarta：ASEAN Secretariat.

ASEAN Secretariat（2017）. ASEAN Statistical Report on Millennium Development Goals 2017. Jakarta：ASEAN Secretariat.

ASEAN Secretariat（2018）. ASEAN Annual report 2017 - 2018：A resilient and innovative ASEAN Community.

Sanchita Basu Das, Jayant Menon, Rodolfo Severino, Omkar Lal Shrestha（2013）. ASEAN Economic Community：A Work in Progress. Singapore：Institute of Southeast Asian Studies.

区 域 篇

Regional Reports

B.2 2017 ~2018年东南亚经济的分析与预测

王 岩*

摘 要： 在全球经济增长放缓的形势下，东南亚多数国家经济仍保持中速增长，成为世界经济最活跃的地区之一。2017 年，东南亚国家经济增长速度普遍加快，多数国家经济增速快于预期。2018 年，全球经济总体保持复苏的态势，但仍处于深度调整中，东南亚国家经济将持续稳定增长，但增长的不确定因素增加。本文拟就 2017 ~2018 年东南亚经济进行分析与预测。

关键词： 东南亚 经济形势 产业结构

* 王岩，厦门大学东南亚研究中心教授，博士生导师，经济学博士。

近年来，在全球经济增长放缓的形势下，东南亚国家经济增长速度普遍减缓，但各国经济继续保持了弹性，多数国家经济中速增长，仍是世界经济最活跃的地区之一。2017 年，东南亚国家经济增长速度普遍加快。尽管全球经济总体保持复苏的态势，但仍处于深度调整中，2018 年东南亚国家经济增速将略快于上年，而经济增长的不确定因素将增加，中期发展前景谨慎乐观。

一 东南亚国家经济增速有所加快

2017 年，东南亚国家经济增长速度普遍加快，多数国家经济保持中速增长，一些国家经济增速快于预期。印尼国内经济平稳向好，马来西亚经济稳定增长，菲律宾保持经济快速增长势头，新加坡经济增长快于预期，泰国经济创下近五年来最好的业绩，越南实现政府预定的 13 项经济指标。

据东南亚主要国家的统计，2017 年印尼的经济增长率为 5.1%，马来西亚为 5.9%，菲律宾为 6.7%，新加坡为 3.6%，泰国为 3.9%，越南为 6.8%（见表 1）。从各国的季度经济增长率看，2017 年第一季度印尼的经济增长率为 5.01%，马来西亚为 5.6%，菲律宾为 6.4%，新加坡为 2.5%，泰国为 3.3%，越南为 5.15%；第二季度印尼为 5.01%，马来西亚为 5.8%，菲律宾为 6.5%，新加坡为 2.9%，泰国为 3.7%，越南为 6.17%；第三季度印尼为 5.06%，马来西亚为 6.2%，菲律宾为 6.9%，新加坡为 5.4%，泰国为 4.3%，越南为 7.46%；第四季度印尼为 5.19%，马来西亚为 5.9%，菲律宾为 6.6%，新加坡为 4.1%，泰国为 4%，越南为 7.65%。

进入 2018 年，第一季度印尼的经济增长率为 5.06%，马来西亚为 5.6%，菲律宾为 6.6%，新加坡为 4.4%，泰国为 4.9%，越南为 7.45%；第二季度印尼的经济增长率为 5.27%，马来西亚为 4.5%，菲律宾为 6.2%，新加坡为 3.9%，泰国为 4.6%，越南为 6.73%；第三季度印尼的经济增长率为 5.17%，菲律宾为 6.1%，新加坡为 2.6%，越南为 6.88%。

表1　2000～2018年东南亚国家的实际国内生产总值增长率

单位：%

年份	2000～2009	2010	2011	2012	2013	2014	2015	2016	2017	2018
文　莱	1.4	2.7	3.7	0.9	-2.1	-2.5	-0.4	-2.5	0.5	1.0
柬埔寨	8.3	6.0	7.2	7.3	7.4	7.1	7.2	7.0	6.9	6.9
印　尼	5.3	6.4	6.2	6.0	5.6	5.0	4.9	5.0	5.1	5.1
老　挝	7.0	8.0	8.0	7.8	8.0	7.6	7.3	7.0	6.8	6.8
马来西亚	4.7	7.5	5.3	5.5	4.7	6.0	5.0	4.2	5.9	4.7
缅　甸	11.1	5.3	5.6	7.3	8.4	8.0	7.0	5.9	6.7	6.9
菲律宾	4.4	7.6	3.7	6.7	7.1	6.1	6.1	6.9	6.7	6.5
新加坡	5.2	15.2	6.4	4.1	5.1	3.9	2.2	2.4	3.6	2.9
泰　国	4.3	7.5	0.8	7.2	2.7	1.0	3.0	3.3	3.9	4.6
东帝汶	—	8.5	7.7	5.5	2.5	4.1	4.0	5.3	-0.5	2.8
越　南	6.9	6.4	6.2	5.2	5.4	6.0	6.7	6.2	6.8	6.6

注：2000～2009年为年平均增长率；2018年为预测数。

资料来源：根据IMF World Economic Outlook April 2018、October 2018数据编制。

作为东南亚国土最大和人口最多的国家，印尼的国内生产总值（GDP）占该地区的30%左右。十年来，印尼年均经济增速为5.7%，成为仅次于中国和印度的世界各国经济增长最快的国家。2012～2016年，印尼的经济增长率分别为6%、5.6%、5%、4.9%和5%。2017年，印尼经济增长率为5.1%，国内生产总值（GDP）超过1万亿美元；全年通货膨胀率3.6%，财政赤字占GDP比重低于2.7%；进出口贸易持续增长且盈余扩大，外国直接投资（FDI）和资本市场净流入均创下历史新高，外汇储备超过1300亿美元；印尼工业化进展较快，2016年印尼制造业占GDP比重达22%，居东南亚国家之首，在全球仅次于韩国（29%）、中国（27%）、德国（23%）。①

柬埔寨近年来经济持续快速增长，但全球金融危机对柬埔寨经济造成较大冲击，2009年经济增长降幅为东亚最大。随着欧美市场需求回升，柬埔

① 《印尼制造业为国内总产值贡献22%》，印尼《国际日报》2018年1月5日。

寨经济得到快速恢复，2011～2016年经济增速均超过7%。从2016年7月1日起，柬埔寨正式脱离低收入国家，成为中等收入国家。根据世界银行的标准，2015年人均国民收入（GNI）低于1025美元的国家被列入低收入国家，人均国民收入为1026美元至4035美元的国家被列入中等偏下收入国家，人均国民收入为4036美元至1.2475万美元的国家被列入中等偏高收入国家，人均国民收入超过1.2476万美元的国家则被列入高收入国家。据世界银行统计，2015年柬埔寨人均国民总收入（GNI）超过1025美元，已脱离低收入国家而进入下中等收入国家之列。

近年来，菲律宾经济持续快速增长，其经济增速领先于其他主要东南亚国家，宏观经济形势趋好，基础设施建设、外国直接投资、消费支出、海外劳工汇款和业务流程外包成为其经济增长的主要动因。2017年，菲律宾共批准投资项目426项，主要集中于基础设施和电力部门，投资额6170亿比索，高于原计划5000亿比索23.4%，创下50年来的新纪录。同时，政府推出了菲律宾投资优先计划（IPP），其目的在于放宽管制，实施优先投资领域和鼓励投资措施，由此外国直接投资（FDI）净流入一再创出新高。

2007年1月11日，越南正式成为世界贸易组织（WTO）的第150个成员。入世后越南经济快速增长，营商环境和竞争优势逐步提升。近十多年来，越南经济年均增长率保持在6%以上，人均国内生产总值（GDP）从2006年的730美元增至2017年的2385美元。2016年是越南入世第十年，当年越南进出口贸易首超3500亿美元。2017年，越南完成或超额完成国会提出的全部13项目标，GDP增长为6.81%，通货膨胀率仅3.53%，出口额达2137.7亿美元，吸引外国直接投资（FDI）超过360亿美元，接待国际游客达1300万人次。①同时，在世界190个经济体的营商环境排名中，越南由第82位升至第68位，上升14位；②在全球137个经济体的竞争力排名中，越南由第60位升至第55位，上升5位。③

① 《新年：新信心、新气势、新动力》，越通社，2018年1月2日。

② World Bank（2018）. Doing Business 2018.

③ WEF（2017）. The Global Competitiveness Report 2017－2018.

二 东南亚国家产业结构的调整与升级

近年来，随着东南亚国家工业化的进程，各国产业结构发生了深刻的变革，新兴的制造业行业迅速发展。面对第四次工业革命的浪潮，东南亚国家纷纷制定和实施“工业4.0”战略与政策，加快区域和国内基础设施互联互通，积极参与全球价值链和区域生产网络，以推进国内产业结构的调整与升级。

（一）各国产业结构发生了深刻的变革，新兴的制造业行业迅速发展

从东南亚主要国家的工业化发展阶段看，20世纪五六十年代末多数国家实施“进口替代”工业战略，20世纪60年代末各国开始相继转向发展“面向出口”工业，20世纪70年代末80年代初这些国家推行第二次“进口替代”工业化战略，20世纪80年代中期转向第二次“面向出口”工业化发展阶段。新加坡率先成为新兴工业化国家，马来西亚、泰国等已处于工业化的中期阶段，后起国家仍处于工业化的初期阶段。

伴随着各国工业化的进程，东南亚国家的产业结构发生了明显的变化。战后初期，东南亚国家（除新加坡外）均为农业国。战后各国的工业化发展，使得工业部门的增长率远高于农业和其他部门的增长率，工业在国民经济中的地位迅速提高。目前，东南亚国家的产业结构呈现农业部门的增加值比重下降、工业部门的增加值比重呈现先进国家先升后降而后进国家趋于上升、服务业部门比重不断上升的格局。据统计，1996~2016年，柬埔寨的农业部门增加值占国内生产总值的比重从45.2%降至21.7%，印尼从15.4%降至12.8%，老挝从53.5%降至17.6%，马来西亚从9.6%降至8.1%，缅甸从44.4%降至27.5%，菲律宾从21.1%降至8.0%，泰国从9.3%降至6.3%，越南从25.1%降至17.3%；柬埔寨的工业部门增加值占国内生产总值的比重从16.7%升至

35.7%，印尼从43.0%降至40.6%，老挝从21.2%升至37.5%，马来西亚从44.1%降至38.9%，缅甸从16.2%升至30.9%，菲律宾从35.6%降至33.8%，新加坡从33.3%降至26.3%，泰国从43.4%降至36.1%，越南从31.3%升至39.1%；柬埔寨的服务业部门增加值占国内生产总值的比重从38.1%升至42.6%，印尼从41.6%升至46.6%，老挝从25.4%升至44.9%，马来西亚从46.3%升至53.0%，缅甸从39.4%升至41.6%，菲律宾从43.3%升至57.5%，新加坡从66.5%升至73.7%，泰国从47.3%升至57.6%，越南保持在43.6%（见表2）。

表2　1996～2016年东南亚国家三次产业结构的变化

单位：%

国家	农业			工业			服务业		
	1996年	2000年	2016年	1996年	2000年	2016年	1996年	2000年	2016年
文莱	1.6	1.6	0.8	59.0	59.5	61.9	39.4	38.9	37.3
柬埔寨	45.2	39.6	21.7	16.7	23.3	35.7	38.1	37.1	42.6
印尼	15.4	16.6	12.8	43.0	43.7	40.6	41.6	39.7	46.6
老挝	53.5	52.1	17.6	21.1	22.7	37.5	25.4	25.2	44.9
马来西亚	9.6	8.4	8.1	44.1	44.2	38.9	46.3	47.4	53.0
缅甸	44.4	42.9	27.5	16.2	17.3	30.9	39.4	39.7	41.6
菲律宾	21.1	19.9	8.0	35.6	34.7	33.8	43.3	45.4	57.5
新加坡	0	0.1	0	33.3	34.0	26.3	66.5	65.9	73.7
泰国	9.3	10.3	6.3	43.4	44.3	36.1	47.3	44.5	57.6
越南	25.1	23.3	17.3	31.3	35.4	39.1	43.6	42.1	43.6

资料来源：根据ASEAN Statistical Yearbook有关年份的数据编制。

在产业结构的变化中，东南亚主要国家制造业在国内经济的地位迅速提高，但其占GDP的比重出现了先升后降的现象。据世界银行统计，1960～2000年，印尼制造业增加值占国内生产总值比重从6%升至26%，马来西亚从9%升至31%，菲律宾从20%升至24%，新加坡从12%升至28%，泰国从13%升至29%，但到了2016年印尼的制造业增加值占国内生产总值比重降至21%，马来西亚降至22%，菲律宾降至20%，新加坡降至20%，泰国降至27%。[①]近年来，各国的电子信息工业、化学工业、汽车工业等部门行业发展较快，并成为一些国家制造业的主导或支柱行业。据统计，1970～2014年，各国制造业内部主要行业增加值比重的变化分别为：印尼的机械与交通设备行业从1%升至17%，马来西亚从5%升至29%，菲律宾从6%升至48%，新加坡从9%升至54%，泰国从8%升至31%；印尼化工行业从6%升至13%，马来西亚从8%升至10%，菲律宾从8%降至5%，新加坡从3%升至23%，泰国从8%降至6%；印尼的食品、饮料与烟草行业从65%降至30%，马来西亚从25%降至13%，菲律宾从39%降至27%，新加坡从22%降至5%，泰国从26%降至20%；印尼纺织与服装行业从14%降至11%，马来西亚从3%降至2%，菲律宾从10%降至3%，新加坡从1.6%降至0.3%，泰国从17%降至7%。[②]

（二）实施“工业4.0”战略与政策，以应对第四次工业革命的浪潮

当今世界，第四次工业革命应运而生，它是继蒸汽技术革命、电力技术革命、计算机及信息技术革命后的又一次科技革命。第四次工业革命是在物联网技术、大数据与云计算、人工智能、3D打印技术推动下，开始的生产与服务智能化、生活信息化和智能化的全新革命，它将对传统的产业结构和生产模式产生巨大的冲击，全球价值链和生产网络也将面临重组。近年来，东南亚国家重审经济发展战略，制定“工业4.0”战略与政策，促进产业结构的调整与升级，以应对第四次工业革命带来的机遇与挑战。

面对第四次工业革命（工业4.0）的浪潮，印尼政府设立了国家工业委员会（Kinas），政府工业部完成了印尼第四次工业革命（印尼工业4.0）路线图。2018年4月，印尼总统佐科发布了印尼第四次工业革命路线图，将

① World Bank. World Development Indicators：Structure of output. http：//wdi.worldbank.org/table/4.2.

② World Bank. World Development Indicators：Structure of manufacturing. http：//wdi. worldbank.org/table/4.3#.

优先重点发展五大产业数码建设，使之成为制造业发展牵引者，该五大产业分别是电子、汽车、食品和饮料、纺织服装和石化工业。[①]为此，印尼政府制定了实施第四次工业革命路线图的10项优先步骤，一是改善物流供应，通过增产或加速技术转移，以加强上中游产业本地产品流通；二是重新设计工业区，各方要全力发挥已建成的工业区的生产；三是适应可持续性的标准，通过清洁技术、电力、生物化学和可再生能源等途径，提高工业生产能力；四是发挥中小微企业的作用；五是构建数码化基础设施，包括高速互联网或通过公私合伙方式提高数码化能力；六是引进外资，包括向当地企业转让技术；七是提高人力资源素质；八是创新发展生态系统，政府将制定国民创新中心发展蓝图，筹备创新中心试点，提供知识产权保护和税务优惠等；九是提供技术投资奖励，政府将对技术转让提供税务优惠；十是统一规则和政策，旨在提高工业的竞争力。[②]政府预计，第四次工业革命将使2018～2030年印尼GDP的年增长率从目前的5%升至6%～7%，制造业对GDP的贡献率将达到21%～26%，提供700万至1900万人的就业机会。[③]

在2016年的财政预算案中，新加坡推出45亿新元的产业转型计划（Industry Transformation Programme），为23个工商领域制定转型蓝图，以提高企业生产力、投资技能、推动创新和走向国际化为目标。这23个具体行业涉及制造业和服务业，制造业中包括能源化工、精密工程、海事工程、航空业等，服务业中包括贸易、交通运输、房地产、医疗保健、金融、教育、食品制造与服务等，占新加坡国内生产总值的80%以上。此次行业分类并未完全以二、三产业来分类，而是从产业关联性和实施便利角度将23个行业分成6个产业转型组团，即制造业、环境建设、贸易与联系、国内必要服务、专业服务和生活相关服务。为此，政府专门成立未来经济署（Future

① 《总统发布“工业4.0”路线图，呼吁全民积极参与全新技术工业革命》，印尼《国际日报》2018年4月5日。

② 《政府确定十项优先步骤，实施印尼第四次工业革命路线图》，印尼《国际日报》2018年4月28日。

③ 《工业4.0路线图至关重要》，印尼《国际日报》2018年4月5日。

Economy Council）来负责产业转型机会的制定和执行，先后出台所有产业转型蓝图。同时，新加坡政府将资助300个来自各领域的中小企业和跨国公司，利用新加坡经济发展局所开发的新加坡工业智能指数进行评估，协助它们加速向“工业4.0”转型。①

2016年，泰国提出“泰国4.0”战略，旨在通过创新和应用新技术来推进国内产业结构的转型与升级，提升产业竞争力，以摆脱“中等收入陷阱”。在泰国4.0战略下，泰国确定了十大目标产业部门作为未来经济发展的新引擎，包括新一代汽车制造、智能电子、高端旅游与医疗旅游、农业和生物技术、食品深加工、工业机器人、航空和物流、生物能源与生物化工、数字经济、医疗中心。为了吸引生物技术、纳米技术和数字信息技术等高科技企业到泰国投资，泰国政府根据这些企业的不同科技含量，给予企业减免所得税8～13年的优惠期，到期后企业仍可持续享有最长10年仅缴纳50%企业所得税的优惠；对于一些有利于增强泰国产业竞争力的项目可申请“100亿泰铢研发基金”的支持，并享有最高15年的企业所得税减免优惠。此外，外国企业还可享有土地所有权等非税务优惠。②

（三）加大国内基础设施投资，推动区域基础设施互联互通

近年来，东盟提出了互联互通发展战略，出台了互联互通总体规划，将基础设施互联互通、机制互联互通和民间互联互通作为实现东盟共同体的关键步骤。其中，基础设施互联互通是东盟互联互通的基础。同时，东南亚国家纷纷制订基础设施发展计划，推出大中型基础设施建设项目，加快了国内基础设施的建设。印尼实施的225项战略建设项目主要涉及基础设施建设，菲律宾推出了大规模基础设施投资计划，泰国出台了东部经济走廊（EEC）

① 《政府将资助300个企业进行新加坡工业智能指数评估，协助企业向工业4.0转型》，新加坡《联合早报》2018年3月22日。

② BOI. Investment Promotion Measures in the Eastern Economic Corridor（EEC），http://www.boi.go.th/newboi/upload/content/No.%204_2560_BOI%20Announcement_V03_PK_edited_23329_5a583f302f1e1.pdf.

建设方案。

2010 年 10 月，东盟公布了《东盟互联互通总体规划 2010》（*Master Plan on ASEAN Connectivity*，MPAC2010）。2016 年 9 月，东盟又公布了《东盟互联互通总体规划 2025》（MPAC 2025），其愿景是构建一个无缝、全面连通和整合的东盟，并将可持续基础设施、数字创新、无缝物流、卓越监管和人口流动作为五大优先的战略领域。其中，可持续基础设施是东盟互联互通的基础，东盟国家每年需投资 1100 多亿美元用于基础设施建设。其中，东盟公路网（AHN）旨在建立连接所有东盟成员国和邻国的高效、综合、安全和环境可持续的区域陆路运输走廊，目前东盟公路网已没有缺失路段，Ⅲ类公路以下道路的总长度由 2010 年的 5311.2 公里降至 2015 年的 2454 公里，其中包括 1200 公里的优先运输路线（TTR）；泛亚铁路从新加坡到金边的路段正在按计划进行，但老挝、柬埔寨、越南、泰国等仍陷于融资困难的问题之中；东盟成员国的海上运输专注于三条优先航线，即杜迈—马六甲、白兰海—槟城—普吉岛和达沃/桑托斯将军城—比通；东盟电网（ASEAN Power Grid，APG）下的 9 个电力连通项目和泛东盟天然气管道（Trans-ASEAN Gas Pipeline，TAGP）内的 13 个双边气体管道皆已完成，2016 年 1 月沙捞越—西加里曼丹的最新电网联通项目已成功完成。①

2016 年初，印尼政府确定了 2015～2019 年将要落实的 225 项战略建设项目，这些项目涉及至少 23 大类基础设施建设，其中包括高速公路、国家公路、铁路、机场、新建和扩建港口、炼油厂、输气管道、饮水、防洪水坝、水库、宽带等。根据印尼经济统筹部促进优先基础设施委员会（KPPIP）的估计，具体落实这些国家战略建设项目的投资总值达 4092 万亿盾。其中，11 项能源项目为 1210 万亿盾，1 项电力项目为 1036 万亿盾，69 项公路项目为 670 万亿盾，29 项工业园项目为 388 万亿盾，16 项铁路项目为 387 万亿盾。政府将通过国家预算案开支支持 423 万亿盾，国有企业和地

---

① ASEAN Secretariat（2016）. *Master Plan on ASEAN Connectivity 2025.*. Jakarta：ASEAN Secretariat. pp. 18－19.

方企业预估能支持1255万亿盾，而其余的2414万亿盾，需要私营企业投资，采用政府和企业合作资助方案（KPBU）、公私合伙方式（PPP）、非国家预算案融资发展基础设施方式（PINA）等。①

2017年4月，菲律宾政府推出了大规模基础设施投资计划。2017～2022年的六年间，菲律宾政府将投资8.4万亿比索进行基础设施建设，现已开工或正在筹备的基础设施项目超过30个，涵盖道路、铁路、港口、桥梁、机场和防洪设施等。2017年6月，杜特尔特总统批准了11项基础设施建设工程项目，总投资达3050亿比索。这些项目包括马洛洛斯－克拉克铁路工程或菲国家铁路北线2号、棉兰佬铁路第一期工程、沓虞－纳卯段、－甲美地工业区防洪风险管理工程、克拉克国际机场扩建工程、新通信、导航与监控/航空交通管理系统项目、轻轨电车一号线延伸工程的新配置工程、卡利瓦水坝工程、科河灌溉工程等。②

2016年，泰国政府推出东部经济走廊（EEC）建设计划。根据政府的规划，泰国东部经济走廊横跨北柳、春武里和罗勇三府，目标定位为高科技产业集群区，并建成东盟海上交通中心，连接缅甸土瓦深水港、柬埔寨西哈努克港和越南头顿港。未来5年内，计划投资1.5万亿泰铢，兴建15个重大项目，包括扩建乌塔堡机场、兴建兰乍邦港第3个泊位、汽车出口量由100万辆增至300万辆、建设高铁连接东部经济走廊的3大机场、建设曼谷到罗勇府高铁线、建设新型城市等。2018年2月，泰国通过了《东部特别经济开发区法》，为投资者提供非税收优惠权益和发放各种许可证等。

（四）积极参与全球价值链和区域生产网络，促进国内产业结构的调整与升级

随着国际产业分工格局的变迁，传统的垂直型分工向混合型分工转变，与传统的产业间和产业内分工不同的以“产品内分工”为主的生产网络迅

① 《发展国家战略项目需4092万亿盾》，印尼《国际日报》2018年4月30日。

② 《总造价达3050亿比索，总体批准11项基建项目》，《菲律宾商报》2017年6月29日。

速形成，东南亚成为以跨国公司为主导的全球价值链和区域生产网络的重要节点。国际金融危机之后，亚太地区面临着价值链的重新分配和生产网络的重新布局，美国试图促使制造业回流，日元持续贬值也使得日本制造业回流迹象初显。当前，东南亚国家积极借助全球价值链和生产网络调整与重组的时机，消除货物和服务流通障碍，促进贸易投资自由化和便利化，依托区域供应链推动产业集群的形成，推进国内产业结构的调整与升级。同时，一些后起国家利用比较成本优势，吸引跨国公司在当地投资设厂，承接部分劳动密集型产业和工序的转移，促进国内辅助工业的发展，力争成为跨国公司的区域零部件供应商和组装厂。

在全球价值链和区域生产网络的重组与调整中，东南亚国家吸收的外国直接投资（FDI）持续扩大，2010 年东南亚国家吸收的 FDI 流量首次突破千亿美元大关。据联合国贸发会议（UNCTAD）统计，2012～2017 年，东南亚国家吸收的 FDI 流量分别为 1118.62 亿美元、1189.63 亿美元、1295.94 亿美元、1173.22 亿美元、1206.13 亿美元和 1337.71 亿美元。[①]同时，日本对东南亚的直接投资急剧扩大，而对中国的投资则大幅萎缩。2012～2015 年，日本对东南亚国家的直接投资分别为 106.75 亿美元、236.19 亿美元、228.2 亿美元和 206.24 亿美元，而对中国的直接投资分别为 134.79 亿美元、91.04 亿美元、108.89 亿美元和 100.77 亿美元。由此，日本对东南亚国家直接投资占亚洲地区的比重从 1995 年的 37.7% 升至 2015 年的 59.8%，而投资中国所占比重则从 47.2% 降至 29.2%。[②]外国直接投资的大量涌入，将有助于东南亚国家融入全球价值链和区域生产网络，并促进国内产业结构的调整与升级。

三　东盟区域经济一体化的新进展

伴随着东盟区域经济一体化的进程，东盟及其成员国根据区情和国情，

① UNCTAD (2018). World Investment Report 2018 Investment and New Industrial Policies. p. 185.

② JETRO. Japanese Trade and Investment Statistics. http://www.jetro.go.jp/en/reports/statistics/.

调整了区域经济一体化战略与政策，加快东盟经济共同体的建设，整合东盟与区外国家的自由贸易区，促进各成员国与区外国家的双边或多边自由贸易协定谈判。从近期看，东盟经济已跨入共同体时代，逐步构建起区域单一市场体系；东盟四个成员国参与“跨太平洋伙伴关系全面进展协定”（CPTPP），其他成员国正探讨加入CPTPP的可行性；越南的自由贸易协定（FTA）的全球布局初步形成，FTA经济效应和竞争优势逐步显现。

（一）东盟经济跨入共同体时代，逐步构建起区域单一市场体系

东盟区域经济一体化的进程，经历了1978年起实施的特惠贸易安排，到2010年建成自由贸易区，再到2015年底步入经济共同体时代，实现了区域经济一体化形式逐步从低级向更高形式的升级和发展。近年来，东盟积极取消或削减关税与非关税壁垒，推进贸易自由化和便利化，进一步开放服务贸易部门，放宽投资部门的限制，加快专业人才资质互相认可，由此东盟区域的单一市场和生产基地逐步形成，区域化的贸易和投资效应日益显现。

随着东盟区内关税和非关税壁垒被取消或削减，各国的单一窗口制度逐步建立起来，交易成本大幅降低，带动了区内贸易迅速扩大。到2015年，东盟区内各成员国货物进口的简单平均关税税率已降至0%～0.8%。[①]据统计，1995～2016年，东盟区内出口贸易额从701.79亿美元增至2822.74亿美元，东盟区内进口贸易额从536.02亿美元增至2386.83亿美元；1993～2016年，东盟区内出口贸易占出口贸易总额的比重从20.6%升至24.7%，区内进口贸易占进口贸易总额的比重从17.1%升至22.2%。

东盟加快了区域服务贸易自由化的进程，逐步取消服务贸易的限制。自1996年起，东盟展开了区域服务贸易自由化的谈判，并签署了9个《东盟服务框架协议一揽子计划》。目前，“东盟服务贸易协议”（ATISA）的谈判已结束，各成员正在完善相关文件和对协定进行法律审查。东盟至少有80个服务部门向外资开放，对外开放的服务部门达到70%。各成员加快了服

① ASEAN Secretariat（2017）. ASEAN Community Progress Monitoring System 2017. p. 26.

务贸易自由化，放宽了服务贸易的部门限制，推动了区域整体服务贸易的扩大。据统计，2010～2017 年，东盟区内服务出口额从 420.92 亿美元增至 611.71 亿美元，区内服务进口额从 388.12 亿美元增至 548.38 亿美元。

2008 年，在原有“东盟投资框架协议”的基础上，东盟签署了“东盟全面投资协议”。2014 年，东盟又签署了“东盟全面投资协定的修正议定书”，逐步放宽或取消了投资限制，主要涉及制造业、农业、渔业、林业、采矿业和服务业等领域。2018 年 11 月，东盟经济共同体理事会就“东盟全面投资协定”第四份修正议定书的内容基本达成共识，该协定致力于促进自由、开放、透明、一体化的投资环境建设。近年来，东盟吸引的区外投资迅速扩大，成员间相互投资与日俱增，区域化的投资效应日益显现。据统计，1984～2016 年，东盟国家吸收的外国直接投资（FDI）总额从 30.41 亿美元增至 957.32 亿美元；1995～2016 年，东盟吸收的区内 FDI 总额从 46.54 亿美元增至 239.54 亿美元，区内 FDI 占 FDI 总额的比重从 17% 升至 25%。[①]

（二）东盟成员国参与“跨太平洋伙伴关系全面进展协定”（CPTPP）的近况

在东盟成员国参与的多边自由贸易协定中，“跨太平洋伙伴关系协定”（TPP）最引人关注。TPP 的前身是“跨太平洋战略经济伙伴关系协定”（TPSEP），2005 年 7 月新西兰、新加坡、智利和文莱签署了协议。2009 年 11 月，美国正式提出扩大跨太平洋伙伴关系计划，并更名为“跨太平洋伙伴关系协议”，东盟四国（文莱、新加坡、马来西亚和越南）成为 TPP 成员国。2015 年 10 月各方谈判达成一致，2016 年 2 月正式签署协议。2017 年 1 月，美国正式宣布退出 TPP。2017 年 11 月，除美国外的 11 国就更名后的“跨太平洋伙伴关系全面进展协定”（CPTPP）达成框架协议。2018 年 3 月，

① ASEAN Secretariat（2017）. Celebrating ASEAN：50 years of evolution and progress，Jakarta：ASEAN Secretariat. pp. 26－28.

澳大利亚、文莱、加拿大、智利、日本、马来西亚、墨西哥、新西兰、秘鲁、新加坡和越南11国在智利签署了“跨太平洋伙伴关系全面进展协定”。11月12日，越南国会通过了“跨太平洋伙伴关系全面进展协定”，成为第七个核准此协定的国家。迄今为止，文莱、马来西亚还未通过国内核准程序。[①]

2018年3月，世界银行发布了有关越南的“CPTPP对经济发展和收入分配的影响”的报告。该报告指出，CPTPP将为越南带来巨大的经济利益。到2030年，CPTPP预计将为越南国内生产总值（GDP）增长率贡献至少1.1%。根据适度提高生产率的假设条件，预计对GDP增长率贡献可能达3.5%。同时，该协定有望惠及越南所有收入群体，尤其是熟练劳动者将得到更多利益，外商投资的增长将拉动服务部门增长，民营企业将有更多机会参与到全球价值链中，促进越南国内的改革，包括竞争管理、金融服务、通信服务、海关、电子贸易、环境保护、政府支付、知识产权、投资、原产地规则等领域的改革。[②]此外，国际劳工组织表示，由于CPTPP内容包括劳动权益和工作条件的特别规定，因而它对越南的劳工改革也有好处。

2015年，印尼总统佐科访问美国时曾向时任美国总统奥巴马表示印尼有意加入TPP，但特朗普上台后美国决定退出TPP。印尼财政部部长慕燕妮说，印尼有意加入“跨太平洋伙伴关系全面进展协定”（CPTPP），但目前时机尚未成熟。印尼贸易部部长吕有恩表示，印尼仍在评估加入CPTPP的好处，但印尼鼓励其他东盟成员国加入该协定。他说，尚未加入的东盟六国将集体争取更好的谈判条件。[③]

泰国负责经济事务的副总理颂吉·乍都斯披塔（Somkid Jatusripitak）表示，泰国希望在2018年内申请加入CPTPP。他认为，在CPTPP框架下，泰

① 按规定，由11国签字的CPTPP必须在过半国家即至少六个国家完成国内核准手续的60天后才能生效。加拿大、日本、墨西哥、新西兰、新加坡已通过了国内审核，澳大利亚于2018年10月31日成为第六个核准此协定的国家，意味CPTPP可在2018年12月30日正式生效。

② 《世行：CPTPP将为越南带来巨大的经济利益》，越通社2018年3月11日。

③ 《印尼呼吁亚细安六国集体协商加入CPTPP》，新加坡《联合早报》2018年4月21日。

国的制造业、农业和渔业的出口将面临来自 CPTPP 成员国马来西亚和越南等国的激烈竞争，泰国加入 CPTPP 将为这些产业带来巨大的利益。泰国若不加入 CPTPP 协定，将会失去许多贸易和投资机会。[①]泰国商务部部长颂提叻表示，泰国正在研究加入 CPTPP 的利弊。[②]

（三）越南自由贸易协定（FTA）的全球布局初步形成，FTA 的经济效应逐步显现

近年来，越南积极参与双边或多边自由贸易协定（FTA）谈判，成为东盟中追寻 FTA 最活跃的国家之一。2015 年，越南分别与韩国、欧亚联盟、欧盟签署了自贸协定，同年 10 月越南加入“跨太平洋伙伴关系协定”（TPP）。2018 年 3 月，签署了“跨太平洋伙伴关系全面进展协定”（CPTPP）。据亚洲开发银行的统计，截至 2018 年 3 月，越南已签署和正在谈判的自由贸易协定共 15 个，其中已签署的自由贸易协定 11 个。[③]由此，越南 FTA 的全球布局已初步形成，涵盖了除美国之外的其他主要贸易伙伴。

在内外部动因的驱动下，越南渐进式地参与区域经济一体化进程，已签署的新一代自贸协定涵盖内容更广、标准更高，其经济效应和竞争优势正逐步显现。据统计，2006～2016 年，越南进出口贸易额从 847.17 亿美元增至 3513.85 亿美元，增长 3 倍。其中，2007 年进出口贸易额突破千亿美元，2011 年超过 2000 亿美元，2015 年超过 3000 亿美元。从 2009 年开始，越南的贸易逆差开始逐年减少，并在 2012 年、2014 年和 2016 年均实现了贸易顺差。同时，越南引进的外国直接投资（FDI）大幅增长。据统计，2006～2016 年，越南引进外国直接投资的项目从 987 个增至 2613 个，投资额从 120.04 亿美元增至 268.91 亿美元。此外，这些自由贸易协定的签署改善了越南对外经济关系，提升了越南的国际地位，也迫使越南加快国内的经济改革。

---

① 《泰国愿 2018 年加入“跨太平洋伙伴关系全面进展协定”》，越通社 2018 年 4 月 1 日。

② 《颂提叻：泰拟加入跨太平洋伙伴协定》，泰国《星暹日报》2018 年 11 月 4 日。

③ FTA Status by Country/Economy. https：//aric. adb. org/database/fta.

四　展望2018年东南亚经济发展

在经历全球金融危机后近10年的复苏期，2017年世界各国经济迎来了普遍的增长提速。2018年，世界经济将保持持续增长的势头，发达国家经济将继续复苏，新兴经济体增速会有所加快。不过，当前全球经济复苏的基础仍不稳固，经济复苏之路还不平坦，美国加快了调整货币政策和税改计划，尤其是美联储加息步伐快于预期将导致全球金融条件收紧，加上中美贸易摩擦将导致全球贸易紧张局势的升级，新兴市场国家将遭受双重压力，地缘政治风险也增加了世界经济的不确定性。

据国际货币基金组织（IMF）预测，2018年全球经济增长率为3.7%，其中，发达经济体为2.4%，美国为2.9%，欧元区为2%，日本为1.1%，亚洲新兴市场和发展中经济体为6.5%，中国为6.6%，印度为7.3%；①世界银行预测，全球经济增长率为3.1%，其中，发达经济体为2.2%，美国为2.5%，欧元区为2.1%，日本为1.2%，新兴市场和发展中经济体为4.5%，中国为6.4%，印度为7.3%。②

2018年，随着世界经济持续增长，新兴经济体增速有所加快，东南亚国家经济增速将略快于上年，但增长的波动性和不确定性增加。据国际货币基金组织（IMF）的预测，2018年文莱的经济增长率为1%，柬埔寨为6.9%，印尼为5.1%，老挝为6.8%，马来西亚为4.7%，缅甸为6.9%，菲律宾为6.5%，新加坡为2.9%，泰国为4.6%，东帝汶为2.8%，越南为6.6%；③世界银行预测，2018年柬埔寨的经济增长率为6.9%，印尼为5.3%，老挝为6.6%，马来西亚为5.2%，缅甸为6.7%，

① IMF（2018）. World Economic Outlook October 2018, p. 13.

② World Bank（2018）. Global Economic Prospects, January 2018, p. 233, p. 235.

③ IMF（2018）. World Economic Outlook April 2018, p. 241, p. 244; World Economic Outlook October 2018, p. 64.

菲律宾为 6.7%，泰国为 3.6%，越南为6.5%；[1] 亚洲开发银行预测，2018 年文莱的经济增长率为 1.5%，柬埔寨为 7%，印尼为 5.3%，老挝为 6.8%，马来西亚为 5.3%，缅甸为 6.8%，菲律宾为 6.8%，新加坡为 3.1%，泰国为 4%，越南为 7.1%。[2]据东南亚主要国家的官方预测，2018 年印尼的经济增长率为 5.4%，马来西亚为 4.3% ~4.8%，菲律宾为 6.5% ~ 6.9%，新加坡为 2.5% ~3.5%，泰国为 4.2% ~4.7%，越南为 6.5% ~ 6.7%。

总之，在世界经济仍处于深度调整的背景下，2018 年东南亚经济将持续稳定增长，多数国家经济仍将中速增长，但各国经济增长的波动性和不确定因素增加，全球价值链和区域生产网络的重组与调整将对各国工业化带来正负面的影响，大国的贸易争端将影响全球和区域的贸易环境，全球金融条件的收紧将加剧东南亚金融市场的波动。同时，东盟区域经济一体化仍面临着如何扩大和深化区内生产要素的自由流动、缩小发展差距等诸多问题。此外，一些非经济因素（如 2018 年柬埔寨、马来西亚的大选，2019 年印尼、泰国的大选等）也将影响这些国家经济发展的前景。

参考文献

ADB（2018）. Asian Development Outlook 2018. Manila：Asian Development Bank.

ADB（2018）. Asian Economic Integration Report 2018. Manila：Asian Development Bank.

ASEAN Secretariat（2015）. ASEAN 2025：Forging Ahead Together. Jakarta：ASEAN Secretaria.

ASEAN Secretariat（2015）. ASEAN Economic Community Blueprint 2025 . Jakarta：ASEAN Secretariat.

---

① World Bank（2018）. Global Economic Prospects，January 2018. p. 233.

② Asian Development Bank（2018）. Asian Development Outlook 2018，p. 329.

ASEAN Secretariat（2016）. Master Plan on ASEAN Connectivity 2025. Jakarta：ASEAN Secretariat.

ASEAN Secretariat（2017）. ASEAN Community Progress Monitoring System 2017. Jakarta：ASEAN Secretariat.

IMF（2018）. World Economic Outlook October 2018. Washington，D. C.

B.3
东盟国家参与全球生产网络的特点及其地位

杜声浩*

摘　要： 在全球以产品内分工为主的国际产业分工的推动下，由跨国公司主导的连接世界不同地区的全球生产网络迅速形成与发展，东盟国家成为全球生产网络中重要的一环。本文以国际产业分工格局的变化为背景，阐述东盟国家参与全球生产网络的历程，分析各国参与全球生产网络的特点，探讨其在国际产业分工地位的变化。

关键词： 东盟　全球生产网络　GVC 指数

当今世界，伴随着国际产业分工格局的变化，以产品内分工为基础的全球生产网络迅速形成与发展，全球生产网络主要由欧盟、北美和东亚三大区域生产网络构成。当前，东盟国家融入全球生产网络的规模由早期少数国家扩展到多数成员国，参与国际化生产的产业规模扩大和部门增加，东盟国家已成为东亚区域生产网络的重要节点。但是，东盟国家在全球价值链中仍处于低端的位置，对外依赖程度加深。

一　东盟国家参与全球生产网络的阶段

按照各国参与全球生产网络的程度及其地位，可将东盟国家参与全球生

* 杜声浩，厦门大学东南亚研究中心世界经济专业博士研究生。

产网络划分为四个阶段，即20世纪60年代的准备阶段、七八十年代发展阶段、90年代全面参与生产竞争阶段、21世纪初向高附加值环节升级转型阶段。在各个阶段，东盟国家参与全球化生产，其主导产业部门和在全球生产网络中的地位均有所不同。

二战后东盟各国相继独立，开始了各自的工业化历程。由于长期的殖民统治，东盟国家经济主要集中在以自然资源、农产品为主的资源密集型产业，产业结构单一，工业基础薄弱，国内消费品严重依赖进口，基础设施建设严重不足。20世纪50年代末60年代初，为了摆脱进口依赖，以新加坡、马来西亚为代表的东盟国家相继开始以进口替代为导向的工业化道路，政府通过投资优惠政策，设置贸易壁垒限制进口，以培育国内弱小的民族工业。到20世纪60年代中期，新加坡率先从进口替代政策转向出口导向型政策，通过针对出口企业的税收优惠、对外资企业提供优惠措施，扶持面向出口企业的发展。该阶段新加坡承接的产业以劳动密集型制造业为主，主要包括以纺织服装为主的轻工业和以装配为主的消费电子产业。这一阶段，以新加坡为代表的东盟国家参与的国际产业分工依然以产业间分工为主，东盟国家与发达国家间产业链的联系仅仅停留在原材料供应上，各国承接的产业以劳动密集型产业为主，生产的全球性联系尚处于萌芽阶段。

进入20世纪70年代，以马来西亚、泰国为代表的东盟国家相继加入以出口为导向的工业化进程中。各国采取了税收优惠、设立出口加工区、对外资企业提供优惠措施，扶持面向出口企业的发展。在这一阶段，东盟主要国家开始参与全球生产网络，其主导产业逐渐从轻纺工业转向电子产业。由于欧美、日本对东亚产品供应商的依赖性不断加强，由东亚供应商提供的中间产品投入以及参与的生产环节的范围越来越广，这些东盟国家逐渐演变成为电子产业的装配与制造中心。另外，亚洲新兴工业化经济体在参与生产网络的同时，也将其产业升级过程中的部分产业和生产工序向东盟国家转移。印尼、日本、马来西亚、新加坡四个国家组成了东亚生产网络的主要部分。在东亚的区域生产网络中，以日本为中心，随着日本国内产业升级与转移，东亚生产网络中的参与者数量增加，除了资源供给之外，韩国、中国台湾、东盟国家承接了来自日本产业的转移参与到区域生产网络之中。这些国家往往作为日本加工装配的基地，从日本进口核心零部件，在国内进行加工、装配、测试并出口至其他国家。①

到20世纪80年代末，随着国际产业分工的发展与深化，以欧美、日本为主的跨国公司开始关注产品概念、设计、研发、营销服务等知识、技术密集型的生产环节，而将标准化的产品生产大规模转移至发展中国家。由于跨国公司全球产业布局的变化，新加坡开始转向技术密集型和高附加值产业，微电子、信息通信以及生物医药等行业快速发展；马来西亚、泰国、印尼、菲律宾等已加速融入全球生产网络之中，从加工组装环节开始逐渐向零部件生产环节攀升，产能的急剧扩张和相对低技术水平的产业使得在同一环节上企业竞争更加激烈，而后进的东盟国家（越南、老挝、柬埔寨和缅甸）也开始融入全球生产网络的进程中。在该阶段，电子信息产业仍然是东盟参与全球生产网络的主导产业，但汽车、化工、船舶制造、生物医药、物流运输等部门也参与到全球生产网络中，90年代末泰国成为东亚地区继韩国和中国之后第三大汽车生产国，新加坡生物医药产业异军突起。

进入21世纪，由于互联网通信技术的成熟，大数据和智能化的应用改变了原有产品的生产组织结构，降低了产品对劳动力成本的敏感性。同时，国际产业分工更加细化，跨国公司在逆垂直化过程中，更偏向选择有限的几个具备全球触角的供应商进行代工生产，而合同制造商通过对模块化产品进一步分工形成了生产网络的细分。跨国公司全球化生产布局的变化，冲击了原有东亚区域生产厂商的地位。随着参与全球生产网络的深度与广度的不断提升，东盟主要国家面临着产业结构升级和技术水平深化的障碍和问题，它们希望通过融入全球生产网络和运用产业政策提升本国的技术水平，向价值链更高端迈进。这一时期，东盟国家在参与全球生产网络过程中逐渐由零部件加工装配转向零部件制造中心，形成了以产业内和产品内分工为基础的零部件生产网络。在该阶段，电子信息产业仍然是东盟参与全球生产网络的主

① Escaith, Hubert and Inomata, Satoshi, Geometry of Global Value Chains in East Asia: The Role of Industrial Networks and Trade Policies (June 9, 2013), Nanyang Technological University (NTU) and World Trade Organization (WTO), 2013.

导产业，但汽车、化工、船舶制造、生物医药等因参与全球生产网络而迅速兴起。2017 年，东盟主要国家汽车产量列世界各国汽车产量的第八位，泰国成为世界第八大汽车出口国，菲律宾成为世界第四大船舶制造国。

二　东盟国家在全球生产网络中的分工特点

随着国际产业分工的深化和全球生产网络的发展，跨国公司将其产业链条延伸到世界各国，形成了具有竞争力的区域性生产网络。在此背景下，东盟国家参与全球生产网络从少数几国演变为几乎所有成员国，加入国际化生产的产业规模扩大和部门增加，相关的产业集群逐步形成，并在全球生产网络中扮演重要的角色。不过，东盟国家参与全球生产网络仍处于低端位置，均存在较强的对外依赖，导致各国在全球产品内分工中处于弱势地位。

（一）东盟国家融入全球生产网络的规模不断扩大

20 世纪 60 年代末 70 年代初，东盟国家参与全球生产网络的国家仅限于新加坡、马来西亚、泰国等少数几个国家，承接发达国家转移出来的劳动密集型产业和生产工序。20 世纪 80 年代中期开始，随着日元的急剧升值，外国直接投资（FDI）大量涌入东盟国家，东盟国家放宽了外商投资的部门限制，给予各种优惠待遇，新加坡、马来西亚、泰国引进的外国直接投资大幅增加，外商投资的部门和领域不断扩大，而印尼、菲律宾等也迅速加入全球生产网络。这一时期，越南、老挝、柬埔寨和缅甸开始推行经济开放与革新的政策，加大引进外国直接投资，承接劳动密集型产业和生产工序，也逐渐参与到全球生产网络的进程中。因此，东盟国家参与全球生产网络从少数几国演变为几乎所有成员国，融入全球生产网络的程度日益加深。[①]

从各国融入全球生产网络的产业看，东盟国家已经由最初的以劳动密集型

---

① Ayako Obashi, Fukunari Kimura, Deepening and Widening of Production Networks in ASEAN, *Asian Economic Papers*, 2017, 3, 54 - 76.

的轻纺工业为主拓展到消费电子、半导体、汽车、机械等资本密集型产业，并逐渐成为亚洲消费电子、半导体产业的装配制造中心。目前，东盟一些国家已具备从原材料到零部件再到加工组装出口的生产能力，融入国际化生产的行业和工序扩大，相关的产业集群逐步形成。例如，新加坡裕廊化工岛、新加坡的大士生物制药园区（TBP）和启奥园（Biopolis）、马来西亚槟城的电子产业集群、泰国汽车产业集群等。目前，东盟国家已建成全球最大的硬盘和亚洲主要的半导体生产基地，新加坡裕廊化工岛是全球第三大石油炼制中心，马来西亚槟城装配了全球1/3的半导体，泰国已成为世界第八大汽车出口国。

（二）东盟国家在全球生产网络中仍处于低端的位置

近年来，以产品内分工为基础的全球生产网络迅速发展，在原材料供应加工生产、零部件生产、装配测试等多个环节形成相应的全球产业链。对于原始设备制造商（OEMs）来说，公司可以选择通过垂直一体化（原始设备制造商根据地区资源禀赋的差异，建立上游的生产部门，实现全球化生产）、生产外包（公司专注于营销、设计、品牌建设等高附加值领域，将生产任务整体外包给合同制造商）以及零部件的全球性购买（公司向零部件厂商外购模块化部件并完成最终产品组装上市）的方式实现最终产品的全球化生产。早期东盟国家参与全球生产网络主要是以加工和装配工序为主，随后部分零部件实现本土化生产，近年来一些国家吸引了跨国公司在当地设立区域研发中心，但绝大多数国家仍处于全球价值链的低端。

东盟国家参与以跨国公司为主导的全球生产网络的主要形式，一是作为跨国公司的原始设备制造商（OEMs）代工企业。该类企业直接进入原始设备制造商体系，对接跨国公司生产需求与管理，这种方式以电子信息、汽车、纺织业为代表，代工厂商可以在技术进步的基础上，开始自主设计生产（ODM），最后逐渐发展自主品牌形成国际竞争力（OBM）。二是成为跨国公司全球生产网络中的成员。随着合同制造商的兴起，东盟国家企业通过参与合同制造商的生产网络进入国际化生产，或成为母公司的三级或更低级的供应商，或参与生产性服务业提供配套服务。例如，国外汽车组装厂通常选择国际著名的零部件供应商以模块化的形式生产供货，由一级零部件供应商进一步分工选择代工厂商，东盟国家汽车企业作为三级或更低层次的供应商参与了全球汽车生产网络。

（三）东盟国家融入全球生产网络后对外依赖程度加深

东盟国家参与全球生产网络主要由跨国公司资本与技术驱动，本土企业以中小企业为主，它们在全球价值链中仍处于低端的位置，在生产与流通过程中不同程度地表现为对外的资本依赖、技术依赖和市场依赖。对外的资本依赖主要表现为本国资本缺乏、资本市场欠发达、企业融资渠道狭窄，吸引外资成为本国资本形成的重要来源；对外技术依赖主要表现为在最终产品制造流程中，核心的专利设计由跨国公司控制，本地企业不具备核心零部件的研发生产能力，主要依赖外部购买或进口。除新加坡之外，东盟国家研发能力普遍较低，高技术人才匮乏，企业自主研发能力不足；进口依赖主要表现为虽然东盟国家参与国际化生产过程，但产业链的核心技术、主要零部件生产依然掌握在跨国公司手中，相关产业技术和零部件需要进口。例如，马来西亚电子产业出口额从 1990 年 86 亿美元升至 2016 年 693 亿美元，但同时电子产业的进口额也从 66 亿美元上升至 505.6 亿美元，其中作为核心零部件的电子元器件进口增幅甚至超过了出口增幅；市场依赖主要表现为东盟国家参与全球生产网络的出口市场主要面向发达国家，1995 年东盟国家出口比重中的 53.2% 来自欧、美、日等发达国家，2016 年该比重仍占 51.3%。

三　东盟国家在全球生产网络中的地位

本文借鉴了 Koopman（2010，2014）的贸易流分解法以及对应的 GVC 指数，而 OECD-Tiva 数据库则采用该分解法计算了 1995～2011 年按价值链分解的东盟国家出口贸易情况。因此，本文使用 OECD-Tiva 数据对东盟国家价值链参与度和价值链地位进行测算与分析。

（一）GVC 指数

Koopman 等（2008，2010，2012）基于全球价值链，从价值增值的角度出发，对出口贸易进行分解，并构建了反映一国参与全球生产网络和国际分工地位的 GVC 指数，包括价值链参与度指数和价值链地位指数。他们将出口分解为国内附加值出口和国外附加值出口两个部分，其中国内附加值出口按其产品类型以及流转，进一步划分为最终产品和服务出口、直接被进口国吸收的中间产品、中间产品被进口国进口随后出口至第三国、中间产品被进口国吸收加工随后出口回母国。

基于对出口贸易的分解，Koopman 等（2010）构建了反映一国参与全球生产网络程度和国际分工地位的指标，即 GVC 参与指数和 GVC 地位指数。GVC 参与指数被定义为一国间接附加值出口与国外附加值出口之和在总出口中的比重，计算公式如下：

$$\text{GVC\_Participation}_{ir} = \frac{(IV_{ir} + FV_{ir})}{E_{ir}} \qquad \text{（公式 1）}$$

其中，$\text{GVC_Participation}_{ir}$表示该国 i 产业参与全球生产网络的程度；IV_{ir}、FV_{ir} 和E_{ir} 分别表示一国总出口中所包含的间接国内附加值、国外附加值和总出口，指数值越大，表示一国参与全球生产网络的程度越高。

GVC 地位指数被定义为一国间接附加值出口与国外附加值出口的差距，如果一国总出口中的间接附加值出口比率高于国外附加值出口比率，意味着该国更多地为世界其他国家提供中间产品，说明该国处于上游环节，否则，处于下游环节。计算公式如下：

$$\text{GVC\_Position}_{ir} = \text{Ln}\left(1 + \frac{IV_{ir}}{E_{ir}}\right) - LN\left(1 + \frac{FV_{ir}}{E_{ir}}\right) \qquad \text{（公式 2）}$$

GVC_Position_{ir}表示 r 国 i 产业在全球价值链中的分工地位；其他字母含义同上。指数值越大，说明一国处于全球价值链的地位越高。

（二）东盟国家的 GVC 参与指数和地位指数

从横向时间维度来看，东盟国家的价值链参与度维持较高水平，其参与度经历阶段性上涨后，呈小幅波动回落状态。20 世纪 90 年代东盟国家的价值链参与度保持稳步增长，参与度指数从 1995 年的 0. 53 上升至 2000 年的

0.58。进入21世纪后，东盟国家的价值链参与度趋于平稳，近几年略有下降。2011年东盟国家的价值链参与度指数为0.56。

从纵向国家间对比来看，中国的价值链参与度始终保持在第一位，价值链参与度远超其他国家，韩国、意大利、法国呈现波动增长的趋势。东盟国家的价值链参与度指数在12国中排名中上，价值链参与程度较高。东盟国家的价值链参与度指数目前在其他12国中排名第五位，2000年参与度最高达到第二位，随后被韩国、意大利和法国赶超，2009年以后东盟国家的价值链参与度重回第五位（见表1）。

在东盟国家中，马来西亚参与全球价值链的程度最高，1998年其价值链参与度跃居各国的首位，并持续保持第一。1995年、2000年和2011年，马来西亚的价值链参与度指数分别为0.54、0.65和0.64；新加坡的价值链参与度在20世纪90年代初曾位居首位，随后被泰国、越南反超，现排名第3位；泰国的价值链参与度经历阶段性下降后重回第二位，1995年、2000年和2011年参与度指数分别为0.55、0.59和0.62；越南的价值链参与度提升最快，1995年、2000年和2011年价值链参与度指数分别为0.47、0.49和0.60；菲律宾的价值链参与度指数曾排名第二，随后逐年下滑，从2004年的0.61下降至2011年的0.51；印尼价值链参与程度远低于其他国家且逐年下滑，其价值链参与度指数从2000年的0.45下降至2011年的0.38。

相对于较高的价值链参与度，东盟国家的价值链地位指数却正好相反，其价值链地位指数排名落后。1995年、2000年和2011年，东盟国家的价值链地位指数分别为 -0.03、-0.12和-0.08，价值链地位始终居于末位。其中，2011年马来西亚、老挝、印尼、菲律宾、越南的价值链地位指数分别为 -0.13、-0.18、0.12、0.03和-0.09，其价值链地位指数远低于其他国家，这表明东盟国家出口附加值中，很大部分来自进口，自主生产与设计研发能力相对薄弱。相比之下，美国、日本、俄罗斯等价值链地位指数较高，2011年三国的价值链地位指数分别为0.14、0.18和0.17；中国的价值链分工地位仍处于较低的位置，但有了较大的改善。1995年、2003年和2011年，中国的价值链地位指数分别为0.01、-0.08、0.04，排名从第12位上升至第6位（见表2）。

表 1　1995 ~ 2011 年东盟国家的 GVC 参与度指数

年份	1995	1996	1997	1998	1999	2000	2001	2002	2003	2004	2005	2006	2007	2008	2009	2010	2011
东盟	0. 53	0. 54	0. 55	0. 56	0. 57	0. 58	0. 58	0. 57	0. 57	0. 57	0. 58	0. 57	0. 58	0. 56	0. 57	0. 57	0. 56
文莱	0. 15	0. 14	0. 13	0. 13	0. 11	0. 10	0. 12	0. 11	0. 09	0. 08	0. 08	0. 07	0. 06	0. 07	0. 09	0. 09	0. 08
柬埔寨	0. 26	0. 31	0. 38	0. 48	0. 52	0. 51	0. 52	0. 52	0. 53	0. 53	0. 53	0. 53	0. 52	0. 54	0. 50	0. 51	0. 51
印尼	0. 40	0. 41	0. 42	0. 43	0. 44	0. 45	0. 44	0. 43	0. 42	0. 43	0. 43	0. 41	0. 41	0. 41	0. 39	0. 38	0. 38
马来西亚	0. 54	0. 56	0. 58	0. 61	0. 63	0. 65	0. 65	0. 65	0. 65	0. 65	0. 67	0. 66	0. 65	0. 64	0. 65	0. 66	0. 64
菲律宾	0. 53	0. 53	0. 55	0. 59	0. 59	0. 59	0. 60	0. 61	0. 61	0. 61	0. 59	0. 58	0. 57	0. 54	0. 52	0. 53	0. 51
新加坡	0. 63	0. 63	0. 63	0. 62	0. 62	0. 62	0. 59	0. 58	0. 58	0. 58	0. 60	0. 60	0. 60	0. 57	0. 60	0. 60	0. 61
泰国	0. 55	0. 55	0. 55	0. 56	0. 56	0. 59	0. 58	0. 57	0. 58	0. 59	0. 62	0. 60	0. 61	0. 63	0. 61	0. 62	0. 62
越南	0. 47	0. 48	0. 48	0. 47	0. 49	0. 49	0. 50	0. 50	0. 51	0. 51	0. 52	0. 54	0. 56	0. 56	0. 58	0. 60	0. 60
加拿大	0. 52	0. 53	0. 53	0. 54	0. 53	0. 53	0. 54	0. 54	0. 52	0. 52	0. 51	0. 52	0. 51	0. 49	0. 49	0. 50	0. 50
中国	0. 63	0. 63	0. 64	0. 65	0. 66	0. 67	0. 66	0. 65	0. 66	0. 67	0. 67	0. 69	0. 70	0. 69	0. 69	0. 69	0. 69
法国	0. 53	0. 54	0. 54	0. 55	0. 56	0. 57	0. 58	0. 58	0. 57	0. 58	0. 59	0. 60	0. 60	0. 60	0. 59	0. 60	0. 61
德国	0. 51	0. 51	0. 51	0. 52	0. 53	0. 54	0. 54	0. 52	0. 53	0. 53	0. 54	0. 55	0. 55	0. 56	0. 54	0. 54	0. 54
印度	0. 51	0. 51	0. 50	0. 50	0. 50	0. 50	0. 50	0. 50	0. 50	0. 50	0. 50	0. 51	0. 51	0. 52	0. 52	0. 52	0. 52
意大利	0. 55	0. 55	0. 55	0. 56	0. 57	0. 58	0. 58	0. 58	0. 59	0. 59	0. 60	0. 61	0. 61	0. 62	0. 59	0. 61	0. 62
日本	0. 46	0. 46	0. 47	0. 46	0. 46	0. 47	0. 48	0. 48	0. 48	0. 48	0. 49	0. 51	0. 52	0. 53	0. 50	0. 50	0. 52
韩国	0. 56	0. 57	0. 58	0. 59	0. 57	0. 58	0. 58	0. 58	0. 59	0. 60	0. 61	0. 62	0. 62	0. 65	0. 64	0. 65	0. 66
俄罗斯	0. 47	0. 47	0. 46	0. 48	0. 47	0. 49	0. 52	0. 51	0. 52	0. 48	0. 47	0. 46	0. 47	0. 48	0. 49	0. 49	0. 48
西班牙	0. 55	0. 55	0. 55	0. 55	0. 55	0. 56	0. 55	0. 55	0. 55	0. 56	0. 57	0. 58	0. 58	0. 57	0. 53	0. 54	0. 55
英国	0. 49	0. 50	0. 50	0. 50	0. 49	0. 50	0. 50	0. 49	0. 48	0. 48	0. 47	0. 48	0. 48	0. 48	0. 47	0. 48	0. 49
美国	0. 48	0. 48	0. 48	0. 48	0. 48	0. 48	0. 48	0. 46	0. 47	0. 46	0. 47	0. 47	0. 48	0. 50	0. 44	0. 46	0. 47

资料来源：根据 TIVA 数据库的数据计算。

表 2　1995～2011 年东盟国家的 GVC 地位指数

年份	1995	1996	1997	1998	1999	2000	2001	2002	2003	2004	2005	2006	2007	2008	2009	2010	2011
东盟	-0.03	-0.03	-0.03	-0.05	-0.06	-0.12	-0.10	-0.08	-0.09	-0.11	-0.11	-0.11	-0.10	-0.09	-0.07	-0.08	-0.08
文莱	0.00	0.00	-0.02	-0.01	0.00	0.00	0.00	0.00	0.00	0.01	-0.01	0.00	0.02	-0.01	-0.01	0.00	0.00
印尼	0.13	0.15	0.14	0.06	0.12	0.09	0.08	0.11	0.11	0.09	0.09	0.09	0.11	0.10	0.14	0.14	0.12
老挝	0.00	-0.01	-0.06	-0.08	-0.13	-0.18	-0.19	-0.21	-0.23	-0.24	-0.25	-0.25	-0.24	-0.24	-0.16	-0.19	-0.18
马来西亚	-0.05	-0.06	-0.07	-0.11	-0.16	-0.23	-0.22	-0.19	-0.20	-0.21	-0.19	-0.20	-0.18	-0.14	-0.11	-0.13	-0.13
菲律宾	-0.05	-0.08	-0.13	-0.08	-0.01	-0.05	-0.12	-0.12	-0.15	-0.16	-0.13	-0.16	-0.12	-0.07	-0.01	-0.02	0.03
越南	0.03	-0.03	-0.02	-0.02	-0.03	-0.05	-0.03	-0.04	-0.07	-0.05	-0.08	-0.09	-0.12	-0.12	-0.06	-0.07	-0.09
加拿大	0.03	0.02	0.00	0.00	-0.01	-0.01	0.02	0.02	0.04	0.04	0.04	0.05	0.05	0.02	0.04	0.02	0.02
中国	0.01	0.01	0.01	0.00	-0.02	-0.04	-0.04	-0.06	-0.08	-0.07	-0.06	-0.03	0.01	0.04	0.06	0.04	0.04
德国	0.17	0.16	0.15	0.15	0.14	0.11	0.11	0.12	0.12	0.11	0.09	0.06	0.06	0.05	0.08	0.06	0.02
西班牙	0.13	0.12	0.10	0.09	0.07	0.03	0.04	0.06	0.06	0.04	0.04	0.01	0.01	0.02	0.07	0.04	0.01
法国	0.15	0.14	0.13	0.13	0.13	0.09	0.10	0.11	0.12	0.11	0.09	0.08	0.07	0.08	0.12	0.10	0.08
英国	0.10	0.10	0.12	0.13	0.13	0.11	0.12	0.12	0.12	0.11	0.10	0.10	0.10	0.08	0.07	0.05	0.03
印度	0.26	0.25	0.25	0.24	0.23	0.22	0.20	0.20	0.19	0.15	0.12	0.10	0.10	0.05	0.08	0.06	0.03
意大利	0.16	0.18	0.18	0.17	0.18	0.14	0.15	0.15	0.16	0.14	0.12	0.09	0.09	0.08	0.13	0.09	0.07
日本	0.28	0.27	0.27	0.27	0.27	0.26	0.26	0.26	0.25	0.24	0.22	0.19	0.18	0.17	0.22	0.19	0.18
韩国	0.09	0.07	0.02	0.03	0.02	-0.01	0.01	0.03	-0.02	-0.04	-0.04	-0.05	-0.07	-0.14	-0.08	-0.10	-0.13
俄罗斯	0.17	0.18	0.17	0.13	0.12	0.11	0.14	0.15	0.15	0.16	0.17	0.16	0.17	0.16	0.19	0.19	0.17
美国	0.20	0.20	0.20	0.21	0.20	0.19	0.20	0.20	0.19	0.18	0.17	0.16	0.16	0.15	0.17	0.16	0.14

资料来源：根据 TIVA 数据库的数据计算。

从东盟国家各行业的全球价值链参与度指数来看，制造业和建筑行业是参与全球产业链的主要产业，其中电子光学、汽车等产业的价值链参与度均高于总体水平，电子光学产业参与度指数居首位，保持在0.7以上，化学品制造、金属及金属制品的全球价值链参与度也逐年上升，2011年其参与度指数均达到0.73（见表3）；从各产业价值链地位指数来看，东盟国家参与全球价值链的主要产业均处于价值链低端地位，低端锁定现象较为严重。各产业中除了食品制造和造纸印刷外，东盟国家制造业价值链地位指数均小于零，电子光学业的价值链地位指数排名末位，1995年、2000年和2011年的价值链地位指数分别为-0.21、-0.31和-0.23（见表4）。这表明东盟国家出口附加值中来自国外附加值的占比较高，且对外依赖严重。由此可见，虽然东盟国家在制造业等产业具有较高的价值链参与度，但是各国在全球生产网络中分工地位较低，各产业低端锁定现象严重。不过，东盟国家的价值链地位指数总体有向上的趋势，反映了各国努力向价值链上游迈进的努力，但各国价值链地位提升依然阻碍重重。

表3　1995~2011年东盟国家各产业的GVC参与度指数

年份	1995	1996	1997	1998	1999	2000	2001	2002	2003
采掘业	0.19	0.19	0.20	0.19	0.19	0.16	0.16	0.17	0.17
制造业	0.66	0.67	0.67	0.67	0.68	0.70	0.70	0.69	0.69
食品制造	0.63	0.64	0.65	0.67	0.66	0.66	0.67	0.67	0.68
造纸印刷	0.59	0.59	0.59	0.58	0.57	0.59	0.58	0.57	0.58
化学品制造	0.69	0.69	0.68	0.68	0.69	0.70	0.70	0.67	0.68
金属及金属制品	0.68	0.68	0.68	0.66	0.66	0.69	0.71	0.69	0.70
机械制造	0.69	0.68	0.67	0.64	0.65	0.66	0.66	0.66	0.65
电子光学	0.70	0.71	0.72	0.72	0.73	0.75	0.75	0.74	0.75
汽车	0.64	0.66	0.65	0.62	0.65	0.67	0.65	0.63	0.64
建筑业	0.62	0.61	0.60	0.64	0.66	0.67	0.69	0.71	0.67
东盟总体	0.53	0.54	0.55	0.56	0.57	0.58	0.58	0.57	0.57

续表

年份	2004	2005	2006	2007	2008	2009	2010	2011
采掘业	0.16	0.15	0.14	0.13	0.15	0.13	0.12	0.13
制造业	0.70	0.71	0.71	0.71	0.71	0.71	0.71	0.71
食品制造	0.68	0.71	0.69	0.69	0.70	0.69	0.70	0.69
造纸印刷	0.59	0.59	0.59	0.60	0.61	0.61	0.60	0.61
化学品制造	0.68	0.73	0.72	0.72	0.71	0.73	0.73	0.73
金属及金属制品	0.73	0.74	0.73	0.73	0.74	0.73	0.73	0.73
机械制造	0.66	0.68	0.68	0.68	0.69	0.67	0.67	0.68
电子光学	0.75	0.75	0.75	0.75	0.74	0.74	0.74	0.74
汽车	0.67	0.68	0.67	0.66	0.67	0.64	0.66	0.66
建筑业	0.67	0.67	0.68	0.67	0.67	0.65	0.64	0.66
东盟总体	0.57	0.58	0.57	0.58	0.56	0.57	0.57	0.56

资料来源：根据 TIVA 数据库的数据计算。

表 4　1995~2011 年东盟国家各产业的 GVC 地位指数

年份	1995	1996	1997	1998	1999	2000	2001	2002
采掘业	0.05	0.04	0.05	0.02	0.03	0.01	-0.01	0.01
制造业	-0.07	-0.08	-0.09	-0.09	-0.11	-0.18	-0.16	-0.14
食品制造	0.21	0.21	0.21	0.21	0.19	0.17	0.17	0.18
造纸印刷	0.15	0.16	0.14	0.08	0.10	0.04	0.07	0.08
化学品制造	-0.06	-0.08	-0.06	-0.06	-0.07	-0.12	-0.11	-0.08
基本金属制造	-0.11	-0.08	-0.08	-0.13	-0.12	-0.18	-0.16	-0.14
机械制造	-0.18	-0.17	-0.16	-0.23	-0.22	-0.27	-0.26	-0.24
电子光学	-0.21	-0.21	-0.21	-0.20	-0.23	-0.31	-0.28	-0.27
汽车	-0.13	-0.13	-0.13	-0.16	-0.15	-0.19	-0.16	-0.14
建筑业	-0.03	-0.02	-0.04	-0.03	-0.02	-0.08	-0.06	-0.05
总体	-0.03	-0.03	-0.03	-0.05	-0.06	-0.12	-0.10	-0.08

续表

年份	2003	2004	2005	2006	2007	2008	2009
采掘业	0.00	-0.01	-0.05	-0.03	-0.03	-0.03	-0.01
制造业	-0.14	-0.16	-0.15	-0.16	-0.14	-0.13	-0.10
食品制造	0.18	0.16	0.16	0.17	0.17	0.18	0.20
造纸印刷	0.09	0.05	0.03	0.05	0.04	0.03	0.06
化学品制造	-0.03	-0.07	-0.08	-0.10	-0.08	-0.09	-0.09
基本金属制造	-0.13	-0.18	-0.18	-0.17	-0.16	-0.21	-0.13
机械制造	-0.21	-0.25	-0.23	-0.21	-0.21	-0.23	-0.21
电子光学	-0.29	-0.31	-0.30	-0.29	-0.28	-0.26	-0.23
汽车	-0.13	-0.16	-0.20	-0.16	-0.17	-0.20	-0.15
建筑业	-0.03	-0.05	-0.07	-0.07	-0.06	-0.09	-0.04
总体	-0.09	-0.11	-0.11	-0.11	-0.10	-0.09	-0.07

资料来源：根据 TIVA 数据库的数据计算。

四　结论

东盟国家参与全球生产网络经历了20世纪60年代的准备阶段、七八十年代发展阶段、90年代全面参与生产竞争阶段、21世纪初向高附加值环节升级转型阶段。在各个阶段，东盟国家参与全球生产网络从少数几国演变为几乎所有成员国，融入全球生产网络的程度日益加深，多数国家通过参与由跨国公司主导的全球生产网络实现了经济起飞。世界银行的研究表明，积极融入全球生产网络与一国经济贸易增长、产业发展水平正相关。

从各国融入全球生产网络的产业看，东盟国家已经由最初的以劳动密集型的轻纺工业为主拓展到消费电子、半导体、汽车、机械等资本密集型产业，参与的生产工序从单一的装配测试向产业链上下游延伸，逐渐成为亚洲消费电子、半导体产业的装配制造中心。目前，东盟一些国家已具备从原材料到零部件再到加工组装出口的生产能力，融入国际化生产的行业和工序扩大，相关的产业集群逐步形成，并在全球生产网络中扮演重要的角色。不过，东盟参与全球生产网络仍处于低端位置，均存在较强的对外依赖，主要体现在对外的投资依赖、技术依赖、进口依赖和市场依赖，严重的对外依赖导致东盟国家在全球产品内分工中处于弱势地位。

随着全球产品内分工的深入发展，东盟国家在全球生产网络中扮演的角色发生了新的变化。以电子产品、汽车为代表的零部件生产向模块化转变，跨国公司考虑到投资成本和收益以及由于信息不对称产生的代理成本，更倾向于对于各零部件模块选择少数具有全球触角的零部件供应商（或直接寻求合同制造商），将其作为生产合作对象。在合同制造商的压力下，东盟国家直接参与跨国公司生产商的供应链体系的机会将更少，而更多地参与由合同制造商和全球零部件生产商建立的生产网络，进入二级或三级供应链体系。

本文的研究表明，东盟国家的价值链参与度指数与价值链地位指数呈现相背离的状况。虽然东盟国家总体的价值链参与度指数居于全球前列，但其价值链地位指数则排名末位，其价值链地位指数小幅上升的趋势反映了东盟国家向价值链高端地位做出的努力，但东盟国家要提升在全球生产网络中的分工地位仍然任重道远。

参考文献

Ayako Obashi, Fukunari Kimura, Deepening and Widening of Production Networks in ASEAN, *Asian Economic Papers*, 2017, 54－76.

Asian Development Bank. Asia and Global Production Networks—Implications for Trade, Incomes and Economic Vulnerability, https://www.adb.org/publications/asia-and-global-production-networks-implications-trade-incomes-and-economic-vulnerability, 2014.

Escaith, Hubert, Satoshi Inomata, and Sébastien Miroudot. Evolution of Production Networks in the Asia-Pacific Region: A Vision in Value-added and Employment Dimensions. Australia: ANU Press, 2018.

Escaith, Hubert and Inomata, Satoshi, Geometry of Global Value Chains in East Asia: The Role of Industrial Networks and Trade Policies (June 9, 2013), Nanyang Technological University (NTU) and World Trade Organization (WTO), 2013.

López González, J. Mapping the participation of ASEAN small-and medium-sized enterprises in global value chains, *OECD Trade Policy Papers*, No. 203, OECD Publishing, Paris, 2017.

WTO. 15 Years of the Information Technology Agreement Trade, innovation and global production networks, https://www.wto.org/english/res_e/publications_e/ita15years_2012_e.htm, 2012.

WTO. Global value chains in a changing world, https://www.wto.org/english/res_e/booksp_e/aid4tradeglobalvalue13_part4_e.pdf, 2013.

WTO. Trade patterns and global value chains in East Asia: From trade in goods to trade in tasks, https://www.wto.org/english/res_e/publications_e/stat_tradepat_globvalchains_e.htm, 2011.

WTO. *Global Value Chain Development Report 2017*, https://www.wto.org/english/res_e/publications_e/gvcd_report_17_e.htm, 2017.

B.4
东盟四国汽车产业竞争力的实证研究

〔泰〕林少霞*

摘　要： 世界汽车工业产业链的全球化和跨国重组，改变了世界汽车产业的竞争格局，汽车工业产业链全球化导致新型专业化分工协作模式出现，尤其是第四次工业革命的浪潮对世界汽车产业将产生巨大的冲击和影响。在世界汽车产业新的竞争格局下，东盟四国开始积极调整汽车产业的发展战略，确定汽车产业的发展方向，布局汽车产业重点领域，以提升汽车产业的国际竞争力。因此，分析东盟四国汽车产业的发展现状与前景，具有重要的现实意义。

关键词： 东盟四国　汽车产业　国际竞争力

近年来，东盟国家的汽车产业快速发展，汽车产业已成为一些国家重要的支柱产业，它在经济发展和产业转型中具有显著的地位与作用。随着世界汽车工业产业链的全球化和跨国重组，全球汽车产业的竞争格局发生了一系列变化，东盟国家的汽车产业将面临新的机遇与挑战。

一　东盟四国汽车产业发展的概况

第二次世界大战后东盟国家汽车工业经历了曲折发展的过程，各国选择

* 〔泰〕林少霞（Krongchan Cantharaphaha），厦门大学东南亚研究中心世界经济专业博士研究生。

了各自的汽车产业政策，走上了不同的汽车工业发展道路。20 世纪 60 年代，泰国和马来西亚政府均实施进口替代的汽车产业政策，以保护弱小的本国汽车工业。20 世纪 80 年代初，马来西亚提出了国产车计划，创立了国家汽车公司，由此民族汽车工业成为本国汽车市场的主体；20 世纪 90 年代初期，泰国的汽车产业政策从保护性转向自由化，政府积极开放汽车市场，鼓励外国汽车制造商到泰国投资设厂；从 1993 年起，印尼政府开始推行汽车国产化政策，但受到西方国家的阻碍，振兴国产车的计划最终流产；越南的汽车工业起步较晚，发展基础较为薄弱。

泰国汽车制造业是从汽车零配件工业起步的，1961 年泰国第一家汽车装配厂诞生。随着国内经济的快速发展，泰国汽车产业迅速发展起来。泰国汽车工业发展历程大致可分为：20 世纪 60 年代至 80 年代末，政府采取高关税等措施保护本国汽车工业的发展；20 世纪 80 年代末 90 年代初，在国内汽车供需矛盾的压力下，泰国政府部分开放了汽车的进口；20 世纪上半期，泰国汽车工业从保护性政策转向自由化政策，汽车工业进入快速发展时期，其汽车产量和销量分别以年均 16.7% 和 13.5% 的速度递增；亚洲金融危机爆发后，泰国的汽车工业受到较大的冲击，汽车制造商面临着生产停滞和出口下降，国内汽车市场急剧萎缩；进入 21 世纪后，随着国内经济的复苏，泰国汽车工业逐渐步入正轨，汽车生产量和出口额不断扩大，汽车工业已成为制造业的支柱产业，并成为东盟国家汽车生产与出口基地。

马来西亚汽车工业起步于 20 世纪 60 年代，1963 年马来西亚政府开始鼓励建立汽车工业。到 20 世纪 60 年代后期，马来西亚建立了汽车组装厂以代替汽车进口。1967 年，政府批准 6 家组装厂开始运转。20 世纪 80 年代起，马来西亚开始发展民族汽车工业，政府制定了发展国家汽车产业的政策。1983 年 5 月，马来西亚国家汽车公司—宝腾（PROTON）公司建立，1985 年宝腾公司产出了第一辆宝腾汽车，1986 年出口了第一辆宝腾汽车，这标志着马来西亚民族汽车工业的起步。20 世纪 90 年代后，马来西亚的汽车工业进入快速发展的时期，汽车产量和销量都创下历史新高。1992 年 10 月，马来西亚创立了第二家本国企业控股的汽车公司 Perusahaan Otomobil

Kedua（Perodua），由此马来西亚民族汽车工业成为本国汽车市场的主体，两家公司控制了国内90%的汽车市场份额，当时马来西亚也是东盟国家中唯一拥有自主汽车品牌的国家。1997年，马来西亚的汽车销量达到40.5万辆，成为东盟国家最大的汽车销售市场。1997年亚洲金融危机爆发后，马来西亚的汽车业受到巨大的冲击，汽车产销量大幅度减少。原来作为马来西亚汽车市场主体的宝腾公司，其汽车销量和市场份额减少，导致营业收入锐减和亏损加剧。2017年6月，中国吉利控股集团收购宝腾汽车49.9%的股份。

印尼的国产化汽车计划始于1993年，政府实施了“1993激励计划”。为了保护国内汽车工业，印尼政府采取了限制整车进口，只准许进口汽车散件，逐步减少进口零部件在国内装配汽车中的比重。同时，政府实施的国产车激励制度，根据整车的当地含量和汽车的类型，对进口零部件实行关税减免。为了推动汽车国产化进程，印尼政府制订了国产汽车计划（包括1996年2月计划和1996年6月计划）。1996年6月计划规定，对于在设备所有权、商标使用和技术等方面满足特定标准的印尼汽车公司授予“先锋”或国产车公司地位，免除国产车奢侈品销售税和零部件进口税，并由政府和私营银行提供10年期贷款。但是，印尼的汽车国产化政策遭到了来自欧盟、美国和日本等的阻碍，先后指控印尼政府对汽车工业采取的措施实际上构成了补贴。1997年，印尼汽车“先锋计划”案在世界贸易组织（WTO）败诉。1998年1月，印尼的国产车计划宣告终止。1999年6月，印尼政府公布了新的汽车政策，实行开放汽车产业，再次允许整车进口，取消了“本地化含量”要求和外商投资的持股比例要求，允许外商在汽车及零部件生产领域独资或合资经营，但不允许从事汽车零售业务。新的汽车政策强调，重点发展微型汽车工业和汽车零部件工业，调整和培育新的汽车产业结构。实施新的汽车产业政策后，印尼的汽车产销量迅速增加，特别是2000年以后汽车产量和销量呈现爆发性增长。2010年，印尼国内汽车销量突破70万辆，超过泰国（68万辆）成为东盟国家最大的汽车市场。2012年，印尼的汽车产销量均第一次突破100万辆。

越南的汽车工业起步较晚，发展基础薄弱。1991 年，越南政府开始引进外资发展汽车生产和组装产业，日本、欧美的汽车跨国企业进入越南，通过独资或合资的方式在越南设立了汽车组装企业，同时越南也建立了一些本土汽车组装企业。目前，越南本土汽车制造商大部分是丰田、三菱、起亚和福特等汽车制造商的代工厂，虽然越南的汽车有 70.7% 是国产的，但主要是组装，零部件严重依赖进口。越南本地最大的汽车制造商长海（Truong Hai）汽车是以代工韩国的起亚和日本的马自达汽车为主，零部件自给能力仅有 15% ~18%，轻型卡车零部件自给率仅有 33%。在越南市场上，主要的汽车品牌包括本土品牌长海汽车、丰田、本田等日系品牌和福特等美系品牌。

过去十年中，泰国、印尼、马来西亚和越南的汽车工业迅速发展，各国汽车产量不断扩大，泰国和印尼的汽车产量均超过百万辆，泰国已成为世界上重要的汽车制造商之一。2007 ~2016 年，泰国的汽车产量从 128.7 万辆增加至 194.4 万辆，印尼从 41.2 万辆增加至 117.7 万辆，马来西亚从 44.2 万辆增加至 54.5 万辆，越南从 7.5 万辆增加至 23.6 万辆（见表 1）。其中，泰国的乘用车产量从 95.8 万辆降至 80.5 万辆，印尼从 74.4 万辆增至 96.8 万辆，马来西亚从 51 万辆降至 50.4 万辆，越南从 4.1 万辆增至 14.6 万辆；泰国的商用车产量从 149.6 万辆降至 113.9 万辆，印尼从 32.2 万辆降至 20.9 万辆，马来西亚从近 6 万辆降至 4.2 万辆，越南从 3.2 万辆增至 9.1 万辆。与此同时，东盟四国的汽车市场迅速扩大，汽车销售量直线上升。2007 ~2016 年，印尼的汽车销售量从 43.3 万辆增至 106.2 万辆，泰国从 63.1 万辆增至 76.9 万辆，马来西亚从 48.7 万辆增至 58 万辆，越南从 8 万辆增至 27.1 万辆（见表 1）。其中，印尼的乘用车销量从 78.1 万辆增至 86.1 万辆，马来西亚从 55.2 万辆降至 51.5 万辆，泰国从 69.4 万辆降至 32.8 万辆，越南从 4.4 万辆增至 15.8 万辆；泰国的商用车销量从 74.2 万辆降至 44.1 万两，印尼从 33.5 万辆降至 20 万辆，马来西亚从 7.6 万辆降至 6.6 万辆，越南从 3.7 万辆增至 11.3 万辆。

表1　2007～2016年东盟四国汽车产量和销量

单位：辆

年份		2007年	2008年	2009年	2010年	2011年	2012年	2013年	2014年	2015年	2016年
产量	泰国	1287379	1394029	999378	1645304	1457795	2453717	2457057	1880007	1913002	1944417
	印尼	411638	600844	464816	702508	837948	1065557	1208211	1298523	1098780	1177389
	马来西亚	441678	530810	489269	567715	533515	569620	601407	596418	614664	545253
	越南	75249	107918	107760	106166	100465	73673	93630	121084	171753	236161
销量	泰国	631251	615270	548871	800357	794081	1436335	1330672	881832	799632	768788
	印尼	433341	603774	483550	764710	894164	1116212	1229901	1208019	1013291	1061735
	马来西亚	487176	548115	536905	605156	600123	627753	655793	666465	666674	580124
	越南	80392	110186	119460	111737	109660	80453	98649	133588	2029267	270820

资料来源：根据 ASEAN Automotive Federation 的数据编制。

作为汽车工业的配套行业，东盟四国的汽车零部件生产发展较快，泰国、印尼和马来西亚的汽车零部件生产已初具规模，泰国已形成较为完备的汽车零部件的产业链。据泰国汽车零配件生产商协会披露，泰国已能提供从轮胎到制动圆筒、从传动部件到车内装饰的任何一种汽车零配件，橡胶和塑料零部件具有较强的竞争力，其中轮胎出口量最大。由于外国公司转让技术，泰国的汽车铸造业有很大的发展，汽车电子零部件以合资企业为主，而泰国当地企业主要生产车座部件、后视镜、方向盘等劳动密集型产品。印尼的汽车工业以汽车组装业为主，没有自主品牌，汽车零部件厂商达850多家，包括一级零配件供应商250家，二级和三级零配件供应商600多家，主要生产刹车零件、避震器、消音器、滤清器、排气管、散热器、轮箍、密封条等130余种零部件。越南汽车零部件生产企业有210多家，但多数是中小型企业，生产能力较低，只能生产技术含量低的零配件如车身、车厢、底盘、镜了、雨刷杆、坐垫、电池、电线、轮胎及简单塑料等，仅能满足7%的商用车组装需求。

与汽车生产相关联的原材料工业，也吸引了外商的投资设厂。汽车是东盟四国第二大钢铁消费行业，仅次于建筑业。东盟四国钢铁产能普遍不足，印尼和马来西亚是仅有的两个可以生产直接还原铁/热压铁的国家，炼钢产能远远低于热轧产能，高档钢材仍需大量进口。近年来，外资钢铁企业纷纷到东盟四国投资设厂，韩国浦项和日本新日铁住金、JFE等钢铁巨头纷纷在越南、泰国等地与当地企业合资成立综合性钢铁生产企业或钢材深加工中心，新日铁住金和JFE先后在印尼和泰国建设汽车用钢板生产厂。同时，东盟四国是世界上天然橡胶的主要生产与出口国，各国逐步形成了以汽车轮胎为主导的橡胶制造业。近年来，全球十大轮胎制造商有7家已在泰国投资设厂，世界主要的轮胎制造商普利司通、米其林、固特异、倍耐力、住友、韩泰、正新等纷纷在印尼投资，如韩泰轮胎在印尼建立其全球第七家工厂，年产能达到600万条。

二　东盟四国的汽车产业政策

东盟四国汽车产业的形成与发展，与各国政府实行的汽车产业政策密切相关。早期东盟四国的汽车工业发展，政府均实施进口替代的产业政策，采取关税保护措施，订立汽车的国产化比率，马来西亚还选择以民族汽车工业为主的发展模式。20世纪90年代初，泰国开始实施外向型的汽车产业政策，吸引外国汽车制造商到泰国投资设厂，并成为东盟国家最大的汽车生产与出口国。近年来，东盟四国纷纷调整汽车工业发展战略，扩大汽车及其零部件的生产规模，推进汽车产业结构的转型升级，并取得一定的成效。

（一）泰国的汽车产业政策

早在20世纪60年代，泰国就决定要建立与发展本国的汽车工业，政府颁布了产业投资鼓励法，通过税收优惠和投资津贴等政策，以国内生产汽车取代进口汽车。1962年，泰国政府降低了进口汽车零件的进口关税率，并降低一半的营业税。1969年，泰国投资促进委员会宣布取消对组装汽车工厂的投资。1978年，政府提高成品汽车的进口关税率，禁止进口在国内生产的成品汽车，还禁止新的组装汽车工厂运营商。不过，泰国实施进口替代汽车产业政策，国内始终没有建立起独立的汽车工业体系。

1990 年 8 月，泰国汽车工业开始逐步从保护性转向自由化的产业政策，为此政府推出了一系列开放汽车市场、促进汽车工业发展的政策和措施，确立了出口导向型的汽车工业总体发展模式。1991 年，泰国政府取消了禁止进口成品汽车的禁令，降低了汽车及其零部件的进口关税率。泰国政府宣布放弃对 42 种客车系列的规定，不再对客车系列实行数量限制，解除了对进口排气量在 2300CC 以下整车的禁令，大幅度削减汽车进口关税。1994 年，泰国进一步调整汽车工业的税收政策。1995 年，泰国对汽车工业的国内征税进行了调整。另外，政府对汽车出口实行减免税优惠，规定凡出口 1000 辆以上汽车的企业进口待组装的汽车零部件的关税税率可减至 10%；对出口占销售额 30% 以上的汽车企业，所用进口原材料免除进口税。1997 年，亚洲金融危机首先在泰国爆发，泰国经济遭受巨大的冲击，汽车工业随之受到较大的影响。2000 年初，泰国政府决定开放国内的汽车产业和汽车零件，按照 WTO 的规定取消了轿车当地含量 54%、小型货车 70% 和商用卡车 62% 的规定。

2016 年，泰国提出“泰国 4.0”战略，确定将十大目标产业部门作为未来经济发展的新引擎，其中新一代汽车制造被列为头号目标产业，其后为智能电子、高端旅游与医疗、农业和生物技术、食品深加工、工业机器人、航空和物流、生物能源与商务化工、数字经济、医疗中心。由于对环保汽车的巨大需求，2017 年 3 月，泰国政府启动了汽车制造商和汽车零部件制造商的电动汽车促销特权计划，涵盖了三种类型的电动汽车，即混合电动汽车（HEVs）、充电式电动汽车（PHEVs）和电池电动汽车（BEVs），泰国投资促进委员会提供的优惠政策包括 5 ~ 8 年的免税期和汽车、机械的进口免税。泰国政府的目标是成为未来全球电动汽车的枢纽，到 2036 年之前提供 120 万辆电动汽车和 690 个充电站。[①]

---

① 《本地产电动汽车有望 8 年内上市》，泰国《星暹日报》2018 年 5 月 4 日。

（二）马来西亚的汽车产业政策

马来西亚的汽车工业发展经历了20世纪60年代前的汽车整车进口阶段、20世纪60年代至80年代的散件组装阶段和20世纪80年代开始生产国民车的发展阶段。1983年5月，马来西亚国家汽车公司——宝腾（PROTON）公司建立，1985年第一辆宝腾汽车上市，1986年第一辆宝腾汽车出口，这标志着马来西亚民族汽车工业开始起步。

为了加快实施国产车计划，马来西亚政府出台了税收与融资优惠政策，并不断调整与改进。政府针对汽车的整车（CBU）和散件组装（CKD）进口征收不同的关税，轿车的整车（CBU）进口关税率为140%～300%，箱式载货车为42%～140%，四轮驱动多功能车为60%～200%；轿车的散件组装（CKD）进口关税率为80%，厢式载货车为40%，四轮驱动多功能车为40%。1992年10月，马来西亚创立了第二家本国企业控股的汽车公司（Perusahaan Otomobil Kedua，Perodua），由此马来西亚民族汽车工业成为本国汽车市场的主体，国家汽车公司（宝腾）和Perodua公司控制了国内90%的汽车市场份额，后来Perodua公司的汽车产销量和市场份额均超过宝腾公司。1997年亚洲金融危机爆发后，马来西亚国内汽车业受到巨大的冲击，汽车产销量大幅度减少。直到2002年，马来西亚的汽车产量才达到金融危机前的水平。

尽管马来西亚实施国产车的倾斜性产业政策，但国产车并未形成国际竞争力，国产车的市场份额呈下降趋势，汽车零配件的进口也大于出口。为继续保护国产车市场和加快本国汽车工业的发展，2006年3月，马来西亚政府公布了"2006年国家汽车政策"（NAP2006），其主要措施包括简化国产税税务结构，增加车辆定价透明度。新政策实施后，马来西亚所有车辆的销售税统一下调为10%，国产税按车型和排量征收，不再分东盟和非东盟、整装进口和散件组装区别征收；降低进口关税，加速与东盟各国汽车工业的融合。自东盟国家进口整车进口税一律从原来的20%下调为5%，非东盟国家的整车进口税由50%下调为30%，巴士、货车、摩托车的整装进口税也由35% ~50%下调为30%。自2005年1月起，马来西亚就开始对来自东盟国家的组装车实行零关税政策，对从非东盟国家进口的组装轿车、旅行车、四驱车及排量大于200CC的摩托车征收10%的进口税；严控准入车辆技术标准，确保车辆安全环保；设立工业调整基金，扶持汽车工业发展；控制发放汽车进口准证，确定废除准证期限；控制发放新汽车生产准证，保证消化国内过剩产能。

2014年1月，马来西亚政府出台了“2014年国家汽车政策”（NAP2014），提出全面开放汽车生产市场，允许外国企业在当地生产低碳节能型汽车，并将马来西亚打造为东盟国家节能车的生产基地，扩大整车和零部件的出口量。到2020年，实现在马来西亚生产的汽车85%为节能汽车，实现乘用车125万辆和商用车10万辆的总体生产目标。为此，政府将耗资20亿林吉特，并成立马来西亚汽车理事会监督政策的落实。长期以来，马来西亚实行保护本土汽车制造商发展的政策，对跨国汽车公司在马来西亚设立子公司设定严格要求，只允许外国汽车制造厂商在该国生产或装配发动机容量1.8升以上的大排量汽车，以保护本国汽车工业。“2014年国家汽车政策”做出了重大的调整，马来西亚政府决定全面开放汽车生产市场，允许外国汽车厂商生产或装配发动机容量1.8升及以下的汽车，允许外国企业在当地生产低碳节能型汽车，并针对在马来西亚国内组装（CKD）的混合动力汽车和电动汽车实施一定期限的免税政策。

（三）印尼的汽车产业政策

从1993年起，印尼开始推行汽车国产化政策，实施了1993激励计划。为了保护国内汽车工业，印尼政府采取了限制整车进口，只准许进口汽车散件的措施，逐步减少进口零部件在国内装配汽车中的比重。同时，政府实施的国产车激励制度，按照汽车的当地含量和类型，对进口汽车零部件减免关税；按照汽车零部件的当地含量和类型，对用于生产这些零部件的进口配件减免关税；对用于某些类型汽车的产品，实行奢侈品销售税减免。

为推动汽车国产化进程，印尼政府制订了国产汽车计划（包括1996年

2 月计划和 1996 年 6 月计划）。1996 年 6 月计划规定，对于在设备所有权、商标使用和技术等方面满足特定标准的印尼汽车公司授予“先锋”或国产车公司地位，保持先锋地位决定于国产车在三年内满足增加的当地含量要求，可免除国产车奢侈品销售税和零部件进口税，PT TPN 成为唯一获得先锋公司称号的印尼公司；为实施国产车计划，由印尼国有银行和私营银行组成的财团向该公司提供 6.9 亿美元的 10 年贷款，其中国有银行的融资至少为 50%。但是，印尼的汽车国产化政策遭到了来自欧盟、美国和日本等的阻碍。1996 年，欧盟、美国和日本先后指控印尼对汽车工业采取的措施实际上构成了补贴。1997 年，印尼汽车“先锋计划”案在世界贸易组织（WTO）败诉，印尼政府振兴国产汽车的计划遭遇重大挫折。1998 年 1 月，印尼的国产车计划宣告终止。

1999 年 6 月，印尼政府公布了新的汽车政策。新政策强调重点发展微型汽车工业和汽车零部件工业，推动微型汽车工业及其零部件的出口，调整和培育新的汽车产业结构。政府提出，重点发展 5 吨以下小型商用车以及摩托车产业，发展排气量在 1500CC 以下的微型汽车工业，并以此开拓微型汽车零部件出口工业的市场。从 1999 年 7 月 1 日起，印尼政府大幅降低汽车及其零配件的进口关税和奢侈品销售税。印尼政府取消了 1994 年开始实施的“采用印尼当地汽车零配件的奖励制度”，将印尼本国无法生产的重型汽车和商用车零配件进口关税降至 15% 以下；调高了特定车型汽车的奢侈品销售税，将排气量 4000CC 以上及 4X4 汽车奢侈品销售税从 50% 调高至 75%，对排气量 5000CC 以上汽车的奢侈品销售税从 50% 调高到 60%；取消生产汽车的国产化比例要求，取消了外商投资所持股份的比例要求，外商可完全独资控股。2008 年 5 月，为推动国内汽车组装业发展，印尼政府规定在 2010 年前将整套汽车散件（CKD）的进口税率从目前的 5% ~40% 下调至 5% ~15%。[①]

2011 年 5 月，印尼政府提出了《2011 ~2025 年印尼经济发展总体规

① 吴崇伯：《印度尼西亚汽车工业的发展、政策及前景》，《东南亚南亚研究》2011 年第 3 期。

划》（MP3EI），政府相继出台了十大产业的调整振兴规划。2011～2025年印尼汽车产业发展总体规划提出，2011年印尼汽车产业重点发展多用途汽车（MPV）、轻型商用车和ECO节能型轿车；2015年重点发展ECO节能型多用途汽车（MPV）、运动型多用途汽车（SUV）和小型轿车、24吨以下商用车；2020年重点发展ECO节能型多用途汽车（MPV）、运动型多用途汽车（SUV）和小型轿车、24吨以下商用车、中型轿车和混合动力轿车；2025年重点发展低成本多用途汽车（MPV）、运动型多用途汽车（SUV）和小型轿车、24吨以下商用车、中型轿车、混合动力和豪华轿车。为此，政府提出要按照全球市场对汽车的设计和工程要求，改进国内汽车设计；建立各类型的汽车生产基地，提高汽车的产销量和出口能力；建立国内汽车研发中心和检测中心，注重汽车研发的人力资源开发；加强与世界主要汽车行业的合作，融入全球汽车及其零部件市场等。

2018年4月，印尼总统佐科发布了印尼第四次工业革命路线图，将优先重点发展五大产业数码建设，使之成为制造业发展牵引者，该五大产业分别是电子、汽车、食品和饮料、纺织服装和石化工业。① 在优先重点发展的五大产业中，汽车工业被列为第二大产业。为此，印尼政府制定了实施第四次工业革命路线图的10项优先步骤，包括改善物流供应、重新设计工业区、提高工业生产能力、发挥中小微企业的作用、构建数码化基础设施、引进外资和转让技术、提高人力资源素质、建设创新发展生态系统、提供技术投资和转让的奖励措施，以及统一规则和政策等。

（四）越南的汽车产业政策

2002年12月，越南政府曾颁布了《越南到2010年汽车产业发展战略及2020年展望》。2015年2月，越南政府又公布《越南至2020年汽车产业发展战略及2030年展望》与《越南至2025年汽车产业发展规划及2035年

① 《总统发布工业4.0路线图，呼吁全民积极参与全新技术工业革命》，印尼《国际日报》2018年4月5日。

展望》。该文件确定了越南汽车产业发展的政策目标是将汽车产业建成国家的重要产业，满足国内市场对各类汽车的需求，同时带动其他工业部门发展，力争成为世界汽车工业生产链中高附加值零部件的供应商。

越南政府提出，到2020年，越南的国产车产量达22.75万辆；到2025年，国产车的产量达46.64万辆；到2035年，国产车的产量达153.14万辆。另外，到2020年，国内生产及组装的车辆占国内需求量的67%；到2025年，国内生产及组装的车辆占国内需求量的70%；到2035年，国内生产及组装的车辆占国内需求量的78%。与此同时，政府确定了优先发展的车型。即①10座以上客车。注重发展用于农村和农业的多功能小型货车和各类适合国内地形、交通基础设施现状、成本合理、安全、方便的跨省、市、县的短途和中途客车。②9座以内的客车。集中发展小型、低能耗、与交通基础设施和个人收入相适应的私家轿车。③专用车辆。选择生产和组装需求量大的运输车辆，鼓励发展多功能小型农用车，满足边远山区百姓生产生活需要。①

为了加快国内汽车配套工业的发展，越南政府制定了汽车配套工业发展阶段性目标。2020年前，越南国内基本形成汽车配套工业产业，产值占国产汽车生产组装所需零部件的35%；2021~2025年，越南能够生产部分车型的底盘、变速箱、发动机等关键零件，逐步进入世界汽车产业链中零部件供应环节；2026~2035年，越南继续发展汽车配套工业，成为地区和世界汽车产业多种零配件供应商，产值达到国内汽车生产和装配工业所需零配件的65%。在推动国内汽车配套工业发展的同时，越南融入世界汽车的生产链，扩大汽车及其零部件的出口，成为全球汽车生产链的供应商。到2020年，越南汽车出口总量达2万辆，出口总额达40亿美元；到2025年，越南汽车出口总量达3.7万辆，出口总额达50亿美元；到2035年，汽车出口总量达9万辆，出口总额达100亿美元。

---

① 中国驻越南经商参处：《越南到2010年汽车产业发展战略及2020年展望》，http://vn.mofcom.gov.cn/article/ddfg/qita/201502/20150200903286.shtml。

越南政府提出，改革税费机制，完善整车和零配件进口税和特别消费税，保障在融入国际经济中税费制度与国际惯例的长期一致性；调整政府信贷政策，为汽车零部件项目提供合理贷款利率。越南政府出台了鼓励国产车生产的优惠政策，国产车生产企业可在税收、贷款等方面享受优惠政策。越南国内汽车企业进口国内不能生产的、以构成企业固定资产的生产线机械设备、专用交通工具免征进口税；新投资的汽车企业可免征企业所得税，土地租金减半，企业还可从汽车销售营业额中提取一定比例的资金作为研发基金；为鼓励提高汽车的国产化比率，政府根据不同零配件确定进口税率，参与汽车与零件制造并出口的越南国内企业可享受出口信贷政策。

三　跨国公司与东盟四国汽车产业

东盟四国汽车产业的形成与发展，与跨国公司在当地的投资设厂密切相关。各国利用跨国公司的资源，致力于发展本国的汽车及其零部件工业。跨国公司在东盟四国的投资设厂，对促进当地的经济发展、产业结构升级、扩大出口和融入全球供应链等均发挥了重要作用。

（一）跨国公司在东盟四国汽车产业中具有举足轻重的地位

在东盟四国中，泰国的汽车制造商共18家，其中以西方跨国公司居多，而且以日本汽车厂商为主。在泰国投资设厂的日本汽车公司共7家，它们分别是丰田公司、三菱公司、本田公司、日产公司、五十铃公司、铃木公司和日野公司。泰国的整车企业和一级供应商主要以外资为主，外资品牌的产能中又以日资为主，包括丰田、本田、日产、五十铃、三菱等。泰国整车企业所需要的发动机等核心设备主要依靠进口，而汽车零部件工业中外资企业也占半壁江山。目前，泰国汽车零部件一级供应商有709家，其中外资拥有多数股权的厂商占54%，泰资拥有多数股权的厂商占23%，泰国独资企业占23%；泰国汽车零部件二、三级供应商约1700家，基本为当地企业。

印尼汽车制造商共有19家，汽车零部件一级供应商超过550家，二、三级供应商超过1000家。在19家汽车公司中，日本公司有13家，其余6家分别来自欧洲、美国、韩国等。印尼国内市场主要销售汽车类型为商用车，2004年以后轿车销量开始大幅上升。印尼汽车产业出口比重较低，汽车制造商比较依赖国内市场。从印尼汽车市场的占有率看，日本汽车制造商丰田、三菱、铃木、五十铃、大发占80%，美国、欧洲和韩国汽车制造商占10%，国内汽车制造商仅占剩余10%的市场份额。由于印尼本地制造商缺乏资本与技术，国内市场有限，当地汽车制造商难以实现规模经济，多为国外制造商进行汽车组装。

马来西亚汽车制造商共有27家，汽车零部件供应商641家，雇佣人数为70.9万人。马来西亚有3家本土汽车制造商，即国家汽车公司——宝腾公司（Proton）、派洛多公司（Perodua）和纳莎公司（Naza），3家汽车制造商年产量为46万辆，但这些汽车制造商的技术均来自日本企业。除马来西亚本土汽车制造商外，还有来自日本、欧美国家和中国的汽车制造商，以日本企业为主。在马来西亚的日资汽车制造企业有丰田公司、三菱公司、本田公司、日产公司、五十铃公司、铃木公司、日野公司。

越南政府于1995年签发3个汽车合资企业的许可证，其中包括日本的三菱公司、韩国的大宇公司和德国的戴姆勒—奔驰公司。1996年，这3家企业在越南河内和胡志明市投资设立了汽车组装厂。1997年，铃木、日野、大发、丰田、福特、日产、标志和克莱斯勒8家企业获得越南汽车产业的经营许可证。[①] 目前，越南有18家汽车制造商，包括外商合资企业11家、国有企业5家和私营企业2家。外商合资的丰田公司汽车年产量为2.8万辆，福特公司年产量为1.4万辆，大宇、三菱和本田公司的汽车年产量均为1万辆，国有企业主要组装公交车、卡车、农用汽车和摩托车等。

（二）跨国公司汽车工业的投资推动东盟四国产业结构的升级

近年来，东盟四国的汽车工业发展较快，成为一些国家制造业的主

① สำนักงานเศรษฐกิจอุตสาหกรรม, กระทรวงอุตสาหกรรม, 2011。

导或支柱行业。在东盟四国的汽车工业发展过程中，外国跨国公司占据了主导地位。泰国的汽车制造商有 18 家，其中日本汽车公司共 7 家，年产量为 202.8 万辆，占泰国汽车总产量的 72%；印度尼西亚汽车制造商大部分是日本在印尼的投资企业，19 家汽车公司中日本公司有 13 家；虽然马来西亚国内三大汽车制造商占有较高的市场占有率，但这些汽车制造商的技术均来自日本企业；越南有 18 家汽车制造商，其中外商合资企业就占 11 家。

东盟四国汽车工业的发展得益于外国跨国公司的资本与技术转移，各国汽车工业的快速发展又推动了这些国家产业结构的转型与升级。据统计，1970～2014 年，东盟四国制造业内部主要行业增加值比重的变化分别为：印尼的机械与交通设备行业从 1% 升至 17%，化工行业从 6% 升至 13%，食品、饮料与烟草行业从 65% 降至 30%，纺织与服装行业从 14% 降至 11%；马来西亚的机械与交通设备行业从 5% 升至 29%，化工行业从 8% 升至 10%，食品、饮料与烟草行业从 25% 降至 13%，纺织与服装行业从 3% 降至 2%；泰国的机械与交通设备行业从 8% 升至 31%，食品、饮料与烟草行业从 26% 降至 20%，纺织与服装行业从 17% 降至 7%，化工行业从 8% 降至 6%。2000～2012 年，越南的机械与交通设备行业从 12% 升至 16%，食品、饮料与烟草行业从 30% 降至 20%，纺织与服装行业从 21% 降至 11%，化工行业从 6% 降至 5%。[①]

此外，跨国公司在泰国汽车工业的投资，促进了当地汽车产业集群的形成与发展。目前，泰国的中部和东部地区逐渐形成汽车产业集群，几乎所有知名的跨国汽车制造商均在这些地区投资，泰国国内 1000 多家汽车零配件厂家也在此设厂。在这些地区中，曼谷、春武里府、罗勇府、北榄府、北柳府、大城府和龙仔厝府，又集中了 97% 以上的汽车及零部件生产厂商，成为泰国的“汽车产业带”。

① World Bank. World Development Indicators：Structure of manufacturing. http：//wdi. worldbank. org/table/4. 3#.

（三）跨国公司汽车及其零部件的出口促进东盟四国的出口贸易

在东盟四国的汽车工业发展过程中，外国跨国公司占据了主导地位，并成为这些国家汽车出口的主力军。20 世纪 80 年代开始，随着马来西亚政府推行汽车产业政策，马来西亚成为东盟国家最大的汽车出口国。1995 年，马来西亚汽车出口额占东盟国家的 33%，泰国则占 28%。进入 20 世纪 90 年代，泰国实施出口导向的汽车产业政策，外国汽车制造商大量涌入泰国，其中以日资汽车制造商为主。到 2001 年，日本汽车制造商在泰国占有 81% 的国内销售和 60% 的出口，由此泰国取代马来西亚成为东盟国家最大的汽车出口国。

2012 ~2016 年，东盟四国的汽车出口额从 485. 8 亿美元增至 521. 9 亿美元。作为东盟国家最大的汽车出口国，泰国的汽车及其零部件出口持续增长。2012 ~2016 年，泰国汽车出口额从 242. 9 亿美元增至 272. 2 亿美元，其中，2016 年泰国的乘用汽车出口额达 116. 29 亿美元，卡车出口额为 64. 64 亿美元，汽车零部件出口额为 69. 24 亿美元。与此同时，泰国在全球汽车市场中的占有率不断提升。2000 年、2005 年、2010 年和 2016 年，泰国占世界汽车出口额的比重分别为 0. 4%、0. 9%、1. 7% 和 2%。据世界贸易组织（WTO）的统计，2016 年，泰国跻身于世界最大汽车出口国的第 8 位，仅次于欧盟、日本、美国、墨西哥、加拿大、韩国和中国。

（四）跨国公司汽车零部件需求带动东盟四国融入全球汽车产业供应链

随着全球汽车产业分工的深化，跨国汽车制造商实行零部件“全球化采购”策略，同时又推行其本土化策略。目前，许多国际著名的汽车及零部件企业均在东盟四国建立了合资或独资企业，本国一批汽车及零部件企业也逐步成长起来，泰国、印尼和马来西亚的汽车零部件生产已初具规模，泰国已形成较为完备的汽车零部件的产业链，并由此带动了这些国家融入全球汽车产业的供应链。

泰国汽车制造业是从汽车零配件行业起步的，目前已能提供从轮胎到制动圆筒、从传动部件到车内装饰的任何一种汽车零配件。印尼拥有汽车零部件厂商850多家，其中包括一级零配件供应商250家，二级、三级零配件供应商600多家，主要生产消音器、排气管、散热器、滤清器、轮箍、避震器、刹车零件、密封条等130余种零部件。目前，加入印尼汽车零配件工业协会的汽配厂共有161家，其中95家为合资汽配厂（其中69家属于与日资合资厂），66家为印尼本地汽配厂，由此印尼汽车零部件工业被纳入日本汽车企业的生产体系，承接汽车零部件的外包生产。

（五）跨国公司设立汽车技术研发中心引发技术溢出效应

随着国际产业分工的不断发展与深化，汽车跨国公司开始将技术研究与开发部分也转移到国外，许多发达国家的汽车制造商纷纷在新兴国家设立汽车研发中心。日本的丰田、本田、日产、三菱、马自达公司在泰国设立了汽车研发中心，日本本田、日产公司在印度尼西亚设立了汽车研发中心，日本大发公司在马来西亚设立了汽车研发中心，日本日产、本田也在越南设立了汽车研发中心。同时，日本汽车制造商还在泰国设立了汽车培训学院，如TOYOTA Asia Pacific Safety Training Center（TOYOTA Thailand）、DENSO Training Academy（DENSO Thailand）和Summit Auto Body Industry等。

许多汽车跨国公司在东盟四国设立研发中心，其研发目的已从适应性技术研发转为基础研究及创新型研发上。跨国公司加强在东盟四国研发的投入，使这些国家从单纯新的技术的接受地变为某些新技术的输出源，它有利于当地厂商从跨国公司子公司先进的产品、工序技术或市场知识中获得溢出效应。1995年以来，马来西亚的汽车公司与其外资企业签订的技术转移协定达98项，其中包括技术援助、许可证和专利、品牌使用、服务、销售等。马来西亚宝腾公司通过收购莲花和美国密歇根研究院来提高汽车的研发能力，而Perodua公司则与日本大发公司结成联盟，意大利的Stola公司为其提供主要的技术支持。另外，东盟四国加强本国汽车部门的技术研究开发和专门人才培育。泰国国家科学与技术厅为改进汽车生产技术，提供专项资金和低息贷款等。[①]日资企业还设立了汽车培训学院，以培养汽车工业急需的技术与管理人员。

四　东盟四国汽车产业的竞争力：实证研究

随着东盟四国工业化的进程，各国的汽车工业迅速发展，汽车及其零部件行业的生产与出口逐步扩大。在世界汽车产业新的竞争格局下，东盟四国汽车产业的国际地位有所提升，这些国家在全球汽车市场的比较优势和竞争优势逐步显现。

（一）东盟四国汽车产业的国际地位

近年来，全球汽车产销量基本呈现稳步增长的态势，汽车市场结构发生了一系列显著变化。由于新兴市场国家经济的崛起，国内汽车市场需求急剧扩大，汽车工业迅速兴起，发达国家汽车企业纷纷到这些国家投资设厂，大规模转移生产制造环节，并延伸到研发、设计、采购、销售和售后服务环节。由此，东盟四国中的泰国、印度尼西亚和马来西亚已跻身于全球汽车产量前 25 个国家之列，泰国、印度尼西亚和马来西亚属于全球汽车销量前 20 个国家，泰国成为世界第八大汽车出口国。

根据世界汽车组织（OICA）的统计，2017 年全球汽车产量创历史新高，产量达到 9730 万辆。其中，中国是全球最大的汽车生产国家，汽车产量为 2902 万辆，占全球汽车总产量的 29.8%，其他汽车产量排名前十的国家依次为美国（1119 万辆，占 11.5%）、日本（969 万辆，占 9.9%）、德国（565 万辆，占 5.8%）、印度（478 万辆，占 4.9%）、韩国（411 万辆，占 4.2%）、墨西哥（407 万辆，占 4.2%）、西班牙（285 万辆，占 3.6%）、巴西（270 万辆，占 2.8%）和法国（223 万辆，占 2.3%）。在全球汽车产量前 25 个国家中，泰国的汽车产量为 199 万辆（占 2%）、印尼为 122 万辆（占 1.3%）和马

① สำนักงานพัฒนาวิทยาศาสตร์และเทคโนโลยีแห่งชาติ, 2014。

来西亚为46万辆（占0.5%），分别位列第12、第18和第25。

2017年，全球汽车销量为9680万辆，全球汽车销量排名前十的国家依次为中国（2912万辆，占30%）、美国（1758万辆，占18.2%）、日本（524万辆，占5.4%）、印度（402万辆，占4.2%）、德国（381万辆，占3.9%）、英国（296万辆，占3.1%）、法国（260万辆，占2.7%）、巴西（224万辆，占2.3%）、意大利（219万辆，占2.3%）和加拿大（207万辆，占2.1%）。在全球汽车销量排名的国家中，印尼的汽车销量为106万辆（占1.1%）、泰国为87万辆（占0.9%）、马来西亚为59万辆（占0.6%），分别位列第16、第19和第20。

如果将东盟十国作为整体，东盟国家在世界汽车市场占有重要的地位。2017年，东盟国家（仅包括印尼、马来西亚、菲律宾、泰国和越南）汽车产量为402万辆，占全球汽车总产量的4.1%，列世界各国汽车产量的第8位；东盟十国汽车销量为330万辆，占全球汽车总销量的3.4%，列世界各国汽车销量的第6位。国际研究机构Frost&Sullivan预估，到2022年，东盟国家汽车产量将达496万辆，其中泰国仍将维持东盟国家最大汽车生产国的地位，产量为234.7万辆，印尼为147万辆，马来西亚为74.6万辆；到2022年，东盟国家的汽车销量将达到465万辆，成为全球次于中国、美国、印度、巴西、日本、德国和俄罗斯的第八大汽车销售市场。

进入20世纪90年代，泰国实施出口导向的汽车产业政策，泰国的汽车出口增长，并取代马来西亚成为东盟国家最大的汽车出口国。在整车贸易中，泰国是东盟国家唯一的整车贸易顺差国。伴随着泰国的汽车及其零部件出口持续增长，泰国在全球汽车市场的占有率不断提升。根据世界贸易组织（WTO）的统计，2016年泰国汽车出口额达280亿美元，跻身于世界最大汽车出口国的第8位，仅次于欧盟、日本、美国、墨西哥、加拿大、韩国和中国。与此同时，泰国的汽车出口额占世界汽车出口额的比重不断上升。2000年、2005年、2010年和2016年，泰国占世界汽车出口额的比重分别为0.4%、0.9%、1.7%和2%（见表2）。

表 2　2000 ~ 2016 年全球前十大汽车出口国

单位：十亿美元，%

汽车出口国	出口额	占全球出口比重			
	2016 年	2000 年	2005 年	2010 年	2016 年
欧　盟	682	49.8	53.6	50.1	49.8
日　本	148	13.5	13.3	13.7	10.8
美　国	128	11.7	9.4	9.1	9.3
墨西哥	96	5.3	3.8	5.1	7.0
加拿大	66	10.5	7.3	4.6	4.8
韩　国	65	2.6	4.1	5.0	4.8
中　国	49	0.3	1.1	2.6	3.6
泰　国	28	0.4	0.9	1.7	2.0
土耳其	20	0.3	1.1	1.3	1.4
印　度	13	0.1	0.3	0.7	0.9
合　计	1292	96.3	94.9	93.9	94.3

资料来源：根据 World Trade Statistical Review 2017 的数据编制。

（二）显示性比较优势指数（RCA）

所谓显示性比较优势指数（RCA），是指一个国家某种商品的出口值占该国所有出口商品总值的份额，与世界该类商品的出口值占世界所有商品出口总值的份额的比例，其公式是：$RCAX_{ij} = (X_{ij}/X_i)/(X_{wj}/X_w)$。其中，$RCAX_{ij}$ = i 国（地区）j 产品的显现性比较优势指数；X_{ij} = i 国（地区）的 j 产品出口额；X_i = i 国（地区）的出口总额；X_{wj} = 世界的 j 产品出口额；X_w = 世界产品的出口总额；i = 国家；j = 产品。如果 RCA > 1，则说明该国此种商品具有显示性比较优势；如果 RCA < 1，则说明该国此种商品没有显示性比较优势。

根据世界贸易组织的国际贸易统计分类，本文选择汽车及其零部件（HS 编码 87 类汽车），主要包括拖拉机（HS8701）、载客 10 人以上汽车（HS8702）、乘用车（HS8703）、卡车（HS8704）、特别用途汽车（HS8705）、汽车底盘（HS8706）、汽车车身（HS8707）、汽车零部件（HS8708）、保险杠及其组件（HS870810）、刹车片（HS870830）、变速箱及零部件（HS870840）、传动轴（HS870850）、轮毂及其部件（HS870870）、安全气囊（HS870895）等。在此基础上，运用显示性比较优势指数（RCA），对 2012 ~ 2017 年东盟四国（泰国、印尼、马来西亚和越南）汽车产品的比较优势进行实证研究。

从东盟四国 14 种汽车及其零部件产品的显示性比较优势指数（RCA）看，各国汽车及其零部件的比较优势不尽相同（见表 3）：①泰国具有比较优势的产品是：乘用车（HS8703）、卡车（HS8704）、汽车零部件（HS8708）、保险杠及其组件（HS870810）、刹车片（HS870830）、传动轴（HS870850）、轮毂及其部件（HS870870）、安全气囊（HS870895）；②印尼具有比较优势的产品是：变速箱及零部件（HS870840）、轮毂及其部件（HS870870）；③马来西亚具有比较优势的产品是：汽车底盘（HS8706）、保险杠及其组件（HS870810）；④越南具有比较优势的产品是：安全气囊（HS870895）。不过，东盟四国一些汽车及其零部件在全球市场的出口能力已有所下降，即泰国卡车（HS8704）、汽车零部件（HS8708）和刹车片（HS870830）的出口。同时，虽然有些国家的一些汽车及其零部件出口仍处于比较劣势，但其国际竞争力有明显提高，如马来西亚的载客 10 人以上汽车（HS8702）、印尼的汽车零部件（HS8708）和刹车片（HS870830）。

表 3　2012～2017 年东盟四国汽车及其零部件的 RCA 指数

国家	HS 编码	2012 年	2013 年	2014 年	2015 年	2016 年	2017 年
泰国	8703	0.7008	0.8092	0.7663	1.0817	1.2363	1.0837
	8704	6.7919	7.1245	6.8723	5.5616	4.0874	4.1368
	8708	1.3574	1.4461	1.5130	1.4964	1.4262	1.4784
	870810	1.3574	1.4362	1.3795	1.4322	1.5831	1.6842
	870830	0.8448	1.0646	1.1481	1.1534	1.1153	1.1893
	870840	0.1819	0.3350	0.5410	0.8494	0.9933	1.1379
	870850	1.1787	1.2702	1.3280	1.2695	1.2916	1.5875
	870870	1.2279	1.2033	1.3269	1.43778	1.4258	1.3862
	870895	3.1338	2.9519	3.0018	2.7355	2.7850	2.8898
印尼	870840	0.7782	0.6794	1.0501	1.3477	1.3377	1.1101
	870870	1.5833	1.5985	1.6648	1.7473	1.5642	1.3530
马来西亚	8702	0.1651	0.2174	0.1403	0.5487	0.6616	0.7200
	8706	0.2895	0.5148	1.1727	2.1226	1.3923	1.0125
	870810	1.0453	1.0866	1.037	0.9674	1.0783	0.5986
越南	870895	3.5345	3.1607	2.4583	2.0034	1.4589	1.565

资料来源：根据 Trade Map-International Trade Statistics 2018 的数据计算。

（三）贸易竞争力指数

所谓贸易竞争力指数（Trade Comparative Index，TC），是指该国商品出口的比例与出口和进口总额的比例，它是分析一国某一商品竞争能力的重要指标，贸易竞争力指数的公式是：$TC_i = (X_i - M_i) / (X_i + M_i)$。其中，$TC_i$是 i 国家的贸易竞争力指数，$X_i$是 i 国家的商品出口价格，$M_i$是 i 国家的商品进口价格。一般说，TC 指数均在 -1 至 +1 之间；TC 指数越接近 -1，表示该国家产业的竞争力越弱；TC 指数越接近 +1，表示该国家产业的竞争力越强；TC 指数越接近 0，表示该产业的竞争力越接近于平均水平。如果 $0.8 \leqslant TC \leqslant 1$，表示商品具有高的竞争优势；如果 $0.5 \leqslant TC < 0.8$，表示商品具有较强的竞争优势；如果 $0 \leqslant TC < 0.5$，表示商品具有较低的竞争优势；如果 $-0.5 \leqslant TC < 0$，表示商品具有低的竞争劣势；如果 $-0.8 \leqslant TC < -0.5$，表示商品具有较高的竞争劣势；如果 $-1 \leqslant TC < -0.8$，表示商品具有高竞争劣势。

根据世界贸易组织的国际贸易统计分类，本文选择汽车及其零部件（HS 编码 87 类汽车），主要包括拖拉机（HS8701）、载客 10 人以上汽车（HS8702）、乘用车（HS8703）、卡车（HS8704）、特别用途汽车（HS8705）、汽车底盘（HS8706）、汽车车身（HS8707）、汽车零部件（HS8708）、保险杠及其组件（HS870810）、刹车片（HS870830）、变速箱及零部件（HS870840）、传动轴（HS870850）、轮毂及其部件（HS870870）、安全气囊（HS870895）等。在此基础上，运用贸易竞争力指数，对 2012 ~2017 年东盟四国（泰国、印尼、马来西亚和越南）汽车产品的竞争优势进行实证研究。

从东盟四国 14 种汽车及其零部件产品的贸易竞争力指数（TC）看，各国汽车及其零部件的比较优势不尽相同：泰国的乘用车（HS8703）、卡车（HS8704）、保险杠及其组件（HS870810）、印尼的轮毂及其部件（HS870870）和越南的安全气囊（HS870895）具有较强的竞争优势，而其他汽车及其零部件产品均不具有竞争优势（见表 4）。

表 4 2012～2017 年东盟四国汽车及其零部件的 TC 指数

国家	HS 编码	2012 年	2013 年	2014 年	2015 年	2016 年	2017 年
泰国	8703	0.5971	-0.0929	-0.8446	-0.966	0.849	0.8592
	8704	0.9285	-0.8431	-0.9556	-0.9165	0.9023	0.9445
	870810	0.1495	-0.5118	0.0601	-0.5633	0.4258	0.45512
印尼	870870	0.6509	0.7678	0.7411	0.7240	0.6358	0.6030
越南	870895	0.9344	0.9113	0.8422	0.7588	0.6635	0.8071

资料来源：根据 Trade Map-International Trade Statistics 2018 的数据计算。

五 结语

从东盟四国汽车产业的发展历程看，各国选择了各自的汽车产业政策，走上了不同的汽车工业发展道路。随着世界汽车工业产业链的全球化和跨国重组，世界汽车产业的竞争格局呈现一系列变化，东盟四国汽车产业面临着新的机遇与挑战。

（一）东盟四国汽车产业选择了不同的发展模式

第二次世界大战后，随着东盟国家工业化的进程，各国的汽车工业开始起步，泰国和马来西亚选择了不同的汽车工业发展道路。20 世纪 60 年代，泰国和马来西亚政府均实施进口替代的汽车产业政策，采取关税保护措施，订立汽车的国产化比率，以保护弱小的本国汽车工业。20 世纪 80 年代初，马来西亚提出了国产车计划，创立了国家汽车公司，由此民族汽车工业成为本国汽车市场的主体。尽管马来西亚实施国民车的倾斜性产业政策，但国产车并未形成国际竞争力，国产车的市场份额呈下降趋势；20 世纪 90 年代初期，泰国汽车工业转向自由化的产业政策，政府积极开放汽车市场，外国汽车制造商纷纷到泰国投资设厂，汽车及其零部件工业迅速发展，从而确立了出口导向型的汽车工业发展道路；从 1993 年起，印尼开始推行汽车国产化政策，政府制订了国产汽车计划，对符合特定标准的本地企业给予“先锋”

或国产车公司地位。但是，印尼的汽车国产化政策遭到西方国家阻碍，其汽车“先锋计划”案在世界贸易组织（WTO）败诉，印尼振兴国产车的计划宣告终止；越南的汽车工业起步较晚，发展基础薄弱，20 世纪 90 年代初才开始引进外资发展汽车生产和组装产业。虽然越南的汽车有 70.7% 是国产的，但仅是汽车散件的组装，而零部件严重依赖进口。

（二）东盟四国实施不同的汽车产业政策其成效迥异

东盟四国汽车产业的形成与发展，与各国政府实行的汽车产业政策密切相关。在东盟四国汽车工业发展的初期，各国政府均实施进口替代的产业政策，采取关税保护措施，订立汽车的国产化比率，以保护本国汽车工业。随后，各国的汽车产业政策出现了较大的变化。20 世纪 80 年代初，马来西亚开始发展民族汽车工业，政府制定了发展国家汽车产业的政策，1983 年创立了国家汽车公司，后又设立第二家国内汽车公司，由此民族汽车工业成为本国汽车市场的主体。与之相比，从 20 世纪 90 年代初开始，泰国的汽车产业政策从保护性转向自由化，政府积极开放汽车市场，取消了禁止进口成品汽车的禁令，降低了进口汽车及其零部件的进口关税率，逐步取消汽车当地含量的规定，鼓励外国汽车制造商到泰国投资设厂。从东盟四国实施的汽车产业政策看，马来西亚实施国产车的倾斜性产业政策，国产车的竞争力并未形成，国产车的市场份额呈下降趋势；泰国实施开放型的汽车产业政策，鼓励外资汽车制造商在当地投资设厂，并成为东盟国家最大的汽车生产与出口国；印尼曾尝试汽车国产化政策，但遭到西方国家的阻碍，振兴国产车的计划最终流产；越南的汽车工业起步较晚，发展基础薄弱，政府引进外资发展汽车生产和组装的政策效应正在逐步显现。

（三）跨国公司在东盟四国汽车产业中具有举足轻重的作用

近年来，东盟四国的汽车工业发展较快，成为一些国家制造业的主导或支柱行业。在东盟四国的汽车工业发展过程中，外国跨国公司占据了主导地位。泰国、印尼的汽车制造商以日本汽车公司为主，并拥有较高的市场占有率；尽管马来西亚国内汽车制造商拥有较高的市场占有率，但其技术均来自日本企业；越南汽车产业的迅速兴起，得益于外资汽车制造商的大量涌入。跨国公司在东盟四国的投资设厂，对促进当地的经济发展、产业结构升级、扩大出口和融入全球供应链等均发挥了重要作用。外国跨国公司的资本与技术转移，促进东盟四国汽车工业的快速发展，进而推动了这些国家产业结构的转型与升级；以跨国公司为主导的外向型汽车工业的迅速发展，带动了东盟四国汽车及其零部件的出口，泰国已跻身于世界第八大汽车出口国；随着跨国汽车制造商实施零部件“全球化采购”和本土化的经营策略，许多国际著名的汽车及其零部件企业在东盟四国建立了合资或独资企业，本国一批汽车及零部件企业也逐步成长起来，由此带动了它们融入全球汽车产业的供应链；许多汽车跨国公司在东盟四国设立研发中心，加大了在东盟四国的研发投入，使这些国家从单纯的新技术的接受地变为某些新技术的输出源，有利于当地厂商从跨国公司子公司先进的产品、工序技术或市场知识中获得溢出效应。

（四）东盟四国汽车产业的国际竞争力有所提升

近年来，全球汽车产销量基本呈现稳步增长的态势，汽车市场结构发生了一系列显著变化。由于新兴市场国家经济的崛起，国内汽车市场需求急剧扩大，汽车工业迅速兴起，发达国家汽车企业纷纷到这些国家投资设厂，大规模转移生产制造环节，并延伸到研发、设计、采购、销售和售后服务环节。由此，东盟四国中的泰国、印尼和马来西亚已跻身于全球汽车产量前25个国家之列，泰国、印尼和马来西亚也成为全球汽车销量前20个国家之一。同时，泰国跻身于世界第八大汽车出口国的行列。

从各国汽车及其零部件的显示性比较优势指标（RCA）看，泰国具有比较优势的产品是乘用车、卡车、汽车零部件、保险杠及其组件、刹车片、传动轴、轮毂及其部件、安全气囊；印度尼西亚具有比较优势的产品是变速箱及零部件、轮毂及其部件；马来西亚具有比较优势的产品是汽车底盘、保险杠及其组件；越南具有比较优势的产品是安全气囊。从各国汽车及其零部件的贸易竞争力指数（TC）看，泰国的乘用车、卡车、保险杠及其组件、印尼的轮毂及其部件和越南的安全气囊具有较强的竞争优势，而其他汽车及其零部件产品均不具有竞争优势。

参考文献

Jiranuwat Sawasnatee and Wan Ping Tai. Comparative Case Study of Malaysia and South korea Automobile Industry Competitiveness Analysis. EAU Heritage Journal, 2013 (vol. 3, no. 1): 5 – 7.

Nitipon Tansakul and Kunio Shirahada. Analysis of Thailand's Industrial Competitiveness in ASEAN Economic Community Era: The Case of Automotive Industry, Management of Engineering and Technology (PICMET), 2016 Portland International Conference on.

Peter Wad and V. G. R. Chandran Govindaraju . Automotive industry in Malaysia: an assessment of its developmen, Int. J. Automotive Technology and Management, Vol. 11, No. 2, 2011.

Roger Farrell and Christopher Findlay. Japan and the ASEAN4 Automotive Industry: Developments and Inter-Relationships in the Regional Automotive Industry, Australia-Japan Research Centre, Asia Pacific School of Economics and Management, Australian National University, Working Paper Series Vol. 2001 – 24, August 2001.

Sineephan Piyanaraporn. Automotive Manufacturing Investment Attractiveness of 5 ASEAN Countries, Tokyo: Graduate School of Commerce, Waseda University, 2012.

อาภรณ์เตรียมประกิจกุล. การวิเคราะห์ความได้เปรียบโดยเปรียบเทียบในการผลิตและการส่งออกยานยนต์ของประเทศไทย,กรุงเทพ : วิทยานิพนธ์ปริญญามหาบัณฑิต , คณะเศรษฐศาสตร์ ,มหาวิทยาลัยเกษตรศาสตร์, 2001.

ฟิลิปคอตเลอร์, เฮอร์มาวันคาร์ทาจายาและฮุยเดนฮวน.คิดอย่างอาเซียน: Think ASEAN,กรุงเทพฯ : แมคกรอ-ฮิล, 2013.

สมประวิณมันประเสริฐและคณะ.เศรษฐกิจมหภาคและนโยบายทางเศรษฐกิจของประเทศไทยเล่ม1-2, กรุงเทพฯ : พัฒนศิลป์พริ้นท์แอนด์แพ็คจำกัด, 2014.

ฐิติมาทองสมัคร. การวิเคราะห์ความสามารถในการส่งออกรถยนต์นั่งและรถกระบะของประเทศไทยไปยังออสเตรเลีย,กรุงเทพ : วิทยานิพนธ์ปริญญามหาบัณฑิต, คณะเศรษฐศาสตร์,มหาวิทยาลัยเกษตรศาสตร์, 2009.

วศินีหยกสุวรรณกุล. วามสามารถในการแข่งขันส่งออกของอุตสาหกรรมหน่วยเก็บข้อมูลประมวลผลอัตโนมัติของประเทศไทยกรณีศึกษาตลาดจีน, กรุงเทพ : วิทยานิพนธ์ปริญญามหาบัณฑิต, คณะเศรษฐศาสตร์, มหาวิทยาลัยธรรมศาสตร์, 2009.

B.5

论东盟区域经济一体化框架下资本账户开放

张　韵*

摘　要： 随着东盟区域经济一体化进程的加快，区域资本账户开放已被提上议事日程，有关资本项目开放的发展目标、基本原则和路线图相继推出，并将成为未来东盟区域经济一体化的新亮点。本文拟就东盟区域经济一体化框架下资本账户开放的进程、措施和正负效应逐一分析。

关键词： 东盟国家　区域经济一体化　资本账户开放

2015年11月，第27届东盟首脑会议通过了《2025年东盟经济共同体蓝图》。该蓝图提出，到2025年东盟区域金融发展的战略目标是金融一体化、金融包容性和金融稳定性，涵盖资本账户自由化、支付与结算系统和能力建设三大领域。由此，区域资本账户自由化再次被提上议事日程，有关资本项目开放的发展目标、基本原则和路线图相继推出，并将成为未来东盟区域一体化的新亮点。

一　东盟区域资本账户开放的规划

东盟区域经济一体化经历了特惠贸易安排和自由贸易区，再进入经济共

---

* 张韵，厦门大学管理学院财务专业博士生。

同体阶段。随着东盟区域经济一体化进程的加快，区域资本账户开放已被提上议事日程，有关资本项目开放的发展目标、基本原则和路线图相继推出。目前，东盟区域整体的资本账户自由化仍处于规划阶段，而各成员国的资本账户自由化的进程不尽相同。

（一）《东盟货币和金融一体化实现路线图》

早在2003年，东盟在加快东盟自由贸易区建设的同时，就将区域金融一体化置于议事日程。东盟金融部长会议签署了《东盟货币和金融一体化实现路线图》，其中提出了资本账户开放的发展蓝图。

该路线图将东盟金融部门一体化的任务分为四个领域：①金融服务自由化。通过在东盟国家内推行银行资质标准而取消金融服务领域的限制，并在2015年之前实现金融服务自由化。②资本市场发展。要扩大市场容量，为东盟资本市场的发展打下长期基础，实现区域内不同市场之间的跨界合作，这需要通过一系列倡议，如东盟股票交易所、债券市场互联互通，以扩大市场准入、联动与流动性，同时需要促进国内和国际信用评级机构的信用评级可比性。③资本账户开放。在2015年之前实现资本的自由流动，逐渐放松资本交易的限制，并建立防护措施以应对其波动及系统风险，一些限制外国直接投资、股权投资、银行借贷等的烦琐限制将被废除。④货币合作。探索成员国之间的最优货币制度安排，促进区域间贸易、投资以及经济一体化。该路线图中还提到建立专门的资本账户开放委员会，负责具体实践。东盟还成立了相关的高层次委员会，为金融一体化制定发展目标、时间表、监督实施情况，并提供对策与建议。此外，还将定期发布文件重点阐述资本账户开放、金融服务、支付与结算系统、资本市场发展、能力建设等方面的工作进展。[①]

---

① ASEAN Secretaria. ASEAN Economic Community Blueprint 2015. Jakarta：ASEAN Secretaria, 2007.

（二）《东盟经济共同体蓝图》

2007 年 11 月，东盟通过了《东盟经济共同体蓝图》（*ASEAN Economic Community Blueprint*），它确定了东盟经济共同体的发展目标、时间表和具体措施，提出到 2015 年底实现区域内商品、资本、技能劳动力的相对自由流动。为了促进东盟区域资本流动的自由化，该蓝图提出区内资本流动自由化的方向、原则和措施。首先，实现东盟区内资本市场有关债务证券、破产条件和分配规则等标准的统一，加快有关专业人员的相互资格认证和相互承认，在证券发行所需要的语言和管辖法律方面具有更大的灵活性，增强预扣税结构促进东盟债券发行内投资者数量的扩大，建立兑换和债券市场的联系；其次，根据各成员国的发展水平，确保有序的资本账户自由化，确保各成员国对因资本流动自由化引起的宏观经济不稳和系统性危机有足够的预防措施，确保所有成员国都能够共享资本流动自由化带来的利益；最后，在可能和适合的条件下取消或放宽资本账户的管制，取消或放宽对资本流动的管制，加快资本市场发展。①

为了加快实施区域金融一体化的措施，东盟提出了可行的方法如“东盟减 x”，即允许东盟范围内的次区域组织率先推进经济政策合作而不必等待其他所有国家的参与。东盟制定了三个框架性文件，提出了资本账户开放的时间表，这些文件包括《2015 年东盟经济共同体战略性日程》《2015 年东盟资本市场论坛的实施计划》《2015 年资本账户开放工作委员会的工作计划》。不过，这些文件只是东盟内部未达成任何具体或具有约束性的方案，资本账户开放工作委员会的工作计划还处于初步阶段，具体规则还处于起草阶段。②

从东盟资本账户开放的进程看，各国对资本账户开放所持的态度和实施

---

① ASEAN Secretaria. ASEAN Economic Community Blueprint 2015. Jakarta：ASEAN Secretaria，2007.

② ASEAN Capital Markets Forum. Implementation Plan for ASEAN capital market integration in financial integration to achieve AEC Blue Print 2015. ASEAN Capital Markets Forum. 2008.

的政策不尽相同。尽管一些国家高度开放，但仍有许多国家保留了对资本流动各种各样的限制；大多数国家对资本流出采取了相对严格的限制，尽管除了缅甸外所有成员国都接受了国际货币基金组织的条款八，即同意不对经常账户交易有关的资金支付与转移施加限制，但许多国家实际上仍保留了与经常账户相关的支付项的限制；几乎所有成员国都对本国货币的离岸使用施加限制，可能是将其作为防范投机的安全措施，但它会阻碍区域金融一体化；许多国家对外部借款的限制多于对证券流入的，同时会对外部贷款尤其是本国货币的外部贷款施加限制，这一审慎措施是吸取亚洲金融危机的教训，但在银行主导的金融系统中，若银行不能自由开展业务，区域金融一体化也不会有进展；许多国家限制投资者对冲外币风险，包括衍生品交易工具的使用。

（三）《通向东盟金融一体化之路》

2013 年，根据东盟国家资本账户开放的进程与特点，东盟和亚洲开发银行发布了《通向东盟金融一体化之路：评价东盟货币和金融一体化的金融基础和里程碑》的研究报告，提出东盟资本账户开放的实施计划，其主要观点包括以下几点。①

第一，在现实的经济条件下，加快经常账户开放和引进外国直接投资，并与东盟经济共同体的战略性日程提出的资本自由流动日程相一致。需注意的是，与此相关的一些限制措施，特别是资本遣返要求，虽然名义上是宏观审慎措施，但本质上仍可作为资本流出控制的一种形式。

第二，对资本流入的限制应该解除。考虑到不少国家实际上已经达到了较高水平的开放程度（通常是通过非居民购买国内证券的形式），在制度层面上解除对资本流入的控制不会产生额外风险。

第三，尽早解除对资本流出的限制。首先可以允许资本流出至其他东盟成员国，再逐渐扩展至所有国家，这一解除过程可以在特殊情况下对散户投

① Asian Development Bank. The road to ASEAN financial integration：A combined study on assessing the financial landscape and formulating milestones for monetary and financial integration in ASEAN. Mandaluyong City，Philippines：Asian Development Bank，2013.

资者和机构投资者区别对待。虽然资本流出自由化对于东盟低收入国家而言将是一个渐进的过程，对于高收入国家特别是东盟五国而言应该被优先解决。

第四，有利于资本账户开放的环境建设可以在后期进行，包括货币使用的宽松、对冲风险的宽松、资本持有税的废除以及个人资本交易的自由化等，这些限制在现阶段可以作为防范措施而被保留。该报告也不建议完全解除这些限制措施，即使是在2020年基本达成金融一体化之时。

需要特别注意的是，这一实施计划不同于传统观点提倡的资本流出自由化应发生在资本流入自由之后，而认为必须在开放的早期实现资本流出自由，从而和流入的资本共同促进金融一体化。该报告认为，传统观点并不适用于东盟，因为区域金融一体化是两头并进的过程。

（四）《2025年东盟经济共同体蓝图》

2015年11月，第27届东盟首脑会议通过了《2025年东盟经济共同体蓝图》。该蓝图提出，到2025年东盟区域金融发展的战略目标是金融一体化、金融包容性和金融稳定性，涵盖资本账户自由化、支付与结算系统和能力建设三大领域。由此，资本账户自由化再次被提上议事日程。①

《2025年东盟经济共同体蓝图》提出，在促进区域金融一体化方面，必须加快东盟区域本土银行、保险市场和证券市场的一体化进程，建立安全、高效的金融市场设施，完善金融自由化的监管条件。通过“东盟服务贸易协定”（ATISA）、“东盟银行业一体化框架”（ABIF）、东盟保险业一体化框架（AIIF）和东盟资本市场基础设施（ACMI）蓝图，进一步开放金融服务业，促进区域金融市场的一体化；在促进区域金融包容性发展方面，完善区域金融生态系统，促进微型和中小型企业的发展，为微型和中小型企业提供便利的融资条件；在确保区域金融稳定性方面，加强宏观经济和金融监管，

---

① ASEAN Secretaria. ASEAN Economic Community Blueprint 2025. Jakarta: ASEAN Secretaria, 2015.

通过识别金融系统风险和完善金融监管制度；在“东盟银行业一体化框架”下，促进区域内银行的跨境合作安排，金融监管的区域和双边合作平台将继续扮演重要的角色；加强金融的审慎监管，旨在达到国际先进的金融监管水平。

该蓝图提出，在资本账户自由化领域，要推进东盟成员国资本账户的自由化，鼓励成员国间的资本流动，为区域跨境投资和信贷提供便利。东盟资本账户的自由化必须遵循资本账户有序开放，充分考虑成员国的准备条件，具有足够的保障措施，应对资本账户开放可能引发的宏观经济波动和系统性风险。为确保资本账户开放对所有成员国利益共享，东盟将继续密切关注各国资本账户自由化的进展；在支付与结算系统领域，建立安全、高效、有竞争力的支付与结算系统，促进区域跨境贸易结算、汇兑、零售支付系统和资本市场的发展；在能力建设领域，通过学习项目、知识经验交流、金融一体化和相关领域的最佳实践，缩小区域金融发展的差距。

《2025 年东盟经济共同体蓝图》提出，要实现东盟成员国之间资本账户的自由化，分为两个阶段：2016 ~ 2020 年要完善资本账户开放蓝图，作为监督工具，明确在蓝图中资本限制应该如何界定，要进一步放开贸易和直接投资相关的资本流动限制；2021 ~ 2025 年要进一步放开投资组合和其他资本流动形式的限制。另外，加强资本流动数据和政策措施的对话与信息交换，同样分为两个阶段实现：2016 ~ 2020 年要巩固东盟成员国的资本账户开放政策对话报告制度，要起草好安全防范机制的报告模板，包括在资本账户开放政策对话机制中，还要建成受保护的资本账户开放政策对话数据库；2021 ~ 2025 年要根据各个东盟成员国的经验策划好东盟资本流动的具体措施。

资本账户开放被置于东盟区域金融一体化框架（AFIF）中实施，具体的管理框架是东盟中央银行高层次委员会（SLC）负责统筹计划和指导，下设市场能力建设促进委员会（SCCB）和六个工作委员会（WCs），分别是金融服务自由化委员会（WC – FSL）、资本市场发展委员会（WC – CMD）、资本账户开放委员会（WC – CAL）、支付和结算系统委员会（WC – PSS）、东盟银行一体化委员会（WC – ABIF）等。

二 东盟成员国资本账户的开放程度

在东盟十个成员国家中，新加坡、文莱属于完全开放型经济体。印尼的资本账户开放比较特殊，它在经常账户开放前就实现了资本账户开放。1971年印尼已经被公认为实现了资本账户自由化，但主要开放在资本流出，资本流入仍受到限制。亚洲金融危机爆发后，资本账户开放得过早使得印尼金融市场受到巨大的冲击；马来西亚是唯一在亚洲金融危机期间实行资本控制的东盟国家，1998 年 9 月马来西亚实施了资本管制措施，1999 年 2 月起逐步解除了资本管制措施；菲律宾的资本账户开放进程较为缓慢，虽然 20 世纪 90 年代初开始推行，但菲中央银行的外汇管制框架的改革从 2007 年起才强力推进；亚洲金融危机发端于泰国，泰国资本账户开放过于激进是主要原因，金融危机后泰国调整了资本账户开放的进程，加强了对资本账户的监督和管理；其余的东盟四国（柬埔寨、老挝、缅甸和越南）经济发展水平相对滞后，但资本账户的开放也已逐步展开。

Chinn and Ito（2008）根据国际货币基金组织每年颁布的《汇率安排和汇率限制年度报告》创建了一个衡量资本账户开放程度的指标（kaopen），该标准化后的指标取值介于0 到 1 之间，数值越大表示开放程度越高。东盟国家资本账户开放程度大致可分为五类：第一类，新加坡、文莱属于资本账户完全开放的国家；第二类，泰国、菲律宾、马来西亚、印尼的资本账户开放程度高，但法律上处于中等水平，它们可以通过解除行政管制给予资本流动更大的自由度；第三类，柬埔寨的资本账户开放程度高，但国内金融系统非常欠缺；第四类，老挝和越南国内金融市场非常不完善，同时资本流动限制程度还比较高；第五类，缅甸的资本账户不开放，金融体系完全封闭。

从表 1 可以看到，2015 年东盟国家的资本账户开放程度指标差异很大。完全金融封闭的缅甸经济体为 -1.904，完全金融开放的新加坡为 +2.374，其他国家介于两者之间，柬埔寨为 +1.162、老挝为 -1.195、越南为 -0.130、泰国为 -1.195、菲律宾为0.018、马来西亚为 -0.130、印尼为 -0.130。

表 1　1980 ~ 2015 年东盟国家资本账户开放的法定指标

年份	柬埔寨	印尼	老挝	马来西亚	菲律宾	泰国	越南
1980		1. 1617		1. 1617	-1. 1947	-0. 1303	-1. 9036
1981		1. 1617	-1. 9036	1. 1617	-1. 1947	-0. 1303	-1. 9036
1982		2. 3744	-1. 1947	2. 3744	-1. 1947	-0. 1303	-1. 9036
1983		2. 3744	-1. 9036	2. 3744	-1. 1947	-0. 1303	-1. 9036
1984		2. 3744	-1. 9036	2. 3744	-1. 1947	-0. 1303	-1. 9036
1985		2. 3744	-1. 9036	2. 3744	-0. 1303	-0. 1303	-1. 9036
1986		2. 3744	-1. 9036	2. 3744	-1. 1947	-0. 1303	-1. 9036
1987		2. 3744	-1. 9036	2. 3744	-1. 1947	-0. 1303	-1. 9036
1988		2. 3744	-1. 9036	2. 3744	-1. 1947	-0. 1303	-1. 9036
1989		2. 3744	-1. 9036	2. 3744	-1. 1947	-0. 1303	-1. 9036
1990		2. 3744	-1. 9036	2. 3744	-1. 1947	-0. 1303	-1. 9036
1991		2. 3744	-1. 9036	2. 3744	-1. 1947	-0. 1303	-1. 9036
1992		2. 3744	-1. 9036	2. 3744	0. 0180	-0. 1303	-1. 9036
1993		2. 3744	-1. 9036	1. 1617	0. 0180	-0. 1303	-1. 1947
1994		2. 3744	-1. 9036	1. 1617	0. 0180	-0. 1303	-1. 1947
1995	-0. 1303	2. 3744	-1. 1947	1. 1617	1. 0824	-0. 1303	-1. 1947
1996	-1. 9036	2. 1160	-0. 1303	0. 9033	0. 0180	-0. 1303	-1. 1947
1997	-1. 9036	1. 8576	-0. 8391	0. 6449	0. 0180	-0. 1303	-1. 1947
1998	-1. 9036	0. 8904	-0. 8391	0. 3865	0. 0180	-0. 1303	-1. 1947
1999	-1. 9036	1. 3408	-0. 8391	0. 1281	0. 0180	-0. 1303	-1. 1947
2000	-1. 9036	1. 0824	-0. 8391	-0. 1303	0. 0180	-0. 1303	-1. 1947
2001	-0. 5807	1. 0824	-0. 8391	-0. 1303	0. 0180	-0. 1303	-1. 1947
2002	-0. 3223	1. 0824	-0. 8391	-0. 1303	0. 0180	-0. 1303	-1. 1947
2003	-0. 0639	1. 0824	-1. 1947	-0. 1303	0. 0180	-0. 1303	-1. 1947
2004	0. 1945	1. 0824	-1. 1947	-0. 1303	0. 0180	-0. 1303	-1. 1947
2005	0. 4529	1. 0824	-1. 1947	-0. 1303	0. 0180	-0. 1303	-1. 1947
2006	1. 1617	1. 0824	-1. 1947	-0. 1303	0. 0180	-0. 1303	-1. 1947
2007	1. 1617	1. 0824	-1. 1947	-0. 1303	0. 0180	-1. 1947	-1. 1947
2008	1. 1617	1. 0824	-1. 1947	1. 0824	0. 0180	-0. 1303	-0. 1303
2009	1. 1617	1. 0824	1. 1947	-0. 1303	0. 0180	-1. 1947	-0. 1303
2010	1. 1617	1. 0824	-1. 1947	-1. 1947	-1. 1947	-1. 1947	-0. 1303
2011	1. 1617	-0. 1303	-1. 1947	-1. 1947	-1. 1947	-1. 1947	-0. 1303
2012	1. 1617	-0. 1303	-1. 1947	-1. 1947	-1. 1947	-1. 1947	-0. 1303
2013	1. 1617	-0. 1303	-1. 1947	-1. 1947	-1. 1947	-1. 1947	-0. 1303
2014	1. 1617	-0. 1303	-1. 1947	-0. 1303	0. 0180	-1. 1947	-0. 1303
2015	1. 1617	-0. 1303	-1. 1947	-0. 1303	0. 0180	-1. 1947	-0. 1303

资料来源：http：//web. pdx. edu/ ~ ito/Chinn-Ito_ website. htm。

为了更准确地掌握东盟国家资本账户开放的状况，本文还计算了事实层面的资本账户开放指标，采用Lane and Milesi-Ferretti（2007）构建的，利用一国所拥有的外部资产和负债之和占国内生产总值GDP的比重来度量。这些数据来源于国际货币基金组织的国际金融统计数据库（IFS）和世界银行的世界发展指标（WDI）数据库，一国所拥有的外部资产和负债之和代表总的资本存量，通过加总外部直接投资和证券资本的资产和负债而得到，国内生产总值采用不变的2010年美元货币价值度量。

从图1可以看到，马来西亚2009～2012年实际资本账户开放水平跳跃式上升为第一并保持了较高水平之后，2013～2015年大幅下降，返回到原来的水平，对比法定指标值可见其2010～2013年法定限制骤增，实际开放水平相应在之后几年下降；菲律宾、泰国、印尼的实际开放水平则一直较稳定；越南2007年实际资本账户开放程度也跳跃式上升，之后一直维持着较高水平，2015年、2016年位居东盟国家的第三位，这与法定指标值所显示的趋势相符合，反映了越南在同时发展国内金融市场和解除法定限制；柬埔寨的实际资本账户开放程度2007年起较为稳定，一直维持着较高水平，与法定指标值所显示的趋势相符合；老挝2013年起实际资本账户开放程度跳跃式上升，并于2014年超过马来西亚和柬埔寨成为开放程度最高的国家，但法定指标相对滞后，未能揭示这一趋势，这可能反映了老挝虽然在法律上仍未放松限制，但实际上已经允许资本更加自由地流动。

从东盟国家资本交易各细分类别的开放状况看，新加坡开放程度最高，仅对金融信贷、房地产交易、针对商业银行与其他信贷机构的特别条款，以及针对机构投资者的特别条款有所管制。除了缅甸外，其他国家几乎都对直接投资清偿之外的资本交易细类有所管制。值得注意的是，对比日本、英国、美国、中国、欧盟这五个货币被纳入特别提款权即SDR货币篮子的国家，除了日本外，其他国家对资本交易各细类也有较多的管制，表明资本账户开放是一个系统工程，关键是要防范好可能出现的金融风险，不是要完全地开放（见表2）。

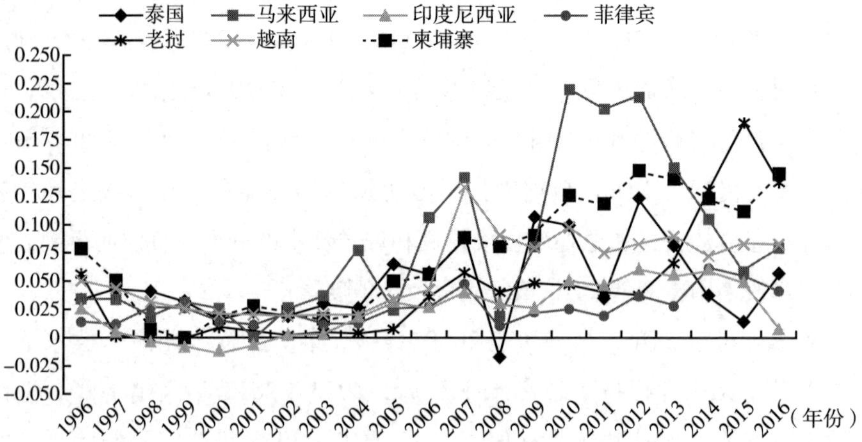

图1　1996～2016年东盟国家资本账户开放水平的实际指标值

资料来源：根据国际金融统计数据库（IFS）、世界发展指标（WDI）的数据编制。

表2　东盟成员国家资本交易类别管制情况比较

资本交易控制	印尼	马来西亚	菲律宾	泰国	柬埔寨	老挝	越南	新加坡	文莱	缅甸
资本市场证券	•	•	•	•	•	•	•			•
货币市场工具	•	•	•	•		•	•			•
共同投资证券	•	•	•	•		•	•			•
衍生品和其他金融工具	•	•	•	•		•	•			
商业信贷	•	•	•			•	•			•
金融信贷	•	•	•	•	•	•	•	•		•
保证金与担保金等金融支持性工具	•	•	•	•			•			•
直接投资	•	•	•	•	•	•	•		•	•
直接投资清偿										•
房地产交易	•	•	•	•	•	•	•	•	•	•
个人资本交易		•	•	•		•	•		•	•
针对商业银行与其他信贷机构的特别条款	•	•	•	•	•	•	•	•	•	•
针对机构投资者的特别条款	•	•	•	•	•	—	•	•	•	•

注："•"表示此类别受到管制，"—"表示数据不可获得，空白表示完全开放。

资料来源：根据IMF《2016年汇率安排及汇率限制年度报告》编制。

三　东盟主要成员国的资本账户开放

在东盟十个成员国家中，新加坡和文莱属于完全经济开放体，缅甸属于完全封闭经济体。其他七个东盟国家分为两个层次，印尼、马来西亚、菲律宾和泰国的资本账户开放相对领先，柬埔寨、老挝和越南相对落后。以下介绍印尼、马来西亚、菲律宾和泰国的资本账户开放的进程与成效。

（一）印尼的资本账户开放

印尼的资本账户开放比较特殊，它在经常账户开放和国内金融自由化改革完成之前就实现了资本账户开放。1971 年印尼已经被公认为实现了资本账户自由化，但经常账户仍然受到较严格的管制，国内金融也未完全开放，且利率管制仍然存在。当时，印尼的资本账户开放主要在资本流出方面，资本流入仍然受到较多限制。

1966 年印尼新政府上台后，颁布了“经济稳定计划”，旨在解决国内通货膨胀率高企、国际收支赤字严重的问题，计划中包括资本账户开放、利率和外汇制度改革等一系列金融自由化改革。1971 年之后资本账户开放的重点放在了资本流入自由化，开放的速度开始放缓。对于外国直接投资，印尼一直采取积极引进的态度，旨在减少对石油部门的依赖，政府逐渐放开直接投资的流入、维持一个具有竞争力的汇率水平、贸易自由化和税率改革、改善货币管理、放开外部资本流入。1997 年亚洲金融危机爆发，外商直接投资大量减少，许多已投项目也纷纷撤资，政府加大吸引外国直接投资的力度，尤其是 1998 ~ 1999 年放开了许多外国投资之前不能涉足的领域；对于证券投资，1987 年印尼才开始放开证券资本的流入，允许外国投资者在本国的股票市场投资。1989 年允许外国投资者最高获取上市公司 49% 的股份，1992 年允许购买国有和私营银行最多 49% 的上市股份，1996 年允许 100% 持有共同基金公司股份，1999 年允许 100% 持有上市银行的股份。亚洲金融危机之后，印尼仍然鼓励外国资本进入证券市场，但采取了更加谨慎的措施；对于其他投资，最初印尼对国内银行和金融机构从国外贷款的行为施加严格的数量限制，到了1989年政府取消了这一限制，但规定银行的净外汇头寸不超过自有资产的25%，1991年政府对银行和国有企业在海外的借款再施加数量控制，还对银行公开的外汇头寸施加更严格的限制。

印尼资本账户的开放注重金融和汇率政策的相互协调性，从而提供一个稳定的宏观经济环境。印尼的金融改革开始于1983年，主要致力于建立金融市场、金融机构和金融工具，使市场机制发挥更大的作用，主要措施包括放开利息管制、允许银行自行制定存贷款利率，并可以随市场情况而浮动，部分解除了银行系统直接信贷的限额控制。1984年引入了货币市场工具，1987年进行了一系列有关于资本市场运行的制度改革，包括股票交易所改革和引入新的资本市场工具。1988年开始第二轮金融改革，主要强调了银行系统的重要作用，增强了银行监管和货币市场的发展，改革措施主要包括允许国外金融机构设立新的银行和分支机构、参与其他类型的金融机构和保险业务，从而更多地参与国内金融系统。此外，还进一步促进资本市场作用，扩大市场的筹集资金功能、延长货币市场工具的到期期限，以及扩大做市商的范围。1992年新的《银行法》颁布，拉开了第三轮金融改革的序幕。亚洲金融危机之前，印尼的汇率制度是钉住主要贸易伙伴的一揽子货币政策，实际上是在汇率目标区内变化的管理浮动制。亚洲金融危机后，印尼放弃钉住制改为浮动制。

（二）马来西亚的资本账户开放

马来西亚对于外国直接投资一直保持着积极引进的态度，早在20世纪80年代中期，马来西亚政府就积极引进外国直接投资，鼓励外国投资者到其出口导向型的生产和高科技领域投资，可享受优惠政策的行业主要包括农业生产、农产品加工、橡胶制品、石油化工、医药、木材、纸浆制品、纺织、钢铁、有色金属、机械设备及零部件、电子电器、医疗器械、科学测量仪器制造、塑料制品、防护设备仪器、可再生能源、研发、食品加工、冷链设备、酒店旅游及相关的服务业等。

对于证券投资，马来西亚积极鼓励本国居民和企业对外投资，促进个人优化资产配置、企业获得多元化的商业机会，同时也鼓励对本国证券资产的投资。2005 年，马来西亚规定没有国内信贷额度的本国居民可以使用林吉特兑换外汇或在离岸及在岸银行所持有的外汇资金，向国外投资任何数额，但若资金来源于外汇借款则限额为 1000 万林吉特；有国内信贷额度的本国居民也可以在国外投资，但资金来源只限于使用林吉特兑换外汇或他们在离岸及在岸所持有的外汇资金，且若来源于林吉特兑换外汇则不能超过规定的限额。为拓宽林吉特资产和金融产品的投资基础，2007 年 4 月 1 日起进一步扩大非居民股票经纪公司和托管银行从授权在岸银行获得的林吉特超额信贷额度，并废除了非居民获得居住或商业地产信贷的数量限制。同时，本国居民个人及公司投资于外币资产的限制进一步被解除，如国内林吉特借款的木国居民个人投资于外币资产的限额由 100 万林吉特提高到 100 亿林吉特，国内公司的限额则由 1000 万林吉特提高到了 5000 万林吉特。但是，为了控制风险，本国机构投资者投资于外币资产的限制却增加了。例如，信托公司净资产价值中归属于本国居民的部分由 30% 提高到 50%，基金管理公司的基金中归属于享有国内信贷额度的本国居民客户的比例由 30% 提高到 50%，保险公司净资产价值中归属于本国居民的部分也由 30% 提高到 50%。

对于其他投资，2003 年以后马来西亚解除了外汇管制，为居民和企业的外汇交易提供保障，旨在维护经济金融稳定的同时，促进风险管理、降低交易和行政成本，以及增加市场流动性，从而培育便利的商业环境。为了促进外汇风险管理，对冲的管制分阶段被逐渐放松。本国居民除了被允许为出口收益卖出远期合约外，2003 年 4 月 1 日起可以向授权交易员自由卖出任何外汇收入的远期合约，前提是有可信证据表明未来能获得这一收入且合约期限不超过 12 个月。2005 年 4 月 1 日起，居民和非居民不需要提前向外汇管理机构申请，可以与被授权的在岸银行（包括商业银行和伊斯兰银行）以及被允许的投资银行签订远期外汇合约，买进或卖出林吉特或外币远期合约以对冲指定类型的风险。2007 年 4 月 1 日起，允许本国居民对冲外汇贷款的最高额度可为需偿还总额。为了降低交易成本，2003

年4月1日起，本国居民于在岸商业银行及伊斯兰银行的外汇账户隔夜余额由1000万美元提高到5000万美元，公司总部的外汇账户隔夜余额则提高到7000万美元。同时，为了降低行政成本，本国居民向非居民支付的金额在1万林吉特或等额的外汇以内不需要额外申请，包括海外投资、贷款等。2007年4月1日起，本国企业授权在岸银行和非居民获得外汇借款，或者通过发行在岸外汇债券的限额从5000万林吉特提高到了1亿林吉特。为了增加市场流动性，首先给非居民控股公司在获得国内信贷额度时提供便利。2003年4月1日起，废除外资银行提供的信贷额度不能超过它从银行机构所获得总量的50%的限制，居民可以自由提供给非居民控股公司的林吉特信贷额度限制由1000万林吉特提高到了5000万林吉特，2005年4月1日进一步废除了此限额；提高了本国居民个人及企业可以从非居民、授权在岸银行，以及设在马来西亚的授权投资银行获得的外汇信贷额度；为了给授权在岸银行从事外汇业务提供更大的流动性，2007年4月1日废除其净开放头寸不得超过银行资本金20%的限制，本国居民在其开立外资账户的限制被废除，设在马来西亚的投资银行若具备良好的能力可以在广泛监督之下从事外汇业务。

1997年亚洲金融危机爆发后，马来西亚货币林吉特承受着巨大压力：海外货币交易员预期林吉特贬值而做空它，林吉特离岸汇率相对高于国内汇率引发资本外流。1997年8月，马来西亚官方限制了非居民参与的与贸易无关的互换交易，临时打断了离岸和在岸汇率之间的联系。然而，该政策效果不理想，限制货币互换进一步扩大了离岸与在岸林吉特汇率差额，诱使资本流出继续通过其他多种不受限制的途径发生。在这一背景下，马来西亚政府在1998年9月实施了一系列汇率和资本管制措施，旨在通过消除林吉特海外市场以抑制本币投机和资本外流、稳定短期资本流动，这些措施包括关闭了林吉特转移至国外的所有渠道，要求海外流通的林吉特汇回国内，一年之内阻止非居民撤回证券投资资本，对居民的资本转移施加限制，这些措施覆盖面广，有效抑制了投机活动。1999年2月4日，马来西亚对非居民的证券投资资本解除了一年之内禁止撤走的限制，以降低的资本流出税代替。

（三）菲律宾的资本账户开放

1992年菲律宾由于国内银行机构过度向房地产行业贷款，呆坏账上升，加上经常账户长期巨额赤字，国际收支不平衡，因此着手开放资本账户，以期引进外资弥补赤字。1992年，为了解决国内资金不足和国际收支赤字问题，资本账户开放的步伐加快，但许多配套制度和监管体制都未跟进。2007年，菲律宾加快了本国居民对外投资的开放步伐。

菲律宾对于外国资本采取积极引进的态度，近年新政府执政后提出要将经济从消费驱动转为投资和出口驱动，政府认为引进外资将给菲律宾带来一系列直接收益和间接收益。2007年2月，菲律宾将本国居民对外投资的最高限额从每人600万美元增加到1200万美元。2009年2月，菲律宾央行将外国证券投资流入的注册程序化和标准化。同年5月，允许本国居民在允许的数量范围之内为了对外投资而从菲律宾央行注册的外汇经销商和货币兑换商那里购买外汇。2011年12月，政府规定本国居民通过股利或盈利收到的外汇，或者从对外投资中撤资所获得的收益，不再需要汇回国内或兑换为本国货币。菲律宾在贸易信贷、金融信贷方面的管理都较为宽松，放开了本国居民和非居民的个人资本交易，为居民合法交易获得银行系统的外汇资源提供便利，以鼓励外汇交易从非正式渠道转移到正式渠道。2007年12月，菲律宾货币当局批准了新一轮的外汇管制框架改革计划。2013年4月，菲律宾进一步简化了外汇交易。2015年4月，允许了本国居民通过公司内部之间净额结算进行应付款项的结算。

1973年起，菲律宾虽然实施管理浮动汇率制，但实际上将比索与美元挂钩，是钉住美元的汇率制度。20世纪90年代初，菲律宾巨大资本流入使得货币量大增，形成了通货膨胀；另外，钉住制下为了保持名义汇率稳定，比索币值长期被高估。亚洲金融危机使得菲律宾经济受到重挫，比索大幅贬值，但菲律宾仍没有放弃盯住美元的汇率制度，通过央行干预而保持双边汇率稳定，主要措施包括直接干预外汇市场，大量抛售美元；通过货币政策避免比索进一步贬值，如提高利率及存款准备金率。

（四）泰国的资本账户开放

泰铢危机是1997～1998年亚洲金融危机的导火索，泰国资本账户开放过于激进和缺乏有效监管是主要原因。亚洲金融危机之后，泰国调整了资本账户开放的进程，加强了对资本账户的监督管理。

在资本账户开放的初期，外国净直接投资是资本流入的主体。1972年泰国颁布的《外资法》和1977年颁布的《投资促进法》，基本放开了外国直接投资的监管。虽然泰国规定外国直接投资需要得到央行批准，但总体上对这一类实体投资比较开放。亚洲金融危机之后，泰国加强了对证券市场的监督管理。1984～1985年，泰国将金融市场的改革聚焦于股票市场，鼓励外商对股票市场投资，并颁布了一系列促进证券投资的规定。对投资于股票市场的外国共同基金、新封闭式共同基金实行税收优惠，减少对汇出国外的股利征税，允许外国投资者自由汇出投资基金、偿还贷款和支付利率，鼓励本国企业发行国外公司债券。1992年，设立了BIBF（Bangkok International Banking Facility），以拓宽外国融资渠道。1995年，设立了PIBF（Provincial International Banking Facility），以扩展海外基金投资。亚洲金融危机之后，泰国为了避免投机行为发生，采取了一系列管制措施。对于其他投资，尤其是金融借贷，泰国引入了更严格的价格型管制措施，即无息准备金制度，相配套的仍然是对国内金融机构的国际借贷严格限制。另外，泰国积极鼓励本国居民和企业对外投资，通过资本流出平衡国际收支状况。2006年，允许国外企业在国内发行以泰铢计价的债券。2007～2008年，泰国银行（BOT）提高了国内居民投资于外国资产和对外直接投资的限额，延长了本国居民将外币收益汇回国内的期限。

2003年起，随着泰国经济的复苏，国际资本重新流向泰国等新兴市场国家，泰铢2005年开始大幅升值。为了抑制货币升值，2006年起泰国央行开始强有力地干预外汇市场，大量买入美元卖出本币，使得外汇储备剧增，引发巨大的干预成本，由此泰国央行不得不再次引入直接的资本控制。2006年12月，泰国引入了更严格的价格型管制措施，即无息准备金制度

（URR）。它规定金融机构购买外汇或在外汇市场上卖出泰铢，其金额超过2万美元时需要提取外币总量30%作为无息准备金存入泰国央行；若这些资金留在泰国超过一年，这一金额将会在一年之后被返还；若资金在一年之内撤离，30%的准备金只偿还2/3。为了进一步抑制短期资本流入，期限在一年之内转移至国外的资金需要缴纳10%的税。URR实行初期，适用于除了与经常账户相关的基础性贸易和服务、对外投资汇回之外的所有资本流入，甚至包括外国直接投资，引起市场恐慌，股市和汇市双双下跌，并蔓延至整个东盟国家。对此，泰国政府放宽了URR免征范围，只针对当日起的债券投资、外币借款及外汇交易。2007年起，泰国又逐渐放宽对外币贷款、债券、财产和共同基金的准备金征收，但要求这些资金用于外汇对冲。之后又放宽到不超过100万美元或期限大于一年的外币贷款，以及参与现存财产基金的新资金，最终于2008年3月完全取消。

四　东盟资本账户开放与经济增长的门槛效应实证研究

所谓资本账户开放对经济增长的门槛效应，是指资本账户开放对东道国经济增长的影响还取决于东道国的一系列经济初始条件，如国民收入、金融发展水平、贸易开放度、国家治理水平等，两者还可以发生相互作用。本文选取东盟七国（柬埔寨、印尼、老挝、马来西亚、菲律宾、泰国和越南），对各国的资本账户开放与经济增长的关系进行实证分析。

（一）模型设定和参数定义

本文借鉴和参照Edwards（2001）、Chinn and Ito（2002）等研究成果，实证模型将在巴罗提出的经典经济增长模型中增加资本账户开放度指标作为解释变量，以考察资本账户开放对经济增长过程的影响。基本模型设置如下：

$$gdp\_g0_{it} = \alpha + \beta_0 * rcal_{it} + \sum_{i=1} \beta_{it} X_{it} + \varepsilon_{it} \tag{1}$$

其中，下标i和t分别表示样本国家和年份。被解释变量$gdp_ g0_{it}$是实际人均 GDP 增长率，用来衡量经济增长速度，由实际人均 GDP 对数差分计算而得；解释变量 $rcal_{it}$ 是资本账户开放程度的衡量指标，鉴于以上分析中已指出东盟国家的法定资本账户开放程度滞后于实际资本账户开放程度，实证分析中将采用实际资本账户开放指标，即一国所拥有的外部资产和负债之和占 GDP 总量的比重。其系数表示在控制其他经济增长因素的条件下，资本账户开放对经济增长的影响，若为正（负），表明促进（减缓）经济增长。X_{it} 代表一系列经济增长模型中常用的经济变量作为控制变量，包括初始人均收入、外国直接投资、通货膨胀率、贸易开放水平、资本形成率、人口增长率、人均寿命和政府消费，其具体含义及计算方法下面将进行详细介绍。ε_{it} 是随机干扰项。

为了检验东盟成员国的资本账户开放对经济增长的作用是否具有门槛效应，本文选取人均国民收入水平作为门槛变量，在基本模型中引入资本账户开放和人均国民收入（取自然对数）的交乘项 $GDPxRCAL_{it}$，以检验资本账户开放对经济增长的作用是否因国民收入水平的不同而变化。扩展后的模型设置如下：

$$gdp\_g0_{it} = \alpha + \beta_0 * rcal_{it} + \gamma * GDPxRCAL_{it} + \sum_{i=1} \beta_{it} X_{it} + \varepsilon_{it} \tag{2}$$

若交乘项的系数为正（负），表明资本账户开放对经济增长的作用随国民收入水平的提高而增加（减弱）。此时资本账户开放对经济增长的作用变成非线性关系。

模型中的控制变量具体含义及计算方法如下：

初始人均收入（L. lngdp_ con）。衡量一个国家的经济初始发展水平，用实际人均 GDP（取自然对数）的滞后一期值衡量。经济学理论表明经济增长具有收敛效应，即随着一国国民收入水平的提高，经济增长速度会放慢，因此预期此变量的系数为负。

外国直接投资（fdi_ i_ p0）。用外国直接投资净流入占 GDP 的比重衡量。外资尤其是直接投资净流入对一国的经济增长具有极大的拉动作用，因此预期此变量的系数为正。

通货膨胀率（gdi0）。有两种衡量方法，一个是用消费者价格指数，一个是用 GDP 缩减指数。前者只考虑了一篮子消费品，后者则包括所有商品，因此选用后者。一国的通货膨胀率越高，货币贬值越严重，不利于国民经济的发展，因此预期此变量的系数为负。

贸易开放水平（topen_ p0）。用进出口贸易总量占 GDP 的比重衡量。根据国际经济学的比较优势理论，一国贸易越开放，越能发挥比较优势，因此预期此变量的系数为正。

资本形成率（cform_ p0）。用总资本占 GDP 的比重衡量。资本是一国经济发展的必要条件，可合理预期此变量的系数为正。

人口增长率（p_ g0）。由总人口数对数差分而得。一方面人口数量越多，劳动力资源越充足，越有利于经济增长；另一方面若经济总量不大，人口越多，则人均产出水平越低，反而不利于经济增长。考虑到东盟七国的经济状况，仍处于发展中国家，预期此变量的系数为负。

人均寿命（lnlife）。由人均寿命取自然对数而得。一方面寿命越长，随着生活水平提高和医疗条件的改善，劳动年限相应越长；另一方面寿命越长，养老负担越重，不利于经济增长，因此此变量的系数为正或负。

政府消费（gov_ p0）。用政府消费总额占 GDP 的比重衡量。由国民收入恒等式可知政府消费越多，居民消费、投资和进出口总额则越少，显然不利于经济的增长，因此预期此变量的系数为负。

（二）样本、数据和计量方法

由于新加坡和文莱属于完全开放经济体，缅甸则属于完全封闭经济体，不具有代表性。因此，本文选取的样本国家包括东盟七国（柬埔寨、印尼、老挝、马来西亚、菲律宾、泰国和越南）。依据数据的可获得性，去掉缺漏值之后，所有变量数据都能找到的样本时间区间为 1974 ~ 2014 年，最终的样本是非平衡面板数据，包括 217 个观察值，并在 1% 的水平上进行了缩尾处理。

实际人均 GDP 增长率、初始人均收入、外国直接投资、通货膨胀率、贸易开放水平、资本形成率、人口增长率、人均寿命和政府消费数据来自世界银行的《世界发展指数》数据库，实际资本账户开放程度指标中涉及的一国对外资产与负债总和来自国际货币基金组织的《国际金融统计》数据库。

（三）实证结果分析

首先本文估计了全样本下资本账户开放是否对经济增长有显著影响。首先对模型的计量方法进行选择，检验样本是否具有组内自相关、组间异方差、组间同期相关问题。采用的检验方法分别是伍德里奇检验、沃尔德检验、Pesaran 和 Friedman 检验，可以由统计软件 STATA 实现，表 3、表 4、表 5 报告了检验结果。

表 3 面板数据组内自相关的伍德里奇（Wooldridge）检验

H0：不存在一阶自相关	
F(1, 6) =	17.641
Prob > F =	0.0057

对组内自相关的检验结果 p 值 =0.0057，远小于 1% 的显著性水平，强烈拒绝干扰项不存在一阶自相关的原假设，因此可以用可行广义最小二乘法（FGLS）进行估计。本文对两种形式的自相关形式都估计了，一个是所有个体的扰动项都服从自回归系数相同的一阶自回归过程（FGLS_ ar1），另一个是个体的扰动项服从一阶自回归过程但自回归的系数各不相同（FGLS_ psar1）。

表 4 组间异方差的沃尔德（Wald）检验

H0：不存在组间异方差	
chi2(7) =	125.22
Prob > chi2 =	0.0000

表 5　组间同期相关的检验

Pesaran 检验的统计量 =	5.049, Pr = 0.0000
Friedman 检验的统计量 =	21.014, Pr = 0.0018

对组间异方差与组间同期相关的检验结果显示 p 值也几乎为零，远小于 1% 的显著性水平，强烈拒绝干扰项不存在组间异方差和组间同期相关的原假设，因此可以用面板校正标准误差（PCSE）估计方法。作为对比，本文还报告了未考虑这三个问题的最小二乘虚拟变量模型（LSDV）的回归结果（见表 6）。回归结果表明，四种模型下资本账户开放指标的系数都显著为正，显著性水平高达 5%。表 6 的第一列和第二列分别报告了 LSDV 和 PCSE 回归结果，回归系数的数值完全相同，只是标准误不同。第三列和第四列分别报告了 FGLS_ ar1 和 FGLS_ psar1 回归结果，回归系数与前两种方法的差异不大。这表明了模型总体非常稳健，解释力度很强。在不考虑其他因素的影响下，东盟国家的资本账户开放对国内经济增长具有明显的促进作用，资本账户开放度每提高 1 个单位，人均 GDP 增长率将提高 0.157 ~ 0.164 个单位，并且都在 5% 的显著性水平上。

表 6　全样本下资本账户开放对经济增长的影响

	(1)	(2)	(3)	(4)
	LSDV	PCSE	FGLS_ar1	FGLS_psar1
rcal	0.157 **	0.157 **	0.164 **	0.160 **
	(3.47)	(2.31)	(2.04)	(2.29)
L. lngdp_con	-0.093 **	-0.093 ***	-0.112 ***	-0.135 ***
	(-2.62)	(-8.69)	(-7.89)	(-8.17)
fdi_i_p0	0.082	0.082	0.175	0.162
	(0.54)	(0.74)	(1.35)	(1.40)
gdi0	-0.115 *	-0.115 ***	-0.102 ***	-0.100 ***
	(-1.95)	(-6.08)	(-5.66)	(-5.57)
topen_p0	0.014	0.014	0.017	0.017
	(1.06)	(1.55)	(1.32)	(1.56)

续表

	(1)	(2)	(3)	(4)
	LSDV	PCSE	FGLS_ar1	FGLS_psar1
cform_p0	0. 245 ***	0. 245 ***	0. 263 ***	0. 252 ***
	(14. 72)	(8. 02)	(6. 67)	(7. 24)
p_g0	-2. 627 **	-2. 627 ***	-2. 699 **	-3. 282 ***
	(-3. 12)	(-3. 16)	(-2. 31)	(-3. 21)
lnlife	0. 028	0. 028	0. 025	0. 052
	(0. 21)	(0. 30)	(0. 19)	(0. 43)
gov_p0	-0. 295	-0. 295 ***	-0. 392 ***	-0. 429 ***
	(-1. 93)	(-3. 75)	(-3. 79)	(-4. 16)
t	0. 001	0. 001 ***	0. 002 ***	0. 002 ***
	(1. 72)	(3. 51)	(3. 68)	(4. 52)
_cons	0. 476	0. 476	0. 583	0. 624
	(1. 00)	(1. 25)	(1. 10)	(1. 31)
r2	0. 503	0. 503	0. 425	0. 459
N	208	208	208	208

注：括号内数值表示 t 统计量。

显著性水平：*** 表示 1% ** 表示 5% * 表示 10%。

另外，基本模型中的控制变量的符号也与理论分析吻合，且几乎都非常显著。其中，滞后一期的人均实际收入系数为负值，说明经济增长具有收敛效应，初始国民收入水平越高，经济增长速度反而会放慢。外国直接投资、贸易开放水平、资本形成率、人均寿命系数为正，表明对经济增长有促进作用，而通货膨胀率、人口增长率、政府消费的系数为负，表明不利于经济增长。

资本账户开放对经济增长影响的研究已经跨越了简单的线性关系，出现了门槛效应和结构效应两种新范式。东盟成员国中资本账户开放对经济增长的门槛效应是否存在，选取国民收入水平作为门槛变量。在基本模型中引入资本账户开放和人均国民收入（取自然对数）的交乘项 GDPxRCAL，回归结果见表 7。扩展模型的回归结果表明资本账户开放和人均国民收入的交乘项 GDPxRCAL 系数显著为正，而资本账户开放指标的系数转为负，且显著性水平都高达5%，强力支持了门槛效应假说。只有国民收入水平超过一定“门槛值”之后，资本账户开放才对经济增长有促进作用，反之则不利于经济增长。

表7　资本账户开放对经济增长的“门槛效应”

	(1)	(2)	(3)	(4)
	LSDV	PCSE	FGLS_ar1	FGLS_psar1
rcal	-0.508 (-1.13)	-0.508 (-1.14)	-1.003** (-1.98)	-0.997** (-2.12)
L. lngdp_con	-0.093** (-2.71)	-0.093*** (-8.52)	-0.113*** (-7.79)	-0.137*** (-8.26)
fdi_i_p0	0.166 (0.86)	0.166 (1.31)	0.303** (2.16)	0.291** (2.27)
gdi0	-0.114* (-1.95)	-0.114*** (-6.01)	-0.102*** (-5.71)	-0.100*** (-5.63)
topen_p0	0.014 (1.00)	0.014 (1.56)	0.017 (1.35)	0.017 (1.58)
cform_p0	0.243*** (14.82)	0.243*** (8.09)	0.261*** (6.81)	0.247*** (7.15)
p_g0	-2.468** (-2.98)	-2.468*** (-2.99)	-2.368** (-2.02)	-2.976*** (-2.91)
lnlife	0.081 (0.54)	0.081 (0.81)	0.122 (0.89)	0.175 (1.35)
gov_p0	0.272 (-1.69)	-0.272*** (-3.48)	-0.358*** (-3.46)	-0.395*** (-3.81)
GDPxRCAL	0.078 (1.60)	0.078 (1.54)	0.137** (2.32)	0.134** (2.52)
t	0.001 (1.88)	0.001*** (3.10)	0.002*** (3.15)	0.002*** (3.70)
_cons	0.266 (0.54)	0.266 (0.66)	0.201 (0.36)	0.141 (0.27)
r2	0.507	0.507	0.432	0.474
N	208	208	208	208

注：括号内数值表示t统计量。

显著性水平：*** 表示1%　** 表示5%　* 表示10%。

（四）稳健性检验

根据各国经济金融发展程度，本文选取的东盟七国可归为两类：一类是印尼、马来西亚、菲律宾、泰国等相对发达的国家，另一类是老挝、越南、柬埔寨三个相对落后的国家。门槛效应假说认为存在一系列的门槛变量会影响资本账户开放对经济增长的影响。因此，本部分将样本分为两个子样本分别检验，以考察前一部分得出的结论是否足够稳健。此外，分样本回归最大的优势还在于能控制其他一系列未能在模型中反映的遗漏变量，使得回归结果更加准确和具有说服力。在印尼、马来西亚、菲律宾、泰国四个经济相对发达的东盟国家样本中，去掉缺漏值之后，所有变量数据都能找到的样本时间区间为1974～2016年，最终的样本是非平衡面板数据，包括161个观察值，并在1%的水平上进行了缩尾处理，回归结果见表8。

表8　相对发达的东盟四国子样本回归结果

	(1)	(2)	(3)	(4)
	LSDV	PCSE	FGLS_ar1	FGLS_psar1
rcal	0.172***	0.172*	0.212**	0.199**
	(8.55)	(1.79)	(2.07)	(2.22)
L. lngdp_con	-0.098*	-0.098***	-0.117***	-0.139***
	(-2.81)	(-7.55)	(-7.05)	(-7.16)
gdi0	-0.125	-0.125***	-0.113***	-0.111***
	(-1.86)	(-4.95)	(-4.75)	(-4.78)
topen_p0	0.007	0.007	0.009	0.012
	(0.65)	(0.55)	(0.57)	(0.84)
cform_p0	0.264***	0.264***	0.302***	0.301***
	(8.49)	(5.66)	(5.51)	(6.01)
p_g0	-3.267***	-3.267***	-3.372**	-3.642***
	(-7.60)	(-3.03)	(-2.34)	(-2.67)
gov_p0	-0.400**	-0.400***	-0.483***	-0.475***
	(-5.70)	(-3.63)	(-3.40)	(-3.39)
t	0.002	0.002***	0.002***	0.003***
	(1.36)	(3.13)	(3.21)	(3.89)

续表

	(1)	(2)	(3)	(4)
	LSDV	PCSE	FGLS_ar1	FGLS_psar1
_cons	0.771 **	0.771 ***	0.893 ***	1.050 ***
	(3.39)	(7.41)	(6.69)	(7.05)
r2	0.505	0.505	0.450	0.478
N	157	157	157	157

注：括号内数值表示 t 统计量。

显著性水平：*** 表示 1%　** 表示 5%　* 表示 10%。

回归结果表明，首先，东盟四国资本账户开放能显著促进经济增长，而且增长效应更强。资本账户开放度每提高 1 个单位，人均实际 GDP 增长率将提高 0.172 ~0.212 个单位，相比全样本下的 0.157 ~0.164 个单位，提高 0.015 ~0.044 个百分点。其次，老挝、越南、柬埔寨三个相对落后的东盟国家样本，去掉缺漏值之后，所有变量数据都能找到的样本时间区间为 1995 ~2016 年，最终的样本是非平衡面板数据，包括 50 个观察值，并在 1% 的水平上进行了缩尾处理。由于样本数较小，需要对使用何种计量方法进行更细致的检验。由于个体效应模型比普通最小二乘法更能解决遗漏变量问题，文献中一般都采用个体效应模型，而且本文对固定效应模型和普通最小二乘法的混合回归两种方法进行了统计检验，强烈拒绝了不存在个体效应的原假设。因此，本文主要考察是否要在模型中加入时间效应，检验结果见表 9。

表 9　时间效应的统计检验

H0:不存在时间效应
F(　2,　　2) =　　2.08
Prob > F　=　　0.3245

检验结果显示，p 值远大于 10% 的最小容忍度，无法拒绝不存在时间效应的原假设。因此本文这三个国家的计量模型将只考虑固定效应，不考虑时

间效应，排除双向固定效应模型。此外，本文再次对这三个国家的子样本检验是否具有组内自相关、组间异方差、组间同期相关问题，采用的检验方法仍然是伍德里奇检验、沃尔德检验、Pesaran 检验，STATA 软件计算结果显示不存在组间异方差和组间同期相关，存在组内自相关，因此排除面板校正标准误差（PCSE）模型。最终这三个国家组成的子样本应采用固定效应（FE）模型，但作为对比还报告了最小二乘虚拟变量模型（LSDV）、可行广义最小二乘法（FGLS）模型，回归结果见表 10。

表 10　相对落后的东盟三国子样本回归结果

	(1)	(2)	(3)	(4)
	FE	LSDV	FGLS_ar1	FGLS_psar1
rcal	-0.209***	-0.128**	-0.081	-0.109
	(-10.63)	(-4.53)	(-0.55)	(-0.72)
L. lngdp_con	-0.128*	-0.331**	-0.365***	-0.346***
	(-3.51)	(-9.42)	(-3.81)	(-3.73)
fdi_i_p0	0.381	0.363	0.320**	0.354**
	(1.74)	(1.40)	(2.10)	(2.24)
topen_p0	0.137*	0.130*	0.126***	0.130***
	(3.78)	(3.29)	(6.21)	(6.80)
lnlife	0.381***	0.499***	0.530***	0.514***
	(56.04)	(71.09)	(4.16)	(4.29)
t		0.010***	0.012**	0.011**
		(151.37)	(2.53)	(2.40)
_cons	-0.865**	-0.198	-0.117	-0.167
	(-4.37)	(-1.06)	(-0.23)	(-0.36)
r2	0.637	0.708	0.655	0.765
N	47	47	47	47

注：括号内数值表示 t 统计量。
显著性水平：*** 表示 1%　** 表示 5%　* 表示 10%。

回归结果表明，资本账户开放对落后国家的经济增长反而不利，固定效应模型和最小二乘虚拟变量模型下的系数非常显著，可行广义最小二乘法方法下的系数虽然不显著，但符号同样转为负值。固定效应回归结果表明资本账户开放度每提高 1 个单位，人均实际 GDP 增长率将降低 0.209 个单位。这反映了在国内经济发展水平较低、国内金融体系尚不完善的情况下，断不可贸然开放资本账户，否则会带来隐患。

五　结语：东盟资本账户开放的经验与教训

从东盟国家资本账户开放的历程看，多数国家遵循资本账户开放的循序渐进的原则，注重资本账户开放的先后次序，并与宏观经济政策相协调。但是，由于有些国家资本账户开放过快，引起资本流动的失控，最终导致严重的金融危机。因此，东盟国家资本账户开放提供了可资借鉴的经验与教训。

（一）东盟资本账户开放遵循有序开放的原则

东盟经济共同体建设的目标，就是促进区域内生产要素的自由流动，构建东盟区域单一市场和生产基地。其中，实现资本自由流动是东盟经济共同体建设的重要任务，而各成员国资本账户开放成为资本自由流动的必要条件。因此，东盟经济共同体将资本账户自由化作为区域金融一体化的优先领域。《2025 年东盟经济共同体蓝图》明确指出，东盟经济共同体推进东盟成员国资本账户的自由化，但必须遵循资本账户有序开放，充分考虑成员国的准备条件。同时，各成员国资本账户开放必须具备足够的保障措施，应对可能引发的宏观经济波动和系统性风险。

（二）东盟资本账户开放大多采取渐进的模式

从开放的速度和次序看，东盟四国均采用资本账户渐进开放的模式，只是渐进的速度和开放的次序有所差异。印尼在经常账户开放和国内金融自由化改革完成之前就实现了资本账户开放，但因相应的监管措施缺位，成为亚洲金融危机的重灾国。马来西亚资本账户开放较为谨慎，当出现国际资本流动趋于失控时，政府立即采取直接的资本管制措施。尽管马来西亚的资本管制颇受非议，但它对国内经济起到稳定剂的作用。菲律宾资本账户开放相对缓慢，金融管理部门更注重国内金融体系的建立与完善。泰国资本账户开放初期步伐过快，过早地放开金融借贷资本流动，以至于大量短期资本以短期债券和短期银行借贷的形式流入，最终被投机者做空成为亚洲金融危机的导火索。

（三）东盟资本账户开放注重先后次序

从东盟四国资本账户开放的进程看，资本账户开放的先后次序尤为重要。在资本账户开放中，建立和完善国内金融体系与管理机制，是资本账户开放的前提条件；国际金融借贷资本放开必须在总的资本账户开放进程中靠后，要慢于经常账户开放和金融改革；国际收支基本平衡是资本账户开放的重要保证，避免为了弥补赤字而采取激进措施开放资本账户；在引进国外资本中，注重引进外国直接投资，加强借贷资本流动的管理，尤其是短期资金流动的管理。

（四）东盟资本账户开放与宏观经济政策的协调

从资本账户开放与宏观经济政策（主要是汇率政策和货币政策）的协调来看，固定汇率、货币政策自主权和资本自由流动三者不可兼得。在开放资本账户过程中，东盟国家注重与宏观经济政策的协调，适时调整汇率政策。在亚洲金融危机期间，马来西亚将管理浮动制改为钉住美元制，通过限制资本流动保留了货币政策自主权；菲律宾由于开放程度较低，维持了钉住美元制不变，通过干预外汇市场而渡过了金融危机；泰国和印尼由于没有处理好三者的关系，钉住汇率制之下开放资本账户的步伐过快，使得货币政策失效。

参考文献

ASEAN Capital Markets Forum. Implementation Plan for ASEAN capital market integration in financial integration to achieve AEC Blue Print 2015. ASEAN Capital Markets Forum. 2008.

ASEAN Secretaria. ASEAN Economic Community Blueprint 2015. Jakarta: ASEAN Secretaria, 2008.

ASEAN Secretariat. ASEAN Economic Community Blueprint 2025. Jakarta: ASEAN Secretariat, 2015.

Asian Development Bank. The road to ASEAN financial integration: A combined study on assessing the financial landscape and formulating milestones for monetary and financial integration in ASEAN. Mandaluyong City, Philippines: Asian Development Bank, 2013.

Baba C, Kokenyne A. Effectiveness of Capital Controls in Selected Emerging Markets in the 2000s . IMF Working Paper 281. 2011.

Chinn M D, Ito H. A New Measure of Financial Openness. Journal of Comparative Policy Analysis, 2008, 10 (3): 309 - 322.

Edwards S. Capital Mobility and Economic Performance: Are Emerging Economies Different. NBER Working Paper 8076. Cambridge, Massachusetts: National Bureau of Economic Research, 2001.

Johnston R B, Darbar S M, and Echeverria C. Sequencing Capital Account Liberalization: Lessons from the Experiences in Chile, Indonesia, Korea and Thailand. IMF Working Paper 157. 1997.

Klein M W, Olivei G P. Capital Account Liberalization, Financial Depth, and Economic Growth [J]. Journal of International Money and Finance, 2008, 27 (6): 861 - 875.

Park Y C, Takagi S. Managing Capital Flows in an Economic Community: The Case of ASEAN Capital Account Liberalization. ADBI Working Paper 378. Tokyo: Asian Development Bank Institute, 2012.

Shimizu S. ASEAN Financial and Capital Markets—Policies and Prospects of Regional Integration. Pacific Business and Industries, 2014 (54).

B.6
中国—东盟区域产能合作的现状与前景

温师燕　金 言*

摘　要： 随着中国—东盟区域经济一体化的进程，中国—东盟区域产能合作的规模和领域逐步扩大。在东盟共同体和“一带一路”建设中，区域产能合作的规划具有诸多相似点和契合点；在各国实施工业4.0战略中，中国与东盟国家的产能合作有助于传统产业转型和新兴产业发展。因此，中国—东盟区域产能合作具有广阔的发展前景。

关键词： 中国　东盟　产能合作

近年来，伴随着中国—东盟区域经济一体化的进程，中国与东盟经贸合作不断扩大和深化，区域产能合作成为新亮点。中国和东盟发布了双方产能合作的官方文件，各国产能合作的规模和领域逐步扩大，中国—东盟区域产能合作的前景广阔。

一　中国—东盟区域产能合作步入新阶段

2016年7月，中国和东盟领导人发表了《中国—东盟产能合作联合声明》，而在同年3月中国与湄公河五国领导人已发表了《澜沧江—湄公河国

---

* 温师燕，厦门大学东南亚研究中心世界经济专业博士研究生；金言，厦门大学东南亚研究中心教授，经济学博士。

家产能合作联合声明》。这些文件明确将产能合作作为中国与东盟区域合作的优先发展方向，双方同意鼓励以商业原则为主导的产能合作，鼓励以市场为导向，以企业为主导，依托交通互联互通和产业集聚区平台，开展贸易、投资、工程承包、经贸合作园区等具体合作，并为产能合作营造良好的商业和投资环境，通过产业升级推动经济发展和共同繁荣，这标志着中国与东盟国家的产能合作步入了发展新阶段。

随着中国—东盟区域经济一体化的进程，双边贸易不断扩大。1995～2000年，中国与东盟的双边贸易从203.69亿美元增至395.22亿美元。2001年双边贸易超过400亿美元，2002年越过500亿美元，2004年突破1000亿美元，2007年突破2000亿美元，2011年突破3000亿美元，2012年突破4000亿美元，2017年突破5000亿美元大关，达到5148.2亿美元，中国已连续9年成为东盟第一大贸易伙伴，东盟连续7年成为中国第三大贸易伙伴，东盟是中国第四大出口市场和第二大进口来源地（见表1）。

表1　2000～2017年中国与东盟进出口贸易

单位：亿美元

年份	2000	2005	2010	2011	2012	2013	2014	2015	2016	2017
文　莱	0.74	2.61	10.25	13.11	16.08	17.94	19.36	15.06	7.2	10.0
柬埔寨	2.24	5.63	14.41	24.99	29.23	37.72	37.57	44.32	47.6	57.9
印　尼	71.64	167.89	427.5	605.22	662.19	683.55	635.86	542.30	535.1	633.2
老　挝	0.41	1.29	10.55	13.06	17.28	27.41	36.14	27.81	23.4	30.2
马来西亚	80.45	207.03	742.15	900.35	948.13	1060.75	1019.75	972.90	868.8	960.3
缅　甸	6.21	12.09	44.44	65.00	69.72	101.50	249.73	152.80	122.8	135.4
菲律宾	31.42	175.58	277.45	322.54	363.70	380.66	444.43	456.49	472.1	512.8
新加坡	108.21	331.49	570.58	634.82	692.76	759.14	796.48	795.64	704.2	792.4
泰　国	66.24	218.12	529.47	647.37	697.45	712.61	726.75	754.63	758.7	802.9
越　南	24.66	81.96	300.94	402.07	504.4	654.82	835.16	959.66	982.3	1213.2
东　盟	395.22	1303.7	2927.76	3628.54	4000.93	4436.11	4801.25	4721.61	4522.1	5148.2

资料来源：根据《中国商务年鉴》有关年份编制。

与此同时，中国与东盟双向投资不断扩大。截至2018年5月，中国和东盟的双边投资累计超过2000亿美元，其中中国在东盟国家的直接投资累计额达865亿美元，东盟国家在华投资累计额达1139亿美元。近年来，中国在东盟国家的直接投资迅速扩大。据统计，2017年，中国对东盟十国的直接投资流量为141.19亿美元，存量为890.14亿美元，中国在东盟设立直接投资企业超过4700家，雇用外方员工35.3万人。①从2017年末中国对东盟国家投资存量看，国别分布依次为新加坡（445.68亿美元）、印尼（105.39亿美元）、老挝（66.55亿美元）、缅甸（55.25亿美元）、柬埔寨（54.49亿美元）、泰国（53.58亿美元）、越南（49.65亿美元）、马来西亚（49.15亿美元）、菲律宾（8.2亿美元）、文莱（2.21亿美元）；行业分布依次为租赁和商务服务业（占19.6%）、制造业（占17.5%）、批发和零售业（占13.3%）、采矿业（占11.6%）、电力/热力/燃气及水的生产供应业（占10.8%）、建筑业（占7.4%）、金融业（占5.9%）、农林牧渔业（占5.1%）、交通运输/仓储和邮政业（占2.8%）、房地产业（占2.5%）、信息传输/软件和信息服务业（占1.1%）、科学研究和技术服务业（占1%）（见表2）。

表2　2017年中国对东盟直接投资的主要行业

单位：万美元，%

行业	流量	比重	存量	比重
租赁和商务服务业	214215	15.2	1748296	19.6
制造业	317445	22.5	1556902	17.5
批发和零售业	244850	17.4	1187736	13.3
采矿业	37028	2.6	1031953	11.6
电力/热力/燃气及水的生产供应业	63299	4.5	961881	10.8
建筑业	189636	13.4	656028	7.4
金融业	73860	5.2	524032	5.9
农林牧渔业	62330	4.4	453151	5.1
交通运输/仓储和邮政业	75798	5.4	250362	2.8
房地产业	71142	5.0	223816	2.5

① 中华人民共和国商务部、国家统计局、国家外汇管理局：《2017年度中国对外直接投资统计公报》，第31～33页。

续表

行业	流量	比重	存量	比重
信息传输/软件和信息服务业	11581	0.8	93878	1.1
科学研究和技术服务业	19986	1.4	83867	1.0
居民服务/修理和其他服务	6131	0.4	62550	0.7
卫生与社会工作	16843	1.2	31515	0.4
水利/环境和公共设施管理业	4685	0.3	11767	0.1
住宿和餐饮业	724	0.1	11150	0.1
文化/体育和娱乐业	1748	0.1	10262	0.1
教育	584	0.1	2244	0
合计	1411885	100	8901390	100

资料来源：《2017 年度中国对外直接投资统计公报》第 33 页。

中国企业积极参与承建东盟国家的公路、铁路、电站、通信等基础设施项目建设，由此东盟成为中国重要的海外承包工程市场。截至 2018 年 5 月底，中国企业在东盟国家签订承包工程合同的累计额为 3639.6 亿美元，完成营业额 2399.2 亿美元。例如，中国企业承接了泰国曼谷—呵叻铁路、印尼雅加达—万隆铁路、老中铁路等建设项目。其中，老中铁路北起中国云南省玉溪市，南至老挝首都万象，是第一个以中方为主投资建设并运营，与中国铁路网直接连通的境外铁路项目，全线采用中国技术标准、使用中国设备，项目总投资近 400 亿元人民币，由中老双方按照 7∶3 的股比合资建设。老中铁路正线全长 508.53 公里，设计时速为客车 160 公里和货运 120 公里，2016 年 12 月正式动工，将于 2020 年建成通车。同时，中国交通建设集团建成了印尼最大跨海大桥泗水—马都拉大桥，由中国港湾公司承建的印尼巨港市首条轻轨已全线运营，大唐集团承建了柬埔寨斯登沃代水电站，由中国水电建设集团国际工程有限公司承建的老挝南俄 3 水电站是目前中资企业在老挝承建的最大水电站项目，由中国葛洲坝集团承建色拉龙 2 号水电站项目，华电集团建设印尼巴厘岛燃煤电项目，中兴通讯公司参与印尼首个 4G LTE 网络建设等。

近年来，中国企业加快了在东盟国家对传统产业和新兴产业的投资。在传统产业领域，中国企业对东盟国家的农业、渔业、制造业、矿业、房地产等投资不断扩大。例如，中国鞍山钢铁公司在印尼苏门答腊岛占碑省投资12亿美元，兴建占地超过500公顷的工业园区，其中包括冶炼厂等项目。在新兴产业领域，随着中国经济转型和东盟工业化加速，中国与东盟的产能合作从传统产业延伸到新一代信息技术产业、先进轨道交通设备、海洋工程设备、节能和新能源汽车、新材料、生物医药及高性能医疗器械等新兴领域。此外，中国—东盟产业园成为产能合作的新路径。据中国商务部的统计，中方企业在东盟8个国家（不包括新加坡和菲律宾）中已建设了23个具有境外经贸合作区性质的投资项目，吸引了421家中资企业入区投资51.5亿美元，累计实现产值213.9亿美元。

在中国—东盟科技伙伴计划框架下，中国与东盟各国的国家联合实验室建设全面启动，中国科技部已分别与合作国科技主管部门共同在合作国建立了8个联合实验室及研究中心，包括中国—印尼高温气冷堆联合实验室、中国—印尼港口建设与灾害防治联合研究中心、中国—印尼生物技术联合实验室、中国—泰国铁路系统联合研究中心、中国—柬埔寨食品工业联合实验室、中国—马来西亚清真食品联合实验室、中国—老挝新能源与可再生能源联合实验室、中国—缅甸雷达与卫星通信联合实验室。中国和东盟国家依托联合实验室，双方合作机构建立长期稳定的合作关系，开展高水平联合研究，进行科研人才的交流与培养，搭建相关技术转移和成果转化的平台，这就为传统产业转型和新兴产业发展创造了技术条件，并将带动区域产能合作和产业升级。

二 东盟共同体与“一带一路”的产能合作

2015年底，东盟共同体（ASEAN Community）宣告正式建成，这标志着东盟经济进入了共同体时代。当年，东盟推出了《2025年东盟经济共同体蓝图》，而中国出台了《推动共建丝绸之路经济带和21世纪海上丝绸之路的愿景与行动》。从东盟经济共同体蓝图与“一带一路”倡议看，有关区域产能合作的规划具有诸多相似点和契合点。

根据《2025 年东盟经济共同体蓝图》的规划，促进互联互通和产业部门合作是东盟经济共同体建设的第三大任务。该蓝图提出的区域互联互通和产业合作，其涉及的主要部门包括信息通信技术、交通运输、能源、农业和林业、食品、电子商务、旅游、医疗保健、矿产资源、科学技术等。东盟区域交通运输合作的重点领域，加快区域陆路和海上互联互通，促进陆路运输、航空运输、海上运输和交通运输便利化，建立起区域内一体化、高效和具有全球竞争力的物流和多模式交通运输系统；加快区域电子商务的合作，在 e－东盟的框架下，促进电子商务的跨境交易；提高区域互联网的普及率，推广智能城市和大数据分析，进一步缩小数字区域鸿沟；加快东盟电网、东盟跨境天然气管道（TAGP）的建设，推广煤炭清洁技术，提高利用核能源和民用核能的能力；扩大农牧渔业生产，加强农业的科技投入，提高农业劳动生产率，发展清真食品，将东盟建成一个有机食品的生产基地；实施区域旅游设施和服务的标准化，促进旅游便利化，构建东盟单一的旅游目的地；继续开放私人医疗市场，统一区域医疗产品与服务的标准，促进医疗保健专业人员的区域流动；制定矿产资源规划，鼓励私营部门和公私部门参与矿产合作项目，促进矿产资源的可持续发展；促进区域科技研发的合作，推动区域技术转让和商业化，建立企业参与科技创新活动的支持系统。①

与之相对应，基础设施互联互通也是“一带一路”倡议的优先领域。早在 2010 年，中国政府就提出，愿与东盟共同努力，推进中国与东盟的互联互通建设，并成立了中国—东盟互联互通合作委员会。2014 年，亚太经合组织领导人北京会议通过了《亚太经合组织互联互通蓝图（2015～2025）》。②同年，亚洲基础设施投资银行（AIIB）成立，它为区域基础设施互联互通建设的资金融通提供了便利条件。目前，多数东盟国家的基础设施

① ASEAN Secretariat（2015）. ASEAN Economic Community Blueprint 2025. Jakarta：ASEAN Secretariat.

② APEC Connectivity Blueprint for 2015 – 2025. http：//www. apec. org/Meeting-Papers/Leaders-Declarations/2014/2014_ aelm/2014_ aelm_ annexd. aspx.

相对滞后，海陆空交通设施欠缺，电力供应不足，配套产业基础薄弱，而中国在基础设施建设和配套产业领域具有资金、技术和人才的优势，这为中国—东盟区域基础设施互联互通建设提供了广阔的合作空间。

“一带一路”框架下的产能合作，包括传统产业和新兴产业部门合作，它涉及农业、矿产资源、海洋产业、信息技术、新能源、生物、新材料等领域的合作。另外，它提出了优化产业链分工布局，推动上下游产业链和关联产业协同发展，鼓励建立研发、生产和营销体系，提升区域综合竞争力和产业配套能力。此外，要加快境外经贸合作区、跨境经济合作区等各类产业园区建设，促进产业集群的发展。当前，中国积极推进国际产能和装备制造的合作，将钢铁、铁路、通信、工程机械、汽车、有色、轻纺、建材、电力、化工、海洋工程、船舶和航空航天等作为重点行业。由此可见，东盟经济共同体与“一带一路”规划的区域产业合作领域有许多相近或重叠之处，这就为双方产业发展和产能合作提供了广阔的空间。

三　各国的工业4.0战略与区域产能合作

当今世界，第四次工业革命应运而生，它是继蒸汽技术革命、电力技术革命、计算机及信息技术革命的又一次科技革命，第四次工业革命将对传统的产业结构和生产模式产生巨大的冲击，全球价值链和生产网络也将面临重组。近年来，中国和东盟国家相继制定“工业4.0”战略与政策，促进产业结构的调整与升级，以应对第四次工业革命带来的机遇与挑战。在各国的“工业4.0”战略框架下，中国与东盟国家在传统产业转型和新兴产业发展方面具有广阔的合作空间。

2015年5月，中国政府推出了《中国制造2025》，作为未来10年中国实施制造强国战略的行动纲领。《中国制造2025》明确提出了提高国家制造业的创新能力，聚焦新一代信息技术产业、高档数控机床和机器人、航空航天装备、先进轨道交通装备、节能与新能源汽车、电力装备、新材料、海洋工程装备及高技术船舶、农机装备、生物医药及高性能医疗器械十大重点领域，促进制造业结构调整，提升制造业国际化发展水平。

2018 年 4 月，印尼总统佐科发布了印尼第四次工业革命路线图，将优先重点发展五大产业建设，使之成为制造业发展牵引者，该五大产业分别是电子、汽车、食品和饮料、纺织服装和石化工业。政府预计，第四次工业革命将使 2018 ~2030 年印尼 GDP 的年增长率从目前的 5% 升至 6% ~7%，制造业对 GDP 的贡献率将达到 21% ~26%，提供 700 万至 1900 万人的就业机会。① 为此，印尼政府制定了实施第四次工业革命路线图的 10 项优先步骤，包括改善物流供应、重新设计工业区、提高工业生产能力、发挥中小微企业的作用、构建数码化基础设施、引进外资和转让技术、提高人力资源素质、建设创新发展生态系统、提供技术投资和转让的奖励措施，以及统一规则和政策。

在 2016 年的财政预算案中，新加坡推出 45 亿新元的产业转型计划（Industry Transformation Programme），为 23 个工商领域制定转型蓝图，以提高企业生产力、投资技能、推动创新和走向国际化为目标。这 23 个具体行业涉及制造业和服务业，制造业中包括能源化工、精密工程、海事工程、航空业等，服务业中包括贸易、交通运输、房地产、医疗保健、金融、教育、食品制造与服务等，约占新加坡国内生产总值 80% 以上。此次行业分类并未完全以第二、第三产业来分类，而是从产业关联性和实施便利角度将 23 个行业分成 6 个产业转型组团，即制造业、环境建设、贸易与联系、国内必要服务、专业服务和生活相关服务。为此，政府专门成立未来经济署（Future Economy Council）来负责产业转型机会的制定和执行，先后出台所有产业转型蓝图。同时，新加坡政府将资助 300 个来自各领域的中小企业和跨国公司，利用新加坡经济发展局所开发的新加坡工业智能指数进行评估，协助它们加速向“工业 4.0”转型。②

2016 年，泰国提出“泰国 4.0”战略，旨在通过创新和应用新技术来推进国内产业结构的转型与升级，提升产业竞争力。在泰国 4.0 战略下，泰

① 《工业 4.0 路线图至关重要》，印尼《国际日报》2018 年 4 月 5 日。

② 《政府将资助 300 个企业进行新加坡工业智能指数评估，协助企业向工业 4.0 转型》，新加坡《联合早报》2018 年 3 月 22 日。

国确定了十大目标产业部门作为未来经济发展的新引擎，包括新一代汽车制造、智能电子、高端旅游与医疗旅游、农业和生物技术、食品深加工、工业机器人、航空和物流、生物能源与生物化工、数字经济、医疗中心。为了吸引生物技术、纳米技术和数字信息技术等高科技企业到泰国投资，泰国政府根据这些企业的不同科技含量，给予企业减免所得税 8 ~ 13 年的优惠期，到期后企业仍可持续享有最长 10 年仅缴纳 50% 企业所得税的优惠；对于一些有利于增强泰国产业竞争力的项目可申请“100 亿泰铢研发基金”的支持，并享有最高 15 年的企业所得税减免优惠。此外，外国企业还可享有土地所有权等非税务优惠。

面对全球工业 4.0 的浪潮，越南政府提出了以智慧城市建设为突破口，推进工业 4.0 战略。2018 年 8 月，越南政府公布了 2018 ~ 2025 年越南发展可持续智慧城市总体规划以及 2030 年发展方向。该总体规划旨在发挥城市潜在优势，最大限度地利用好人力资源及自然资源等，促进绿色增长和发展，提高生活质量及经济竞争力。根据规划，到 2020 年，政府应建立发展智慧城市的法律政策框架，包括应用 ICT 技术法律框架、发展地理信息系统（GIS）为基础的城市空间数据基础设施，以及建立国家城市数据库（第一阶段）等；到 2025 年，越南旨在实施发展试点智慧城市的第一阶段，完成法律框架的立法工作，建立发展试点项目、城市管理、照明、交通、供水及排水、电力及电网、自然灾害预警系统以及通讯设备基础设施等相关国家级优先标准；到 2030 年，在越南北部、中部、南部以及湄公河三角洲地区建立起智慧城市的附属网络，河内、胡志明市、岘港和芹苴将成为网络的中心智慧城市，并将有效经验推广到其他行业和领域。①

四　中国—东盟区域产能合作的前景

伴随着中国和东盟经济的迅速崛起，该区域正在形成世界上最具潜力和

① 《至 2025 年越南将有智慧城市》，越通社 2018 年 8 月 8 日。

增长最快的大市场。中国—东盟区域人口20亿，约占世界人口的30%，经济规模超过15万亿美元，仅次于欧盟和美国。在全球价值链和区域生产网络中，中国和东盟成为世界上电子信息、汽车、化工、医药、纺织、成衣等重要的生产与出口基地。2014年，中国和东盟工业制成品占世界出口的23%。其中，办公和通信设备出口占世界出口的49.3%，集成电路和电子元件出口占46.3%，成衣出口占46.1%，纺织品出口占40%，钢铁出口占16%，化工产品出口占10.3%。中国和东盟国家处于工业化的不同阶段，中国已进入工业化的成熟期，拥有资金、技术和产业优势，而东盟多数国家工业化仍处于中期和初期阶段，有些国家基础设施滞后，资金与技术不足，配套产业薄弱。因此，在东盟共同体与“一带一路”建设和各国实施工业4.0战略中，中国与东盟区域产能合作具有坚实的基础和广阔的前景。

首先，实施东盟共同体与“一带一路”产能合作的战略对接。《2025年东盟经济共同体蓝图》《2025东盟互联互通总体规划》提出了区域互联互通和产业合作，与“一带一路”的重点产能合作领域有许多相近之处，中国与东盟国家可以探讨和实施东盟共同体与“一带一路”框架下产能合作的战略对接，依据区域和国家实际需求，务实和有效地推进多边或双边的产能合作。

其次，选择产能合作的重点领域，增强产能合作的实效。在现有的合作基础上，按照“东盟所需、中国所长”的原则，推进有市场前景、资源因素支撑、基础设施保障和产业体系配套的重点项目，既扩大在钢铁、电力、工程机械、水泥、建材等传统产业的产能合作，也要加大在现代化通信、智能制造、新能源、新材料、生物医药等新兴产能合作领域的对接，打造区域产能合作的示范效应。

再次，以企业为主导，逐步构建新型的区域价值链。在中国—东盟区域产能合作中，企业是主体。各国政府应为企业开展区域产能合作提供政策支持和指导，要严格遵循市场原则和国际通行规则，坚持企业自主决策，不断完善中国—东盟产业园建设，逐步打造以中国和东盟国家企业为主导的区域价值链。

最后，强化政策指导和服务保障，进一步完善资金支持。各国政府应加强对企业境外投资和产能合作的国别行业指引，在人才、税收、金融、海关、认证和信息等方面为产能合作提供政策支持。另外，充分利用亚投行、丝路基金、中国—东盟投资合作基金、中国—东盟基础设施专项贷款等融资平台，对先进制造业和优势行业的产能合作优质项目提供支持。

国　别　篇

Country Reports

B.7
柬埔寨的“四角战略”及其实施成效

朱津辉*

摘　要： 2004年，柬埔寨王国政府提出了以优化行政管理为核心，加快农业发展、加强基础设施建设、吸引更多投资和开发人才资源的“四角战略”。十多年来，柬埔寨的“四角战略”一直是指导国民经济与社会发展方向的战略规划，并取得了显著的成就。2018年7月，柬埔寨首相洪森领导的执政党人民党再次获得五年任期。在首次政府内阁会议上，洪森首相指出第六届政府将继续加强和扩大由第四届政府所提出的“四角战略”。

关键词： 柬埔寨　“四角战略”　经济发展

* 朱津辉，厦门大学东南亚研究中心世界经济专业研究生。

近十多年来，柬埔寨王国政府实施的“四角战略”一直是指导其国内经济与社会发展方向的战略规划。2018 年 7 月，柬埔寨首相洪森领导的执政党人民党凭借 486 万张选票，再次获得一个五年任期。在首次政府内阁会议上，柬埔寨王国政府首相洪森说，第六届政府将继续加强和扩大由第四届政府所提出的“四角战略”。本文拟就柬埔寨政府已实施的“四角战略”及其成效做一分析。

一 柬埔寨“四角战略”出台的背景

柬埔寨是个历史悠久的文明古国，早在公元 1 世纪就建立了统一的王国。1863 年，法国入侵柬埔寨，开始了柬埔寨长达 90 年的被殖民历史。1953 年，柬埔寨王国宣布独立，次年法国军队撤出柬埔寨。之后柬埔寨曾有过一段黄金期的发展时期，但持续不久就因政局动荡和国内战乱的影响而停滞。此后，柬埔寨先后经历了西哈努克时期、1970 年后的朗诺政权时期、1975 年后的红色高棉时期和 1979 年开始的战乱时期。在西哈努克时期，柬埔寨国内的经济发展平稳，但后期国内和国外因素使得柬埔寨的经济发展停滞不前；在朗诺政权时期，国内物价飞涨，经济滞后，人民生活苦不堪言；在红色高棉时期，柬埔寨经济急剧下滑，国民经济处于无序状态，私营经济遭到毁灭性打击；1979 年进入战乱时期，虽然政府也采取了一系列恢复经济的措施，但由于柬埔寨经济积重难返，单采取部分恢复经济的措施根本无法将柬埔寨经济恢复到 20 世纪 60 年代末的发展水平，基础设施薄弱，农业生产停滞，工业门类单一，国民经济遭受多次战争和政变的严重破坏而濒临崩溃。1986 年，柬埔寨提出第一个五年计划，但因为国内战火不断，最终不得不以失败告终，继而迎来的仍是旷日持久的内战外战。国内党派严重分化、政治局势动荡，使得柬埔寨沦为世界上最不发达的国家之一。

直到 1991 年，在巴黎召开了有关柬埔寨问题的国际会议，并且正式签署了《柬埔寨冲突全面政治解决协定》（又称“巴黎和平协定”），柬埔寨才重新进入和平发展的新时期。1993 年 5 月，在联合国的组织和主持之下，柬埔寨举行了第一次被看作是充分反映人民意志的、自由合法、公正透明的全国大选，恢复了君主立宪制，人民选举成立了柬埔寨王国政府，拉纳烈任王国政府的第一届首相。虽然洪森和拉那烈之间的争权使得国内武装冲突不止，但这一阶段仍为柬埔寨难得的经济恢复时期，1993～1997年，柬埔寨开始着手建立新的经济体制。1998年，双方在国际社会和西哈努克的调解下和解。同年11月大选，拉那烈当选国民议会会长，洪森担任首相。从此之后，洪森担任首相从第二届连任到第六届。因此，柬埔寨的政治格局呈现“一党主导，两党执政，三足鼎立（人民党、奉辛比克党和反对党桑兰西领导的政党）”的态势，并持续至今。由于人民党和奉辛比克党在保障社会政治稳定和促进经济发展的目标上是一致的，故双方采取相对积极的合作态度，这使得柬埔寨的政局趋于缓和，也带动了经济的恢复与发展。

1998年，洪森政府执政后，柬埔寨的第二届王国政府针对国际和国内政治经济形势，提出了“脱离贫困，发展经济”的战略目标，出台了“三角战略”。所谓的“三角战略”，即发展经济、维护国家和平稳定、融入国际社会。为了发展国内经济，摆脱最不发达国家的经济地位，柬埔寨王国政府出台的“三角战略”提出从发展农业、发展旅游业、积极引进国外投资与援助三方面入手，为此政府出台了一系列相关的计划与措施；政府认为人民党和奉辛比克党两党的团结合作和联合执政，是维持柬埔寨长期稳定的重要条件，强调通过政治及经济手段促使两大党派达成共同政治纲领，实现共同的经济发展目标；政府提出要积极拓展外交关系，缓和与西方国家的关系，加入区域性和全球化的各种组织。在实施“三角战略”过程中，柬埔寨迎来了和平重建后的第一个经济高速增长期，国内整体经济政治环境因此发生了显著的改善，产业基础和市场体制初步建立。1999年，柬埔寨GDP增长率一度达到11%。尽管2000年遭受洪涝影响，但柬埔寨经济增长率也达到4.5%，2001～2003年经济增长率分别为5.7%、5.5%和4.8%。在实施“三角战略”时期，柬埔寨的农业、旅游和对外交往方面均取得明显的成效。柬埔寨的农业五年计划使得农业生产以平均每年8%的增速增长，先后完成了自给自足阶段和富余出口化阶段，2001年柬埔寨吸引的国际游客高达60万人次，柬埔寨逐渐走进世界各国的视野，获得了大量的投资机会，为柬埔寨融入世界经济奠定了扎实的基础。

2004年，是柬埔寨政治和经济发展史上具有重要意义的一年。在政治上，柬埔寨新国王诺罗敦·西哈莫尼隆重登基，为这个古老王国的历史掀开了新的一页。长久以来，老国王诺罗敦·西哈努克一直被新国王人选问题所困扰。尽管柬埔寨宪法规定国王属于终身制，而且新国王应在国王不能视事或去世后一周内由王位委员会选出，但西哈努克一直希望在有生之年选定一位自己满意的王位继承人。为此，他多次以健康为由提出退位，敦促尽快组成王位委员会并确定新国王人选，最终西哈努克以“退休”方式成功传位给西哈莫尼。同时，柬埔寨曾在2003年7月举行了全国大选，但无一政党在国民议会中获得单独组阁所需的2/3选票，党派之争使国家陷入政治危机，国会无法运作，新政府迟迟不能成立，导致柬埔寨各项发展几乎陷入停滞状态。2004年7月，通过艰难谈判，柬埔寨人民党和奉辛比克党决定再度联手，组成由洪森连任首相的第三届王国政府，从而和平结束了长达一年的政治僵局。

2004年7月16日，由洪森继续担任首相的柬埔寨第三届王国政府宣誓就职，当日召开了首次内阁会议，并提出了以优化行政管理为核心的国家发展“四角战略”。洪森指出，本届政府提出了以优化行政管理为核心，加快农业发展、加强基础设施建设、吸引更多投资和开发人才资源的“四角战略”，这是在上届政府提出的稳定局势、重建经济、融入国际社会的“三角战略”目标基本实现的基础上提出的。柬埔寨王国政府以“四角战略”为下一阶段施政纲领，将进一步促进经济增长、增加就业以及减少贫困，并实现柬埔寨的进步繁荣和人民团结幸福。

从柬埔寨王国政府执政过程看，“四角战略”是“三角战略”的延续。虽然柬埔寨第二届王国政府推行“三角战略”一定程度上带动了经济发展、政治进步及国际地位提高，但是政治方面问题依然严峻，经济方面增长后劲不足，国内经济增长集中于农业、旅游业及制衣制鞋业，产业结构单一和附加值低，人民的收入不高，生活质量难以提高。随着经济形势的发展与变化，“三角战略”在应对不断提出的更高要求和更全面更细致挑战时，显得力不从心。由洪森首相领导的新政府在深入改革、消除腐败和减少贫困问题方面显示了前所未有的坚定决心，洪森首相一再强调，不改革就没有出路。新政府执政后提出，进一步加强良政建设，惩治腐败现象，促进国家经济和社会健康发展。洪森首相还签署命令，要求各级领导身先士卒，组织军队、警察、宪兵和海关税务部门合力打击日益猖獗的走私活动。

2004 年，柬埔寨正式加入世界贸易组织（WTO），成为 WTO 的第 148 个成员，也是两个加入该组织的最不发达国家之一。加入 WTO 后，柬埔寨王国政府承诺要通过 50 多项新法律，以确保充分遵守世贸组织标准。国民议会要起草和制定许多法律，预计在今后几年生效，有几项有待修改的法律将改变目前外国投资者和国内投资者管理和经营其业务的框架，其中包括有关商业合同、电子商务、设立商业法院、反倾销措施和反补贴措施、商船、商业代理、竞争和保障措施的法律草案。柬埔寨正式成为世界贸易组织成员，是政府推行以稳定局势、重建经济、融入国际社会的“三角战略”的结果，也为柬埔寨实施以“四角战略”为中心的经济与社会发展政策营造了良好的国际环境。

二　柬埔寨“四角战略”的目标与任务

柬埔寨“四角战略”是柬埔寨第三届王国政府在第二届王国政府所推行的“三角战略”取得成功的基础上的延续与发展，它是与“2003～2005 年柬埔寨国家扶贫战略”“2001～2005 社会经济发展五年计划”和实现“联合国千年发展目标”（Millennium Development Goals）同等重要的施政组合。“四角战略”的宗旨是在柬埔寨各个行业和层面，通过强有力的管理和行之有效的改革来拉动经济增长，解决就业民生，维持社会公正，提高行政效率，塑造政府形象。柬埔寨的“四角战略”可以看作是一个互相呼应、彼此衔接的有机组合，每一“角”又单独分出四“角”，每一小“角”又下设具体可行的措施，故实为四大“角”，十六小“角”。

（一）提高农业生产

柬埔寨是传统的农业国，农业在国民经济和社会发展中具有举足轻重的地位。在“四角战略”中，农业被放在柬埔寨经济发展与社会进步的重要位置，提高农业生产成为首要任务，而提高农业生产包括农业产业多样化和提高农业生产力，实施土地改革、渔业改革和林业改革。

1. 农业产业多样化、提高农业生产力

柬埔寨王国政府提出，要继续加大投资，通过税收和财政倾斜来对农业加大扶持力度，充分挖掘国内资源来加强农业生产，从而使得农业一改过去的粗放型经营而转向专业化、规模化、多元化、集约化生产。通过加大科技投入来提升单位面积土地产量，结合柬埔寨的热带季风气候，完善农田的水利灌溉系统，强化对农田的灌溉管理，提升水资源的利用效率，增强柬埔寨农业应对气候变化和自然灾害的能力。

与“三角战略”一脉相承，柬埔寨政府鼓励和吸引公共投资及私人投资进入农业领域，为私营企业、中小型企业参与农业投资和项目开发提供良好的环境、配套措施和服务，包括在社会福利和土地特许的框架下，节省不必要的环节和流程，结合“一站式服务”，加快土地产权证的发放，消除土地使用者的顾虑等。同时，政府创新性地提出“一村一品”的政策，即因地制宜，根据不同农村的不同特点和长处，充分利用土地及周边市场需求的特点，结合专家意见，提供具体有针对性的贷款支持、基础支持等来进行优势化的生产，形成专业性强项标签，从而提高农业产出。

2. 土地改革

土地是柬埔寨发展最重要的不可再生资源，柬埔寨王国政府出台和完善了相关的土地法规和土地政策，以此加强和规范对土地的管理，通过合法分配和合理使用以求做到土地管理方面的透明、公平、合理和高效。同时，严格依照法律保障土地所有者的合法权益，严惩非法强占土地、非法倒卖和圈地活动，打击以土地为对象的投机行为。此外，将国有的闲置土地重新审查和研究处理，尽量使得“耕者有其田”，缓解贫困农民和弱势群体的生活窘境，保障其基本生活需求。

3. 渔业改革

柬埔寨拥有约460公里长的海岸线，有着较好的养殖和捕捞条件。虽然柬埔寨拥有丰富的渔业资源，但是由于生产力落后，相应的技术、设备、加工、运输等环节欠缺，渔业仍有较大潜力空间可以挖掘。柬埔寨王国政府为此授予农村合作社以直接参与渔业生产计划和管理的权利，并且扩大以农村合作社为单位的捕鱼区，以此来充分调动渔民的积极性，保证直接参与的效率，并防止计划不符合实际的情况发生。同时，王国政府把一部分合同期届满的捕鱼区改造成了保护鱼类的繁殖生养区，并增加除了金线鱼、金枪鱼、鲐鱼之外的其他鱼种资源，保护珍稀的濒危鱼种，制订了合理的开发计划，加大了监管惩戒力度，推动渔业的可持续发展。

4. 林业改革

森林是柬埔寨重要的可再生资源，也是支撑国民经济重要的环节。柬埔寨王国政府对林业进行改革的核心，就是保证森林作为可再生资源的可持续发展和永续开发。政府提出，合理控制林木开采速度，进行行之有效的林业管理，根据森林管理的法律法规，保留适当面积的森林来确保国内及国际木材市场的需求供应；严厉打击非法采伐，防止由于滥砍滥伐及过度开发造成的植被面积锐减、生态环境失衡、珍稀动物濒危，进而引发的干旱及洪涝灾害；王国政府组织相关部门对开发公司的相关权限进行重新评估和审核，对不合规定和技术不达标的公司责令整改或者收回开发权限。同时，专业分析适宜树种，加大人工造林，扶持多用途人工林，将私人投资引入林业，建立苗圃并保证苗木质量，加强对森林保护和合理开发的教育、引导和宣传推广。

（二）修复并重建基础设施

在柬埔寨“四角战略”中，加强基础设施建设是实施该战略的重点任务之一，它包括恢复与重建交通基础设施、加强水资源管理和建设科学的水利系统、推动能源和电网建设、提升电信和邮电技术水平。

1. 修复和重建交通网络

交通网络作为基础设施中的重要环节，在经济增长中扮演着先锋的角色，它不仅提供了就业，改善了国计民生，同时还带动了产业及经济的发展。但是，在经历了长达三十年的战争之后，柬埔寨的交通路网的发展一直进度迟缓，并且屡遭破坏。因此，柬埔寨王国政府提出优先修复和重建交通网络的战略，包括桥梁、公路、铁路、港口等，推动铁路重货和公路散货的运输，并将海港和空港的修复与重建放到突出位置，加强航空的民用性，保障港口在推进旅游等方面的贡献，以此连接柬埔寨与邻国和世界各国，力求在较短的时间内创造一个安全便捷、经济高效、纵横发达的交通网络，为对外贸易提供基础配套支持，为旅游发展提供物质基础，为农村的发展提供进一步挖掘的空间，并在布置交通路网的时候将国防因素一并考虑在内，使资源配置更加合理。

2. 管理水资源和灌溉系统

在基础设施的建设中，水资源和灌溉系统对于农业具有重要的意义。柬埔寨王国政府将水资源与灌溉系统列入交通路网的次重要位置。除灌溉系统外，将淡水资源、饮用水资源、海洋资源等并归入水资源进行全面综合的管理，既要提高利用效率，也要制订计划和强化管理，来达到水资源可持续利用的目的。

柬埔寨并不是水资源充裕的国家，王国政府将目标定为采取一系列措施，来使全国可以应对未来二十年内所要面临的水资源问题带来的挑战。政府将努力做到为公民提供清洁卫生、可饮用的放心水，避免因有关水的问题而给人民群众带来直接或者间接的生命危险。政府提出，不仅要为生活需要提供足够的饮用水，同时也要为需要用水的农业提供保障粮食生产的灌溉用水，保护粮食生产、保障粮食产出、保证人民生活和国民经济的安全性。为此，王国政府将加大科技投入，对灌溉系统进行优化管理和改造升级，增强改造能力，提高水的利用效率，并加强水资源的管理，从而增强抵抗极端气候变化和自然灾害的能力。

3. 发展电网和能源领域

柬埔寨在电网设施和能源领域方面比较落后，电力的供应极度短缺，且电价极高。为了解决这一难题，王国政府将电力作为其经济发展的优先扶持领域，加大力度吸引私人资本、民间资本及外资进入电网市场和能源领域，且辅以政策倾斜及法律保护。柬埔寨王国政府制定了优先发展的方针，对重点的省市优先保证电力能源供应，在尊雷西、甘寨、亚大河、马德望河等地建设水力发电站，充分利用水能来承担一部分发电任务，并在乡村及偏远地区布置电网和用电基础设施，降低用电成本，为经济发展提供质优价廉的电力供应。同时，铺设和建立电网将柬埔寨与周边国家相连，从周边国家购买电力并输入国内，以解国内经济发展电力能源供应不足的燃眉之急。

4. 发展信息和电信技术

柬埔寨王国政府提出，建立具有世界水平的、质优价廉的、融合先进信息技术的、覆盖全国的电信及邮政系统。政府将继续鼓励支持和引导投资进入信息和电信技术关键性的基础设施，尤其是高速光缆，促进农村电信系统的产生和发展；在首都金边和一些较大、较重要的城市建立综合的电信网络，利用大城市的辐射和带动作用，向周边的中小城市拓展电信服务；制定信息技术和电信技术的使用及运作的标准来规范化引导投资，加强邮政网络及邮政机构能力，改善相应服务；拓展电台、电话和电视广播网络，建成高效的信息化技术平台来为信息传输和邮政服务提供便利。同时，开放信息和电信领域，无歧视地吸引和促进本国及外国私人及民间的资本进入该领域，来共同促进信息和电信技术的建设及发展。

（三）促进私人经济发展并增加就业

在“四角战略”中，柬埔寨王国政府注重私人经济的发展，并将促进私人经济发展与增加就业并列，其四大任务包括发展私人经济和吸引投资，促进中小企业发展，创造就业机会并保障工人工作条件，为公务员、职员和工人设立社会保障体系。

1. 发展私人经济和吸引投资

柬埔寨王国政府把私人经济看作是经济发展强有力的发动机，为了促进国内经济的进一步发展，政府将私人经济放在时代的战略高度重新定义和审视，转向扮演战略家和服务者的角色。在国家的层面，柬埔寨要大力融入区域一体化和经济全球化的进程，为私人经济的发展提供更多的机遇、开辟更大的市场、吸纳更先进的管理技术和理念。政府将履行公共基础设施提供者的义务，完善相应的硬件设施与软件配套，为私人经济的发展提供良好的环境。

柬埔寨将完善相应的法律法规及机构部门的建设，如工厂法、工业发展法、专利发明的保护法、生产安全法、劳动者保护法、投资法等，为私人经济的发展提供法律基础和法律框架，以此增强投资者的信心，从而吸引国内外私人投资，并在私人经济与国有经济之间建立公平竞争、无歧视无差别化的透明化伙伴关系。对此，政府着重列出了6个优先吸引私人投资进入的示范性领域，且这6个领域也贯穿“四角战略”，这6个领域分别为：①农业及农产品的加工、农业灌溉领域；②电力及能源领域；③与旅游相关联的领域；④交通和电信基础设施体系；⑤人力资源的开发；⑥劳动密集型、出口加工型、出口生产型的工业领域。

2. 促进中小企业发展

柬埔寨王国政府重视中小企业的发展，通过税收和财政的倾斜，为中小企业提供中长期贷款，解决中小企业融资难、融资贵的问题。对过去中小企业成立公司时申报复杂、审批烦琐、流程冗长的问题做出优化，简化公司注册成立的程序，在公司的起步阶段提供更多一站式服务，对进出口活动时报关烦琐过程进行简化，在许可证和各类的许可文件方面都做出便利性和实用性的处理；进一步规范税收，既杜绝过去乱收税的行为，也打击惩戒偷税漏税的行为，并对新成立的中小型企业在适当的阶段内持续性地提供相应帮助；成立国家的检验和监督机构，以此来进行标准化的检验，保证在大力发展生产、鼓励中小企业遍地开花的同时不会导致产品质量下降，通过综合物理、化学、生物、机械等进行测试来检验产品质量，保证产品符合国家、区域甚至世界性的标准；针对过去盗用知识产权、漠视开发创新等行为进行彻底的整顿，加强全行业对知识产权的尊重和保护，对侵权和盗用等行为进行监督和查处，出台和完善相关的专利发明保护法，杜绝对新想法、新技术、新产品的非法侵权及盗版，加强相关教育和宣传，形成全社会创新风气。

3. 创造就业机会并保障工人工作条件

柬埔寨王国政府提出为适龄劳动力人口提供不同的就业岗位和就业机会，农业生产、农产品加工、劳动密集型工业、旅游业等都可以提供大量的就业岗位，因此政府大力鼓励私人资本和国外资本进入这些领域，对贫困和素质低下的劳动者进行组织学习，推广新技术，提升其职业技能和专业素养，从而使其可以更好地与岗位相匹配。同时，政府成立专门服务外国劳工的机构和部门，关心和服务在柬埔寨进行劳动生产的外国劳工；鼓励出国的劳工返回柬埔寨，带回国外的新技术、新理念、新经验，为解决国家脱贫而做出应有的贡献。此外，政府出台相关劳动者保护法，成立相应的监管部门及工会等，保障工人工作的条件和享有的基本权益。

4. 为公务员、职员和工人设立社会保障体系

柬埔寨王国政府提出进一步完善和健全社会保障体系，完善《柬埔寨劳动法》《柬埔寨宪法》《柬埔寨社会保障法》等法律依据，将工伤、产假、病假等情况的社保措施均详细纳入相关法律；加强与国内组织和国际组织的交流与合作，吸取在社会保障方面的先进经验，寻求国际合作，充分发挥社保基金、医疗基金等的作用，从而为公务员及其他从业者提供完善全面的保障；加强应急措施以应对自然灾害或其他突发事件而对人民造成的伤害，努力提升老年人、妇女、孤儿等的生活质量，对退休金进行了补充说明，严格执行丧失劳动能力者及其家眷的退休金或补助金；突出强调对退伍军人、残疾军人、为国捐躯的军人及其遗属们的社会保障及服务体系。一方面政府提供更多可被接受的岗位；另一方面政府监督提高相应薪金及福利，并由国家对相关公司企业提供补贴支持。政府承诺，将严格按照国际公约、劳工法等执行，以保障工人的工作环境和应有的福利待遇的实现。

（四）人力资源开发

在现代化进程中，人力资源开发是经济发展与社会进步的重要条件。柬埔寨的“四角战略”将人力资源开发作为第四大任务，包括提高教育质量、加强卫生保健、实行男女平等政策、落实人口政策。

1. 提高教育质量

柬埔寨王国政府指出，教育在人力资源开发方面具有重要意义，教育是提高人力资源和全民族素质的重中之重。为此，政府将继续毫不动摇地执行“全民教育”，扩建公立学校，提高教育质量，包括中学、各类的职业技术培训以及高级学府，同时对私人资本和外国资本开放教育领域，寻求国内及国际上的合作；保障九年制义务教育，创造条件让农民家庭、贫困山区的孩子都拥有平等接受教育的权利，对品学兼优的贫苦学生予以奖学金和资助，培养立体多层次人才，以供应国家发展需要；寻求联合国帮助，辅以本国在财政方面给予优惠和倾斜，从而增加教育经费支出，实现教师待遇有保障，教育环境有保障，教育质量有保障，提供教育所需书本器材、图书馆、操场、实验室、宿舍等，全面展开扫盲工作及全民族教育工作，以此来培养全体人民具备一定的专业技术、全面的科学知识，培养全体人民的企业家精神，拥有创新思想，拥有负责任、守纪律、有道德、优品行的善良人格。

2. 加强卫生保健

柬埔寨“四角战略”中提出，王国政府将加强对公共资源和国际援助的利用，鼓励私人资本和国际资本参加卫生保健领域的投资，以此提升全民族的健康水平；政府优先考虑在全国各省和各市、县建立医院及医疗中心，对柬埔寨盛行的传染病做好常规预防和治疗工作，在乡村甚至偏远的山区做好广泛的急救工作及卫生知识的教育科普工作，组织县、乡、镇级的医院医生到农村及贫困的地区为穷人义诊并救治病患，成立社会医疗救助基金为贫苦百姓提供卫生保健服务，为每位公民提供质优价廉的医疗服务；通过法律框架的制约，完善相关卫生保健方面的法律法规，保障专款专用，严惩挪用医疗救助补贴及救助基金的行为，通过立法来保证卫生医疗的覆盖和药物治疗的安全。

3. 实行男女平等政策

在柬埔寨，妇女是国家经济和社会进步不容忽视的重要力量。在“四角战略”中，柬埔寨王国政府提出，实行男女平等政策，妇女是社会及经济发展的“中坚力量”。政府将改善妇女地位来彰显对人权、性别和生命的尊重，让“妇女的生命更加高贵、更加有意义”成为“四角战略”重要的口号。政府将努力改变全社会重男轻女的思想，首次允许妇女到中央机构工作，加强对妇女职业技能和科学文化素质的培训和教育，提高妇女各方面的能力，保障妇女应有的接受教育、接受卫生医疗、参加职业培训、享受社会保障的权益，改变妇女社会地位，使妇女可以与男人一样平等地参与到国家建设和享受国家发展的成果中。同时，进一步完善法律制度，保护妇女免于家庭暴力的侵害，并对将妇女作为性交易商品的行为进行严厉打击。

4. 落实人口政策

在“四角战略”出台前夕，柬埔寨人口增长率较高，人口年均增长率约为2.4%，人口增长迅速而人口素质持续低下，已经无法满足经济发展的需要，并且对就业和社会发展提出了巨大的难题，在一定程度上也加剧了柬埔寨的贫困。为此，柬埔寨王国政府提出，在结合国情和文化背景下，推行适度从紧的人口政策，坚持男女平等，将推行计划生育提到战略高度，通过向其他国家学习相关经验来管理国内生育方面问题。同时，辅以提升医疗及保健水平，降低患病婴儿及母亲的死亡率，控制疾病蔓延，将人口因素考虑进所有的经济及社会政策与计划的制定中。

三　柬埔寨实施“四角战略”的成效

长期以来，柬埔寨深受国内战乱和政局动荡的影响，国民经济濒临崩溃。1991年，《柬埔寨冲突全面政治解决协定》（又称“巴黎和平协定”）正式签署。随着国家权力机构相继成立和民族和解的实现，柬埔寨进入和平与发展的新时期。自2004年实施“四角战略”以来，柬埔寨经济逐渐进入快车道，国内经济持续快速增长，农业的基础地位日益加强，产业结构逐步优化，基础设施有所改善，贫困问题得以缓解，并迅速融入国际经济大潮中。2016 年，柬埔寨正式脱离低收入国家而成为中等收入国家。

（一）国内经济持续快速增长

近十多年来，柬埔寨的“四角战略”一直是指导国民经济与社会发展方向的战略规划。柬埔寨政府的“四角战略”提出，和平、政治稳定和社会秩序是实现宏观经济稳定、促进可持续发展和减轻贫困的最重要的条件。政府确定，每年努力保持 6% ~7% 的经济增长率，将通货膨胀率控制在个位数内，保持汇率稳定和增加国际储备。政府将保持谨慎的货币政策，包括以市场为根本的汇率，继续实施降低美元化的政策。

自 1999 年以来，柬埔寨迎来了和平重建后的第一个经济高速增长期，增长率保持在 6.5% 以上。2004 年 10 月柬埔寨加入世贸组织（WTO），国内经济增长率超过 10%。1999 ~2007 年，柬埔寨经济年均增长 9.8%。2008 年全球金融危机对柬埔寨经济造成较大冲击，2009 年经济增长降幅为东亚最大。随着欧美市场需求回升，柬埔寨经济得到快速恢复，并在之后持续保持在 7% 左右的增长率。2011 ~2016 年，柬埔寨的经济增长率均保持在 7% 以上，2016 年柬埔寨经济增长率为 7%（见图 1）。柬埔寨国家银行公布数据显示，2017 年柬埔寨经济增长率为 6.9%。世界银行宣布，从 2016 年 7 月 1 日起，柬埔寨正式脱离低收入国家，成为中等收入国家。根据世界银行的标准，2015 年人均国民收入（GNI）低于 1025 美元的国家被列入低收入国家，人均国民收入在 1026 美元至 4035 美元的国家被列入中等偏下收入国家，人均国民收入在 4036 美元到 1.2475 万美元的国家被列入中等偏高收入国家，人均国民收入超过 1.2476 万美元的国家则被列入高收入国家。据世界银行统计，2015 年柬埔寨人均国民总收入（GNI）超过 1025 美元，已脱离低收入国家行列，上升为中等偏下收入国家，也成为东盟成员国中最后一个跨入中等收入的国家。

进入 21 世纪以来，柬埔寨保持了国内经济的持续稳定增长，通胀水平

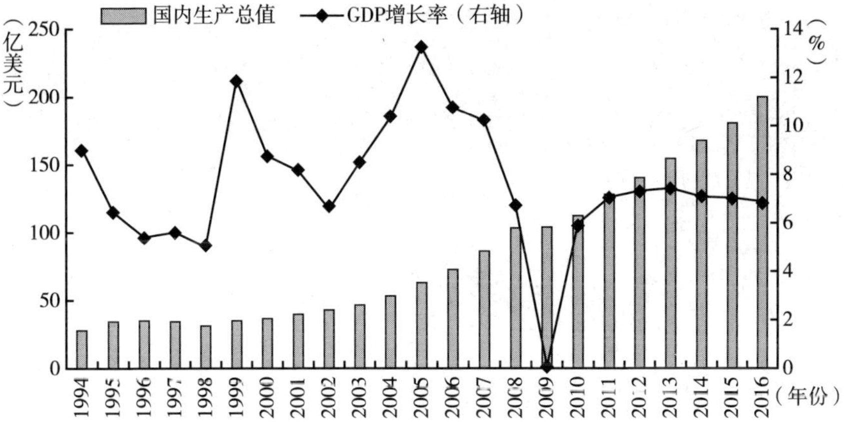

图1　1994~2016年柬埔寨GDP总量及增长率

资料来源：根据世界银行（World Bank）数据编制。

呈现整体平稳、局部冲击的状态。柬埔寨告别了20世纪80年代以来的高通胀时代后，除因两次金融危机冲击导致1998年15%的通货膨胀率和2008年25%的通货膨胀率外，柬埔寨再也没有出现两位数的通货膨胀率，其物价水平呈现波动下降的趋势。2008年国际粮油价格持续走高，使得作为粮油进口大国的柬埔寨通货膨胀率陡升，消费者价格指数和GDP平减指数分别达到25%和12%的峰值。但是，到2009年柬埔寨通货膨胀率恢复正常水平，且在此后年份呈持续下降的趋势（见图2）。2017年，柬埔寨的通货膨胀率为2.9%。1994年之前，柬埔寨失业率逐步上升，随着柬埔寨王国联合政府的成立以及各种措施的颁布，失业率在1994年后有所下降。柬埔寨鼓励私营经济发展，加上外国资本的大量流入，创造了大量就业岗位，失业率随后一直处于较低的水平。但是，1997年的政变导致投资者避险情绪高涨，失业率自1997年后逐年递增，直至2000年以后才呈现逐年下降的趋势。随着国内政局的稳定和经济的恢复，柬埔寨的失业率自2000年的2.5%降至2016年的0.265%，成为全世界失业率最低的国家之一。

近年来，瑞尔与美元的汇率一直比较平稳。20世纪80年代前柬埔寨国内政局动荡导致经济发展极为混乱，连年战争导致通货膨胀居高不下，虽然

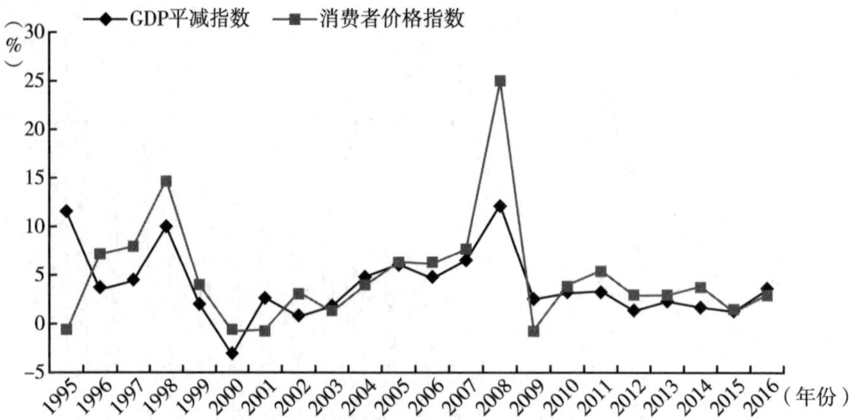

图2　1995～2016年柬埔寨通货膨胀率

资料来源：根据世界银行（World Bank）数据编制。

瑞尔在20世纪80年代重获流通，但接受程度一直不高。巴黎和平协定签订后，柬埔寨接受了大量的国际援助，以1995年为例，柬埔寨获得的各类外国官方援助（ODA）高达5亿美元，相当于其当年GDP总量的16%。同时，联合国临时权力机构在柬期间的费用也高达20亿美元，可以说国际社会的援助是柬埔寨战后重建中的第一推动力。到1995年前后，美元已主导了柬埔寨的货币体系，柬埔寨成为事实上的美元化国家。在2000年后，柬埔寨货币汇率一直保持在较稳定的状态，相当于名义上的国家货币，国内市场多流通美元。1998年以前，柬埔寨货币瑞尔对美元的汇率都持续走低，从1990年的1美元兑462.5瑞尔贬值至1999年的1美元兑3744.4瑞尔；1998年大选结束后，柬埔寨政局日趋稳定，政府相继出台了一系列政策，加上美元逐渐在柬埔寨成为事实上的流通货币，2000年后瑞尔虽然仍有所贬值，但基本保持相对稳定，即1美元兑4000左右瑞尔。此外，随着“四角战略”的实施，柬埔寨积极扩大出口贸易，大力引进外资，发展旅游业，海外劳工及侨汇也大幅增加，使得柬埔寨外汇储备明显增加。2000～2016年，柬埔寨外汇储备总额由6.11亿美元上升至88.51亿美元，创下历史的最高值。

（二）国内产业结构逐步优化

随着近十多年“四角战略”的实施，柬埔寨加快了工业化的进程，产业结构逐步调整和优化。柬埔寨农业的基础地位得到加强，工业在国民经济中的比重上升，劳动密集型工业处于转型中，旅游业带动其他服务业的发展。

虽然柬埔寨自然资源丰富，但由于战乱的影响和基础设施的落后，其自然资源未能得到很好的开发。在国民经济中，工业所占比重极小，90%的基本生活资料来自农业，轻工业产品基本依赖进口。随着柬埔寨国内政局的稳定，柬埔寨开始推进工业化的进程，加上国际组织的援助投资，柬埔寨的产业结构发生了显著变化：农业占国内生产总值（GDP）的比重逐渐降低，工业占 GDP 的比重急剧上升，服务业占比情况则较为稳定。据统计，1992～2016 年，柬埔寨农业增加值由 11.48 亿美元增至 49.53 亿美元，其占 GDP 比重由 46.63%降至 26.66%；工业增加值由 3.2 亿美元增至 58.95 亿美元，其占 GDP 比重由 13.02%升至 31.74%；服务业增加值由 9.93 亿美元增至 77.28 亿美元，其占 GDP 比重由 40.35%升至 41.6%。与此同时，柬埔寨的劳动力就业结构也发生了相应的变化。1992～2017 年，柬埔寨农业部门的就业人口比重由 79.6%降至 42.4%，工业部门的就业人口比重从 4.19%升至 19.60%，服务业部门的就业人口比重由 16.2%提高到 38%。

柬埔寨是传统的农业国家，80%以上的人口从事农业生产，农业是柬埔寨经济发展的重要支柱之一。柬埔寨农业的可耕地面积为 630 万公顷，以种植水稻、木薯、橡胶为主。柬埔寨地处低纬度地区，属热带气候，土地肥沃、雨水丰沛，适宜于稻谷的生长，其主要稻谷产区集中在土地肥沃和水源充沛的湄公河流域两岸。2010 年 8 月，柬埔寨王国政府颁布“促进稻谷生产和大米出口政策”，旨在将柬埔寨打造成国际市场上主要的大米出口国，力争到 2015 年在保证国内消费的基础上有 400 万吨以上的剩余稻谷，并有至少 100 万吨大米可供出口。2011 年，柬埔寨的大米出口量为 20.2 万吨。2016 年达到 54 万吨，2017 年超过 63 万吨，比 2016 年增长 17.3%。目前，柬埔寨是世界第五大大米出口国，第二大茉莉香米出口国。

在过去的十多年，虽然柬埔寨经济高速增长，但工业基础依然十分薄弱，且高度依赖于成衣、制鞋和建筑领域。2017 年，柬埔寨注册工厂共有 1522 家，其中服装厂为 1031 家，约占工厂数的 2/3，该部门雇佣人数达 84.7419 万人，占工业部门 98.2203 万人的 86%。柬埔寨的服装制造业以单纯加工为主，服装厂几乎均为外商投资企业，主要是中国台湾、日本、韩国、中国香港、中国大陆的投资企业。柬埔寨服装厂主要集中在金边和西哈努克市，大部分服装和制鞋原材料从亚洲国家进口，从中国、日本和韩国等国家进口的数量尤其多。目前，柬埔寨服装厂已具备水洗、钉珠、扎染、绣花等工艺技术。2015 年 8 月，柬埔寨政府发布了《2015～2025 年柬埔寨工业发展计划》。该计划提出，到 2025 年，柬埔寨工业由劳动密集型向技术密集型转变，工业占 GDP 比重从 2013 年的 24.1% 提高到 30%，其中制衣业从 15.5% 提高到 20%；促进出口产品多元化，非纺织品出口比重提升至 15%。2018 年前优先实施 4 个行动计划：一是降低工商业电力价格，二是运输物流总体规划，三是劳动力市场培训计划，四是把西哈努克省开发成为综合示范经济特区。

柬埔寨拥有丰富的旅游资源，自然景观、民族文化和历史遗产举世闻名。1992 年，联合国教科文组织将吴哥古迹列入世界文化遗产。随着柬埔寨旅游业的迅速发展，政府加大了对旅游业的投入，修复古迹，开发新景点，改善旅游环境，柬埔寨接待的国际游客人数日益增多，旅游业已成为国民经济的重要产业部门，并带动其他部门的发展。据统计，2000～2015 年，到柬埔寨的国际游客人数从 46.6 万人次增至 477.5 万人次。2015 年，柬埔寨的旅游业占 GDP 的比重为 13.3%，直接从事旅游业人员占就业总数的比重为 12%；以直接和间接与旅游相关的旅游经济衡量，柬埔寨旅游经济占 GDP 的比重为 30.6%，旅游经济从业人员占就业总数的 27.5%。①

① World BankTravel & Tourism Economic Impact 2016 of Cambodia, Indonesia, Lao PR, Malaysia, Myanmar, Philippines, Singapore, Thailand and Vietnam.

（三）基础设施有所改善

在柬埔寨“四角战略”中，加强基础设施建设是实施该战略的重点内容，包括恢复与重建交通基础设施、加强水资源管理和建设科学的水利系统、推动能源和电网建设、提升电信和邮电技术水平。近年来，柬埔寨制订基础设施投资计划，加大了对基础设施的投入，利用外部资源兴建基础设施项目，并带动了相关产业的发展，扩大了就业机会，改善了人民生活水平。

近年来，在实施“四角战略”中，柬埔寨加大水资源利用与开发，兴建水利开发项目，新建成位于柬埔寨西北部奥多棉芷省、暹粒省和卜迭棉芷省三省交界地区的斯伦水利开发项目。该项目在雨季可灌溉田地 31600 公顷，旱季可灌溉田地 25500 公顷，有效改善了奥多棉芷省、暹粒省和卜迭棉芷省的水资源利用情况，大幅提高农作物产量，促进当地农业与经济发展，尤其降低暹粒省的洪涝灾害影响。

由于长期受战争的影响，柬埔寨国内电力设施遭受严重的破坏，国内电力供应十分短缺。截至 2002 年，柬埔寨的电力覆盖程度只占国内的 20%，人均可消耗电力的不足，严重制约了经济发展。柬埔寨实施“四角战略”以后，政府加大了对电力设施的投入，利用外部资源兴建发电厂（站），电力供应量大幅增加，三大产业的用电状况明显好转，居民的用电量不断提高。2004 ~2014 年十年时间里，柬埔寨的人均可消耗电力从 55. 73 千瓦时上升至 271. 43 千瓦时，增长近 4 倍。柬埔寨电力的普及，为国内经济的发展和居民生活水平的提升创造了条件。

2017 年 2 月，柬埔寨西港特区污水处理厂启用，这是目前柬埔寨污水处理工艺最完善、运行设备最先进的污水处理厂，也是柬埔寨第一座现代化全自动控制的污水处理厂，主要承担西哈努克港经济特区内的生产、生活废污水的处理，为西哈努克港经济特区的发展提供绿色保障，实现经济和环境的和谐发展。

随着通信信息技术的飞速发展，柬埔寨加快了通信信息基础设施的建设，政府加大投资力度，引进国外资本与技术，构建连接区域和全球的信息网络系统。截至2017年7月，柬埔寨国内使用互联网已达到1002.9万人次，占总人口的66.68%，其中无线网络990.7万人次，有线网络12.2万人次。与2016年底809.9万人次相比增长24%。近年来，柬埔寨的互联网用户数快速增长，从1997年到2015年，每100人中使用互联网的人数由0.006上升至19。据柬埔寨电信管理局发言人恩沃塔透露，2020年，网络将覆盖柬埔寨全国，并使用第五代移动通信系统（5G）。

2017年8月，柬埔寨政府通过了《2018～2020年柬埔寨公共投资计划》（草案），涉及586个公共基础项目，预计投资54.17亿美元，其中政府拨款和合作伙伴承担34.55亿美元。涉及的社会福利项目占15.3%，经济领域项目占44%，基础设施建设占26.9%，服务和其他领域占13.8%。王国政府表示，加强基础设施建设计划的制订，有助于确保柬埔寨经济增长率维持在7%的水平，从而更有效地消除贫困。

（四）贫困问题得以缓解

为了实现联合国制定的“千年发展目标”（MDGs），2009年东盟通过了《实现千年发展目标联合宣言》（*Join Declaration on the Attainment of the Millennium Development Goals*，MDGs），2011年出台了《东盟实现千年发展目标的路线图》（*ASEAN Roadmap for the Attainment of the Attainment of the Millennium Development Goals*），制定了各成员国集体行动框架和监测评价体系，促使各成员国致力于到2015年消除贫困，普及教育，减少疾病，改善环境，提高妇女地位。[①]作为东盟成员国，柬埔寨将实施“四角战略”与实现千年发展目标相结合，制定相应的目标和任务，力争实现联合国的千年发展目标。到2015年，在实现千年发展目标的25个指标中，柬埔寨均取得进展，部分指标达到或超过千年发展目标。

据统计，1990～2015年，每日收入低于1.25美元（购买力平价）的人

① 2000年9月，联合国制定了“千年发展目标”（MDGs），以消除贫穷、饥饿、疾病、文盲、环境恶化和对妇女的歧视，并制定了有时限的目标和指标，这些目标和指标被置于全球议程的核心，统称为千年发展目标。

口比例从52%降至24%（目标为26%），生活在国家贫困线以下的人口比例从39%降至14%（目标为20%），人口就业率从66%增至83%，五岁以下儿童体重不足的发生率从69%降至24%（目标为35%），初等教育入学率从72%升至93.9%（目标为100%），柬埔寨的平均成人识字率从63.3%升至92.2%（目标为100%），初级教育女生对男生的比例从0.75升至1.01（目标为1.00），中等教育女生对男生的比例从0.70升至1.09（目标为1.00），高等教育女生对男生的比例从0.34升至0.85（目标为1.00），妇女在国会的议席从6个升至20个（目标为50个），5岁以下儿童死亡率从181‰降至35‰（目标为60‰），婴儿死亡率从142‰降至27‰（目标为47‰），1岁儿童接种麻疹疫苗的比例从22%升至70%（目标为100%），孕产妇死亡率从367‰降至170‰（目标为92‰），疟疾发病率从每十万人2783人降至152人，森林覆盖率从60%降至49%，使用改善饮用水的人口比例从26%升至59%（目标为63%），使用改善卫生设施的人口比例从9%升至62%（目标为55%），每百人电话拥有量从1个（2000年数据）升至2个，每百人移动电话用户从7部（2005年数据）升至138部，每百人互联网用户从0个升至42个。①

为了进一步解决贫困问题，柬埔寨注重建立和完善国家职业技术培训、社会保障体系。2017年6月和7月，柬埔寨王国政府先后发布了《2017～2025年柬埔寨职业技能和技术培训国家政策》和《2016～2025年柬埔寨社会保障国家政策战略》。前者旨在完善职业技能和技术培训系统，为柬埔寨国民提供高质量的职业技能和技术培训，以满足国内外劳工市场需求。该政策提出在进一步提升国民在平等的条件下，获得职业技能和技术培训教育的可能性，创造更多的就业岗位。鼓励政府和私营部门加强合作，集聚更多相关部门资源参与，保证和促进柬埔寨职业技能和技术培训系统的稳定性和长久性发展，从而提高国民收入水平，减少国家贫困，促进国家社会经济持续

① ASEAN Secretariat（2017）. ASEAN Statistical Report on Millennium Development Goals 2017, pp, 15－16. Jakarta：ASEAN Secretariat.

发展。后者旨在进一步发展柬埔寨全国性的社会保障系统，以造福百姓尤其是贫困及弱势群体。该战略将为国家社会的长远发展保驾护航，并列明了两大机构的职责，即应对紧急事件、发展人力资源、提供技能培训和保护弱势群体；注重工人保障金和医疗、工伤、失业风险。根据联合国统计，虽然柬埔寨贫困率趋于下降，但估计还有近三成人口约 450 万人处于“贫困边缘”，一旦家庭成员患上重病或失去经济收入，他们随时会重返贫困线以下。

（五）加快融入国际经济

随着“四角战略”的实施，尤其是 2004 年柬埔寨加入世界贸易组织（WTO），柬埔寨对外经济交往日益频繁，对外贸易规模迅速扩大，外资引进成效显著，其他经济技术合作渐次展开，从此柬埔寨迅速融入国际经济的潮流中，成为全球价值链和区域生产网络的一个节点。

进入 21 世纪后，柬埔寨的对外贸易迅速发展，其在柬埔寨经济中的重要性不断上升。虽然在 2009 年受全球金融危机影响，进出口贸易额均出现萎缩，但次年便恢复正常水平。据统计，2000～2016 年，柬埔寨的出口总额由 13.89 亿美元增至 100.69 亿美元，年均增长 13.75%；进口总额由 14.38 亿美元增至 123.71 亿美元，年均增长 14.8%。由于进口总额增长速度快于出口总额，因此柬埔寨的贸易赤字逐年扩大，同期贸易逆差从 0.49 亿美元升至 23 亿美元。在出口贸易商品中，柬埔寨的出口商品结构较为单一，主要出口产品为服装、鞋类、大米、橡胶和木薯等，其中成衣类产品所占的比重最大，在 2004 年、2006～2008 年甚至占到了当年出口产品的 96%；在进口贸易商品结构中，主要为食品、饮料、化工、燃油、药品、化妆品、汽车、服装原材料和建材等。在进出口贸易的地区结构中，美国、英国和德国稳居柬埔寨出口贸易的前三位，中国、泰国和越南稳居进口贸易的前三位。从出口贸易对象国看，柬埔寨的主要出口国为欧美国家，中国、日本、泰国的比重正在逐渐上升，而欧美国家的比重有所下降。2012～2016 年，美国虽然位居第一，但是其比重已经由 30.14% 降至 21.31%，英国和德国的比重则较为稳定，加拿大呈逐渐下降的趋势，中国在柬埔寨贸易出口中的比重从3.45%上升到6.05%，其他国家的占比则变化不大。从进口贸易对象国看，柬埔寨的前十大进口贸易伙伴国以东亚和东南亚国家为主。2012～2016年，中国在柬埔寨贸易进口中的比重从29.84%上升到36.79%，越南从14.13%降至11.45%，韩国从5.66%降至3.55%，其他国家比重变化不大。

近年来，柬埔寨的政局相对稳定和经济快速发展，吸引了外资的流入，为此政府出台了一系列优惠政策，许多国外投资者加大了对柬埔寨的投资。长期以来，柬埔寨的外国直接投资（FDI）流入量一直保持在较低的水平，从2005年开始柬埔寨吸引FDI呈现逐年递增的态势。2000～2016年，柬埔寨的外国直接投资（FDI）流入量由1.48亿美元增至19.2亿美元，FDI存量由15.79亿美元增至166.6亿美元。[①]从2010～2016年柬埔寨FDI来源国可以看出，中国是柬埔寨最大的投资国，中国香港、中国台湾和韩国是柬埔寨重要投资来源地，东盟成员国中的越南、马来西亚和新加坡对柬埔寨投资较多。

四　柬埔寨的“四角战略”与“一带一路”倡议

柬埔寨处于中南半岛，是中国的传统友好邻邦，中柬两国政治互信、经济相融和文化相通。从柬埔寨实施的“四角战略”看，它与中国提出的“一带一路”倡议有诸多的契合点。在新的国际和区域经济形势下，进一步促进柬埔寨的“四角战略”与我国的“一带一路”倡议的对接，对于深化两国全方位和多领域的合作具有重要的现实意义。

（一）中国与柬埔寨经济合作的现状

1991年10月关于政治解决柬埔寨问题的《巴黎协定》签订后，特别是

① UNCTAD, World Investment Report 2017 Investment and the Digital Economy, p. 223, p. 227.

1993 年柬埔寨王国政府成立以来，中国与柬埔寨的经贸关系逐步得到恢复和发展。1996 年 7 月，两国政府签署了《贸易协定》和《投资保护协定》。2002 年 11 月，中国政府宣布免除柬埔寨对华的所有到期债务。近年来，中柬两国经贸合作的规模和领域迅速发展，双边贸易与投资不断扩大，在基础设施、农业、工业、旅游、金融、环保、科技等领域的合作展现出广阔的发展前景。

1. 双边贸易发展

进入 20 世纪 90 年代，中国与柬埔寨的双边贸易迅速发展。据统计，1992 ~ 2000 年的 10 年间，双边贸易额从 1295 万美元增至 2. 4 亿美元，增长近 20 倍。2000 ~ 2017 年，双边贸易额从 2. 24 亿美元增长为 57. 9 亿美元，增长约 24. 8 倍，提前超额完成了两国领导人确定的 2017 年双边贸易额 50 亿美元的目标。目前，中国是柬埔寨第一大贸易伙伴和第一大进口来源国。

在柬埔寨对中国出口的商品结构中，2008 ~ 2016 年，由 SITC8 类（杂项制品）、SITC2 类（燃料以外的非食用粗原料）、SITC9 类（未分类的其他商品）变为 SITC6 类（主要按原料分类的制成品）、SITC7 类（机械及运输设备）、SITC8 类（杂项制品）和 SITC0 类（食品及主要供食用的活动物）。其中，SITC0 类占比由 3. 07% 升为 13. 77%，SITC1 类（饮料及烟类）占比由 2. 18% 降为 0. 02%，SITC2 类占比由 14. 43% 降为 2. 6%，SITC4 类（动植物油脂及油脂）占比由 0. 83% 降为 0. 16%，SITC5 类（未列名化学品及有关产品）占比由 0. 02% 升为 10. 95%，SITC6 类（主要按原料分类的制成品）占比由 7. 55% 升为 26. 93%，SITC7 类（机械及运输设备）占比由 2. 79% 升为 15. 84%，SITC8 类（杂项制品）占比由 57. 04% 下降为 29. 71%，SITC9 类（未分类的其他商品）占比由 12. 25% 下降为 0. 02%。

在柬埔寨从中国进口的商品结构中，2008 ~ 2016 年，SITC6 类（主要按原料分类的制成品）和 SITC7 类（机械及运输设备）占据主导地位。其中，SITC0 类（食品及主要供食用的活动物）占比由 0. 72% 降为 0. 39%，SITC1 类（饮料及烟类）占比由 0. 71% 降为 0. 11%，SITC2 类（燃料以外的非食用粗原料）占比由 0. 53% 升为 0. 88%，SITC3 类（矿物燃料、润滑油及有关原料）占比由0.2%降为0.02%，SITC4类（动植物油脂及油脂）占比由0.02%降为0.01%，SITC5类（未列名化学品及有关产品）占比由1.90%升为3.88%，SITC6类占比由69.37%升为69.94%，SITC7类占比由21.54%降为16.55%，SITC8类（杂项制品）占比由5%升为8.2%，SITC9类（未分类的其他商品）占比由0.004%升为0.01%。

2. 中国对柬埔寨的投资

近年来，中国对柬埔寨的投资呈现迅速增长的态势。2001年中国对柬埔寨的直接投资为290.9美元，到2016年达到5.0154亿美元的历史最高值。到2016年底，中国在柬埔寨直接投资存量达43.69亿美元。①据柬埔寨发展理事会统计，2011～2016年，中国对柬埔寨累计投资规模达51亿美元，是柬埔寨最大投资来源国。中资企业在柬埔寨的投资领域多元日益化，涵盖成衣、农业、房地产、建筑材料、农产品加工、电力、电信、卫生等领域。同时，近年中国在柬埔寨投资朝向产业链纵深发展。以成衣纺织行业为例，从早期的纯粹为了享受出口关税优势，到现在越来越多加工制造环节和上下游企业集群发展，产业配套越来越完善。

柬埔寨西哈努克港经济特区，是中柬两国首个签订双边政府协定、建立双边协调机制的合作区。该特区是柬埔寨最大的经济特区，总体规划面积11.13平方公里，前期以纺织服装、箱包皮具、五金机械、木业制品等为主要发展产业，后期将发挥临港优势，重点引入机械、装备、建材等产业。全部建成后，将形成300家企业（机构）入驻、8万～10万产业工人就业的配套功能齐全的生态化样板园区。目前，西港特区内入驻企业118家，就业近2万人。②

3. 其他经济领域的合作

近年来，中国与柬埔寨在其他经济技术领域的合作迅速发展。据中方统计，中国企业在柬埔寨修建公路里程2000多公里，建成的水利项目灌溉面

① 中国商务部、国家统计局、国家外汇管理局：《2016年度中国对外直接投资统计公报》，第33页。

② 柬埔寨西哈努克港经济特区，http：//www.ssez.com/company.asp？Ione=3。

积超43万公顷，输变电线路逾8000公里。在柬埔寨，近80%的发电量来自中国企业建设的7座水电站和1座火电站。2014年10月，柬埔寨正式签署《亚洲基础设施投资银行协定》，成为亚投行57个意向创始成员国之一。目前，共与12家航空公司开展航运合作，每周约有120架次航班往来中国和柬埔寨。2017年，柬埔寨接待中国游客突破百万人次，同比增长45%，中国成为柬埔寨最大的客源国。中国政府还提出，力争到2020年让中国游客人数增至200万人次。

2016年10月，中国与柬埔寨签署了《中柬两国政府经济技术合作协定》《免除柬埔寨政府到期债务的协议》《关于实施中柬友谊医院大楼项目的立项换文》《关于编制共同推进“一带一路”建设合作规划纲要的谅解备忘录》《对所得避免双重征税和防止逃避税的协定》《关于确认并共同推动产能与投资合作重点项目的协议》《关于开展中柬青年科学家交流计划的谅解备忘录》《关于联合开展水利项目合作谅解备忘录》《海洋领域合作谅解备忘录》等合作文件。中国政府还提出，将鼓励中国企业帮助柬埔寨修建一条新铁路，并且在吴哥窟附近的暹粒（Siem Reap）修建一个新机场。

2017年6月，中国农业部派遣高级别农业顾问前往柬埔寨进行农业援助。中方根据柬埔寨农业机械发展实际，结合中国先进的农业机械生产、发展、管理经验以及法律法规、技术规范、相关制度等，帮助柬方制定符合当地发展情况的规划、制度和管理措施。2017年11月，中国与柬埔寨签署《中国商务部和柬埔寨商业部关于电子商务合作的谅解备忘录》。根据该备忘录，中柬双方将加强政策沟通、企业合作、能力建设、人员培训和联合研究等电子商务领域的交流合作。

（二）“四角战略”与“一带一路”倡议的对接

柬埔寨地处“一带一路”建设的核心地带，也是“一带一路”建设的重要沿线国家。在新的国际和区域经济形势下，进一步促进柬埔寨的“四角战略”与我国的“一带一路”倡议的对接，深化两国全方位和多领域的合作，既能推动中国—中南半岛经济走廊的建设，同时也为21世纪海上丝绸之路向印度洋、南太平洋方向延伸提供了重要支撑。

首先，积极推动柬埔寨“四角战略”与“一带一路”的对接。

当前，柬埔寨王国政府提出的“四角战略”已进入新的阶段。从柬埔寨实施的“四角战略”看，它与中国提出的“一带一路”倡议有诸多的契合点。中国正处于全面建成小康社会决胜阶段，柬埔寨也处在推进“四角战略”“2015～2025年工业发展计划”的关键时期，两国经济具有很强的互补性，发展战略高度契合，中柬两国在农业发展、经贸投资、能源资源、互联互通等领域可以实现高效的对接。目前，中柬两国正加紧《共同推进“一带一路”建设合作规划纲要》的制定，要充分发挥两国政治互信、经济互补、民心互通的优势，实现合作共赢和繁荣发展。

其次，进一步扩大和深化两国经济合作的领域。

中国与柬埔寨地缘相近，经济互补性强，在“四角战略”和“一带一路”对接的背景下，两国经济合作具有广阔的发展空间。例如，中柬两国农业领域合作的重要目标，就是帮助柬埔寨打造现代农业，提升农业生产技术，促进和完善当地从农业生产到农产品加工、仓储物流、国际商贸等全产业链的建设发展。要积极鼓励和扶持有条件的农业企业到柬埔寨当地设立农业示范中心和生产基地，推动我国企业到柬埔寨投资兴建农产品加工厂，帮助柬政府提高农产品检验检疫水平；在中国—东盟科技伙伴计划框架下，继续推动中柬食品工业联合实验室、中柬技术转移中心的建设，积极落实好已启动的各个项目，大力开展中柬科技人员的交流与培训，并拓展在计量科学、知识产权、空间技术应用等领域的合作。

再次，对接建设规划，推动项目建设。

为实施“四角战略”，柬埔寨政府出台了一系列政策措施，如《2015～2025年柬埔寨工业发展计划》《2018～2020年柬埔寨公共投资计划》《2016～2025年柬埔寨金融业发展战略》《2017～2025年柬埔寨职业技能和技术培训国家政策》《2016～2025年柬埔寨社会保障国家政策战略》，这些建设规划与“一带一路”的合作框架有许多对接的领域。另外，在实行建设规划对接的同时，注重推动项目建设，发挥项目的示范效应。现有的暹粒吴哥国际机场、金边至西哈努克港高速公路、西港经济特区、国公综合开发试验区、输变电网、桑河二级水电站等能源项目，以及柬埔寨首个洲际海缆项目等，均体现了“四角战略”与“一带一路”建设规划的高度契合。

最后，鼓励和扶持更多的中国企业“走出去”到柬埔寨投资。

随着中柬两国经贸合作的迅速发展，中国在柬埔寨的投资不断扩大。目前，中国是柬埔寨最大的外资来源国，中国企业在当地主要投资农业、电站、电网、制衣、矿业、产业园区、餐饮、旅游综合开发等领域。在“四角战略”与“一带一路”对接的背景下，我国应进一步加强与柬埔寨相关政府部门的协调沟通，促进柬方营造更加规范和完善的营商环境，政府有关部门应为企业提供更好的投资信息服务，引导企业做好市场调研，严格遵守当地法律法规，防范和化解海外投资风险，积极履行社会责任，加快融入柬埔寨当地社会。

B.8

2017 ~2018年印尼政经形势的回顾与展望

林 梅　彭晓钊*

摘　要： 自2017年起，印尼开启了新一轮政治周期，连续三年举行重要的全国性选举活动，依次是2017年和2018年地方首长选举以及2019年总统大选。各方势力为在选举中抢占有利的政治地位提前展开激烈角逐，印尼政局在延续总体稳定的基调下，面临政治斗争加剧及宗教矛盾升级的风险。2017年印尼经济基本面向好，经济增速创下2014年以来的新高，宏观经济和金融市场平稳运行，失业与贫困状况持续改善。2018年上半年，印尼经济增长势头得到保持，但美联储加息和美元升值，加重了印尼盾贬值和资本外流风险，增加了印尼经济下行压力。

关键词： 印尼　政治　经济

近年来，作为东南亚最大的国家，印尼政局保持了相对稳定，经济持续稳定发展，失业与贫困状况持续改善。2017年开始，印尼开启新一轮政治周期，2017年和2018年地方首长选举和2019年总统大选，各方势力的角逐全面展开。2017年和2018年上半年，印尼经济基本面向好，经济增速创下新高。本文拟就2017 ~2018年印尼的政治经济形势做一分析。

* 林梅，厦门大学东南亚研究中心副教授，经济学博士；彭晓钊，综合开发研究院（中国·深圳）研究人员。

一　2017年印尼政治发展动向

2017 年佐科（Joko Widodo）总统首届任期进入后半段，尽管通过“胡萝卜加大棒”策略迫使反对阵营“红白联盟”分裂，由此获得“完全执政”地位，但是这种朝野合作又开始进入新一轮的政治重组，围绕地方首长选举的政治交锋已拉开序幕。[①]纵观此次选举及政局走向，宗教与种族议题被操作为政治攻防的焦点，造成社会族群撕裂和非理性对立增加，冲击“建国五原则”[②]建立的多元和谐传统，为印尼政党政治长期发展及民主化运作埋下隐患。

（一）地方首长选举争夺激烈

作为 2019 年总统大选的前哨战，2017 年全国性地方首长选举在 101 个省市县同步展开，印尼政治回归政党对立斗争的局面。在最受瞩目的雅加达省长选举中，斗争民主党（PDI－P）、专业集团党（Golkar）、民心党（Hanura）和民族民主党（Nasdem）推举的钟万学—查洛特（Basuki Purnama-Djarot Hidayat），民主党（PD）、民族复兴党（PKB）、建设团结党（PPP）和国民使命党（PAN）推举的阿古斯—菲亚娜（Agus Harimurti-Sylvia Murni），大印尼行动党（Gerindra）和公正福利党（PKS）推举的阿尼斯—善迪亚卡（Anies Baswedan-Sandiaga Uno）三组候选人首轮得票均未过半，领先的钟万学—查洛特和阿尼斯—善迪亚卡组合进入第二轮对决[③]。同年 4 月进行第二轮选举，阿尼斯—善迪亚卡组合（58%）最后击败钟万

① Muhtadi B. Jokowi's First Year：A Weak President Caught between Reform and Oligarchic Politics. Bulletin of Indonesian Economic Studies，2015，51（3）：349－368.

② “建国五原则”即“潘查希拉”，为印尼国父苏加诺（Bung Sukarno）提出，五项原则分别为民族主义、国际主义、协商一致、共同繁荣与信仰神道。

③《雅加达地方首长选举顺利进行 将于 4 月 19 举行第二轮》，印尼《印尼商报》2017 年 2 月 15 日。

学—查洛特组合（42%），雅加达正副省长职位落入反对阵营。①从全国范围来看，尽管在雅加达省等个别地区失利，但佐科所属的执政党联盟在本次地方选举中共拿下56个省市县，赢得超过五成的地区，基本守住原有的政治版图。

2018年全国性地方首长选举在171个省市县再次举行，执政党联盟继续保持领先优势，斗争民主党的民意支持度暂居首位（28.0%），大印尼行动党（12.8%）、专业集团党（10.3%）、民族觉醒党（6.8%）和民主国民党（5.4%）则紧随其后。②至于2019年总统大选，印尼战略与国际研究中心（CSIS）公布报告显示，佐科再次对决普拉博沃（Prabowo Subianto）得胜率为50.9%，比2016年提高9个百分点。③同时，佐科政府的民众满意度呈现逐年上升趋势，2015～2017年分别为50.6%、66.5%和68.3%，表明印尼民众对当前施政方向的肯定，并将成为佐科稳固执政党联盟、寻求竞选连任最重要的政治筹码。

（二）钟万学事件改变政治版图

2017年4月，就在雅加达省长选举后不久，印尼法院裁定钟万学亵渎伊斯兰罪名成立并入狱服刑两年，引发印尼政坛震动。④钟万学原为佐科总统的副省长搭档，佐科2014年参选总统并就任后自动替补成为省长。任职期间，钟万学制定实施多项惠民政策，包括为贫困人口提供免费医疗和教育、整顿街边商贩、提高政府预算透明度、解决城市水患问题等。由于业绩表现良好，钟万学的民意支持度长期保持在70%以上。原本连任是众望所

---

① Jarkata Globe. Jakarta Election Exposes Deep Political, Religious Divides, 19th April 2017, http://jakartaglobe.id/news/jakarta-election-exposes-deep-political-religious-divide/#show-hide.

② Seputar Indonesia. Perindo Masuk Tujuh Besar Parpol Paling Diminati Publik, 2nd November 2017, https://nasional.sindonews.com/read/1253937/12/perindo-masuk-tujuh-besar-parpol-paling-diminati-publik-1509619748.

③ Jarkata Globe. Three Years On, Can Jokowi Maintain His Popularity Gains? 12th September 2017, https://jakartaglobe.id/news/three-years-can-jokowi-maintain-popularity-gains/.

④ 《阿学落选 印尼变色?》，新加坡《联合早报》2017年4月30日。

归，但是钟万学在2016年9月的一次竞选集会上引述《可兰经》经文，指称对手误导穆斯林以阻止非穆斯林担任领导人，结果该视频遭人剪接并配上误导性字幕，变成钟万学指责《可兰经》误导穆斯林。剪辑视频一经互联网传播便产生广泛影响，加上钟万学的“双重少数”身份（作为华裔的少数族群身份和作为基督徒的少数宗教信徒身份），负面效应被迅速放大。激进派伊斯兰团体“伊斯兰捍卫者阵线”（FPI）更是以此为由，先后数次发起游行示威活动，将舆论争议推至高潮，最终导致钟万学败选和入狱。①

钟万学事件的发生，表面上是选举投票和司法判决的结果，但背后是印尼“伊斯兰主义”与“多元文化/宗教主义”之间的意识形态冲突，以及政治精英保守派与改革派之间的斗争较量。②两派政治势力的上次交锋是在2014年总统大选，佐科在当时击败普拉博沃赢得大位，帮助改革派取得暂时性胜利，但双方斗争并未就此停息。延续到本次地方首长选举，由于钟万学－查洛特初期支持度很高，保守派为了扭转劣势、扳回一城，只有采取非正式手段逼迫钟万学下台，于是联合激进派伊斯兰团体对其进行抹黑和打击，从而达到自身政治目的。从结果来看，钟万学事件不仅直接影响印尼政治版图变迁和政党力量平衡，更重要的是反映出“建国五原则”倡导的多元文化/宗教主义正在遭受伊斯兰主义的严峻挑战，印尼很有可能陷入族群撕裂、民主倒退、政治极化的险境。

（三）伊斯兰主义影响力扩大

印尼之所以出现“政治极化”现象，很大程度上与伊斯兰主义影响力扩大有关。印尼伊斯兰团体可分为支持多元宗教文化的温和派与反对包容“异质文化”的激进派。其中，温和派接受“建国五原则”，占据社会主流，其代表为国内最大和第二大的宗教团体——伊斯兰教士联合会（NU）和

---

① Jakarta Post. Busloads of People Depart for Monas from FPI Headquarters, 2nd December 2016, http://www.thejakartapost.com/news/2016/12/02/busloads-of-people-depart-for-monas-from-fpi-headquarters.html.

② 《廖建裕：印尼权力与意识形态之争》，新加坡《联合早报》2016年12月8日。

"穆哈默迪亚"（Muhammadiyah）；激进派主张"伊斯兰净化"，并以伊斯兰立国，捍卫伊斯兰阵线（FPI）、伊斯兰祈祷团（JI）、神权游击队（JAD）等近期表现活跃的强硬派团体与极端组织就在此列。[①]印尼民主化进程以来，由于经济发展不均衡，贫富差距扩大，土著精英及军人集团很容易利用种族与宗教议题操纵底层民粹，或明或暗地支持甚至刻意培植激进派势力作为政治斗争的武器。同时，极端组织"伊斯兰国"（ISIS）在中东地区崛起后，通过社交媒体广泛宣传极端思想，穆斯林人口占多数的印尼首当其冲。根据印尼情报部门调查，高达39%的印尼大学生接触过极端思想，其中很大一部分可能成为强硬派团体和极端组织的拥趸与新血。[②]

伊斯兰主义的兴起在制造宗教紧张气氛的同时，也导致印尼恐怖主义威胁上升。自2016年以来，"伊斯兰国"在国际反恐联盟的打击下日渐式微，在中东地区的大部分据点被拔除，全球恐怖活动阵地转移至东南亚，印尼恐怖袭击事件明显增多。据不完全统计，共有超过1500名的印尼公民前往叙利亚参加"伊斯兰国"，其中至少500人回流印尼进行恐怖主义活动。[③]2017年印尼共发生十余起较大规模的恐怖袭击事件，均为宣誓效忠"伊斯兰国"的本土极端组织所为。面对恐怖主义和极端主义的渗透威胁，佐科政府坚决采取反制措施，如加大国际反恐合作、大力抓捕涉恐嫌疑犯、推动反恐立法与修订《社会组织法》、取缔极端宗教组织、加强反激进教育与恐怖分子去化改造等。[④]在政府铁腕回击下，印尼反恐形势有所好转，在2017年"全球恐怖主义指数"中排名第42位，较2016年下降10位，但仍属于高风险国家。[⑤]

（四）议长涉贪冲击国会形象

长期以来，腐败问题一直为印尼民众所深恶痛绝，印尼中央统计局

---

① 《廖建裕：印尼伊斯兰官方派与反对派之争》，新加坡《联合早报》2018年7月24日。

② 《总统在巴厘岛提醒大学别成为激进主义的巢穴》，印尼《国际日报》2017年9月28日。

③ 《廖建裕：印尼恐怖主义与新反恐措施》，新加坡《联合早报》2018年6月18日。

④ 《副总统卡拉在联大发言》，印尼《国际日报》2017年9月23日。

⑤ Institute for Economics and Peace, "Global Terrorism Index 2017", December 2017, http://visionofhumanity.org/app/uploads/2017/11/Global-Terrorism-Index-2017.pdf.

（BPS）发布报告显示，将近一半的印尼人认为在办事时贿赂政府官员或警察属正常情况。“透明国际”组织公布的“2017年全球清廉指数”中，印尼仅排名第96位，属于全球最腐败国家之一。[①]佐科作为商人出身的平民总统，将打击腐败当作扫除经济阻碍的重要改革内容。在总统重压防腐之下，印尼肃贪委员会（KUK）在最近几年查处多起重大贪腐案件，其中2017年3月爆发的电子身份证采购案最受舆论关注。印尼政府早在2010年就开始酝酿给国民发放电子身份证，以便于政府服务和管理。然而，数年过去了，电子身份证迟迟未能启用，据印尼肃贪委员会（KUK）初步估算，在5.2万亿印尼盾预算资金中，可能有多达2.6万亿印尼盾遭人“中饱私囊”，占总资金的1/2。[②]

根据印尼检方调查，电子身份证案涉案人员有80余名，包括司法部长、国会议长、前内政部长、两名省长等政治要员。其中，塞诺凡托（Setya Novanto）利用国会议长的身份，干预电子身份证预算过程，并从中收受贿赂750万美元。雅加达反腐败法庭最终以滥用职权、非法致富的罪名判处塞诺凡托15年监禁以及出狱后5年内不得担任公职。[③]国会领导人带头涉贪造成政治外溢效应，媒体舆论多次将谴责炮火对准国会议员的品行和素质，增加了普通民众对政党政治的不信任感，严重损坏了国会的声誉和威信。“印尼公众监督国会论坛”（Formappi）评价称2017年度国会运作为“历届最差”，理由是除了领导人的贪腐丑闻、争议言论之外，还有国会日益低下的议事效率，全年仅完成6部立法工作。[④]

---

① Transparency International. Corruption Perceptions Index, https://www.transparency.org/news/feature/corruption_perceptions_index_2017.

② Jarkata Globe. Setya Novanto Discharged From Hospital, Taken to KPK Detention Center, 20th November 2017, https://jakartaglobe.id/news/setya-novanto-discharged-from-hospital-taken-to-kpk-detention-center/.

③ Jarkata Globe. Setya Novanto: Finally Sentenced After Decades of Scandals, 29th April 2018, https://jakartaglobe.id/news/setya-novanto-finally-sentenced-decades-scandals/.

④ BBC, Potret kinerja DPR 2017: Kasus Korupsi, Kepemimpinan, 21th November 2018, http://www.bbc.com/indonesia/indonesia-42442235.

二　2017年印尼经济运行状况

2017年印尼经济基本面向好，经济增速创下2014年以来的新高，宏观经济和金融市场平稳运行，失业与贫困状况持续改善。从外部看，主要得益于发达国家和新兴市场经济复苏、大宗商品价格上升，以及由此带来的贸易需求增长。从内部看，政府加大基础设施建设投入带动固定资产投资增长，进而刺激经济扩张。

（一）投资和出口增长带动经济增速加快

2017年，印尼经济增长有所加快，并创下2014年以来的新高。据统计，2014~2017年印尼经济增长率分别为5.02%、4.79%、5.0%和5.07%。2018年第一季度和第二季度，印尼经济增速分别为5.06%和5.27%。

从经济增长的部门分析，印尼国内私人消费增长率下滑，从2016年的5.01%下降到2017年的4.95%，其原因是补贴制度改革和电费等管制价格上涨，而投资和出口增长率明显加快，分别从2016年的4.47%和-1.57%提高到2017年的6.16%和9.09%。其中，投资增长的主要原因是政府主导的基础设施建设加快，包括发电站、收费公路等项目建设；出口增长主要得益于全球经济复苏特别是发达国家和新兴市场经济增长带动的贸易需求扩张，政府放松对金属矿产出口的配额限制，以及煤炭、橡胶、棕榈油和金属矿产等大宗商品价格上涨。例如，棕榈油价格较2016年提高5.2%，加上中国和印度需求上升，推动棕榈油出口增长8.2%，高于2016年的0.4%；煤炭价格提高48.2%至每吨90美元，其他非铁金属矿产（铜、镍、铝土矿）的出口价值增长14%。分部门来看，增长率较高的部门依然是第三产业，特别是信息通信业、运输仓储、商业服务、建筑业和医疗服务，第一产业即农林渔业的增长率有所提高，但第二产业的制造业增长依旧乏力（见表1）。

表1 2016～2018年印尼各部门经济增长率

单位：%

部门	2016年	2017年				2017年	2018年	
		第一季度	第二季度	第三季度	第四季度		第一季度	第二季度
1. 需求侧								
私人消费	5.01	4.94	4.95	4.93	4.97	4.95	4.95	5.14
政府消费	-0.14	2.69	-1.92	3.48	3.81	2.14	2.74	5.26
国内固定资本形成总额	4.47	4.77	5.34	7.08	7.27	6.15	7.95	5.87
商品和服务出口	-1.57	8.41	2.80	17.01	8.50	9.09	6.09	7.70
商品和服务进口	-2.45	4.81	0.20	15.46	11.81	8.06	12.66	15.17
GDP	5.03	5.01	5.01	5.06	5.19	5.07	5.06	5.27
2. 供给侧								
农业(含农林渔)	3.36	7.15	3.23	2.77	2.24	3.81	3.29	4.76
采矿业	0.95	-1.22	2.12	1.84	0.08	0.69	0.74	2.21
制造业	4.26	4.28	3.50	4.85	4.46	4.27	4.56	3.97
电力天然气	5.39	1.60	-2.53	4.88	2.27	1.54	3.31	7.56
供水及排污	3.60	4.39	3.67	4.82	5.53	4.61	3.59	3.94
建筑业	5.22	5.96	6.94	6.98	7.23	6.79	7.35	5.73
批发零售机动车维修	4.03	4.61	3.47	5.20	4.47	4.44	4.93	5.24
运输仓储	7.45	8.06	8.80	8.88	8.21	8.49	8.59	8.59
住宿餐饮业	5.17	5.27	5.73	5.69	5.49	5.55	5.45	5.75
信息通信业	8.88	10.48	11.06	8.82	8.99	9.81	8.52	6.06
金融保险服务	8.90	5.99	5.94	6.16	3.85	5.48	4.33	3.02
房地产	4.69	3.66	3.73	3.60	3.73	3.68	3.23	3.11
商业服务	7.36	6.83	8.24	9.37	9.25	8.44	8.04	8.89
行政服务(包含国防与社会安全保障)	3.19	0.23	-0.03	0.69	6.95	2.06	5.79	7.20
教育服务	3.80	4.05	0.88	3.62	5.89	3.66	4.83	4.94
医疗服务	5.15	7.06	6.32	7.51	6.31	6.79	6.06	7.07
其他服务	8.02	7.90	8.51	9.31	8.87	8.66	8.42	9.22
总计	5.03	5.01	5.01	5.06	5.19	5.07	5.06	5.27

资料来源：根据BPS Statistic Indonesia 2018、Growth rate of GDP by expenditure and industrial 2017－2018数据编制。

从经济增长的贡献分析，国内私人消费依旧是经济增长的主要引擎，2017年其对经济的贡献率为56.13%，但与2015年和2016年相比有所下降。同时，出口的贡献率相比2016年有所改善。尽管国内投资增速提高，但投资贡献率只有32.16%，低于2016年的32.56%。分部门来看，对经济增长贡献率不断增大的部门主要是运输仓储、金融保险以及信息通信业，而制造业的贡献率则不断下降（见表2）。

表2　2014～2018年各部门对印尼经济增长的贡献率

单位：%

部门	2014年	2015年	2016年	2017年	2018年	
					第一季度	第二季度
1. 需求侧						
私人消费	55.96	56.31	56.62	56.13	56.80	55.43
政府消费	9.43	9.75	9.54	9.10	6.36	8.50
国内固定资本形成总额	32.52	32.81	32.56	32.16	32.11	31.15
商品和服务出口	23.67	21.16	19.12	20.31	21.09	20.35
商品和服务进口	24.41	20.78	18.32	19.17	20.77	20.87
2. 供给侧						
农业(含农林渔)	13.34	13.49	13.47	13.14	13.27	13.63
采矿业	9.83	7.65	7.18	7.57	8.03	7.92
制造业	21.08	20.99	20.51	20.16	20.26	19.83
电气供应	1.09	1.13	1.15	1.19	1.19	1.18
供水排污	0.07	0.07	0.07	0.07	0.07	0.07
建筑业	9.86	10.45	10.38	10.37	10.49	10.17
批发零售机动车维修业	13.43	13.30	13.18	13.01	13.11	12.97
运输仓储	4.42	5.02	5.20	5.41	5.40	5.44
住宿餐饮业	3.04	2.96	2.93	2.85	2.86	2.78
信息通信业	3.50	3.52	3.63	3.80	3.83	3.73
金融保险业	3.86	4.03	4.19	4.20	4.25	4.10
房地产	2.79	2.84	2.82	2.79	2.81	2.74
商业服务	1.57	1.65	1.71	1.75	1.81	1.79
行政服务(包含国防与社会安全)	3.83	3.90	3.87	3.70	3.53	3.60
教育服务	3.23	3.36	3.37	3.29	3.11	3.16
医疗卫生服务	1.03	1.07	1.07	1.07	1.07	1.05
其他服务	1.55	1.65	1.70	1.76	1.82	1.80
总计	100	100	100	100	100	100

资料来源：根据BPS Quarterly distribution of GDP by expenditure 2014－2018、Quarterly distribution of GDP by industrial 2014－2018数据编制。

（二）宏观经济指标向好

第一，物价水平维持稳定。2017 年通货膨胀率为 3.61%，尽管相对于 2015 年的 3.35% 和 2016 年的 3.02% 有所上升，仍保持在设定的 4% ±1% 范围内。其中，核心通胀率得到有效控制，从 2016 年的 3.07% 下降到 2017 年的 2.95%，这得益于适宜的气候条件保证了粮食产出和供给。2017 年食品通胀率仅为 0.71%，处于 13 年来最低水平。管制价格由于补贴制度改革和电费上涨处于上升态势，从 2016 年的 0.21% 升至 2017 年的 8.7%。

第二，经常账户赤字收窄，但国际收支保持盈余。由于经常账户赤字收窄和外资流入增加，2017 年印尼国际收支实现 115.86 亿美元盈余，这得益于国际需求增加和初级产品价格提升，非石油天然气产品出口增加。2017 年，印尼经常账户赤字为 173 亿美元，较 2016 年进一步收窄，占 GDP 的比重从 2016 年的 1.8% 降至 1.7%，继续控制在 3% 的目标范围内；外资流入增加使得资本和金融账户顺差扩大，从 2016 年的 293 亿美元增加到 2017 年的 299 亿美元。其中，外国直接投资净额比 2016 年增长 24.9%，达 202 亿美元，新加坡、欧盟、日本和中国是主要的外资流入国，合计流入外资额达 228 亿美元；外国间接投资也从 2016 年的 190 亿美元增加到 2017 年的 207 亿美元。

第三，国际储备增加，外债规模有所扩大，但债务结构较合理，长期外债占比较大。2017 年印尼国际储备创新高，达到 1302 亿美元，高于 2016 年的 1164 亿美元和 2015 年的 1059 亿美元，相当于 8.6 个月的进口额或 8.3 个月的进口额与政府偿债额之和，远高于 3 个月的国际储备标准。国际储备占商品和服务进口额的比重为 71.3%（2014 ~ 2016 年分别为 55.4%、63.8% 和 72.9%），占短期外债的比重为 237.8%（2014 ~ 2016 年分别为 188.8%、190.9% 和 237.8%），表明政府拥有更大的空间应对外部风险。同时，外债规模从 2016 年的 3200 亿美元增加到 2017 年的 3522 亿美元，增加 10.1%，外债占 GDP 的比重从 2016 年的 34.3% 略升至 2017 年的 34.7%，仍在可控范围内，低于相邻的其他东南亚国家的同类指标，如新加坡的104.7%、泰国的50.8%、菲律宾的41.7%和马来西亚的53.2%。[①]对外债务结构改善，2017年政府外债达1806亿美元，高于2016年的1583亿美元，同比增长14.1%，占外债总额的比重为51.3%，主要为长期债务增加（占98.7%），用于政府的发展项目；私人外债达1716亿，高于2016年的1617亿美元，同比增长6.1%，占外债总额的比重为48.7%，私人债务也以长期债务为主（占73.2.%）。[②]

（三）金融市场平稳运行

第一，汇市稳定和股市上涨。尽管2017年第四季度受美国货币政策正常化影响，印尼盾汇率从6月底的13328印尼盾/美元降至12月底的13568印尼盾/美元，2017全年平均汇率为13385印尼盾/美元，仅较2016年的13305印尼盾/美元下滑0.6%。印尼盾汇率的波动幅度从2016年的8.4%收窄至2017年的3.0%，低于东南亚其他国家，如马来西亚的3.8%、泰国的4.5%、新加坡的4.6%和菲律宾的5.3%。印尼盾波幅收窄的主要原因是，外国投资者对印尼经济的信心上升，加上印尼央行强化对外汇管制，导致外资净流入增加。2017年印尼股市延续2016年的上涨趋势，年底雅加达综指（IHSG）较2016年同期上升20%达到6356点，其中金融、基础设施和消费品类股市表现最为强劲。

第二，银行系统稳健，表现为较高的资本充足率、较强的存款流动性和较低的不良贷款，但信贷扩张有限。2017年底银行的资本充足率（CAR）为23.0%，银行的流动性资产与存款比（LA/deposits）为21.5%，远高于8.5%的最低要求，不良贷款率仅为2.6%。虽然银行系统保持稳健，但信贷扩张有限。2017年底银行贷款只比2016年的7.9%增加0.3个百分点，达到8.2%。其中，经营性贷款从2016年的8.1%增加到2017年的8.5%，消费信贷从2016年的9.8%增加到2017年的10.9%，投资性贷款则从2016

① Bank Indonesia. Financial Stability Review, March 2018, p. 16.

② Bank Indonesia. Republic of Indonesia Presentation Book-February 2018, February 2018, p. 33.

年的5.4%下降到2017年的4.6%。同时，非银行系统金融公司的融资扩大，收益率有所提高但风险减少，资产收益率和股权收益率分别从2016年的3.9%和12.0%提高到2017年的4.0%和12.2%，主要归因于金融公司的融资结构改变、外国贷款减少、国内贷款增加，从而减少外汇风险和对冲成本。[①]金融系统稳定性指数（FSSI）处于正常范围即2%以内，从年中的0.82%下降到年底的0.77%。[②]

第三，资本市场活跃，证券市场融资规模继续增长。近年来，印尼的债券市场和股票市场逐步扩大。2014～2017年，印尼证券市场融资规模分别为109.1万亿盾、136.9万亿盾、234.4万亿盾和309.8万亿盾。其中，股票融资从2016年的79.2万亿盾增加到2017年的97.8万亿盾，债券融资从2016年的116.2万亿盾增加到2017年的165.2万亿盾。

（四）失业和贫困状况改善

得益于经济基本面向好和社会保障补助增加，印尼失业状况持续改善，失业率从2016年8月的5.6%下降到2017年8月的5.5%，劳动参与率从2016年的66.3%上升到2017年的66.7%。同时，印尼贫困人口占比从2016年的10.7%下降到2017年的10.1%，主要是因为物价基本稳定特别是食品价格上涨趋缓减少了低收入阶层的日常开销。印尼的基尼系数（Gini Coefficient）从2016年9月的0.394下降到2017年9月的0.391，表明收入分配更为均衡，贫富差距继续缩小。[③]

三　2017年佐科政府施政重点

佐科总统上任后一直坚持以维护国家主权、发展经济和改善民生为目标的新发展主义，一切政治经济和社会政策皆以此展开。2017年，佐科政府

---

① Bank Indonesia. Monetary Policy Report, Quarter Ⅳ2017, January 2018.

② Bank Indonesia. Financial Stability Review, March 2018, March 2018, p. 11.

③ Bank Indonesia. 2017 Economic Report on Indonesia, July 2017.

施政重点是实施适度扩张和结构改革的财政政策，延续审慎和适度宽松的货币政策，多措并举推进国内经济的结构性改革。

（一）实施适度扩张和结构改革的财政政策

印尼实施财政政策的主要目标为在刺激经济增长与维持财政赤字可持续性之间进行平衡，具体措施包括：在财政收入方面，通过提高税基和税收遵从率增加税务收入；在财政支出方面，通过增加投资支出、减少人员和补贴支出、提高支出效率等财政结构改革，如减少燃油补贴和非优先发展部门支出、增加基础设施建设和社会保障、教育及健康支出等，提高财政对经济增长的刺激作用。

2017 年印尼政府财政赤字占 GDP 的比重为 2.5%，低于当年财政预算的 2.9% 和法律规定的 3% 安全线，与 2016 年的财政赤字持平。实际实现财政收入较 2016 年增长 7.0%，其中税收收入增长 4.5%，非税收收入增长 19%；税收遵从率从 2015 年的 60.4%、2016 年的 62.3% 增至 2017 年的 71%。实际实现财政支出较 2016 年增加 7.4%，占 GDP 的比重有所下降，由 2016 年的 15% 降至 2017 年的 14.8%。其中，人员支出和补贴支出下降，占 GDP 的比重分别从 2016 年的 2.5% 和 1.4% 下降至 2017 年的 2.3% 和 1.2%；投资支出增加，从 2016 年的 169.5 万亿印尼盾增加到 2017 年的 205.2 万亿印尼盾，占 GDP 的比重从 2016 年的 1.4% 增加到 2017 年的 1.5%。此外，在财政预算的完成效率方面，2017 年印尼财政收入和支出的执行效率都高于 2016 年（见表 3）。

（二）延续审慎和适度宽松的货币政策

2016 年印尼颁布关于防止和降低金融系统性危机的第 9 号政府法令，成立稳定金融系统委员会（KSSK），其成员由财政部、印尼银行、金融监管局和存款保险公司组成。该机构负责金融系统稳定的监管、防止金融危机发生、重要银行的复兴和重组等工作，旨在通过各种实时手段保证金融系统稳

表 3　2016～2017 年印尼的财政收支状况

单位：万亿印尼盾，%

项目	2016 年修正财政预算	2016 年实现财政预算				2017 年修正财政预算	2017 年实现财政预算			
		完成值	占 GDP 比重	增长率	占预算比重		完成值	占 GDP 比重	增长率	占预算比重
A. 收入	1786. 2	1556. 2	12. 5	3. 2	87. 1	1736. 1	1665. 2	12. 3	7. 0	95. 9
1. 1 国内收入	1784. 2	1547. 3	12. 5	3. 4	86. 7	1733. 0	1655. 5	12. 2	7. 0	95. 5
1. 1. 1 税收收入	1539. 2	1285. 3	10. 4	3. 6	83. 5	1472. 7	1343. 6	9. 9	4. 5	91. 2
1. 1. 2 非税收收入	245. 1	262. 0	2. 1	2. 5	106. 9	260. 2	311. 9	2. 3	19. 0	119. 9
1. 2 赠予	2. 0	9. 0	0. 1	-24. 9	449. 4	3. 1	9. 7	0. 1	7. 8	308. 7
B. 总支出	2082. 9	1864. 3	15. 0	3. 2	89. 5	2133. 3	2002. 8	14. 8	7. 4	93. 9
2. 1 中央政府支出	1306. 7	1154. 1	9. 3	-2. 5	88. 3	1367. 0	1260. 8	9. 3	9. 2	92. 2
2. 1. 1 人员支出	342. 4	305. 1	2. 5	8. 5	89. 1	340. 4	312. 7	2. 3	2. 5	91. 9
2. 1. 2 物品支出	304. 2	259. 6	2. 1	11. 3	85. 4	318. 8	290. 6	2. 1	11. 9	91. 1
2. 1. 3 投资支出	206. 6	169. 5	1. 4	-21. 3	82. 0	206. 2	205. 2	1. 5	21. 1	99. 5
2. 1. 4 债务利息	191. 2	182. 8	1. 5	17. 1	95. 6	219. 2	216. 6	1. 6	18. 5	98. 8
2. 1. 5 补贴	177. 8	174. 2	1. 4	-6. 3	98. 0	168. 9	166. 4	1. 2	-4. 5	98. 5
2. 1. 6 赠与支出	8. 5	7. 1	0. 1	67. 3	83. 9	5. 5	5. 4	0. 0	-23. 6	99. 0
2. 1. 7 社会援助	53. 4	49. 6	0. 4	-48. 9	92. 9	58. 1	55. 3	0. 4	11. 5	95. 2
2. 1. 8 其他支出	22. 5	6. 0	0. 0	-40. 1	26. 8	49. 9	8. 7	0. 1	44. 2	17. 4
2. 2 地方政府和乡村基金转移支付	776. 3	710. 3	5. 7	14. 0	91. 5	766. 3	742. 0	5. 5	4. 5	96. 8
C. 盈余/赤字	-296. 7	-308. 0	-2. 5	3. 2	103. 8	-397. 2	-337. 6	-2. 5	9. 6	85. 0
D. 融资额	296. 7	334. 5	2. 7	3. 5	112. 7	397. 2	362. 2	2. 7	8. 3	91. 2

资料来源：根据印尼财政部的数据资料整理。

定并防止危机发生。在利率方面，2017 年上半年为控制通胀水平，将 7 天逆回购利率维持在 4.75% 的水平上[①]；下半年在低通胀的前提下调低利率以刺激经济（见图 1），2017 年 8 月和 9 月两次调低利率 25 个基点至 4.25%，用以提高市场流动性。在外汇市场，除了根据外汇市场供求通过公开市场操作维持汇率稳定外，还要求非银行金融公司的外国借款必须遵循谨慎原则，并加大如日元、欧元和人民币等非美元货币互换，扩大外汇市场需求。此外，央行于 2017 年 12 月与泰国银行和马来西亚国家银行签订一项有关以本币结算的双边贸易和直接投资的合作框架协议，用以增加本币在对外贸易中的结算来减少外汇风险和对单一货币的依赖。在信贷市场方面，延续 2015 年开始实施的适度的贷款价值比（LTV）与融资价值比（FTV）[②]，将贷款/融资比（LFR）维持在 2016 年 75% ~90%（2015 年为 60% ~90%），以满足不断增长的小户型购房需求；坚持 2015 年开始实施的以贷款供资比率（LTF）取代存贷比（LDT）为基础的法定准备金制度，用以改善银行的融资结构，鼓励银行发行长期证券，降低银行的流动性风险；继续维持 0% 的反周期资本缓冲（CCB），并从 2017 年 7 月开始引入银行准备金均值政策，用以保证货币市场流动性；[③]鼓励商业银行向中小微企业贷款，要求商业银行对中小微企业的贷款需占贷款总额的 15%，到 2018 年还将提高到 20%。

（三）多措并举推进国内经济的结构性改革

佐科总统上台执政的初始阶段，面临全球经济普遍低迷和国内经济增长乏力的双重困境。为提振印尼经济，佐科政府主要推行国内经济的结构性改

① 从 2016 年 8 月 19 日开始，印尼央行以 7 天逆回购利率代替银行证券利率作为央行的政策利率和货币政策的操作性工具。

② 贷款价值比（Loan-to-Value，简称 LTV）（类似于中国的房贷按揭比率）和融资价值比（Financing-to-Value，简称 FTV）两个指标的设定是为降低通过银行融资的方式进行不动产投资的投机行为，同时满足居民购买自住房的需求，可通过提高或降低比率来调控不动产的购买，如鼓励居民的第一次购房行为则调高贷款或融资价值比，限制豪华房和二次购房行为则调低贷款或融资价值比。

③ 反周期资本缓冲（Countercyclical Capital Buffer，简称 CCB）是一种准备金制度，以防银行亏损或超额融资引发金融风险。

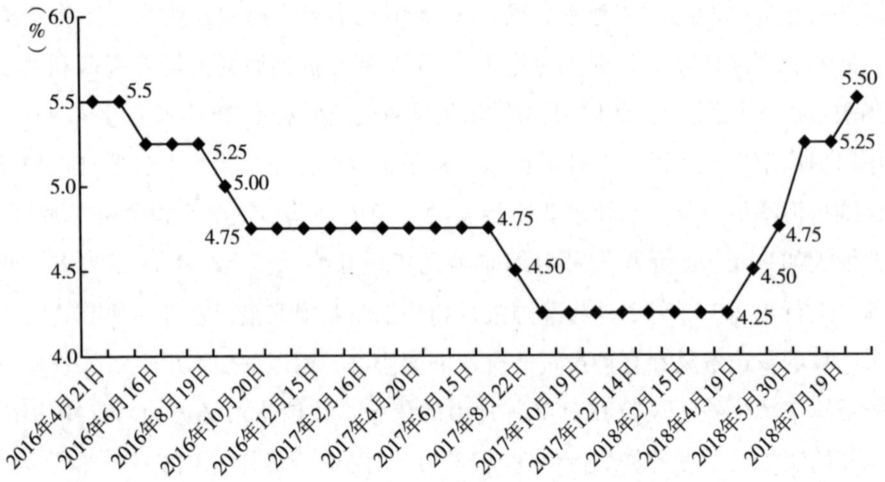

图 1　2016～2018 年 7 天逆回购利率的调整

资料来源：根据印尼央行（https://www.bi.go.id/en/iru/policy-document/bi-7day-RR/Contents/default.aspx）的数据资料整理。

革，其重点在于加快基础设施建设、改善投资营商环境和发展工业园区。从 2015 年 9 月到 2017 年 9 月，佐科政府陆续出台 16 期经济配套措施，旨在解决阻碍经济发展的各种官僚和行政制度，提高行政效率和促进私人投资。佐科政府将国家干预与市场经济相结合，既强调政府在推进基础设施建设、制定产业政策等方面的积极作用，又通过简政放权等措施营造良好的市场经商环境。

第一，优先发展基础设施建设。2015 年第 2 号总统令发布的《国家中期发展计划（2014～2019）》筹划 4150 亿美元用于基础设施（主要是交通、电力、供水等领域）投资，平均每年投入 830 亿美元，其资金来源主要分为三个部分，即中央和地方政府的财政预算、国有企业投资以及 PPP 项目。2017 年财政预算用于基础设施建设的资金占总预算的比重从 2016 年的 14.4% 增加到 19.4%，是财政补贴改革前 2013 年（9.4%）的两倍，并以专项拨款（DAK）和一般拨款（DAU）的方式进行，集中投入在重要的基础设施项目上。2017 年实际投入基础设施建设的政府资金达 410.7 万亿印尼盾。为突破阻碍经济发展的基础设施落后瓶颈，同时通过基础设施建设带动经济发展，2017年印尼政府颁发四项相关法规，即2017年关于国家资产管理局对国家战略性项目的土地征用程序和资产管理的财政部第21号规定（2017年2月发布）、2017年关于国家区域发展规划的第13号政府令（RTRWN）（2017年4月发布）、2017年关于中央政府为加速国家战略性项目建设提供担保的实施方案的财政部第60号规定（2017年5月发布）、2017年关于国家战略性项目所需土地征用过程中的社会纠纷解决的第56号总统令（2017年6月发布）。在2016年第3号总统令和2017年第58号总统令中，挑选出245个工程和2个项目作为国家战略性项目，其中37个为优先发展级别工程，涉及收费公路、铁路、石油提炼、供水系统和港口等，预计总投资将达3272亿美元。截至2018年1月完成8个工程，157个工程和1个项目在建，7个工程在谈判，73个工程和1个项目在准备阶段。①

第二，继续出台经济配套措施。2017年6月15日出台第15期经济配套措施，具体内容包括：一是发展航运业，投资建造70～100艘总计7亿美元的货轮；二是为造船业115种海运轮船零配件提供进口零关税；三是推动航运业油轮和散货船等运输服务；四是削减运输业的开支或成本；五是提高地方政府管理能力，改善地方物流运输系统；六是加强全国统一窗口的服务能力，提高物流通关效率。②2017年8月31日再推出第16期经济配套措施，旨在加强中央和地方政府的协调，加快各类投资许可证的批准手续，具体分为两个阶段实施：第一阶段是由中央政府有关部门以及省区和市县区有关单位组成特别机构，负责指导监督许可证发放进度并定期向总统汇报；对经济特别区、自由贸易区、工业区和旅游发展区，实施许可证清单制度，在印尼投资营业的企业获得投资指示证书后必须在各自营业或投资地区向当局报告，统一窗口服务单位接到报告后便要尽快发出企业证书、缴税基本号码、

① Bank Indonesia. Republic of Indonesia Presentation Book, February 2018, February 2018, pp. 82－84

② 中国驻印尼泗水总领事馆：《印尼政府出台第十五期经济配套措施》，2017年6月16日，http://surabaya.mofcom.gov.cn/article/jmxw/201706/20170602594108.shtml。

企业登记证书、雇佣外劳计划（RPTKA）、雇佣外劳证书（IMTA）、进口商识别号码（API）和海关证书等；经济特别区、自由贸易区、工业区和旅游发展区同步实施数据共享制度。第二阶段是改善申请营业许可证条例和手续。中央各有关部门以及省长和市县长将评估所有的办理许可证的服务及其手续，包括提供给微型和中小企业营业许可证的进程，并在评估后旋即推动相关条例修改以加快和改善服务。①截至2018年1月，第16期经济配套措施计划取消223项行政法规，实际取消219项，完成计划数的98%。2017年全年，有191个项目实现许可证3小时快速核准，115个项目实现优先开工建设，50个配套物流中心建成为不同工业部门提供服务，修改外商投资负面清单放宽外资持股比例限制，对诸如冷藏、运动中心、电影制作、餐馆、医药原材料生产等行业放宽持股比例至100%。②经过16期经济配套措施的实施，印尼投资营商环境不断改善，营商便利度指数排名从2016年的第109位升至2017年的第91位，全球竞争力指数排名从2016~2017年的第41位升至2017~2018年的第36位。③国际评级机构上调或维持印尼投资级别，穆迪在2017年2月将印尼主权信用评为Baa3，标准普尔在2017年5月将印尼评为BBB-，惠誉在2017年12月将印尼评级从BBB-升至BBB。

第三，大力发展工业园区，推动各地工业生产建设。从工业园区数量方面来看，2014~2017年每年都有工业园区增加，2014年工业园区总数为74个，2016年增加13个，2017年再增加16个，工业园区总数已达103个。从工业园区分布来看，2014年爪哇岛外的工业园区占比仅为28.01%，到2016年增加到42.43%，2017年再增加到64.67%。④

---

① 《第十六期振兴经济配套出台》，印尼《国际日报》2017年9月2日。

② Bank Indonesia. Republic of Indonesia Presentation Book, January 2018, January 2018, https://www.bi.go.id/en/iru/presentation/red/Pages/Republic-of-Indonesia-Presentation-Book—January-2018.aspx.

③ World Bank. Doing Business 2017: Equal Opportunity for All, 25th October 2016, http://www.doingbusiness.org/~/media/WBG/DoingBusiness/Documents/Annual-Reports/English/DB17-Full-Report.pdf; World Economic Forum. The Global Competitiveness Report 2017-2018, https://www.weforum.org/reports/the-global-competitiveness-report-2017-2018.

④ 《政府再增加16个工业区》，印尼《国际日报》2017年7月28日。

四　2018年印尼政治经济展望

2018年印尼政治依旧充满诸多变数，特别是伴随着2019年总统大选日期临近，政党斗争将日益公开化。2018年6月，印尼再次举行全国性地方首长选举。根据印尼选举委员会（KPU）公布的结果，在政党推举或支持的正副省长候选人组合中，国家民主党有10省，占比62.5%；国民使命党有9省，占比56.25%；民心党有7省，占比43.76%；斗争民主党、从业集团党和福利公正党共有6省，占比37.6%；民族复兴党有4省，占比25%；建设团结党、民主党和大印尼运动党共有3省，占比18.7%。综合分析，执政党及其盟友优胜于反对党阵营，为佐科赢得下届总统大选与"挺佐派"夺得国会控制权打下牢固基础。[①]连续两场地方选举过后，印尼政治的焦点由地方权力争夺转移至正副总统候选人提名，经过多方政治运作和组合，朝野政党最终得出两组竞选搭档，分别为佐科－马鲁夫（Joko Widodo-Maruf Amin）与普拉博沃－桑迪阿加（Prabowo Subianto-Sandiaga Uno）。[②] 2019年佐科与普拉博沃的总统大位之争，预示着印尼改革派与保守派之间的政治较量仍将继续，并将长期影响印尼政治走向与发展道路。

雅加达亚运会是2018年印尼社会最受关注的热点事件。2018年8月，第18届亚洲运动会在印尼首都雅加达（Jarkata）和南苏门答腊省首府巨港（Palembang）召开，共有来自45个国家和地区的1.1万名运动员角逐40个大项、67个分项和465个小项赛事。佐科总统指称，亚运会是印尼的民族自豪时刻，印尼将全力以赴确保运动会成功举办。在场馆方面，印尼政府投入7700亿印尼盾翻新主场馆雅加达朋加诺体育中心，以及修缮巨港札卡巴林体育中心等承办其他赛事的场馆场地。在交通方面，雅加达开始实施重要主干道单双号限行制度，并在赛事期间关闭19个市内高速公路入口和出口，

① 《地选结果挺佐阵营优胜》，印尼《国际日报》2018年7月9日。

② 《2019年大选竞选拉开帷幕》，印尼《国际日报》2018年9月24日。

同时设立“亚运快速通道”。在安保方面，印尼国家警察总局（POLRI）与印尼国民军（TNI）密切协作，在雅加达、西爪哇省、万丹省和南苏门答腊省部署大约10万名安保人员。总体而言，作为亚洲规模最大的综合性运动会，亚运会的筹备举行展现了印尼经济社会发展成就，也考验了佐科政府的施政效率和组织能力。

2018年世界经济仍处于复苏阶段。由于财政刺激和制造业回流政策驱动消费和投资增加，带动美国经济增长，欧洲经济也随着宽松货币政策步入恢复轨道，世界贸易和大宗商品价格预计将扩大，有利于印尼的出口。与此同时，由于中美贸易摩擦加剧增加全球经济特别是中国经济的不确定性，从而影响对印尼的进口需求。此外，2018年美联储的加息预期和美元升值，增加了印尼盾贬值和资本外流风险，增加了印尼经济下行压力。

2018年上半年印尼经济增长势头得到保持，第一季度和第二季度的增长率分别为5.06%和5.27%。从开支看，第一季度私人消费增长4.95%，国内投资增长7.95%，出口增长6.09%；第二季度私人消费增长5.14%，国内投资增长5.87%，出口增长7.70%。从产业看，增长较快的产业依旧是运输仓储（第一季度增长8.59%、第二季度增长8.59%）、信息通信（第一季度增长8.52%、第二季度增长6.06%）、建筑（第一季度增长7.35%、第二季度增长5.73%）、批发零售和汽车摩托车维修（第一季度增长4.93%、第二季度增长5.24%），金融服务从2017年第四季度开始增长率下滑，2018年第二季度只有3.02%，制造业和采矿业的增长依然乏力（见表1）。2018年8月通胀率为3.2%，仍控制在3.5% ±1%的目标值之内。由于美元升值和美联储加息引发货币贬值潮，2018年上半年印尼遭遇较大的盾币贬值，截至2018年8月印尼盾汇率从1月的13378印尼盾/美元下降为14409印尼盾/美元，贬值幅度达7.7%[①]。为维持汇率稳定，印尼政府通过抛售外汇储备和提高政府基准利率干预货币市场，导致外汇储备从2018年1月的1320亿美元减少至7月的1182亿美元；7天逆回购利率增加

① Bank Indonesia，. Republic of Indonesia Presentation Book，August 2018，August 2018，p. 34.

125个基点，从2018年4月19日的4.25%提高到8月15日的5.50%，利率步入上行轨道。同时，印尼经常项目赤字增加，2018年第一季度赤字57亿美元，第二季度赤字80亿美元，高于上年同期水平。因此，盾币贬值、利率上升和经常项目赤字增加等不利因素将给下半年的印尼经济增加下行压力。

2018年，印尼政府的施政目标依然在保证宏观经济稳定和促进经济发展之间进行平衡，即在确保宏观经济稳定运行的基础上，推动经济实现最大限度的发展。综合考量世界经济复苏、国际金融风险加大、贸易摩擦扩大的预期以及国内宏观经济稳定和发展需要，2018年印尼政府将继续实行有限扩张的财政政策和国内经济的结构性改革，但审慎和适度宽松的货币政策将调整为审慎的货币政策，以应对印尼盾贬值和防范金融风险。

在财政政策方面，主要任务依然是增加收入、减少补贴、增加投资和社会保障支出、提高支出效率：财政预算赤字占GDP的比重从2017年的2.5%降至2018年的2.2%，财政刺激经济的空间将缩小；国家财政收入预算从2017年的1736万亿印尼盾增加到2018年的1895万亿印尼盾，其中税收收入从1472万亿印尼盾增加到1618万亿印尼盾，非税收收入从260万亿印尼盾增加到275万亿印尼盾；财政预算支出从2017年的2233万亿印尼盾减少到2018年的2221万亿印尼盾，其中人员支出从340万亿印尼盾增加到366万亿印尼盾，投资支出从206万亿印尼盾减少到204万亿印尼盾，补贴支出从169万亿印尼盾减少到156万亿印尼盾，向地方和农村的转移支付基本保持一致（766万亿印尼盾）。[①]

在货币政策方面，首要任务是控制通货膨胀率和稳定盾币汇率，控制外债风险保证金融市场和宏观经济稳定，其次是通过增加市场流动性促进经济增长。一方面，考虑到美联储加息预期和印尼盾汇率贬值，已于2018年5月、6月和8月多次提高央行基准利率，7天逆回购利率增加，已从2018年4月19日的4.25%提高到8月15日的5.50%；另一方面，降低商业银行的

① 2017年财政预算数据为修正预算，数据来源于印尼央行（BI），https://www.bi.go.id/en/iru/presentation/red/Pages/Recent-Economic-Development-2018-Budget-2019-Proposed-Budget.aspx。

存款准备金要求用以增强银行的信贷能力，2018 年 7 月 16 日商业银行的固定盾币存款准备金比率从 5% 降至 4.5%，2018 年 10 月 1 日固定外币存款准备金比率从 8% 降至 6%。

在经济政策方面，由于印尼产业结构过分依赖资源密集型工业，国内经济不仅容易受国际大宗商品价格波动的影响，而且国家竞争力不足以支撑印尼经济的可持续性发展，因而国内经济的结构性改革依旧是印尼政府中长期工作重点。2018 年 4 月，佐科总统出席 2018 年印尼工业峰会，正式发布印尼第 4 次工业革命路线图。该路线图列举五大优先发展工业作为印尼经济支柱，即食品和饮料产业、纺织工业、机动车辆工业、电器工业以及化工原料工业，以期推动印尼在 2030 年跃升为全球十大经济体。[①]同时，基础设施建设依然是印尼政府的重要任务。根据 2018 年第 56 号总统令，国家战略性项目修改为 223 个工程和 3 个项目，总投资预计 3074 亿美元。其中，223 个工程包括公路 69 个、大坝 51 个、特别工业区和工业园区 29 个、铁路 16 个、能源 11 个、港口 10 个、清洁供水 8 个、机场 7 个、冶炼 6 个、技术提升 4 个、住房 3 个、海坝 1 个、教育 1 个、灌溉 6 个等；3 个项目分别为电力、航空工业和经济公平。[②]

2018 年印尼财政预算设定 2018 年经济增长率为 5.4%，印尼银行预测 2018 年的 GDP 增长在 5.0% ~5.4%，世界银行和 IMF 的预测为 5.3%，主要国际评级机构对印尼主权信用评级维持投资级。[③]基于国际经济进入复苏期、国内经济基本面向好以及国家政策利好等因素预期，2019 年印尼财政预算中设定的宏观经济指标为全年经济增长率为 5.3%，通货膨胀率为 3.5%，印尼盾汇率平均值为 14400 印尼盾/美元，财政赤字占 GDP 的比重为 1.84%。[④]

---

① 《总统发布 4.0 工业路线图》，印尼《国际日报》2018 年 4 月 5 日。

② Bank Indonesia. Republic of Indonesia Presentation Book，August 2018，August 2018，p. 94.

③ Bank Indonesia. Republic of Indonesia Presentation Book，August 2018，August 2018，p. 26.

④ Bank Indonesia. Economic Development：2018 Budget and 2019 Proposed Budget，https：//www. bi. go. id/en/iru/presentation/red/Pages/Recent-Economic-Development-2018-Budget-2019-Proposed-Budget. aspx.

B.9

近年老挝的经济发展与外国直接投资

〔老挝〕马　妮*

摘　要： 自20世纪80年代中期实施革新开放以来，老挝吸引的外国直接投资迅速扩大，外资成为国内经济增长和结构调整的重要驱动力。伴随着加入WTO和东盟共同体，老挝加快了对外经济开放的进程，老挝已成为外国直接投资的热点国家。在新的国际和区域形势下，老挝的经济发展与引进外资将面临新的机遇与挑战。

关键词： 老挝　经济发展　外国直接投资（FDI）

老挝是位于中南半岛北部的内陆国家，国土面积为23.68万平方公里，人口约675.8万。1986年实施革新开放政策以来，老挝经济持续快速增长，外资成为推动国内经济增长和结构调整的重要动力源，外国直接投资促成国内资本的形成，带动产业结构的调整与优化，扩大进出口贸易，也使贫困问题得以缓解。

一　老挝经济发展的历程

从1893年法国占领老挝至今，老挝经济经历了从殖民地经济到半殖民地半封建经济，再到战时经济。1975年，老挝人民民主共和国成立，最终

* 〔老挝〕马妮，厦门大学东南亚研究中心世界经济专业硕士研究生。

挣脱了被殖民的局面。

1975 年 12 月 2 日，老挝人民民主共和国成立，老挝人民革命党作为老挝唯一合法政党执掌国家权力。共和国成立之初，面对工业破产、农业凋敝、物价飞涨等严峻形势，老挝党和政府实施了一系列改造经济的措施，如农业合作化、工业国有化、商业统购统销和计划经济政策等，这些政策对老挝经济发展的推动作用并不大，严重影响了经济的恢复和发展，老挝经济基本处于停滞和徘徊状态。建国初期，老挝政府还集中了大部分财力物力进行基础设施建设，包括扩建和改建公路、机场、电站、邮政通信设施等。由于老挝经济基础差，加上长期的战争破坏，基础设施建设整体上还处于较落后的水平。建国以后老挝经济经历了艰难而曲折的发展过程，经过了长达 10 年的失误纠正和调整阶段。10 年间，国际组织和一些国家对老挝的援助达 24 亿美元，这些资金成为老挝财政的重要来源之一，而苏联则是这一时期老挝的主要捐赠国。

20 世纪 80 年代中期，老挝开始推行革新开放的政策，逐步调整和改革经济体制，对外经济逐步从封闭走向开放和合作。老挝政府制定了经济发展规划，完善经济法规，促使社会主义计划经济向社会主义市场经济转变。以 1986 年 11 月老挝人民革命党“四大”的召开为起点，老挝实施“新的经济体制”，对内开始进行全面的经济革新，特别是对生产资料所有制进行改革。1986 年老挝人民革命党四届七中全会确定，老挝仍处于“继续建设和发展人民民主制度，为逐步进入社会主义创造基本条件阶段”，中心任务是“大力发展商品生产，由自然、半自然经济向商品经济过渡”，并开始实行革新开放。1996 年 3 月，老挝人民革命党“六大”提出，到 2020 年基本摆脱不发达国家的状态，建立国家调节的市场经济体制，保持国民经济中国有经济成分的主导地位，进一步深化国有企业的体制改革，鼓励多种经济成分和多种所有制形式的发展，逐步建立和完善市场经济机制。

老挝人民革命党“六大”总结了老挝实施革新开放政策以来的经验和教训，进一步修订了老挝对外开放的方针、政策和具体措施。1988 年 7 月老挝政府颁布了《外国在老挝投资法》。1989 年 3 月颁布了《外国在老挝投资法实施细则》。1994 年 3 月老挝修订和完善了外资法。1999 年 1 月 18 日，老挝成立了外商投资管理委员会。2001 年，老挝出台了《促进和管理外国投资法实施细则》。2009 年老挝政府颁布了《投资促进法》，2011 年颁布了《投资促进法实施细则》。①2002 年 1 月，老挝第一个经济特区——沙湾赛诺经济特区宣布建立。老挝政府计划，到 2020 年在全国 41 个目标地区建成 10 个经济特区和 29 个经济专区。此外，老挝积极争取外国政府与国际组织的援助，是亚洲受捐赠最多的国家之一。

2013 年 2 月 2 日，老挝正式成为世界贸易组织第 158 个成员。根据入世协议，在货物贸易方面，老挝承诺降低现行进口商品的关税税率，开放包括商业服务、保险、银行和其他金融业务、私人医院服务、旅游和航空运输等 10 个行业领域，国有企业进出口遵循相应的商业条款，政府价格控制与 WTO 在货物贸易、农产品和服务贸易方面的规则保持一致，所有相关的法律、法规及其他措施均根据 WTO 的规则进行公布。②加入世贸组织之后，老挝根据世贸组织对其成员相应的开放标准，符合开放规则的运行，调整了贸易政策、投资政策、政府采购、知识产权、劳动保护等，将“国民待遇”列入法律，明文规定外国人和老挝公民在开办公司上拥有对等的权利，为外商在老挝投资提供了更为优越的条件。

二　老挝引进外国直接投资的特点

实施革新开放政策以来，老挝积极调整对外开放的方针和政策，政府成立了外商投资管理委员会，颁布了外资法和实施细则，并多次修订和完善。近年来，老挝引进的外国直接投资规模迅速扩大，外资集中于对发电、农

① Ministry of Planning and Investment, Investment Promotion Department, http://www.investlaos.gov.la/show_encontent.php?contID=1.

② WTO. General Council accepts Laos' membership, only ratification left, http://www.wto.org/english/news_e/news12_e/acc_lao_26oct12_e.htm.

业、采矿业、服务业和制造业等领域的投资，中国、泰国、越南和日本成为外资的主要来源地。

（一）外国直接投资的规模

近年来，老挝国内经济稳定发展，产业结构逐步调整和优化，政府进一步完善投资法律法规，出台了许多优惠投资政策，不断完善营商环境和投资条件，老挝引进的外国直接投资（FDI）有较快的增加。1996 年，老挝吸引的外国直接投资流入量达到 1.28 亿美元。由于亚洲金融危机的冲击，老挝吸收的外国直接投资急剧下降。1997～2005 年，老挝每年吸收的 FDI 均不足 1 亿美元。

2006 年以后，老挝吸收的外国直接投资（FDI）流入量呈现恢复性增长，2007 年达到 3 亿美元，2011 年超过 4 亿美元，2014 年和 2015 年分别突破 9 亿美元和 10 亿美元，2014 年、2015 年和 2016 年老挝吸引的外国直接投资分别为 9.13 亿美元、10.79 亿美元和 10.76 亿美元（见表 1）。据联合国贸易及发展会议统计，截至 2016 年底，老挝 FDI 流入存量达到 56.39 亿美元。①

表 1　2001～2016 年老挝吸引的外国直接投资

单位：百万美元

年份	外国直接投资额	年份	外国直接投资额
2001	23.9	2009	318.6
2002	25.4	2010	332.6
2003	19.5	2011	466.8
2004	16.9	2012	294.4
2005	27.7	2013	426.7
2006	187.4	2014	913.2
2007	323.5	2015	1079.2
2008	227.8	2016	1075.7

资料来源：根据 ASEAN Statistical Yearbook 有关年份编制。

① UNCTAD. World Investment Report 2017：Investment and the Digital Economy.

（二）外国直接投资的产业分布

老挝的外国直接投资行业，主要集中在发电、农业、采矿业、服务业和制造业等多个领域。老挝拥有丰富的自然资源，水电资源十分充裕，成为吸引外资的最大部门。2015 年，电力部门引进外国直接投资额 5.68 亿美元，外资对电力部门的投资占总额的 44.78%。目前，水力发电是老挝具有比较优势的产业，大部分的电量用于出口到周边国家。老挝吸引外资流入的第二大部门是农业，2015 年外资在老挝农业部门的投资达 4.66 亿美元，占外资总额的 36.76%。紧随其后的分别是矿业 1.84 亿美元，占 14.49%；手工艺 0.37 亿美元，占 2.89%；服务 0.12 亿美元，占 0.91%；服装 0.01 亿美元，占 0.11%；酒店和餐厅 55 万美元，占 0.04%（见表 2）。

表 2　2015 年老挝的外国直接投资产业分布

单位：个，万美元，%

行业	项目	金额	比重
电力	2	56776	44.78
农业	3	46605.72	36.76
矿业	9	18372.81	14.49
手工艺	4	3661.59	2.89
服务	6	1159.64	0.91
服装	1	144	0.11
酒店和餐厅	1	55	0.04
合计	26	126774.76	100

资料来源：根据 Ministry of planning and Investment of Laos 的数据编制。

（三）外国直接投资的来源地

由于老挝国内经济的快速发展，投资环境的不断完善，老挝引进的外国直接投资（FDI）持续增加。近年来，老挝吸收的外国直接投资既有发达国家也有发展中国家，发达国家中以日本、美国、欧盟、澳大利亚等为主，发展中国家主要有中国、泰国、越南、马来西亚和新加坡等。根据老挝规划与投资部统计，2011～2015 年，老挝外资的来源地共有 28 个国家，累计投资项目 538 项，投资额为 64.82 亿美元（见表 3）。其中，中国是老挝最大的投资伙伴，投资项目达到 185 个，投资金额为 25.4 亿美元。中国与老挝相邻，占有地缘优势，随着老挝投资环境的逐步完善与发展，中国对老挝的投资不断加大。目前，外资在老挝主要投资在万象市等经济比较发达的地区，而一些经济欠发达和交通不便的地区外商投资则较少，这主要是由于水、电和道路等基础设施欠缺，难以吸引外商企业进入，企业的经营成本比较高。

表 3　2011～2015 年老挝引进外国直接投资的来源地

单位：个，美元

国家和地区	项目	投资额	国家和地区	项目	投资额
中　国	185	2536634040	加拿大	4	16540938
越　南	85	1132246387	印　度	10	10014708
泰　国	95	1038885515	俄罗斯	6	7460000
马来西亚	12	569615000	法　国	22	6692022
荷　兰	3	426116500	瑞　典	1	6555000
韩　国	30	222650040	瑞　士	1	5880000
英　国	8	154468200	秘　鲁	1	3000000
日　本	23	90869850	以色列	4	1672600
澳大利亚	9	67131300	朝　鲜	1	982800
新加坡	4	45720000	印　尼	1	550000
美　国	9	42992686	尼泊尔	1	300000
安哥拉	1	37500000	柬埔寨	2	250000
中国香港	8	36900000	德　国	2	192400
中国台湾	4	19924000	丹　麦	3	185000

资料来源：根据 Ministry of planning and Investment of Laos 的数据编制。

（四）中国在老挝的直接投资

随着中国经济迅速崛起和产业结构调整，中国实施企业“走出去”的战略，鼓励和扶持对外投资设厂，东南亚成为中国企业投资的热点地区。老挝和中国地理相近，政治互信，经济互补，为两国的贸易和投资创造了良好的条件，目前中国已经成为老挝第一大外资来源国、第一大援助国和第二大贸易伙伴。

由于老挝国内法律、基础设施条件以及营商环境不断完善，政府修订和调整了外资政策，吸引中国企业在老挝投资设厂。近年来，中国企业对老挝的投资保持了持续增长的趋势。据老挝商务部统计，2007～2016年，中国企业对老挝的直接投资额分别为15.34亿美元、0.87亿美元、2.03亿美元、3.14亿美元、4.59亿美元、8.09亿美元、8.03亿美元、7.23亿美元、6.86亿美元和6.71亿美元。据中方统计，截至2016年底，中国在老挝的直接投资存量达55亿美元，列中国对东盟10国直接投资存量的第3位，列中国对外直接投资存量的第16位。①

目前，中国企业在老挝境内的投资主要集中在矿业、工业、电力、旅游业、农业等部门。据统计，2011～2016年，中国在老挝直接投资的总额达到36.83亿美元。其中，矿业投资为17.27亿美元（占46.89%）、工业为7.43亿美元（占20.17%）、电力为3.59亿美元（占9.75%）、旅游业为3.57亿美元（占9.69%）、农业为2.79亿美元（占7.58%）、贸易为0.8亿美元（占0.22%）、建筑业为0.61亿美元（占1.66%）；从各部门行业中老挝与中国投资的对比看，中国在11个部门行业的投资比重均超过一半。其中，矿业投资占60%、工业占84%、电力占87%、旅游业占78%、农业占94%、贸易占93%、建筑业占80%（见表4）。

表4　2011～2016年老挝各部门行业的本地投资和中国投资情况

单位：美元，%

行业	老挝		中国		投资总量
	总量	比重	总量	比重	
矿业	684494182	40	1042895938	60	1727390120
工业	116520915	16	626826973	84	743347888
电力	44.914.000	13	314226000	87	359140000

① 中国商务部、国家统计局、国家外汇管理局：《2016年度中国对外直接投资统计公报》，第33页。

续表

行业	老挝		中国		投资总量
	总量	比重	总量	比重	
旅游业	78379634	22	27863674	78	357016376
农业	16594855	6	262556880	94	279151735
贸易	4923847	7	75393701	93	80317548
建筑业	11739000	20	49271300	80	61010300
旅馆和餐厅	10457500	26	3018337	74	40640857
木制的工业	2680000	13	30183357	87	21000955
服装	442600	6	7521400	94	7964000
顾问服务公司	390000	7	5560000	93	5950000
电信业	90000	30	210000	70	300000
合计	971626533	27	2711603246	73	3683229779

资料来源：根据 Ministry of Planning and Investment Of Laos 数据编制。

近年来，中国在老挝的直接投资规模迅速扩大，一些大型投资项目已经完成或落实。例如，老中铁路正式动工兴建，大型水电站项目开工建设。老中铁路北起中国云南省玉溪市，南至老挝首都万象，是第一个以中方为主投资建设并运营，与中国铁路网直接连通的境外铁路项目，全线采用中国技术标准、使用中国设备，项目总投资近400 亿元人民币，由中老双方按照7∶3 的股比合资建设。老中铁路正线全长 508. 53 公里，设计时速为客车 160 公里和货运120 公里，2016 年12 月正式动工，将于2020 年建成通车。2015 年11 月，由中国水电建设集团国际工程有限公司承建的老挝南俄3 水电站在万象正式开工。该水电站是目前中资企业在老挝承建的最大水电站项目，也是老挝国家电力公司投资最大的水电站项目、老挝国家 5 年发展总体规划中重点项目之一。2016 年，中国葛洲坝集团股份有限公司与老挝政府正式签署色拉龙 2 号水电站项目开发协议，总投资约7000 万美元。2016 年3 月，中国重机与老挝国家电力公司签署了老挝色贡煤电一体化项目 EPC 合同，合同金额约21 亿美元。

三　老挝引进外国直接投资的影响因素

从老挝引进外国直接投资的影响因素看，老挝是东南亚的内陆国家，连接太平洋和亚洲，同时也是太平洋和印度洋的桥梁，是东南亚重要的交通枢纽。它拥有丰富的自然资源，政局持续稳定，政府制定了外商投资优惠政策，使其具备资源、环境和政策等方面的优势，但在基础设施、人力资本等方面仍存在不足。

（一）自然资源与环境

老挝具有丰富的矿产资源，已经发现的金属和非金属矿床近450处，现已投入开采的金属矿床主要集中分布在甘蒙省（Khammoun）南巴坦锡矿（Tin mine）、莎湾拿吉省（Savanhnaketh）铜金矿、赛松本市（Saysomhboun）富开铜金矿等，其中铜金属储量占比较大。铅、锌、铁等矿产主要集中在首都万象（Vientiane）、万荣（Vangvieng）铅锌矿、川圹（Xiangkhoang）铁矿以及赛松本（Saysomhboun）特区帕莱富铁矿等，老挝南部菠萝芬（Salavanh）高原附近的铝土矿（Bauxite）储量较大。

湄公河横贯老挝全国，水能储量丰富。湄公河在老挝的大小支流约20条，总长为6000多公里，其中300公里以上的有南乌江、色功河、南娥河和色邦享河，分别为390公里、354公里、350公里和320公里，300公里以下河流约有16条，如南嘎丁河（Namgading River）、南塔河、色顿河以及南坎江等。据湄公河委员会测算，老挝可以开发的水电装机总容量达3500万千瓦。老挝除了水能丰富以外，还有水能集中、河谷深窄、沿岸植被优良、河床稳定、隘口众多等特点。老挝境内湄公河横贯全国，水量充足，支流河谷深宅，地质状况良好，植被覆盖广，河流落差大，水能集中，其投资开发成本比湄公河主流段更低。老挝境内还有乌江、朱江等一些比较小的河流，落差比较大，水能储量可观，可以建造水库和人工湖。

老挝已发现了丰富的煤矿床，这些煤矿如能进行有效的开发利用，将能作为老挝民间的主要燃料替代品，同时也能大量被用作化工、冶金和制造业的原料和能源。目前，老挝燃油全部依赖进口，天然气和煤气的开发还是一个空白。20世纪90年代初，英法石油公司在老挝南部进行了石油和天然气勘察，证明老挝南部沙湾拿吉平原存有石油和天然气。沙湾拿吉至车邦一带的148公里沥青基质砂岩，每吨砂岩中可提炼40克石油，如能进行有效的开采利用将能改变老挝燃油全部依赖进口的局面，同时也能促进老挝化工产业的发展。

老挝处于中国和群岛之间的陆桥位置，受到了南北不同区系的植物传播，因此植被繁杂，已被发现的植物种类有1万余种。加之气候湿热，雨量充沛，土地肥沃，植被生长繁茂四季常绿。老挝自然植被有多种类型，达1660万公顷，约占全国总面积的70%。其中，森林面积1400万~1500万公顷，占全国总面积的60%左右。老挝的热带雨林主要分布在万象省以北的湄公河沿岸、占巴塞省西部和阿速坡省东南部地区，其他海拔在900米以下、年均降水量在2000毫米以上的河谷地带也有零星分布。热带雨林一般可分为湿润常绿密林、湿润半落叶密林和常绿落叶混交密林（或半密林）等类型。

热带季风林是老挝植被中占比最大的林木种类，约占林木总面积的80%，分布在除湄公河谷、平原、低地和高山地区以外的广大上、中、下寮地区。热带季风林包括落叶龙脑香疏林、山地湿润常绿矮林、山地流林和次生林等林木类型。高山植物主要分布在上寮中部和东部地区的川圹高原、会芬高原和甘蒙高原，有针叶阔叶混交林及松林两种林木类型。竹林在老挝分布很广，几乎各省市县都有，在海拔300~1000米的地区大多有竹林生长。老挝的人工园林主要分布在湄公河、南塔河、南乌江沿岸和中、下寮地区，有柚木林、橡胶林、橘园、香蕉园、茶园、咖啡园、椰子园、棕榈园和糖棕园等。

（二）基础设施与人力资源

长期以来，老挝经济发展缓慢，基础设施建设相对滞后。老挝没有出海口，多数靠公路、内河运输。目前，老挝只有万象机场可以起降大型的客机，其余机场只能起降小型飞机，国际航线非常有限。近年来，老挝加大了基础设施建设，开工建设高速公路，规划建设新的机场，中老铁路项目已正式动工建设，必将极大提升老挝的交通运输能力。另外，老挝政府还在进一步提高澜沧江—湄公河航道等级，伴随着航道等级的提高和通航里程的延长，大型船舶将成为澜沧江—湄公河上重要的运输工具，水上运输能力也将得以不断提升。

老挝工业基础落后，农产品和食品加工业成为主要行业。在工业部门中，老挝的农产品加工和食品加工占 75%，建材工业占 4%，修配厂占 3%，其他工业占 4%。同时，煤炭、油页岩等矿产资源还处于勘察阶段，并没有进行有效的开采。尽管老挝国内有着丰富的水资源，但电网建设相对滞后，迄今为止国内仍有 1/6 的村庄没有通电。老挝交通运输不发达，造成了物流成本居高不下，运输时间长。

老挝是一个多民族、多元文化的内陆国家，境内拥有 49 个民族。近年来，随着经济与社会的发展，老挝的教育水平有所提高。1990 ~ 2015 年，老挝的平均成人识字率从 64% 升至 98%，初等教育入学率从 53% 升至 98%。与此同时，人口就业率从 57% 增至 62%。不过，老挝人口分布比较分散，政府的教育投入仍相对不足，使得国内劳动力素质偏低，专业技术人员十分短缺，这对外商企业雇工造成一定的难度，加大了外商投资的经营成本。同时，老挝民族众多，每个族群有各自的方言，不同民族有不同的文化习俗，这些老挝独特的文化气息也给外商带来了诸多不便。

（三）老挝的外资政策

实行革新开放政策以来，老挝逐步建立起市场经济体制，出台了新的投资法、税法等多项法律与政策，营商环境逐渐改善，市场更加规范化，为外商直接投资提供了良好的环境。1994 年，老挝颁发了《投资法》后，逐渐放宽了对外资投资领域，此后老挝对投资法进行了修订，推出多项优惠政策，给予外国投资企业诸多的优惠条件。

1. 外资的投资部门和方式

为了吸引外商投资，老挝政府设立了专门的管理部门。例如，老挝工贸部主要负责外商的投资项目，计划投资部主要负责外商特许经营投资，政府办公厅则负责经济特区的投资管理。除了涉及国家安全、危及人民身体健康、造成严重环境污染和影响民族文化的领域外，老挝政府欢迎和鼓励外商投资老挝各部门和行业。目前，农业、中小型加工业、物流业、酒店业、餐饮业以及旅游景区开发业等都是老挝具有投资潜力的部门，同时医院、职业学校、大学等服务领域也成为老挝潜在的投资领域。

在老挝，外商的投资方式以“协议联合经营”“混合企业”以及“外资独资企业”为主。其中，“协议联合经营”是外商与老挝投资法人在不再成立新的法人的基础上联合经营；“混合企业”是外商企业和本国企业根据老挝法令法规而设立和注册，企业所有权共同拥有和共同经营，其中外商企业的持股不得低于注册资金的30%。

根据“老挝投资促进法”的规定，一般企业的经营活动没有年数的限制，但对不同行业的经营活动年限有具体的规定。例如，在经济特区投资经营的年限取决于投资的形式、规模和不同经济区的具体条件，特许经营的年限取决于业务的性质、规模和投资额等，这两类投资经营活动的投资年限不得超过99年，但经政府批准后可延长。其中，一些为国家提供巨大收益的投资项目或者是为当地发展做出了突出贡献的企业，可以享受投资年限延长的特别优惠。

2. 外资企业的税收优惠

为了吸引外商投资，老挝政府对税法进行了多次修订，企业经营环境得以改善。目前，老挝的本国企业和外商企业的税收享受同等待遇，实行统一的税收制度，包括直接税和间接税（含所得税、利润税、最低税、营业税、消费税以及服务费等）。2016年，老挝政府对相关企业征收增值税，规定凡是年收益超过4.7万美元的企业，需缴纳10%的增值税。2016年，老挝对税法进行了修订，改善了中小型企业税收待遇，其主要的税赋有所得税、营业税、消费税、利润税、红利税、最低税以及增值税等。

老挝对外商企业提供的税收优惠政策规定，凡是外商投资企业进口原材料、半成品和成品，均可享有不同的减征关税、进口税或者是营业税优惠，而进口原材料、半成品和成品以及加工贸易，可以享受免征进口和出口的关税优惠，还可免征营业税和消费税。同时，经政府投资部门批准的进口机器设备及其配件、专业车辆等可以免征进口关税、营业税和消费税。除了获得不同年限免税优惠政策外，外商企业还可以享有多项优惠项目。例如，免征最低税，其出口产品可以免征关税，而企业要进口替代加工或者是组装所需的原料时，可以获得减征关税、赋税等优惠政策，其他特区和经济区需要根据相关区域法规的优惠政策来具体执行。

3. 地区和专项优惠政策

根据不同地区的情况，老挝政府推出了地区鼓励政策，将国内划分为1类地区（无经济设施的山区和高原）、2类地区（经济基础一般的山区和高原）、3类地区（经济设施较好的山区和高原）三个等级，根据不同地区给予不同的免税奖励。例如，在1类地区，外商将享受4~6年的免税期；在2类地区，外商将享受2~6年的免税期；在3类地区，外商将享受1~4年的免税期。老挝实施地区鼓励政策，旨在鼓励外商投资于减少贫困、改善民生、基础设施建设、人力资源开发和创造更多就业等项目。

为了鼓励国内经济与社会发展，老挝政府鼓励外商投资公用事业和社会发展的重点项目，为此制定了专门项目投资的鼓励政策。老挝《投资促进法》第54条规定，凡是投资建设医院、学校及机构、研究中心以及公共设施等，均可免缴租金或土地特许经营费用。

（四）老挝的竞争优势和营商环境

在全球化时代，培育竞争优势和改善营商环境已成为世界各国关注的重心。近年来，老挝采取了一系列政策措施，培育和提升本国的竞争力，改善营商环境，并取得一定的成效。

1. 老挝的国际竞争力

根据世界经济论坛（World Economic Forum，WEF）发布的《2017~2018年度全球竞争力报告》，老挝在全球竞争力指数（Global Competitiveness Index，GCI）中排名第98位。其中，基本条件全球排名第105位，效率提升排名第97位，创新与成熟度排名第85位。在基本条件方面，制度因素排名第62位，基础设施因素排名第102位，宏观经济环境因素排名第114位，健康和初等教育因素排名第103位；在效率提升方面，高等教育和培训因素排名第105位，商品市场效率因素排名第76位，劳动力市场效率因素排名第36

位，金融市场发展因素排名第75位，技术准备度因素排名第110位，市场规模因素排名第101位；在创新与成熟度方面，商业成熟度因素排名第89位，创新因素排名第81位（见表5）。从全球竞争力分指标因素看，老挝各分指标因素均靠后，但劳动力市场效率、制度、金融市场发展、商品市场效率指标排名比较靠前。

表5　2017～2018年老挝在全球竞争力指数（GCI）中的排名

指标	排名	分指标	排名
基本条件	105	制度	62
		基础设施	102
		宏观经济环境	114
		健康和初等教育	103
效率提升	97	高等教育和培训	105
		商品市场效率	76
		劳动力市场效率	36
		金融市场发展	75
		技术准备度	110
		市场规模	101
创新与成熟度	85	商业成熟度	89
		创新	81

资料来源：根据WEF Global Competitiveness Report 2017－2018的数据编制。

在全球竞争力分指标因素中，老挝的劳动力市场效率、制度、金融市场发展、商品市场效率指标排名比较靠前。在劳动力市场效率方面，老挝的劳动市场雇主关系、工资定价的灵活性、雇佣和解雇、工作激励的税收效应、薪酬与生产效率、防止人才流失的能力、女性在劳动力中所占比例等因素均排在全球前4位；在商品市场效率方面，老挝的市场主导地位程度、反垄断政策有效性、税收对投资的激励影响、税收收益、农业政策成本、外国直接投资规则的商业影响、买方成熟度等因素均排在全球前27名；在制度方面，老挝政治家的公众信任度、政府官员决策支持度、政府开支浪费、政府监管成本、法律的纠纷解决效率、犯罪和暴力的商业成本、公司董事会的功效等因素均排在全球前30名。

《2017～2018年度全球竞争力报告》指出，在全球竞争力排名中，老挝的竞争优势体现为制度、商品市场效率、劳动力市场效率因素。其中，政治家的公众信任度、政府官员决策支持度、犯罪和暴力的商业成本、公司董事会的功效是老挝所具备的制度优势；市场主导地位程度、反垄断政策有效性、税收对投资的激励影响、税收收益、农业政策成本、外国直接投资规则的商业影响、买方成熟度是老挝所具备的商品市场效率优势；劳动市场雇主关系、工资定价的灵活性、工作激励上的税收效应、薪酬与生产效率、防止人才流失的能力、女性在劳动力中所占比例是老挝所具备的劳动力市场效率优势。在老挝的商业环境中有诸多因素阻碍了商业发展。其中，受教育的劳动者数量不足、税收管制、融资渠道、基础设施供应不足、腐败、劳动力职业道德缺乏、外汇管制、通货膨胀是较为不利的负面因素，这些因素需要优先弥补（见图1）。

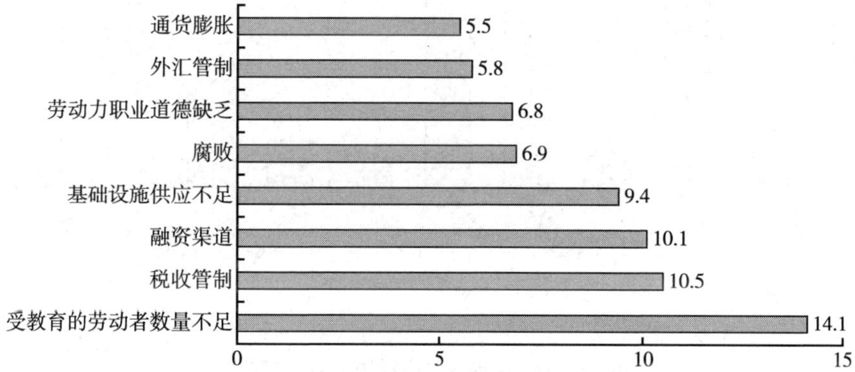

图1　老挝全球竞争力的优先弥补因素

资料来源：World economic forum，Executive opinion survey 2017.

2. 老挝的营商环境

在世界银行发布的2018年世界营商环境（Doing Business）报告中，老挝在世界190个经济体中排名第141位。在其他东盟成员国中，新加坡排名最高列第2位，马来西亚排在第24位，泰国排在第26位，文莱排在第56位，越南排在第68位，印度尼西亚排在第72位，菲律宾排在第113位，柬埔寨排在第135位，缅甸排在第171位。

2018年，世界各国营商环境的排名包括十个标准，即开办企业、办理实施许可证、获得电力、登记财产、获得信贷、保护中小投资者、纳税、跨境贸易、执行合同和办理破产。在开办企业方面，老挝排名第164位；在办理实施许可证方面，老挝排名第40位；在获得电力方面，老挝排名第149位；在登记财产方面，老挝排名第65位；在获得信贷方面，老挝排名第77位；在保护中小投资者方面，老挝排名第172位；在纳税方面，老挝排名第156位；在跨境贸易方面，老挝排名第124位；在执行合同和办理破产方面，老挝排名分别为第97位和第168位（见图2）。

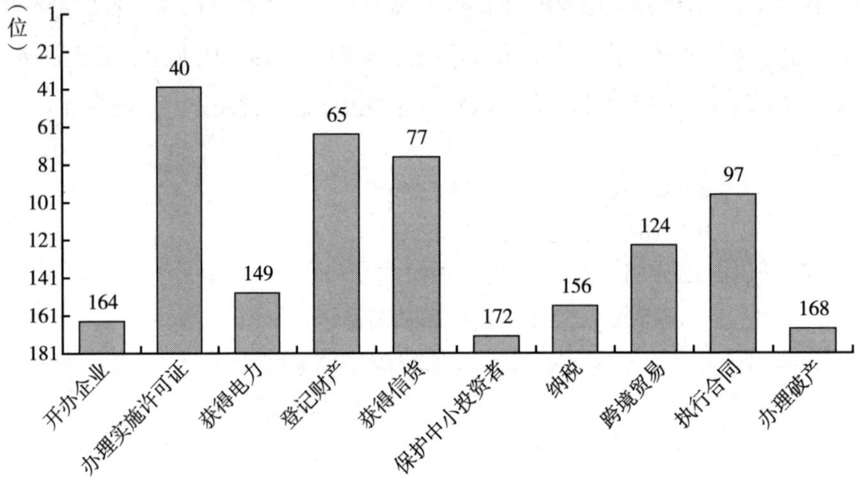

图2　2018年老挝营商环境的全球排名

资料来源：World Bank，Doing Business Report 2018。

四　外资对老挝经济发展的影响

实施革新开放以来，老挝国内经济持续快速增长，外资成为国内经济增长和结构调整的重要驱动力。在老挝，外国直接投资促成国内资本的形成，带动产业结构的调整与优化，扩大进出口贸易，也使贫困问题得以缓解。

（一）促成国内经济持续快速增长

近年来，老挝吸收的外国直接投资持续增多，外资已成为老挝经济高增长的重要驱动力。20 世纪 80 年代中期后，老挝国内生产总值（GDP）增长缓慢且处于波动状态。1986～1988 年，老挝 GDP 增长率出现了下滑，1989 年 GDP 增长率首次超过 10%。1991～1996 年，老挝经济年均增长 7%。1997 年，老挝受亚洲金融危机的严重冲击，经济出现较大的波动。2002 年以后，老挝国内经济迅速复苏，经济保持年平均 7%～8% 的快速增长，成为世界上十个经济发展速度最快的国家之一。2005 年，老挝制定了第六个五年规划，计划于 2010 年实现经济翻倍增长，2020 年摆脱最不发达国家状态。2011 年，老挝政府制定了第七个五年经济社会发展规划，2011～2015 年老挝计划吸引 150 亿美元外国投资，推动国内生产总值（GDP）年增长 8% 以上。

据统计，2011～2015 年，老挝的 GDP 平均增长率达 7.4%，人均 GDP 从 319 美元跃升至 1970 美元。2016 年，老挝的国内生产总值为 129.279 万亿基普（KIP），同比增长 7.02%，人均国内生产总值为 2408 美元，通货膨胀率为 1.6%。其中，农业增长 2.7%，占 GDP 的 17.2%；工业增长 12%，占 GDP 的 28.7%；服务业增长 4.6%，占 GDP 的 42.4%。同年，老挝进出口总额为 87.38 亿美元，其中出口 45.23 亿美元，进口 42.15 亿美元，贸易顺差 3.08 亿美元（见图 3）。

随着国内经济持续快速增长，老挝已摆脱低收入国家而进入下中等收入国家的行列。世界银行宣布，从 2011 年 7 月 1 日起，老挝正式脱离低收入国家，成为下中等收入国家。根据世界银行的标准，2011 年人均国民收入（GNI）低于 1005 美元的国家被列入低收入国家，人均国民收入从 1006 美元至 3975 美元的国家被列入下中等收入国家，人均国民收入从 3976 美元至 1.2275 万美元的国家被列入上中等收入国家，人均国民收入超过 1.2276 万美元的国家则被列入高收入国家。据世界银行统计，2011 年老挝人均国民总收入（GNI）超过 1005 美元，已脱离低收入国家行列，上升为下中等收入国家。

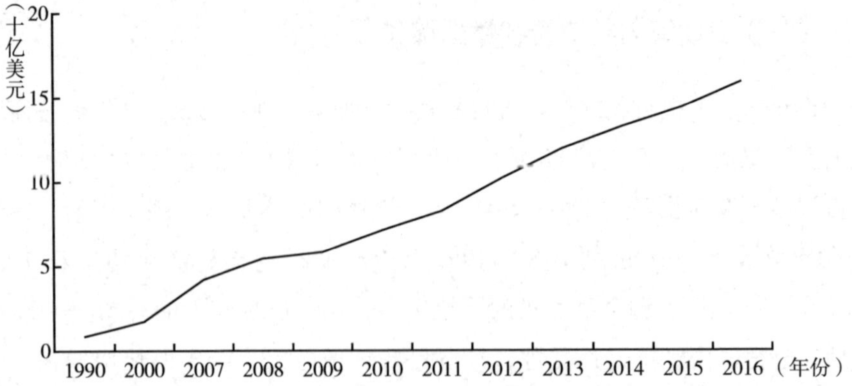

图3　1990～2016年老挝GDP变化

资料来源：根据 World Bank Data 数据编制。

（二）推进产业结构的调整与优化

老挝是欠发达的内陆国，农业是国民经济的主导，工业基础相对比较薄弱。近年来，老挝吸收的外国直接投资持续增多，农业、服务业、制造业、通信、水电、矿产资源开发成为外资的重点投资领域，促进了老挝产业结构的调整和优化。

长期以来，老挝产业结构以农业为主，农林业是国民经济的基础。1975～1986年，农林业占老挝国内生产总值的比重高达80%以上。1991～2001年，农林业占老挝国内生产总值的比重持续下降，并维持在50%左右。2003～2011年，农林业占老挝国内生产总值的比重为30%～40%；在工业方面，老挝工业占GDP的比重不断上升，由2003年的21.3%升至2011年的34.7%，主要得益于电力工程建设、矿藏开采等大型工业项目的发展；在服务业方面，运输、通信、旅游、金融等现代服务业发展迅速，促进了产业结构的优化。目前，老挝已基本建成全国的通信网络，3G网络已于2009年投入使用，2012年11月4G网络开通，成为东盟继新加坡后第二个开通4G网络的国家。同时，老挝的旅游业发展迅速，成为仅次于矿产业的第二大外汇收入的产业。据统计，2015年老挝旅游业占GDP的比重为4.4%，直接从事旅游业的人员占就业总数的比重为3.7%；以直接和间接与旅游相关的旅游经济衡量，老挝旅游经济占GDP的比重为14.2%，旅游经济从业人员占就业总数的比重为12.3%。①

近来，老挝农林业保持了稳定增长态势，2016年老挝农业同比增长2.7%，占国内生产总值的比重在17.2%。目前，老挝全国种植面积95.8万公顷，稻谷种植及产量增幅较大。2014~2016年，老挝的稻谷种植的面积增加5万公顷，产量增加100多万吨，老挝中部的Khammuon和Savanhnaketh两省已经成为粮食生产、加工和出口的基地。同时，其他作物如橡胶、甜玉米、蔬菜、薯类等产量均有不同程度的增长，养殖行业也保持增长势头。2016年，养殖行业增幅3.9%，全年肉、蛋、鱼类制品产量为40.8万吨，较上年增长10%。

老挝拥有丰富的水利资源，水电资源开发是外国投资的重点领域。为鼓励外商投资电力部门，老挝政府进一步完善投资相关法律，积极营造良好的投资环境，吸引外资打造电力出口国。1994年，老挝颁布新修订的外资法，吸引外资企业纷纷进入老挝寻找投资商机。2014年，老挝吸引内外投资项目1150个，总额33.83亿美元。其中，电力项目4个总额3.99亿美元。2014年，老挝电力行业产值增长10.44%。2016年，老挝成为东盟国家中的发电大国，老挝现有的发电量为1878兆瓦，水力发电能力约26500兆瓦。根据泰国的20年电力可持续性计划，该国将从2015~2026年从老挝购买7000兆瓦的电力，缅甸和马来西亚也有从老挝进口电力的意向。

此外，老挝矿产资源丰富，种类繁多，也吸引了外资前来投资和开采。近年来，老挝矿产产量和出口量不断增加，促进了国内经济增长。2011~2015年，老挝能源与矿产部门创收超过943400亿基普。目前，老挝在矿作业和寻找矿藏的公司共有657家公司，运营项目有942个。其中，226家公司运营的392个项目已得到中央政府批准，431家公司运营的550个项目已得到地方政府批准。

---

① Lao News Agency. Lao tourism sector grows, http://www.kpl.net.la/english/news/newsrecord/2016/April/10.4.2013/edn9.htm.

（三）带动进出口贸易逐步扩大

一般说，外国投资企业凭借竞争优势和市场网络，将扩大东道国的出口贸易，带来机器设备和原材料的进口，外资企业的内部贸易也会促进东道国的贸易发展。近年来，随着外资企业投资规模和经营领域的扩展，这些企业的进出口贸易不断增加，从而带动了老挝进出口贸易的扩大。

20 世纪 90 年代以后，老挝的对外贸易增长较快，2015 年老挝在世界各经济体出口贸易中列第 115 位。1987 年老挝对外贸易总额仅为 2.78 亿美元，到 2012 年对外贸易总额达到 42.63 亿美元。2014 年，老挝进出口贸易总额为 81.35 亿美元，同比增长 5%。其中，出口 35.82 亿美元，进口 45.53 亿美元，贸易逆差为 9.71 亿美元；2015 年，老挝进出口总额为 103.5 亿美元，同比下降 0.5%。其中，出口 38.1 亿美元，进口 65.4 亿美元，贸易逆差为 27.3 亿美元；2016 年，进出口总额为 88.38 亿美元，同比下降 9.9%。其中，出口 45.23 亿美元，进口 43.15 亿美元，贸易顺差为 3.08 亿美元（见表 6）。老挝主要的出口商品是矿产品、电力、农产品等，主要进口商品是各类车辆及零配件、燃油燃气、建材、工业用品进、电器、粮食、电子器材等。矿产品为老挝第一大出口商品，但由于老挝政府出台不允许原矿石出口政策，原矿石出口大幅减少。老挝政府大力开发境内水电资源，随着外资投资与经营的多个水电站相继竣工发电，电力已成为老挝第二大出口产品。老挝咖啡、玉米、木薯等农产品优势也逐渐显现，出口大幅增加。

表 6　2012 ~ 2016 年老挝进出口贸易额

单位：亿美元，%

年份	出口贸易额		进口贸易额		进出口贸易额		贸易逆差
	金额	增长	金额	增长	金额	增长	金额
2012	16.96	-16.30	25.67	7.80	42.63	-0.90	-8.71
2013	18.98	18.49	28.14	3.45	47.12	10.50	-9.16
2014	35.82	1.75	45.53	11.40	81.35	5.00	-9.71
2015	38.1	-13.72	65.4	18.37	103.5	-0.50	-27.3
2016	45.23	12.54	43.15	7.80	88.38	-9.90	3.08

资料来源：根据 Bank of the Lao PDR 的数据编制。

（四）国内贫困问题得以减缓

长期以来，贫困问题一直是老挝经济发展的一大障碍。为了2015年实现联合国千年发展计划目标，老挝政府制定了一系列社会经济发展计划，其中包括利用引进外资加快基础设施建设，增加劳动就业机会，扩大各级各类教育投资，改善医疗卫生设施，实施农村发展和减贫项目，并取得了明显的成效。

据统计，1990～2015年，老挝每日收入低于1.25美元（购买力平价）的人口比例从57%降至29%（联合国的千年目标为29%），生活在国家贫困线以下的人口比例从49%降至17%（目标为25%），人口就业率从57%增至62%，5岁以下儿童体重不足的发生率从45%降至22%（目标为23%），初等教育入学率从53%升至98%（目标为100%），平均成人识字率从64%升至98%（目标为100%），初级教育女生对男生的比例从0.78升至0.92（目标为1.00），中等教育女生对男生的比例从0.66升至0.89（目标为1.00），高等教育女生对男生的比例从0.52升至0.27（目标为1.00），5岁以下儿童死亡率从170‰降至86‰（目标为57‰），婴儿死亡率从114‰降至57‰（目标为38‰），1岁儿童接种麻疹疫苗的比例从67%升至76%（目标为100%），孕产妇死亡率从680‰降至357‰（目标为170‰），疟疾发病率从每十万人745人降至90人，森林覆盖率从47%降至43%，使用改善饮用水的人口比例从40%升至76%（目标为70%），使用改善卫生设施的人口比例从11%升至71%（目标为56%），每百人电话拥有量从1个（2000年数据）升至5个，每百人移动电话用户从11部（2005年数据）升至87部，每百人互联网用户从1个升至9个。①

五　老挝引进外资的发展前景

实施革新开放以来，老挝吸引的外国直接投资迅速扩大，外资成为国内

① ASEAN Secretariat（2017）. ASEAN Statistical Report on Millennium Development Goals 2017, pp. 15－16. Jakarta：ASEAN Secretariat.

经济增长和结构调整的重要驱动力。伴随着加入 WTO 和东盟共同体，老挝加快了对外经济开放的进程，老挝将成为外国直接投资的热点国家。在新的国际和区域形势下，老挝的经济发展与引进外资将面临新的机遇与挑战。

（一）引进外资的发展前景

老挝是东盟成员国，也是中南半岛上唯一的内陆国家。近年来，老挝保持了政局的稳定，在加强执政能力、法制建设和反腐机制建设等方面取得了诸多成效。老挝宏观经济形势良好，国民经济持续增长，贫困率逐步下降，实现了阶段性的减贫目标，全方位的务实外交政策卓有成效。

2013 年 2 月 2 日，老挝正式加入世界贸易组织（WTO），成为该组织的第 158 个成员，这标志着老挝社会经济发展进入一个新阶段，也是老挝融入世界经济和提升国家综合实力的重要机遇期。加入 WTO 以后，老挝加快实施对外开放政策，贸易壁垒和投资限制逐步取消，国内产业部门循序开放，这为外商投资提供了新的机遇。另外，老挝加快了经济体制、法律体系的改革与调整，根据国际惯例，实施一系列规范化政策，如政府采购、投资政策、贸易政策、知识产品以及劳动者保护等政策，使国内市场经济运作更加完善和规范化，投资环境得到进一步优化。

2015 年底，东盟正式宣告东盟共同体建成，东盟共同体包括东盟政治—安全共同体（APSC）、东盟经济共同体（AEC）和东盟社会—文化共同体（ASCC）三大支柱，这标志着东盟区域一体化进入一个新阶段。作为东盟成员国，东盟共同体的建成为老挝经济发展与引进外资提供了新的机遇。东盟经济共同体建成后，区内关税和非关税壁垒逐步取消，单一窗口制度的建立，促进贸易便利化，扩大服务贸易的开放，放宽投资部门的限制，加快专业人才资质互相认可，由此东盟区域的单一市场和生产基地逐步形成，区域化的贸易和投资效应将日益显现。

2016 年 4 月，老挝通过了第八个五年社会经济发展计划（2016 ~ 2020 年）、10 年社会经济发展战略（2016 ~ 2025 年）和 2030 年远景规划所设定的目标。在未来的 10 年里，老挝政府将力求推动经济增长，国内生产总值

（GDP）比2015年的GDP数据增长四倍，年经济增长率至少达7.5%。政府预计，农林业部门平均增长率达3.2%，工业部门平均增长率达9.3%，服务业部门平均增长率达8.9%。到2020年老挝贫困率降到少于总人口数的10%，到2025年老挝的贫困率降到5%以下。到2020年老挝将摆脱最不发达国家的地位，到2030年成为上中等收入国家。老挝政府的中长期的远景规划，也为老挝经济发展与引进外资创造了良好的条件。

尽管老挝在吸引外资方面取得显著的成绩，但仍存在一些问题和障碍。第一，老挝的基础设施仍欠发达。老挝国内多山区无出海口，公路铁路基础设施欠缺，交通运输条件落后，制约和阻碍了资源开发，导致物流运输成本高。老挝缺乏大型的煤矿，工业用煤紧缺。老挝水电资源比较丰富，但电网建设跟不上；第二，老挝产业结构仍不合理。外资在矿产、电力等资源类投资比例过高，而一些新兴产业外资涉足较少，导致产业结构不合理；第三，投资法律法规不够完善。虽然制定了许多外资优惠政策，但这些法规政策执行不力，随意改变，给投资者带来诸多的不便；第四，汇兑限制和金融风险。老挝规定，经批准外商可以将所得利润汇出，但审批程序烦琐和耗时长。老挝外汇储备不足，对外支付能力不强，有延期付款的风险；第五，教育发展滞后，专业人才缺乏。老挝各类教育发展较慢，造成国内专业技术人才短缺，人才流失严重，因此外商进入老挝投资，在当地雇员比较困难，员工培训成本较高，而使用境外劳动力又受到相关法律法规约束；第六，政府行政工作效率偏低。近年来，老挝加大力度改进投资环境和相关服务，但审批外商项目耗时较长，严重打击了投资者的积极性。

（二）进一步促进老中经济合作的对策建议

老挝与中国政治互信，经济互补，文化相融。2009年，老中两国建立了全面战略合作伙伴关系，老挝和中国两国领导人互访频繁，双方合作领域不断深化。目前，中国已经成为老挝第二大贸易伙伴和最大投资国，也是老挝的最大对外援助国。老挝地处“一带一路”建设的重要地带，也是“一带一路”建设的沿线国家。在新的国际和区域经济形势下，进一步促进老挝经济发展战略与中国“一带一路”倡议的对接，深化两国全方位和多领域的合作，具有重要的现实意义。

首先，推动老挝经济发展战略与“一带一路”的对接。

2016 年 4 月，老挝通过了第八个五年社会经济发展计划（2016～2020年）、10 年社会经济发展战略（2016～2025 年）和 2030 年远景规划所设定的目标。在未来的 10 年里，老挝年经济增长率至少达 7.5%。到 2020 年老挝将摆脱最不发达国家的地位，到 2030 年成为上中等收入国家。老挝人民革命党中央总书记、国家主席本扬表示，中国“一带一路”倡议提出三年以来，为促进老挝社会经济发展做出了积极贡献。这一倡议与老挝自身的发展战略对接，使老挝加速从“陆锁国”向“陆联国”转变，老挝已经做好准备参与“一带一路”建设的相关项目，促进老挝与区域内各国的互联互通。[①] 2016 年 9 月，中国与老挝签署了《中华人民共和国和老挝人民民主共和国关于编制共同推进“一带一路”建设合作规划纲要的谅解备忘录》。

其次，加快老中两国基础设施的互联互通。

长期以来，老挝基础设施建设相对滞后。由于老挝没有出海口，多数靠公路、内河运输，国际航线有限。近年来，老挝加大了基础设施建设，开工建设高速公路，规划建设的新机场，提高澜沧江—湄公河航道等级。老挝地理优越和资源丰富，中国在资金、技术和人才等方面具有比较优势，两国可以在基础设施互联互通领域开展合作。当前，老挝正加速从“陆锁国”向“陆联国”转变，作为“一带一路”建设的重要早期收获项目，老中铁路正为实现这一目标发挥着重要作用。中老铁路项目已正式动工建设，该铁路建成后将提升老挝基础设施建设水平，改善老挝的经贸投资环境，也将为中国西南地区经济发展注入新的动力。

再次，促进中老两国多层次和全方位的经济合作。

2016 年 9 月，中老两国签署了《共同推进“一带一路”建设合作规划

① 《“一带一路”为老挝带来实实在在的利益——访老挝人民革命党中央总书记、国家主席本扬》，http：//world. people. com. cn/n1/2017/0512/c1002 - 29271104. html。

纲要》，将基础设施、农业、能力建设、产业集聚区、文化旅游、金融、商业与投资等纳入两国合作的领域。同时，中老两国有关部门还签署了《关于确认并共同推动产能与投资合作重点项目的协议》《共同编制老挝电力、中老铁路沿线综合开发、旅游等重点领域经济发展专项规划合作框架协议》等。2016 年 12 月，两国还签署了《中国老挝磨憨—磨丁经济合作区共同发展总体规划（纲要）》，决定在边境接壤的中国云南省和老挝南塔省兴建“中国老挝磨憨 - 磨丁经济合作区”。这是继与哈萨克斯坦建立中哈霍尔果斯国际边境合作中心之后，中国与毗邻国家建立的第二个跨国境的经济合作区。根据中老合作区发展基础，将依托交通条件，以昆曼公路、中老铁路沿线区域为经济带，以磨憨、磨丁国际商贸金融区为两个核心，形成综合服务、保税物流、商贸金融、旅游等产业聚焦区域。

最后，进一步改善营商环境以吸引中国企业的投资。

随着中老两国经贸合作的迅速发展，中国在老挝的投资不断扩大。目前，中国是老挝最大的外资来源国，中国企业在当地主要投资在矿业、电力、农业、工业和手工业和服务业等领域。在老挝经济发展战略与“一带一路”对接的背景下，老挝政府部门必须进一步修订和完善投资法律法规，提高政府工作效率，优化投资项目审批程序，为中国企业提供更好的投资服务，引导中资企业投资新兴产业，实施人才本土化，为当地提供就业岗位，加强对企业员工的培训，注重对当地生态环境的保护。

参考文献

Cai De. Laos Attract Direct Investment Environment Research. Donghua university, 2013.

Na Jack.: Laos to Attract China's FDI Theory and Empirical Research . Shandong university, 2013.

Wei Shan. China's Direct Investment in Laos Studies . Tianjin university, 2012.

World Bank. Doing Business 2018, https://dobusiness.org/.

ກົດໝາຍການລົງທຶນໃນສປປລາວສະບັບປັບປຸງໃໝ່, ປີ2016.

ກົມທໍລະນີສາດແລະບໍ່ແຮ່ຊັບພະຍາກອນບໍ່ແຮ່ພາຍໃນແຕ່ລະແຂວງຂອງສປປລາວ,ປີ 2016.

BOUNTHAVY: ຄົ້ນຄວ້າລະຫວ່າງການລົງທຶນຂອງຕ່າງປະເທດແລະການຂະຫຍາຍຕົວເສດຖະກິດຂອງລາວ,ປີ2004.

PHONEXAY: ຄົ້ນຄວ້າລະຫວ່າງການລົງທຶນຂອງຕ່າງປະເທດແລະການຂະຫຍາຍຕົວGDPຂອງນະຄອນຫລວງວຽງຈັນນັບແຕ່ປີ1990ເຖິງປີ2006 ,ປີ2007 .

SAVANHNIMITE:ວິເຄາະຜົນກະທົບຕໍ່ການຂະຫຍາຍຕົວເສດຖະກິດຂອງລາວຈາກການລົງທຶນຂອງຕ່າງປະເທດນັບແຕ່ປີ1986ເຖິງປີ2008 ,ປີ2009.

PHETANONG:ວິເຄາະຜົນກະທົບຕໍ່SMEsຂອງລາວຈາກການລົງທຶນຂອງຕ່າງປະເທດ,ປີ2004.

Bounthavy Sysoupanthong,: ວິໃຈເສດຖະກິດລາວນັບແຕ່ປີ2014 ເຖິງປີ2015,ກະຊວງແຜນການແລະການລົງທຶນ,ເດືອນມີນາປີ2015,ໜ້າ29~34.

B.10

2017 ~2018年马来西亚的经济增长与转型计划

闫　森*

摘　要： 在全球经济增长放缓的形势下，马来西亚经济仍保持持续稳定的增长，2017 年经济增长速度加快，2018 年经济增速将有所放缓。2010 年 10 月，马来西亚政府推出经济转型计划，这一耗资巨大、为期十年发展计划的实施虽然成效显著，但也颇受争议。在马哈蒂尔重新接掌政权后，处于转型期的马来西亚经济走向引人关注。

关键词： 马来西亚　经济增长　经济转型

近年来，马来西亚经济保持了稳定增长的态势，为期十年的经济转型计划实施成效显著，但也仍存在诸多问题，马来西亚要跨入高收入国家仍有一步之遥。2018 年 5 月，纳吉布政府执政终结，马哈蒂尔重新接掌政权，未来马来西亚经济的发展前景引人关注。本文拟就近年来马来西亚经济增长与经济转型计划及其成效做一分析。

一　近年马来西亚的经济增长

自 1957 年取得独立后，马来西亚国内经济快速发展，尤其是 20 世纪

* 闫森，厦门大学东南亚研究中心助理教授，经济学博士。

80 年代中期后马来西亚经济保持了近十年的高增长和低通胀，1992 年正式跨入中上收入国家行列。但是，1987 年爆发的亚洲金融危机中断了马来西亚经济高速发展的势头，国内生产总值（GDP）年均增长率从 1990 ~ 1997 年的年均 9.1% 跌至 2000 ~ 2008 年的 5.5%，人均国民收入则长期停留在“高收入国家”界限之下，成为全球公认的陷入“中等收入陷阱”的典型国家。

亚洲金融危机后，马来西亚经济增长停滞，产业结构升级缓慢，归结其原因主要有三个方面：第一，劳动生产率提高缓慢，经济增长速度无法达到赶超发达国家的水平。根据世界大型企业联合会（TED）的数据，1981 ~ 1997 年马来西亚人均劳动生产率年均增长约为 3.8%，但 1998 ~ 2009 年的年均增长率仅为之前的一半。1995 年经济合作组织（OECD）国家的平均劳动生产率是马来西亚的 1.824 倍，至 2010 年这一比值仍是 1.824 倍，这一增长速度显著低于与其工业化进程相似的韩国和中国台湾，而这两者都已经成功跨入高收入国家行列；第二，私人投资动力不足。20 世纪 90 年代马来西亚的私人投资一度经历蓬勃发展，但亚洲金融危机后私人投资持续下滑，滑落到等于甚至少于公共投资在总投资中的比重。虽然马来西亚整体经济进入复苏期，但私人投资一直恢复乏力，2009 年私人投资与公共投资的比重为 51.6%∶48.4%，远低于危机前的水平；第三，专业人才流失严重，技术工人短缺，人力资源素质受损。2011 年世界银行的报告显示，截至 2010 年，马来西亚流向海外的人口估计高达 100 万人，其中 1/3 接受过高等教育，但流入的人口中 60% 都只有小学学历，人力资源入不敷出。此外，马来西亚的外来劳工约占总劳动力的 20%，这些劳工大部分受教育程度都很低，集中于劳动密集型产业。较低的工资水平吸引不到高技术的人才，而多变的移民政策又使得雇员具有较大流动性，因此本地企业宁愿固守于较低层次的生产，也不愿意花费成本进行技术培训和技术升级，这直接大大降低了国内产业的转型和在全球价值链攀升的可能性。

2008 年全球金融危机爆发后，马来西亚政府采取了反危机的措施，其中包括注入 50 亿林吉特稳定股；4 个月内银行连续三次降息以鼓励放贷和刺激商业活动，实施总计达70亿林吉特的一揽子刺激经济增长计划，以及免除钢铁、水泥关税和动用15亿林吉特吸引外资等。2009年，随着金融危机的蔓延和负面影响增大，2009年3月政府又推出一项高达600亿林吉特的刺激经济预算案，其中25%用于财政支出，约40%重点扶持中小企业。2008年马来西亚经济持续下滑，2009年第一季度经济增长率为-6.2%，出现了1998年亚洲金融危机以来的最大跌幅。[①]随后，在各项反危机措施的作用下，从第二季度开始经济萎缩幅度逐季收窄，第四季度由负转正，2009年全年经济增长率缩小到-1.7%，显著好于预期。但是，政府的刺激措施虽然暂时缓解了不利局面，但马来西亚仍面临产品国际竞争力下降、私人投资动力不足、外资出逃等结构性问题。

马来西亚是一个发展外向型经济的国家，因此出口一直是经济增长的主要驱动力，但亚洲金融危机后，其出口表现长期不佳。根据世界银行2010年国家报告中的数据，自2005年以来，净出口对于其经济的拉动作用已经转为负向，2010年对经济增长的贡献为-3.3个百分点。这主要是因为面对国际市场竞争的加剧，马来西亚出口商品过多集中于低附加值产品，而在一些技术含量高的产业市场上则缺乏竞争力，这也大大降低了出口收益。同时，随着周边国家经济的迅速兴起，马来西亚对外资的吸引力逐年下降，至2007年其FDI的流出量超过流入量，马来西亚成为直接投资净流出国。据2010年7月联合国贸发会议公布的《2010年世界外资报告》，2009年马来西亚发生外资出逃潮，同时该年流入马来西亚的FDI骤降81.1%，降幅居东南亚各国之首。

近年来，在全球经济增长放缓的形势下，马来西亚经济增长速度减缓，但仍保持了稳定的增速。据统计，2012～2016年，马来西亚的年度经济增长率分别为5.5%、4.7%、6%、5%和4.2%。2017年，马来西亚的经济增长速度有所加快。据统计，2017年马来西亚第一季度的经济增长率为5.6%，第二季度为5.8%，第三季度为6.2%，第四季度为5.9%，全年为5.9%。进入

① Central Bank of Malaysia. The 2009 Bank Negara Malaysia Annual Report.

2018 年，第一季度马来西亚的经济增长率为5.6%，第二季度为4.5%。据马来西亚官方预测，2018 年马来西亚的经济增长率为4.3%～4.8%。

二　马来西亚经济转型计划的出台

2009 年4 月，纳吉布成为马来西亚新任总理。纳吉布接任之时，正值美国金融危机爆发并向全球蔓延。在全球金融危机冲击的背景下，马来西亚经济发展面临着一系列问题与障碍，国内经济增长放缓，产业升级停滞，出口竞争力下降。为了应对不利的国际经济环境，突破自身的发展瓶颈，马来西亚政府开始酝酿拟定经济转型计划（Economic Transformation Programme，ETP）。该计划重点着力于促进经济增长最有力的产业部门，即国民经济关键领域（National Key Economic Areas，NKEAs），并且在施行中强调以私营部门为主导，政府部门作为辅助支撑。

2010 年5 月，马来西亚政府专门组织了一个千人参加的讨论会确立国民经济关键领域，并随后在6 月成立了包括500 人的经济实验室，为12 个关键领域制定具体发展规划。这500 人中有350 人来自私营企业和机构，分属于200 多个不同的公司，其余150 人来自官方和政府，涉及60 多个公共机构、职能部委和服务部门。这一团队展开了为期8 周的规划设计，政府机构、跨国公司、本地公司和非政府机构都广泛参与了方案的审议和修正。该阶段完成后，吉隆坡、沙巴和沙捞越三地分别举行了关键领域公开日，来自商会、跨国公司、民众和媒体的5500 名访问者参观了国民经济关键领域（NKEAs）展厅，并提出了新的建议帮助其进一步完善。至此，经济转型计划路线图得以最终完成，11 个国民经济发展关键领域和1 个大吉隆坡计划被确认，与之相应的131 项入口点计划（Entry Point Projects，EPPs）成为路线图进入实施的起点。①

2010 年10 月25 日，马来西亚总理纳吉布正式公布了经济转型计划，

---

① PEMANDU（2010）Economic Transformation Programme：A Roadmap for Malaysia.

该计划的最终目标是到2020年将马来西亚建成具有包容性和可持续性的高收入国家。它包括四大基础计划，即①一个马来西亚、人民优先和即刻表现。其中，一个马来西亚的理念旨在加强民族团结，尊重不同群体之间的价值差异，强调公平与正义，使所有社群共享经济增长与发展机遇；人民优先强调以人民利益为中心；而即刻表现则表明政府即刻执行和重在结果的决心；②政府转型计划（Government Transformation Programme，GTP），该计划目的在于提高政府服务质量和加强问责制，具体包括在减少犯罪、反腐败、改善学生学习成果、提高低收入家庭生活水平、改善农村基础设施建设和改善城市公共交通6个国家关键绩效领域加强公共服务；③新经济模式（New Economic Model，NEM），旨在将马来西亚建成具有活力和竞争力的经济体，人民从中享受到高质量的生活，为此提出8项策略改革倡议，主要包括激活私人投资、提高劳动力素质、创造有竞争力的国内经济、加强公共领域、提供公平公正的经济机会、促进研发和基础设施建设、拓展经济成长来源和实现可持续增长；④第十大马计划（10MP），作为2010～2015年的政府发展计划，重点放在消除经济增长束缚、促进包容性社会经济发展、培养和留住人才、建立高质量的生活环境和政府转型，并为经济转型计划提供阶段性宏观目标、资金分配方案和政策运作支持。①

马来西亚政府认为，该经济转型计划与以往经济政策都不同，其区别在于五大方面：第一，该计划的起点和核心是识别出对经济增长贡献最为显著的12个领域，给予资金、顶尖人才和总理关注等各类优先支持，这与长期以来强调整体经济共同推进的政策截然不同。第二，强调私人投资在整体发展方案中的主力作用，政府部门给予协助；第三，关注计划实施而不是停留于理念，每一个关键领域之下都有具体的执行方案，唯一目标就是国民收入的提高且所有的方案都基于严谨的经济分析；第四，最大化公共投资收益，确保政府投资和支出有效用于产出最高的领域；第五，在马来西亚首相署中

① Economic Planning Unit（EPU），Prime Minster's Department 2010，Tenth Malaysia Plan 2011－2015.

专门设立经济转型计划部门负责协调组织和监控项目落实，并负责每年向公众汇报经济转型计划的实施进展和指标表现，保证该计划各方面的公开透明。从实施过程上看，经济转型计划是一个不断推进的动态路线，运行过程中一些项目会中途退出，新的项目也会不断加入，所有的计划都会依据实际进展随时调整。同时，经济转型计划的公共资金进行分批拨付，2011～2012年最初的启动资金分配方案在2010年10月由议会通过，2013～2015年的资金在2012年第十大马计划的两年规划周期内通过，2015～2018年的资金在第十一大马计划中批准，2018～2020年的资金在2017年进行核准。

为了推进关键领域建设尽快落地，131项入口点计划或60个具有潜力的商业机会被提出作为启动项目。被认定的入口点计划必须有可确认的潜在投资者、完整的发展计划和清晰的资助要求，并能够快速取得最大实际成效。从实施过程上看，经济转型计划路线图不是未来10年的既定蓝图，而是一个不断推进的动态路线，运行过程中一些项目会中途退出，新的项目也会不断加入，所有的计划都会依据实际效果不断调整。此外，经济转型计划所需要的公共资金分配将会严格按照最大化GNI的原则，分批拨付，2011～2012年最初的启动资金分配方案在2010年10月由议会通过，2013～2015年的资金在2012年第十大马计划的两年规划周期内通过，2015～2018年的资金在第十一大马计划中批准，2018～2020年的资金在2017年进行核准。马来西亚政府认为，经济转型计划顺利实施的关键取决于推进私人投资、增加人力资本、改善营商环境和投资基础设施建设四个方面，而经济转型能否成功最大的风险来自私人投资年均12%的增长率是否能够达到，同时世界经济发展放缓则是马来西亚面对的最重要的外部风险。

三 经济转型计划实施的成效与问题

随着纳吉布政府执政的终结，马来西亚经济转型计划也将落幕。虽然通过经济转型计划马来西亚促进了国内经济增长和改善了营商环境，但经济转型计划未能完全实现预期。马来西亚人均收入明显提高，短期内私人投资和消费有所提升，财政状况逐步改善，但马来西亚要跨入高收入国家仍有一步之遥，产业结构调整未达预期，贫富差距依然不容忽视。

（一）马来西亚人均收入明显提高，但要跨入高收入国家仍有一步之遥

马来西亚经济转型计划的首要目标，就是2020年人均GNI达到15000美元，跨入世界银行界定的高收入国家行列。2017年，根据世界银行ATLAS方法计算的马来西亚人均GNI为10324美元，对应的世界银行高收入国家的标准为12272美元，马来西亚与高收入国家的差距由2010年的33%下降至18%，但与最终目标仍有约2000美元的差距。扣除通货膨胀因素的影响，依据经济转型计划预设的1%的人口增长率和6%的实际GNI增长率，依据2017年收入水平，至2020年马来西亚的人均GNI预计可以达到11934美元。以当前的高收入国家的阈值来衡量，此收入水平虽已非常接近，但仍无法实现跨越。如果按照前期的实际发展数据，2010～2016年马来西亚人口增长率年均为1.7%，预计2017～2021年为1.3%，2011～2016年实际GNI年增长率为5.13%来估算，人均15000美元的收入目标在期限内应该难以实现。按照经济学人（EIU）2018年的国家预测报告，在2017～2030年马来西亚的实际GDP年均增长率可以达到4.2%，按此趋势，到2030年其人均GNI将可达到发达国家的水平，而不是经济转型计划预计的2020年。相比世界银行的预期更为乐观，据其2017年12月发布的报告，受到外部环境改善和国内工资水平上升以及低收入家庭收入上涨的推动，预计马来西亚GDP未来可以维持在5%左右的增长率，按此趋势估计2021～2024年马来西亚可达到发达国家收入水平。

（二）国民经济关键领域表现各异，产业结构调整未达预期

作为经济转型计划的支柱，到2020年国民经济关键领域对国民收入增长的贡献被期望达到74%，其中石油、天然气和能源，金融服务，棕榈油和批发零售四个最大的行业对经济增长的贡献将达到60%。为此，政府从各方面给予了大力支持，从公共投资的分配来看，比例最高的依次是农业、

大吉隆坡计划，电子电器业和商业服务业，比重最低的是批发零售业、油气能源和健康业；公共投资绝对数量最大的领域依次为大吉隆坡计划、电子电器业、金融服务和农业。

依据2011～2016年的平均增长速度估算，在各个关键领域中，至2020年能够达到既定目标的领域包括油气能源业、批发零售业、旅游业、商业服务业、通信与基础设施和农业，其中批发零售业表现最为优异，其年均增长率达到18%，对经济增长的贡献率由2009年的8%上升到2016年的15%。其他6个领域按照目前的发展轨迹都无法实现预定目标，而且除了电子电器业预计可以达到80%以外，其他产业实现程度都不足50%。

除此之外，经济转型计划提出由商业型经济向服务型经济转变，到2020年服务业占GDP的比重由58%升至65%。由于基准期的转换，马来西亚服务业在GDP的初始占比调整为51%，2017年底上升到54.5%，上升幅度3%。[①] EIU预测，2020年马来西亚服务业占GDP比重估计可以达到58.4%。因此，无论从增长幅度还是预估结果，2020年服务业的比重都无法达到预期。同时，马来西亚的国民经济关键领域中完成度较高的行业都集中于传统服务业，而金融服务业等现代服务业发展还有待加强。

根据UNCOMTRADE数据库，以马来西亚出口商品（SITC两位数编码）的显性比较优势（RCA）来衡量，马来西亚具有极强竞争力的产业有动植物油脂、生胶、天然气、木材制品和电子电器行业；拥有很强竞争力的包括咖啡可可香料、原木、石油、有色金属和家具零件；有较强竞争力的包括有机化学品、塑料和塑料制品、以及科学控制仪器；其他产品竞争力都较弱。由此可见，马来西亚具有国际竞争力的产品仍集中在能源类和初级产品上，均属于资源基础型和低技术产业，而传统强项电子电器业近几年来竞争力也不断下降，这是造成马来西亚出口下滑的重要原因，而且也不利于促进国内产业升级和提高整体生产率。

---

① 2010年转型计划提出时，马来西亚统计局使用的是以2000年为基期的数据，计划执行后，基期调整至2010年。

（三）短期内私人投资有所提升，但中期政策效应仍不确定

马来西亚经济转型计划十分强调私人投资的主导作用，其目标是2010～2020年私人投资年均增长率达到12.2%，占经济转型计划总投资的92%，公共投资只占8%。在转型计划实施前，2006～2010年马来西亚私人投资年度复合增长率5.5%，2010年国内投资中私人投资占比37%。转型计划实施后，2010年起私人投资的增长速度开始超过公共投资，2011～2016年年复合增长率达到10.8%，私人投资在总投资中比重上升到71%，私人投资占GDP的比重也由2009年的11.37%上升到2016年的17.18%。2016年国内投资中私人投资1871亿林吉特，公共投资942亿林吉特，按照2011～2016年两指标的年均增长率10.8%和2.02%来估算，2020年私人投资占比将达到74%，但与经济转型计划所设定的92%仍有一定差距。

虽然马来西亚私人投资有所复苏，但进一步观察投资的去向和分布可以看出，其增长仍有较明显的政策效应，投资者和企业家的投资意愿还未真正激发出来。首先，经济转型计划强调公共资本和企业与私人加强合作，以此带动私人投资的增长，这使得其增长数据中有一部分计入了公共资金的投入，高估了结果。其次，转型计划开始后私人投资经历了一段快速增长，但这很大程度上归因于初期的投资都是基于既定的资源类、城市发展类项目，且与政府关系密切，这些行动推进相对容易，但是将私人投资扩展到制造业和服务业就要面对更多困难。相关数据也证明，2012年后私人投资增长率就大幅下滑，由接近20%降至2016年的4.3%。再次，私人投资中部分来自国外直接投资，其在私人投资中的比重与某些大型投资项目的实施有关，而且大部分都流入了房地产业，溢出效应有限。例如，2010年国外直接投资的大幅增长就来自于依斯干达地区总共约700亿林吉特的投资，其中40%是以直接投资形式进入的，但溢出效应却十分有限，因为外来劳动者承担了大部分建设，而且项目享受长时间的税收豁免。最后，由于国内经营成本上升和其他一些制度性因素影响，许多国内投资者都将资金投向了海外市

场，这也导致本国每年在海外的投资总额比通过经济转型方案真正吸引到位的国外投资总额高出一倍以上。

（四）私人消费对经济增长驱动力增强，但其可持续性尚存风险

为了提高本国经济抗击外部风险的能力，马来西亚经济转型计划将私人消费作为经济增长引擎。在经济转型计划中提出，以2000年基期计算，至2020年国内私人消费占GDP的比重由2009年的53%上升6%达到59%。该计划实施后，马来西亚统计局将基期调整到2010年，根据新的基准，2010年私人消费在GDP中占比为48%，2017年这一比例上升到53.7%。据EIU的预测，2020年马来西亚私人消费占GDP比重可以达到57.65%，如果不考虑基期调整造成的数值差异，从增幅计算，马来西亚经济转型计划的私人消费目标可以按期实现。

受到工资上涨、失业率下降和最低工资调升等多种因素推动，2010～2018年私人消费年均增长达到7%，对整体经济起到了很好的拉动作用，但在其背后也存在一些需要关注的风险：首先，家庭债务上升迅速，根据央行的数据，马来西亚家庭债务占GDP的比重由2008年的60%激增至2017年的85%，这一数值不仅高于所有东盟国家，而且也是亚洲地区的最高。其次，2013年和2018年大选前，政府都曾经大规模派发现金补贴和向低收入家庭进行转移支付，这些措施短期内能够迅速提高家庭可支配收入，推高消费，但并不具有可持续性。尤其是2015年政府开征6%的消费税以替代10%的营业税和6%的服务税，这直接推高了物品和服务的价格，降低了民众尤其是中低收入群体的购买力。最后，近年来制造业的停滞不前不仅打击了消费者信心，更影响了整体工资水平的提升。本质上，如果劳动生产率无法提高，产品附加值低，企业便无法提供高价值的工作机会，那么收入水平的持续增长就无法实现。

（五）人民生活水平提升迅速，但贫富差距依然不容忽视

人民生活质量的显著提高，是马来西亚经济转型计划中最重要的部分。

根据发达国家的标准，马来西亚预计将全国城市化率由2009年的64%提高到70%，这一目标在第10个大马计划结束时就已经实现。根据EIU的预测，截至2020年马来西亚的城市化率将达到79.4%。在人均和家庭收入领域，经济转型计划的中期目标是在2015年即第10大马计划结束时40%的最低收入人口的月平均收入提高至2300林吉特，截至2016年，这一数值已达到2848林吉特，国内贫困率也下降至0.4%；马来西亚中间40%和最高20%收入人群的平均月收入由2009年的3631林吉特和9987林吉特分别上升到2016年的6502林吉特和16088林吉特。2010～2016年，低收入群体的收入增长速度达到10.23%，快于中等收入和高收入的8.75%和7.05%，因此国内收入分配也更加均衡，基尼系数由2009年的44.1%降至2016年的39.9%。

不过，虽然随着国内居民收入的提升，马来西亚贫富差距问题有所缓解，但39.9%的基尼系数仍显著高于亚太地区37.8%的平均水平。如果进一步考虑社会保障和财产存量的话，那么贫富差距将会更加明显。根据马来西亚公积金局2016年发布的年度报告，马来西亚0.4%的人拥有47.2亿林吉特的公积金储蓄，但51.9%的较低收入者总计储蓄只有439亿林吉特。其中54岁以下有2/3的人账户余额少于5万林吉特，同时1/5的人少于8000林吉特。如果再加上土地和资本财产，那么这种财富不公平将会更加严重。

（六）财政状况逐步改善，但财政均衡目标的实现或将推迟

由于近年来马来西亚经济发展中过度依赖公共支出，财政赤字水平一直居高不下。为了改变这一状况，经济转型计划中明确提出2020年达到财政收支均衡的目标，并提出2015年将财政赤字占GDP的比重降低到3%的中期目标。2012年，国际石油价格大幅上涨，政府收入增长，2013年财政赤字占GDP的比重由2009年的7.4%降至3.79%，2017年这一数值继续下降至3%。但为了刺激经济，2017年10月政府再次实行积极的财政政策，宣布2018年财政支出上浮7.5%，用于教育、医疗和农村基础设施建设，财

政赤字也重新面临上升的压力。当前，马来西亚政府所面临的状况被总结为“三低一高”，这主要指发展开销低、石油和棕油价格低、房地产低和债务高。近年来，国际原油价格一直处于低位，棕油价格自2015年开始也持续走低，房地产业持续疲软导致政府收入受到限制。在政府有限的收入中，2010～2017年政府营运支出平均占到财政总收入的84%左右，这也导致发展预算低，很难支撑经济转型计划和大马计划所需的发展资金。

四　马哈蒂尔执政后马来西亚经济的前景

2018年5月，马来西亚举行全国大选，马来西亚前总理马哈蒂尔领导的反对党阵营希望联盟赢得国会122个超过半数的席位，执政61年的执政党联盟国民阵线获得79个国会议席，马来西亚长达半个多世纪由一个执政联盟连续执政的历史由此宣告终结，首次出现了政党执政轮替的局面。马来西亚希望联盟胜出的主要原因可归结为马哈蒂尔的个人影响力、政府的消费税引起物价上涨、纳吉布家族的贪污印象、以及影响乡区垦殖民区的联盟土地发展局贪腐案等。以马哈蒂尔领导的希望联盟执政后将面临如何赢得处理民粹经济挑战、执政联盟内部各党政治利益平衡，以及与公正党实权领袖安瓦尔的关系。

长期以来，马来人优先的发展战略与运行机制对市场经济的损坏和资源配置的扭曲逐步在马来西亚国内得到认同。马哈蒂尔在其2011年出版的回忆录中也谈到在特定历史背景下形成的这一体制导致的国民财富分配不公和诸多不利影响，许多政联公司的成立也是服务于这一政策，实现财富的再分配。时至今日，再次赢得大选的马哈蒂尔领导的新的执政党希望联盟中民主行动党的政治主张就是创立一个民主、公平、和谐、进步的马来西亚社会，建议消灭种族差别；人民公正党意识形态的最大特点就是反对1971年的“新经济政策”，主张推行一个没有种族歧视的经济政策；而国家诚信党是以马来人和伊斯兰奋斗为目标的马来政党，但其政策开明温和。因此，鉴于马哈蒂尔总理和希盟主要党派的政治立场，可以预见接下来在治理歧视性种族经济政策，撤资官联公司和建立公平开放的市场经济环境方面会有所建树。

尽管马来西亚新政府执政后仍未出台具体的经济发展与产业转型规划，但已着手调整和处理原有经济转型计划遗留的问题，其中减少公共支出和稳定国家财政首当其冲。近日，马来西亚财政部长林冠英指出纳吉布政府留下的国债总数高达1万亿林吉特，占GDP的80.3%，若剔除表外项目债务与GDP之比为65.4%。因此，新政府执政伊始，就组建新的专家团队制定新的财政和经济政策，取消了6%的消费税，并且宣布政府将解雇17000名政治委任官员，把部长的薪水降低10%。同时，马来西亚政府暂停了马新高铁、东海岸铁路等一系列耗资巨大的政府发展计划和项目，显示了新政府降低公共支出，将私人消费和投资作为经济发展引擎的意愿。

面对第四次工业革命浪潮，东盟国家纷纷出台工业4.0战略和规划，马来西亚新政府如何应对，是否延续经济转型进程值得关注。马哈蒂尔总理曾在前任期时提出建设“多媒体超级走廊”计划，注重新兴战略性产业的发展。近期，马来西亚新政府提出了包含人工智能、网络安全、大数据等九大元素的工业4.0蓝图，可见新政府对工业4.0新兴产业的规划开始起步。马哈蒂尔重新执政后表示，马来西亚或考虑限制外国汽车进口，以保护本国脆弱的汽车产业。他说，马来西亚的国产车宝腾汽车已出售给中国公司，马来西亚政府要考虑创造另一个新的国产车品牌。马来西亚企业发展部长礼端尤索夫表示，马来西亚政府将在2020年之前落实马哈蒂尔总理提出的“国产车3.0计划”，以振兴国家汽车工业。

参考文献

Economic Planning Unit（EPU），Prime Minster's Department 2010，Tenth Malaysia Plan 2011 –2015.

Economic Planning Unit (EPU), Prime Minster's Department 2015, Eleventh Malaysia Plan 2016 - 2020: Anchoring Growth on People.

National Economic Advisory Council (NEAC), 2010, "New Economic Model for Malaysia Part I: Strategic Policy Directions.

Performance Management and Delivery Unit (PEMANDU), 2010, Economic Transformation Programme: A Roadmap For Malaysia.

Performance Management and Delivery Unit (PEMANDU), Economic Transformation Programme: Annual Report 2011 - 2014.

Performance Management and Delivery Unit (PEMANDU), National Transformation Programme: Annual Report 2015 - 2017.

The World Bank, 2011, Malaysia Economic Monitor: Brain Drain, June 2011.

The World Bank, 2017, Malaysia Economic Monitor: Turmoil to Transformation, Dec 2017.

The World Bank, 2018, Malaysia Economic Monitor: Navigating Change, June 2018.

The Economist Intelligence Unit, 2018, Country Forecast: Malaysia, May 2018.

B.11

中国与菲律宾关系发展的现状与前景

沈红芳*

摘　要：　杜特尔特执政之后，中国与菲律宾关系得到迅速改善，双边合作规模扩大，形式趋于多样化，表现为双边贸易和投资扩大，劳务合作从单轨制转变为双轨制，中国对菲律宾的援助和优惠贷款增加，双方在货币金融领域展开合作。中国领导人访问菲律宾为未来中菲关系发展奠定了坚实的基础，双边关系步入良性循环的轨道，但中菲关系发展也仍然存在诸多不确定的因素。

关键词：　中国　菲律宾　双边关系

中国与菲律宾的经济关系在前任总统阿罗约执政末期便陷于停滞与倒退。阿基诺三世执政时期，菲方单方面向临时组成的国际仲裁庭提出南海仲裁案，使得两国关系陷于中菲建交以来的最低点。自杜特尔特执政之后，菲律宾致力于改善与发展中菲关系，并取得积极的进展。本文介绍菲律宾现任总统杜特尔特对中国关系的策略和考量，展示中菲两国关系的改善及其特点，探讨未来中菲关系发展面对的机遇与挑战。

一　杜特尔特政府处理菲律宾与中国关系的策略

2007 年，在菲律宾国会中反阿罗约政府势力利用并炒作了中菲双边投

* 沈红芳，厦门大学东南亚研究中心教授、博士生导师、经济学博士。

资过程中存在的瑕疵，以及阿罗约总统与中国政府达成的在南中国海联合海洋地震调研协议等事件，组织发动要求阿罗约下台的兵变与群众集会，将中菲双边合作卷入了国内政治斗争的漩涡，中菲关系瞬间从“黄金时期”坠落到“危机边缘”。①

2013 年 1 月，菲律宾前任总统阿基诺三世依据《联合国公约》第十五部分及附件七，由 5 名仲裁员组成了临时仲裁庭，单方面提起南海仲裁案。对所谓的南中国海仲裁案，中国政府表示不接受不参与的明确立场。针对仲裁庭在 2015 年 10 月做出的管辖权和可受理性问题裁决，中国发表声明，宣称该裁决非法、无效，对中国没有拘束力。由菲律宾挑起的与中国在南中国海的主权争端白热化，使得双边关系跌入了两国建交以来的最低点。

杜特尔特当选总统后，接纳了由中国方面提出的处理南海问题的“双轨思路”的建议，认同南中国海争端不是中菲关系的全部，两国可以在更广泛的领域进行务实合作。他改变了阿基诺三世政府一边倒的“亲美”外交政策，调整了与中国的外交关系。通过增强双边高层对话，委派菲律宾

---

① 2007 年 1 月 15 日，温家宝总理在对菲律宾进行正式访问，两国政府签署了《中华人民共和国政府和菲律宾共和国政府关于扩大和深化双边经济贸易合作的框架协定》，共签署了 31 项合作协议，总金额逾 56 亿美元。其中 19 项涉及农业投资项目协议，总金额达 1967 亿比索（约 40 亿美元），涉及 120 万公顷农地开发。为了支持中菲合作项目的顺利开展，中国进出口银行为菲律宾提供了 18 亿美元的低息贷款，参与菲律宾基础设施的建设，尤其是南部与北部铁路项目的建设、洪葛河供水项目以及特定的住宅项目的建设。在 2007 年中之前，中菲两国都称两国关系进入了“黄金时代”。然而，从 2007 年中开始，菲律宾国会与主流学术界中的反阿罗约政府的势力利用并炒作了中兴宽带网投资行贿事件、中菲农业合作项目和北铁和南铁投资项目中所存在的问题，以及阿罗约总统与中国政府达成的在南中国海联合海洋地震调研协议等事件，在菲律宾国内掀起了轩然大波。其中，由菲律宾交通运输部与中国中兴通讯公司签署的由中国进出口银行提供优惠低息贷款高达 3.29 亿美元的菲律宾全国宽频网络（national broadband network，NBN）合约，高出了其他公司估价的约 1.3 亿美元，被指控涉嫌贿赂和超价，频遭政界、学术舆论界的抨击。菲律宾参众两院提出一系列议案，要求停止和调查受到质疑的中菲投资合作项目，并追查阿罗约总统在与中国方面达成协议时所犯下的滥权行为。阿罗约政府被迫宣布停止和取消与中国签署的多个大型融资、投资计划，菲律宾农业部也叫停了 19 项中菲农业合作项目。2008 年 3 月，菲律宾参众两院又提出了议案，要求对 2004 年阿罗约访华期间与中国签订的有关联合海洋地震调研协定进行调查。两院议员指责该协议表面上是调查南沙群岛的地理资源，其实是出卖了菲国的利益和主权，以换取中国政府贷款为政府宽带网、北铁和南铁工程等的方案融资。

华商和“中国通”担任中国事务特使和驻中国大使等有效措施，全力改善菲律宾与中国各个领域的关系，以弥合中菲关系因南海主权争端而出现的巨大裂缝。在荷兰海牙仲裁法院临时仲裁庭宣布有利于菲律宾的南中国海仲裁案结果后，他主动放弃了以裁决结果为条件与中国政府商讨处理南中国海的争端，采用了搁置争端，发展两国关系的策略，以挽救深陷泥潭的中菲关系。

杜特尔特深知菲律宾军事实力的落后，加上《美菲共同防御条约》并未囊括菲律宾所声索的南海岛礁，一旦菲律宾与中国因南海争端发生冲突或对抗，菲律宾无疑是最大的受害者。杜特尔特在公开场合明确表示不会与中国在南海开战，并表示更倾向于与中国进行直接双边谈判以寻求南海问题的“软着陆”。杜特尔特认为，在一定条件下务实地与中国在南海地区加强经济联系，谋求与中国合作开采南海油气资源，增强能源合作水平，是最符合菲律宾国家利益的选择。因此，必须积极推动中国与菲律宾签署南中国海“联合勘探协议”。同时，让参与南中国海油气勘探的双边公司在商业层面操作而不损及菲律宾国家的主权声索，在菲律宾宪法允许的范围下以中国与菲律宾“四六分成”的标准对所开采的石油资源进行分配。①

杜特尔特是以搁置南中国海争端，为菲律宾追求最大的经济利益，以兑现其“促增长、减贫困、振兴制造业、推动经济转型，实现就业本地化”竞选诺言。从 2016 年 6 月杜特尔特执政后的三次访华和很多次公开讲话中可以知晓，他几乎把菲律宾的经济难题全部交予中国政府帮助解决。②据媒体报道，杜特尔特政府在习近平主席访菲时想与中国达成或商谈的合作项目

① 《政府：正在推动联合勘探协议，有望在习近平访菲时签约》，菲律宾《世界日报》2018 年 10 月 3 日。

② 2016 年 10 月 18 日至 21 日，杜特尔特对中国进行了为期四天的国事访问，开始了中菲关系全面“融冰”之旅。2017 年 5 月 14 日至 15 日，杜特尔特参加北京的“一带一路”国际合作高峰论坛。杜特尔特表示，“一带一路”倡议和菲律宾政府提出的基础设施建设计划高度契合，他对“一带一路”给予了高度肯定和支持。2018 年 4 月 9 日至 11 日，菲律宾总统杜特尔特参加博鳌论坛 2018 年年会并发表了演讲，强调了菲律宾和中国之间的密切关系。

包括：中国为菲律宾18个基建项目进行融资；希望中国能够给予更多条件优惠的援助与赠予，包括为棉兰老岛等地区的发展提供支持和帮助，以及为南部马拉维市的重建捐赠更多的设备；中国在菲律宾工业园区进行投资，为菲律宾振兴制造业和创造就业机会；要求中国政府制定放宽外劳工作的政策，以将在中东就业的菲律宾外劳，尤其是女性劳工吸引至中国；请求中国帮助菲律宾减贫，以使菲律宾达致联合国所规定的指标；希望签署两国在南中国海联合勘探协议，以利于菲律宾的能源安全。

曾为律师的菲律宾总统杜特尔特深知，既然菲律宾宪法的补充条款已经将南中国海命名为“西菲律宾海”，那他就不可能违反宪法放弃海牙临时国际仲裁法庭做出的有利于菲律宾的仲裁结果。同时，他也不可能在南中国海主权争端问题上摆脱参众两院的束缚。因此，在多种场合他表示会在适当的时候向中国提出南海案的仲裁结果，和平解决南中国海争端的方案必须在仲裁法庭裁决的基础与范围之内。菲律宾政府现在所采取的一系列做法包括愿意将两国之间的南海争端留待双边谈判时与北京协商，以及“搁置主权争端，共同开发”是杜特尔特政府为打破中菲外交僵局，全面“融冰”的灵活和必要举措，借此获得中国的经济实惠，尤其是不错过中国推行“一带一路”倡议和牵头组建亚洲基础设施投资银行对菲律宾“大建特建”基础设施建设带来的机遇。

二　杜特尔特执政后中菲两国关系的改善

杜特尔特执政以来，中菲关系改善的步伐要比预期的快出很多。当人们尚在观望前总统拉莫斯香港“破冰之旅”的解冻效果之时，两国关系就已经异乎寻常地灼热起来，这主要归功于由中方提出的“双轨思路”的理念被杜特尔特政府全盘接受所带来的正面效应。

（一）双边经济往来扩大，形式趋于多样化

长期以来，中菲双边经济合作的形式主要是贸易往来、双边投资和旅

游，但其规模较小。中菲关系改善之后，双边合作规模扩大，形式也趋于多样化，表现为劳务合作从单轨制转变为双轨制，中国对菲律宾的援助和优惠贷款前所未有地增加，双方在货币金融领域展开合作。

由于中国和菲律宾海关统计的口径不尽相同，两国的贸易统计一直差距甚大，一般菲方统计数据要小于中国。根据中国海关总署的统计，2017 年中国首次成为菲律宾最大的贸易伙伴，中菲贸易双边总额为 512.8 亿美元，同比增长 8.5%，其中中国出口额 320.4 亿美元，增长 7.4%，进口额 192.3 亿美元，增长 10.5%，中方顺差额为 128.1 亿美元。2018 年 1～9 月，菲中双边贸易额 221.56 亿美元，占比 16.9%，同比增长 20.9%；菲自中国进口 156.29 亿美元，同比增长 26.3%；菲向中国出口 65.27 亿美元，同比增长 9.8%，菲对中贸易逆差 91.03 亿美元。菲律宾对中国的出口主要是水果、电子产品，进口则主要为生产资料、原材料和半成品。据菲律宾统计署统计，2018 年 1～9 月，菲律宾货物进出口贸易总额 1314.20 亿美元，其中进口额 806.65 亿美元，出口额 507.55 亿美元，中国、日本、美国、韩国、中国香港仍是菲律宾前五大贸易伙伴，中国是菲律宾第一大贸易伙伴、第一大进口来源地、第四大出口目的地。

与以前相比，双边投资特点在 2017 年也有了较大的变化。表现在中国对菲律宾投资的增加，以及菲律宾对中国投资的缩减。该年，中方对菲直接投资额为 5384 万美元，同比增长 67.2%。菲对华投资 500 万美元，同比下降 93.6%。截至 2017 年底，中方对菲累计投资 7.7 亿美元，菲对华累计投资 33.1 亿美元。

随着中菲关系重回正轨，中菲旅游业步入前所未有的热络期。菲律宾政府于 2017 年 8 月推出针对中国团体游客、商人和参会代表的“落地签证”政策，还增加了与中国“主要游客 + 市场”之间的航班，加开广州、厦门、宁波、杭州、南京、无锡和天津等城市飞往菲律宾旅游目的地的包机，使得中菲之间每周往返航班多达 300 架次，中国大陆居民赴菲旅游人数激增。2017 年，中国已经跃升为菲律宾第二大游客来源地，赴菲旅游人数近 100 万人次，同比增长 43.33%。根据菲律宾旅游部数据，2018 年前 7 个月来菲律宾的外国游客人数达430万人次，比2017年同期的392万增加9.74%。韩国依然是其外国游客的第一来源国，紧随其后的是中国、美国、日本及澳大利亚。中国依然是赴菲游客增长最快的国家，总游客人数超过76万人次，比2017年同期增加40%，2018年中国赴菲游客预计将达150万人次。①大量中国游客的到来，使菲律宾有望实现国家旅游发展计划（NTDP）中规定的在2017～2022年接待国际游客总量达到650万人次的目标。

由于中国对外籍劳工实行比较严格的限制制度，因而中菲劳务合作基本上是显现单轨制。杜特尔特执政后希望中国能够开放国门接受菲律宾劳工，尤其是科威特、沙特等中东国家发生了伤害菲律宾劳工（女佣）的恶性事件后。因此，菲律宾呼吁中国接受在世界各地失业的海外菲律宾劳工，以阻止菲劳工在中东遭受的虐待。②据报道，中国已经放宽了对菲律宾人来华工作的限制，中国已经接纳了约2000名菲律宾人在中国当教师。菲律宾海外就业管理署（POEA）署长表示，中国正在向菲国高端人才或“高端旅客”打开大门。随着中国内地对菲律宾女佣需求的增加，可以预见中菲劳务合作将会从单轨制转变为双轨制。

（二）中国对菲律宾的赠予、援助与优惠贷款增加，金融合作取得新进展

在2016年10月杜特尔特第一次访华期间，中国政府承诺提供约160亿美元的援助贷款，用于支持菲律宾的教育、医疗、农业及卫生方案。为支持杜特尔特的反毒禁毒运动，中国向菲律宾政府捐赠约2295万美元以在菲律宾国内建立两座戒毒中心。2017年5月菲律宾南部棉兰老岛马拉维市爆发战事后，中国还对菲律宾赠送了价值达5000万人民币的军火。2017年6月，中国驻菲律宾大使赵鉴华代表中国政府向菲律宾总统杜特尔特提供了1500万比索的人道主义捐助，用于马拉维民众的安置事宜。之后，又提供

① 《赵剑华：习主席访菲具里程碑意义，必将对两国关系未来发展产生深远影响》，菲律宾《世界日报》2018年11月17日。

② 《杜特尔特呼吁中国接纳菲佣》，菲律宾《世界日报》2018年1月28日。

2300万美元现金支持马拉维市的重建，并且捐赠了300万美元机械设备，这是菲收到的第一批援助设备。为落实《中菲经贸合作六年发展规划》，已中断五年之久的中菲经贸联委会在2017年3月召开了第28次会议，中国承诺为总价值为34亿美元的菲律宾灌溉、供水以及铁路基建项目提供资金支持，以对菲律宾老旧的基础设施进行升级，其中2项计划于2017年上半年启动，亦即为缓解马尼拉的交通堵塞问题所兴建的马尼拉市巴石河两岸的两座桥梁，中国向菲律宾提供了9927万美元的援助。菲律宾财政部长多明计斯与中国进出口银行行长刘连舸签署了融资合作协议，进出口银行将为菲两旗舰基础设施项目（卡利瓦大坝项目以及赤口河灌溉项目）提供融资支持。

与此同时，中国与菲律宾两国之间的金融合作有了前所未有的进展。2018年3月20日，中国银行作为牵头主承销商及簿记管理人，协助菲律宾在中国银行间债券市场成功发行14.6亿元的人民币债券，期限3年，票面年利率5.00%。该笔债券是菲律宾进入中国银行间债券市场发行的首只主权熊猫债，也是东南亚地区第一只主权熊猫债券，该笔债券为东南亚地区及更多准备尝试在中国资本市场融资的国际主流发行人建立了样板。2018年10月30日，由中国银行马尼拉分行发起、菲律宾13家当地的主要银行为初始会员在马尼拉组成了菲律宾人民币交易商协会。该协会系在菲律宾中央银行的指导监督下，推动建设两国货币的直接交易市场，实现人民币与菲律宾比索的直接交易兑换。该协会管理的人民币兑菲律宾比索交易市场在11月正式开市交易，用户可与协会会员银行进行人民币与比索的直接兑换，这为中菲两国的企业、个人进行贸易、旅游和投资活动提供了极大便利。①

① 菲律宾人民币交易币商协会是中国境外第一家人民币对当地货币交易的自律性金融组织。交易商协会将通过菲律宾央行，向中国人民银行申请设立菲律宾人民币清算行。菲律宾本地银行可以通过这家清算行，让广大菲律宾工商企业和个人客户在中菲经贸投资往来中享受更优惠的价格、更快捷的清算与结算服务。此前，人民币与比索的兑换需要经过美元。随着人民币交易商协会的成立，未来人民币与比索将实现直接兑换，两国间贸易与投资也可以直接使用人民币进行计价与交易，这预计能为客户减少3%的交易兑换成本，并且使流程更加简便。《菲人民币交易商协会成立》，菲律宾《世界日报》2018年10月31日。

（三）南中国海合作的方式多元化

在中菲两国领导人的引领和共同努力下，中国与菲律宾在南海主权的争端问题上实现了“软着陆”，南海形势日益趋稳向好，中国与菲律宾在中国与东盟框架之内的南海合作日益深入，尤为重要的是中菲两国在南海问题上建立了双边磋商机制（BCM）和海警合作机制。

2016 年 10 月，中菲两国领导人达成共识，就中菲两国涉南海有关问题建立机制性对话平台，以凝聚共识、增信释疑，妥善管控分歧，推动海上务实合作，为最终解决有关争议不断积累条件，并为双边关系的健康稳定发展和各领域务实合作的顺利推进营造良好氛围。为此，中国与菲律宾建立了关于南海问题的双边磋商机制（BCM），至今已举办了三次会议。2017 年 5 月 19 日，中国—菲律宾南海问题双边磋商机制第一次会议在贵阳市举行，双方就涉南海议题进行友好对话磋商。此次会议目的是落实 2016 年 10 月中菲两国领导人达成的重要共识精神，就中菲两国涉南海有关问题建立机制性对话平台；①2018 年 2 月 13 日，第二次会议在菲律宾马尼拉举行，两国南海争议水域联合勘探的可能性是此次会议的热门话题；第三次会议于 2018 年 10 月 18 日在北京举行，双方就当前南海有关问题和各自关切坦诚、友好地交换意见，探讨对双方都有利的处理相关问题的途径，重申继续开展合作，商谈促进互信与信心的措施。双方重申致力于全面有效落实 2002 年《南海各方行为宣言》，并同意与其他东盟国家密切合作，早日就“南海行为准则”达成共识。双方还通过 BCM 下设技术工作组会，就加强海上合作的路径进行了富有成效的交流，相关合作领域涵盖影响南海政治安全的近期发展、海上搜救、海事安全、海洋环保、海洋科研、渔业等。在不影响两国各自关于

① 根据 2017 年 11 月发布的《中华人民共和国政府和菲律宾共和国政府联合声明》，双方认为海上争议问题不是中菲关系的全部。双方重申维护及促进地区和平稳定、在南海的航行和飞越自由、商贸自由及其他和平用途的重要性，根据包括《联合国宪章》和 1982 年《联合国海洋法公约》在内公认的国际法原则，不诉诸武力或以武力威胁，由直接有关的主权国家通过友好磋商谈判，以和平方式解决领土和管辖权争议。

主权、主权权利和管辖权立场的前提下，双方还探讨了海上油气联合勘探和开发合作；第四次会议将于2019年上半年在菲律宾举行，具体时间和地点将通过外交渠道商定。

中国与菲律宾海警在南海进行共同执法的合作正在筹划之中，2017年2月中菲海警海上合作联合委员会成立，双方同意在打击毒品贩运等跨国犯罪、海上搜救、环境保护、应急响应等领域开展多种形式的务实合作。2018年10月9日至11日，中菲海警在广州举行了第二次联合委员会会议，进一步落实《中国海警局和菲律宾海岸警卫队关于建立海警海上合作联合委员会的谅解备忘录》。中菲双方代表在会议上强调，将进一步加强沟通与互信，相互秉持“海警外交”理念，妥善管控分歧，深化合作，将南海建成和平之海、友谊之海、合作之海。[①]

三　中菲关系发展面临的机遇与挑战

在菲律宾总统杜特尔特执政短短两年多的时间里，中菲两国高层沟通频繁，渠道畅通。菲律宾总统杜特尔特三次访华，中国领导人习近平主席、李克强总理访问菲律宾，这是中菲双边关系得以扭转、改善、发展与提升的关键，使得一度因南海争议而深陷僵局的中菲关系全面融冰。

约三年前，菲律宾前总统阿基诺三世为了讨好美国和日本以图获得更多的经援，但又害怕错过由中国主导的亚洲基础设施银行对菲律宾的基础设施建设所带来的潜在的好处，在犹豫一年后终于在截止期的前一天（2015年12月30日）宣布正式签署《亚洲基础设施投资银行协定》，加入由中国牵头的亚投行，成为亚投行57个意向创始成员国中最后一个签署协议的国家。而今，杜特尔特政府一改前政府被动的态度转而积极参与，杜特尔特认为“一带一路”倡议与菲律宾的国家发展计划和菲律宾政府重点发展领域之间存在融合点，中菲双方应该加强“一带一路”倡议与“菲律宾雄心2040”

① 《中非海警将在南海进行执法合作》，菲律宾《世界日报》2018年10月14日。

战略对接。[①]“一带一路”倡议将会拓宽菲中经贸交往，造福菲律宾人民。尤其是菲律宾改善基础设施的需求很大，这是中国和菲律宾之间利益一致的合作领域。2017 年 3 月，在汪洋副总理访菲期间，中菲双方正式签署了《中菲经济合作六年发展规划（2017～2021）》，两国将在农业、渔业和林业、能源、工程服务、产业园区开发、信息和通信技术、基础设施和公共工程、矿业、制造业、旅游和电子商务等重点领域展开合作。

2018 年 11 月 20 日至 21 日，中国国家主席习近平对菲律宾进行国事访问。菲律宾总统杜特尔特表示，习近平主席访菲是中国国家主席 13 年来首次到访，具有历史性意义，是两国关系的重要里程碑，它掀开了两国伙伴合作的新篇章。[②]习近平主席访菲期间两国发布了联合声明，在很多方面达成了共识，涉及安全、发展、人文三大领域，其中最为瞩目的内容包括中菲两国决定在相互尊重、坦诚相待、平等互利、合作共赢的基础上建立全面战略合作关系。双方就南海问题交换了意见，认为南海争议不是中菲关系的全部，不应影响双方其他领域互利合作，但同时双边保持自我克制，不采取使争议复杂化、扩大化和影响和平与稳定的行动，最大限度地发挥并加强既有的防务和海警对话联络机制作用，及时应对海上突发情况。两国签署了《共建“一带一路”合作谅解备忘录》、《中华人民共和国政府与菲律宾共和国政府关于油气开发合作的谅解备忘录》、加强两国的军队关系共同执行好两国《防务合作谅解备忘录》等合作倡议，并加强两军在反恐、人道主义救援、减灾、维和等领域务实合作。

习近平主席访菲期间中菲两国签署的 29 项合作文件及授牌仪式清单几乎涵盖了杜特尔特执政期间试图解决的大部分难题，成为兑现其“促增长、减贫困、振兴制造业、推动经济转型，实现就业本地化”竞选诺言的支柱。

---

① 杜特尔特总统执政后提出“菲律宾雄心 2040”（Ambition Nation 2040）计划，试图到 2040 年时消除贫困，特别是实现就业本地化，减少民众外出务工，并让大多数民众进入中产阶级。为了实现这些目标，菲律宾政府将农业、制造业作为首要发展领域，将改善基础设施作为实现以上目标的第一要务。

② 2015 年 11 月，习主席曾出席在菲律宾马尼拉举行的亚太经合组织第二十三次领导人非正式会议。

在经济合作方面，中菲两国将继续落实好《中菲经贸合作六年规划(2017～2022)》，在促进双边经贸合作和双向贸易平衡的同时推动双边贸易和投资更多使用本币结算，加强两国海关交流合作，促进经贸活动便利化；加速落实《中菲工业园区合作规划》，推动中国企业对菲律宾投资；为菲律宾政府推动的“大建特建”基础设施战略中的重点项目提供各种形式的优惠贷款、无偿援助、优惠出口买方信贷、开发性商业贷款、多边机制下融资安排，确保项目的顺利执行，其中包括赤口河灌溉、马尼拉巴石河桥梁等项目早日完工，加速推动卡利瓦大坝、平安菲律宾一期、南北铁路南线等。与此同时，中菲将加强劳务就业领域合作，正式落实菲律宾英语教师在华工作安排。此外，双方还将共同落实好《中菲文化合作协定 2019～2023 年执行计划》，鼓励两国文化机构和团组加强交流合作，中方将启动在菲律宾设立中国文化中心等。

尽管中国与菲律宾关系已经步入良性循环，但由于菲律宾政坛风云诡异，族群关系复杂，亲美势力强大，带有菲律宾特色的西方民主，使得非政府组织的力量也具有较大的能量。因此，中菲关系的急剧升温必然伴随着妄图阻挠两国关系正常发展的杂音。2019 年 5 月菲律宾将举行中期选举，改选菲律宾参议院的 12 个席位和众议院的全部 291 个席位，在地方还涉及全国 80 个省的正副省长、143 个城市的正副市长、省市级议员和乡镇负责人，此次选举系事关此届政府能否继续延续其政纲的关键。前任总统阿基诺三世呼吁在野政治势力为参加 2019 年参议员选举的自由党员拉票，以加强对杜特尔特现政府的制衡。因此，杜特尔特政府能否在参、众两院，尤其是参议院竞选中具有多数的掌控权尤其重要。菲律宾中期选举的结果会对杜特尔特能否继续执行其“亲中”政策带来影响。

B.12
近年泰国经济形势与发展趋势

刘才涌*

摘　要：　自2014年以来，泰国经济形势好转，GDP增长率稳步提升。然而，与东盟其他国家相比，泰国经济表现差强人意。本文试图以国际政治经济学的视角，就21世纪以来泰国的他信体制与两次政变的“文人政权与军事政变”轮换的“恶性循环”予以探讨，并预测未来泰国经济的走势。

关键词：　泰国　宏观经济　发展趋势

自2014年5月巴育上将掌权以来，泰国军政府已执政4年多。在巴育政府治理下，泰国经济筑底企稳、经济形势好转，经商环境改善，经济增长率逐年攀升。2017年泰国经济增速达到3.9%，是2013年以来的最快增长速度。不过，泰国经济状况的改善受困于政治改革，难以恢复他信政府时期的经济快速增长。

一　泰国宏观经济运行状况分析

近年来，在巴育政府治理下，泰国国内经济逐渐企稳，延续了稳定增长的态势。2014～2017年，泰国GDP增长率分别为1.0%、3.0%、3.3%、3.9%，尤其是2017年泰国经济增长率又一次攀新高，全年GDP季度增长

* 刘才涌，厦门大学东南亚研究中心助理教授，经济学博士。

率呈现“低开高走”的喜人势头，四季度的经济增长率分别是3.2%、3.0%、4.0%、4.7%。

（一）支出法衡量的GDP增长及其构成

以支出法衡量的GDP由消费、投资和净出口三部分构成，它从总需求的角度反映了一国经济的整体表现。根据泰国经济与社会发展委员会（NESDB）2018年第一季的数据，2017年泰国GDP的三大部分构成分别是，消费占GDP的66.2%，投资占23.4%，净出口占10.4%。消费、投资和净出口对GDP的贡献率分别是37.5%、67.3%和-4.9%，拉动GDP增长1.5、2.6和-0.2个百分点。消费和投资是2017年泰国经济增长的两大动力，且投资的拉动力最大。与上年相比较，2016年消费和净出口是泰国经济增长的两大动力，而投资却是拖累因素。

国内消费是泰国GDP构成中最大的部分，它包括私人消费和公共消费两部分。其中，私人消费在泰国GDP中的比重超过50%，但近年占比持续走低。2017年私人消费占泰国GDP比重为51.1%，是巴育执政四年来的最低值。不过，2017年私人消费同比增长3.2%，却是近4年来的最高值，拉动GDP增长1.4个百分点。2017年公共消费在泰国GDP中的比重是15.1%，同比增长0.5%，是近4年的最低增幅，拉动GDP增长0.1个百分点。

国内投资包括固定资本形成和存货两部分，它是推动泰国GDP增长的重要部分。2017年，国内投资占泰国GDP的比重达到23.4%，较2016年21.3%提高了2.1个百分点，逆转了自2013年以来的持续下降势头，拉动GDP增长2.4个百分点。2017年固定资本形成同比增长0.9%，较2016年的2.8%大幅下降。其中，私人投资增长1.7%，较2016年的0.5%大幅提高，而公共投资增长为-1.2%，较2016年的9.5%大幅下降。2017年存货大幅增加，结束了巴育政府治理下连续3年的“去库存”潮，对GDP增长的贡献率达到62.%，拉动GDP增长2.4个百分点。

泰国属于高度外向型经济，进出口贸易是泰国经济的生命线。1998

年泰国对外贸易实现顺差，逆转了之前连续多年的贸易逆差。1998～2017年，除了2005年是逆差外，其余年份泰国均实现贸易顺差，泰国经济增长依靠贸易来推动的特征十分明显。1999年，泰国对外贸易依存度（对外贸易额占GDP的比重）突破100%，此后泰国对外贸易依存度持续增长，2011年达到160%的高点。巴育政府执政的2014～2017年，泰国对外贸易依存度有所下降，4年的数值分别是150%、146%、143%和145%。自2006年以来，出口对泰国经济增长的拉动作用呈现放大的趋势，净出口占GDP的比重上升至两位数，巴育政府执政的2014～2017年该指标分别是7.7%、8.6%、11.1%和10.4%。2017年泰国出口增长5.5%，是2016年2.8%的近2倍，进口增长6.8%，较2016年的-1.0%大幅回升，但净出口额较2016年大幅减少，净出口对2017年GDP增长贡献率为负。

（二）生产法衡量的GDP增长及其构成

以生产法衡量的GDP通常包括农业、工业及服务业三大部门，它是从总供给的角度反映一国经济总体生产的增长及其构成。自2010年工业在泰国GDP中的比重达到39.7%的高点以来，泰国经济农业与工业比重持续下降、服务业比重持续上升的特征十分突出。与2010年比较，2017年农业、工业及服务业在泰国GDP中的比重分别由7.3%降至6.2%、39.7%降至35.5%、53%升至58.3%。服务业在GDP中所占的比重大小通常是衡量一个国家经济发展水平高低，以及是否进入发达国家行列的一个重要指标。泰国作为人均GDP不到6000美元的中等收入国家，服务业在GDP中的比重接近60%是比较罕见的现象。

农业是泰国经济的基础，也是泰国具备比较优势的领域。不过，随着经济发展，农业在泰国GDP中的比重一直在下降，2015年降至7%以内。2017年，泰国农业产值增长6.2%，逆转了之前3年的连续负增长，对GDP的贡献率为9.4%，拉动GDP增长0.4个百分点，农业成为2017年泰国经济的一大亮点，农业在GDP中的比重也由2016年的6.05%升为6.18%。

泰国的工业包括矿业、制造业、水电气供应业和建筑业，其中制造业是泰国工业的核心，产值占到工业产值的2/3以上。2010～2013年，泰国制造业占GDP的比重连续下降，由2010年的31%降至2013年的28.8%，下跌2.2个百分点。2014年巴育政府上台后，泰国制造业在GDP中的比重继续下滑，2017年泰国制造业占GDP的比重为27.3%，创下1997年亚洲金融危机后的最低值，较2014年的28.5%下跌了1.2个百分点。近些年，泰国经济表现出早熟型的“去工业化”特征。2014～2017年，泰国制造业产值年增长率分别为0.1%、1.7%、2.3%和2.6%。在巴育政府的治理下，泰国制造业虽逐年改善，但增速均落后于同期的GDP增速。2017年，工业对GDP的贡献率为14.8%，仅拉动GDP增长0.6个百分点。

泰国的服务业包括批发零售、交通仓储与通信、房地产等10个行业，近年来泰国的服务业发展较快。2017年泰国服务业产值增长5.3%，对GDP贡献率达到75.8%，较上年74.8%提高一个百分点，拉动GDP增长2.97个百分点，泰国经济主要依靠服务业的特征进一步凸显。泰国服务业产值又高度集中在批发零售、交通仓储与通信、房地产、金融中介和旅馆餐饮的五大产业。2017年，这五大产业产值增速分别是6.3%、7.3%、4.6%、4.8%和8.5%，远超其他服务产业、制造业及泰国GDP的增速，五大产业产值合计占到泰国GDP的70.2%，较2016年的67%提高3.2个百分点，拉动GDP增长2.75个百分点。

二　泰国宏观经济平稳增长的原因分析

自2014年5月巴育政府执政以来，巴育政府已完成了一个民选政府4年一届的任职周期了。在军政府的强力压制下，泰国政局4年来保持了平稳态势，为泰国经济企稳、复苏与稳定增长提供了基本保障。2017年泰国GDP增长3.9%，从总需求角度来看是源自私人消费的改善和私人投资的信心恢复；从总供给角度来看是源自服务业的持续大幅改善。

（一）从总需求角度分析

1. 私人消费持续改善

2017年，泰国私人消费增速为近4年的最高值，国内私人消费持续改善的一个主要原因是消费者信心持续回升。2014年5月，巴育上台执政，泰国政局迅速稳定，消费者信心随之快速回升，从2014年4月的年度最低分67.8一路快速攀升，在12月达到年度最高分81.1。半年左右的执政蜜月期结束后，消费者信心开始一路下跌，到2015年9月跌至72.1的年度最低分。从2016年下半年开始，消费者信心进入波浪式的逐步回升通道中。2017年12月，消费者信心升至79.2的年度高分。进入2018年，消费者信心持续稳定回升，4~7月都在80分以上，7月达到82.2分，创下2013年以来的新高（见图1）。此外，出口增加、旅游业增长和农产品价格回升，支撑了消费者信心的回升。[①]

如图1所示，泰国消费者信心还在信心不足区间（低于100分），仍未

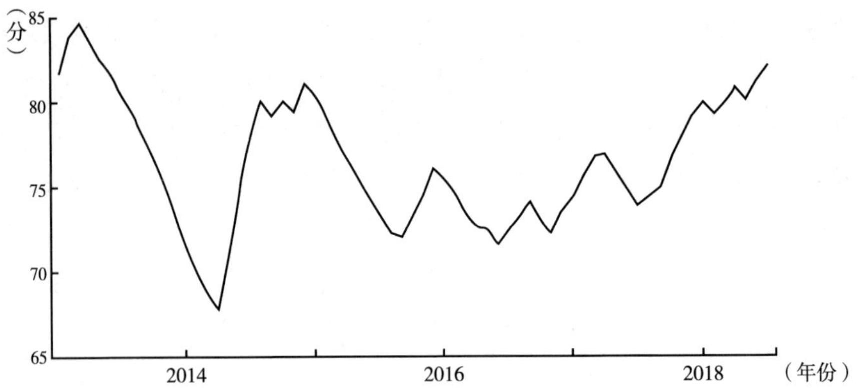

图1　2014~2018年泰国商会大学公布的消费者信心指数

资料来源：Tradingeconomics. com，University of the Thai Chamber of Commerce.

① 《6月消费者信心指数创新高》，泰国《星暹日报》2018年7月8日。

回升到正常水平（高于100分）。其中，家庭债务过高是抑制消费的重要原因，泰国家庭债务占GDP的比重接近80%（见图2）。[1]同时，消费者对泰国国内政治局势、国际贸易战及农产品价格的担心，也阻碍了消费的增长。[2]

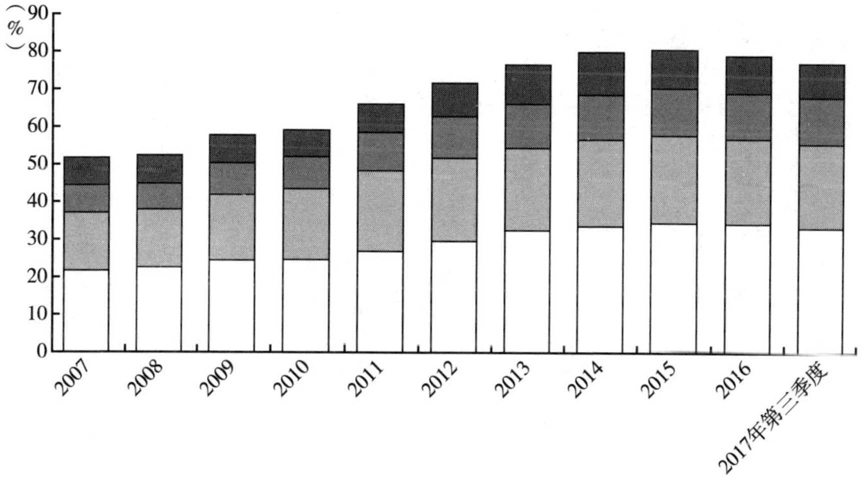

图2　2007～2017年泰国家庭负债状况

资料来源：Bank of Thailand，CEIC Data Analytics，and IMF staff calculations.

2. 私人投资的信心有所恢复

泰国作为东盟国家的汽车工业基地，过去是外资进入东盟国家的理想生产基地，私人投资活跃。在政局平稳的年份，泰国私人投资往往有较高的增长幅度，例如2002～2005年私人投资同比增长率分别达到10.9%、19.6%、19.6%和13.6%，2010～2012年增幅分别是16.7%、9.5%和11.8%。2017年泰国私人投资增长1.7%，增幅很小，却是自2013年以来的最大增幅。2018年首季，泰国制造业复苏的产能利用率达到了72.4%，是过去5

---

① IMF，Thailand's Economic Outlook in Six Charts，June 8，2018，https：//www.imf.org/en/News/Articles/2018/06/07/NA060818-Thailands-Economic-Outlook-in-Six-Charts.

② 《燃料价格趋稳，消费者信心指数缓升》，泰国《世界日报》2018年7月5日。

年来的新高。其中21个子产业中，产能利用率超过75%的仅有8个，分别是制糖（134.1%）、塑料与合成橡胶（98.5）、汽车（93.4%）、炼油（88.1%）、金属加工与储存（86.3）、摩托车（80.2%）、计算机及外围设备（80.1%）和电子组件与主板（76.2%）。一般来说，产能利用率低于75%被视为产能严重过剩，产能过剩显然抑制了私人投资的增长。因此，尽管泰国私人投资信心有所恢复，但还远未恢复到正常水平。

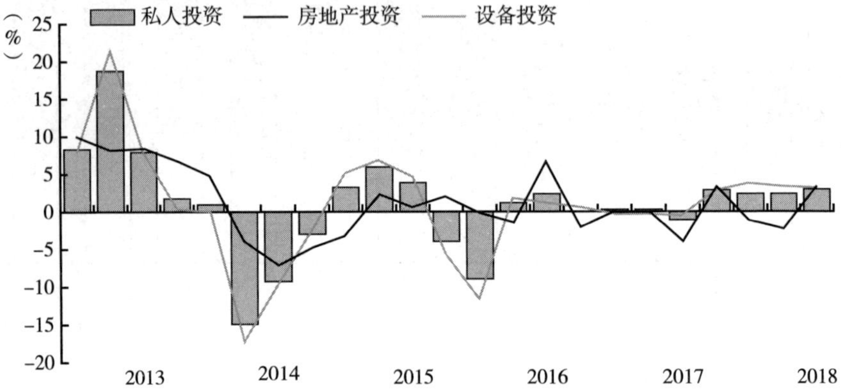

图3 2013～2018年泰国私人投资增长

资料来源：Office of the National Economic and Social Devlopment Board（NESDB），Thailand.

（二）从总需求角度分析

从总需求角度看，泰国经济增长越来越依靠服务业的增长。自2014年巴育政府执政以来，服务业一直是泰国GDP增长的主要贡献者，泰国经济对服务业的依赖程度加深，呈现去实（制造业）趋软（服务业）的特征。2014～2017年，服务业对GDP的贡献率分别是102.3%、80.4%、74.8%和75.8%。其中，批发与零售、交通与通信、房地产、金融、酒店与旅馆是泰国服务业中的主要产业。2017年，这五大产业产值增速分别是6.3%、7.3%、4.6%、4.8%和8.5%，远超其他服务产业、制造业及泰国GDP的增速，五大产业产值合计占到泰国GDP的70.2%，较2016年的67%提高

3.2个百分点，拉动GDP增长2.75个百分点。可以看出，近年来泰国经济的一大特征，即经济增长靠服务业，而服务业又高度集中于上述五大产业。

国际货币基金组织（IMF）认为，旅游业是泰国经济增长和保持经常账户大量盈余的主要推动力。旅游业在GDP统计时并未单独列出，其产值分别分布在酒店与旅馆、交通与通信、批发与零售等产业。2017年泰国旅游业达到2.75万亿铢，其中，吸引国际游客数量达到3538万人次，较2016年增长8.77%，国际游客带来的旅游收入达到1.82万亿铢。[①]世界旅行与旅游理事会（World Travel & Tourism Council）的研究报告显示，2017年旅游业对泰国GDP的总贡献率达到21.2%，高于2016年的20.8%，泰国经济对旅游业特别是国际游客的倚重十分明显。[②]

三　泰国经济表现仍差强人意

在巴育政府的治理下，泰国经济逐年走强，元气有所恢复。不过，“事实上，在过去10年里，泰国经济增长率滞后于大多数的邻国”，“由于长期低增长率，泰国GDP很可能在未来几年内被马来西亚超越”，泰国将被挤下东盟第二大经济体的位置。[③]2013～2017年，泰国GDP增长率在东盟十国中基本上属于倒数第二的位置。21世纪头五年，泰国在东盟经济中保持接近20%的稳定份额，其中最高份额是2004年的19.9%。自2005年后，泰国在东盟经济中的地位就持续下降，其中2016年滑落至16%的新低（见表1）。

---

① Thai Tourism on rise 25 Jan 2018 at 04：00 2 comments Newspaper Section：Life ｜ Writer：Karnjana Karnjanatawe，https：//www.bangkokpost.com/travel/in-thailand/1401686/thai-tourism-on-rise.

② Travel & Tourism Economic Impact 2018 Thailand，https：//www.wttc.org/-/media/files/reports/economic-impact-research/countries-2018/thailand2018.pdf.

③ Thailand steadily slipping behind its neighbours*opinion August 11，2017*，By The Nation，http：//www.nationmultimedia.com/detail/opinion/30323482.

表 1　2012～2017 年东盟国家 GDP 增长率

单位：%

东盟国家	2012 年	2013 年	2014 年	2015 年	2016 年	2017 年
文　　莱	0.9	-2.1	-2.5	-0.4	-2.5	1.3
柬 埔 寨	7.3	7.4	7.1	7.0	6.9	6.8
印　　尼	6.3	5.6	5.0	4.9	5.0	5.1
老　　挝	7.9	8.0	7.6	7.3	7.0	6.9
马来西亚	5.5	4.7	6.0	5.0	4.2	5.9
缅　　甸	7.3	8.4	8.0	7.0	5.9	6.8
菲 律 宾	6.7	7.1	6.1	6.1	6.9	6.7
新 加 坡	3.9	5.0	3.6	3.0	2.4	3.6
泰　　国	7.2	2.7	1.0	3.0	3.3	3.9
越　　南	5.2	5.4	6.0	6.7	6.2	6.8
东　　盟	6.2	5.2	4.7	4.8	4.8	5.3

资料来源：东盟秘书处（https：//asean.org/）。

印尼和泰国是东盟的前两大经济体，都曾在推动东盟区域经济自由化和一体化上发挥核心国家的作用。2001～2005 年，泰国前总理他信在位时，泰国经济增长较快，是推动东盟区域经济自由化和一体化的核心国家。同期，印尼在东盟经济总量中的份额约为32%，泰国落后印尼约12%的份额，泰国经济总量约为印尼的60%以上。然而，2014～2017 年，印尼在东盟经济总量的份额上升至36%，而泰国下滑至16%，一升一降，泰国落后印尼约20%的份额，泰国经济总量仅为印尼的45%。与此同时，东盟中的菲律宾经济总量大有赶上泰国的趋势。2016 年菲律宾 GDP 占东盟 GDP 的比重接近12%，仅落后泰国约4 个百分点（见表2）。

表 2　2000～2017 年东盟十国在东盟经济总量中所占比重

单位：%

东盟国家	2000 年	2001 年	2002 年	2003 年	2004 年	2005 年	2006 年	2007 年	2008 年
文　　莱	1.05	1.02	0.95	0.94	1.00	1.09	1.09	0.98	0.99
柬 埔 寨	0.58	0.65	0.63	0.60	0.61	0.65	0.62	0.62	0.64
印度尼西亚	28.18	28.52	31.10	33.05	32.12	32.03	34.07	33.82	34.49
老　　挝	0.27	0.29	0.27	0.29	0.30	0.31	0.34	0.34	0.37

续表

东盟国家	2000年	2001年	2002年	2003年	2004年	2005年	2006年	2007年	2008年
马来西亚	15.81	16.28	15.83	15.31	15.39	15.28	14.45	14.38	14.74
缅甸	1.61	1.22	1.14	1.56	1.40	1.42	1.44	1.67	2.13
菲律宾	12.72	12.46	11.89	10.86	10.50	10.62	10.51	10.74	10.72
新加坡	15.05	14.59	13.44	12.55	13.12	13.13	12.71	12.95	11.87
泰国	19.84	19.66	19.63	19.71	19.86	19.51	19.07	18.92	17.99
越南	4.89	5.31	5.13	5.12	5.69	5.94	5.71	5.58	6.07
东盟国家	2009年	2010年	2011年	2012年	2013年	2014年	2015年	2016年	2017年
文莱	0.74	0.69	0.81	0.78	0.72	0.68	0.53	0.44	0.46
柬埔寨	0.65	0.57	0.56	0.58	0.61	0.66	0.74	0.79	0.81
印度尼西亚	36.15	38.10	38.87	37.81	36.48	35.20	35.11	36.32	36.77
老挝	0.40	0.38	0.39	0.42	0.48	0.52	0.59	0.62	0.62
马来西亚	13.08	12.87	12.98	12.94	12.87	13.36	12.09	11.55	11.39
缅甸	2.38	2.50	2.61	2.46	2.39	2.59	2.43	2.46	2.41
菲律宾	10.55	10.07	9.76	10.29	10.82	11.24	11.94	11.88	11.35
新加坡	12.04	11.93	12.02	11.96	12.12	12.31	12.40	12.06	11.73
泰国	17.64	17.21	16.15	16.36	16.73	16.09	16.37	16.04	16.49
越南	6.36	5.69	5.86	6.40	6.79	7.34	7.81	7.84	7.98

资料来源：东盟秘书处（https://asean.org/）.

四　泰国政经形势发展的前景

一般说，国际政治经济学主要研究国际体系中的经济要素（包括资本、技术、劳动力以及信息）的跨国流动对国际体系、国家与国家之间的关系，以及国家内部政治结构和过程的影响，反之亦然。国际政治经济可以理解为通过研究国际层面的国家、社会与经济的关系来探讨由国家为主组成的国际政治体系怎样影响国际经济事务，重点在于研究国家系统与国际市场的互动。与国际政治经济学相对，比较政治经济学的研究重点是国内，它是通过比较不同国家或同一国家不同时期的政府、利益集团和市场的关系来探讨国家怎样管理经济事务。

1932年泰国发生政变，结束了曼谷王朝150年的君主专制制度，进入君主立宪制的时代。怀亚特认为，泰国历史从1932年开始围绕着军人而发展，军人在1932年后的泰国发展历史中扮演重要角色。[①] 20世纪80年代末90年代初，席卷全球的第三波民主浪潮同样影响了泰国政治。1991年发动政变并于1992年走上前台担任政府总理的军人领袖素金达，遭遇到曼谷民众大规模的抗议，在普密蓬国王的调停下，辞职下台流亡国外。素金达的下台，一度被视为军人在泰国政治舞台消退的标志，“在用鲜血谱写的民主潮流的冲击下，军人专制已成为过街老鼠”。[②]泰国自此进入民主新时期，军人发动政变被视为背离民主原则而不再具有合法性。

进入21世纪后，以他信为首的代表新兴产业利益集团的政治势力异军突起。他信树立的“新思维，新做法”的全新形象，颠覆了泰国民众心目中传统政客的形象，契合了泰国民众仍处于1997年亚洲金融危机下希望政治求变的愿望。他信创立的泰爱泰党一举成为2001年大选的最大赢家。21世纪以来至今，追随他信思想与执政理念的政党均在大选中赢得胜利。在经济上，他信奉行自由市场经济思想，带领泰国积极参与经济全球化，推动泰国企业、商品和劳动者国际竞争力的提升，实现泰国经济快速增长；在政治上，推行照顾以农民为代表的底层百姓的草根主义民惠政策，获得底层百姓的高度支持。在他信任内，泰国经济表现在东南亚可谓一枝独秀：率先从亚洲金融危机中走出，提前两年还清IMF的贷款，2002~2005年GDP年增长率达到5%~6%，财政收支首次实现平衡，泰国成为东盟区内推动经济自由化和区域一体化的核心国家。

然而，2006~2014年的8年期间，泰国发生了两次军事政变，完全背离了泰国自1992年以来形成的民主潮流和民众共识，更断送了他信政党执政下经济快速增长的机遇，泰国在东盟区域内的经济地位持续滑落。在亚洲，泰国军队与王室的联盟是所有君主立宪制国家中所独有的现象。面对二者的结盟，任何强大的民选政府都显得渺小和微不足道。如果民选政府触犯

① 戴维·K. 怀亚特：《泰国史》，郭继光译，中国出版集团东方出版中心，2009，第235页。

② 段立生：《泰国通史》，上海社会科学出版社，2014，第260页。

了这种联盟的利益，失败的只能是政府。至少从近期内，看不到这种联盟解体的任何可能性。①如果把泰国政权简单分为文人政权与军人政权，人们会发现自1932年开始的“泰式民主”始终未找到符合泰国国情的发展道路，而是陷入“文人政权与军人政变”之间不断转换的“恶性循环”。民选的文人政府触犯军队与王室的联盟就意味着面临军方政变的风险，这是从利益集团冲突的角度和分析框架来探讨泰国的政治经济秩序。

21世纪以来，泰国的政治经济秩序发生了重大变化。一方面，亚洲金融危机爆发重创了泰国原有的政治秩序，《1997年宪法》的诞生，标志着泰国政治告别以往“小党林立、军人幕后操纵”的特征。另一方面，以他信为代表的新兴企业利益集团登上政治舞台，他信把源自西方的“自由市场经济思想”极力推广至泰国的方方面面。21世纪以来，泰国正处于自由市场与社会保护的（double movement）或双重运动之中，并由此引发政治冲突以致两次军事政变。

当前，泰国仍处于双向运动所引发的政治冲突时期。一方面，经济自由化和经济全球化处于停滞甚至倒退的境地。泰国政治即使顺利回归民选政治，追随他信思想的为泰党缺乏推动自由市场经济的外部有利条件和动力，也就说，即使为泰党赢得选举胜利并上台执政，也难以实施积极的自由市场思想的经济政策，这就意味着因经济自由化和经济全球化带来的对泰国王室、军方、官僚等传统泰国强势阶层的利益冲击是有限的。另一方面，巴育政府4年来不断重新制定有利于军方与王室的政治游戏规则，并大力削弱追随他信的政党及相关势力。因而，在新的政治游戏规则下，追随他信的为泰党短期内难有作为。一旦巴育在2019年后被选为民选政府的总理，在新的政治游戏规则下能确保稳定的政局，则巴育政府将积极欢迎包括中国、日本等外部大国参与泰国经济，扩大外资力量在经济领域的影响力，并且限制和约束以他信为代表的泰国新兴企业集团在泰国经济中的影响力。在外部力量带领下，泰国有望重现20世纪80年代的经济快速增长的繁荣景象。

---

① 宋清润、张锡镇：《泰国民主政治论》，中国书籍出版社，2013，第342页。

B.13

越南的自由贸易协定及其效应

李　果*

摘　要： 自20世纪90年代以来，越南积极参与到区域经济一体化进程中。目前，越南已签署13项自由贸易协定（FTA），并还有多个FTA正在进行谈判或可行性研究中，越南已基本上与其重要的贸易伙伴国达成了自贸协定，成为东盟国家中追寻FTA最活跃的国家之一。因此，对当前越南参与FTA的现状、原因及其效应的分析，对于我国进一步调整自贸区战略，进一步发展中越两国的经贸合作具有重要的现实意义。

关键词： 越南　自由贸易协定（FTA）　经济效应

近年来，越南积极参与双边或多边自由贸易协定（FTA）谈判，成为东盟中追寻FTA最活跃的国家之一。目前，越南正在谈判中和已达成的各类自由贸易协定共有16个，涵盖了越南的主要贸易伙伴国。这些自由贸易协定的签署改善了越南对外经济关系，提升了越南的国际地位。同时，越南签署自贸协定也倒逼国内的经济开放与革新，促进越南社会经济的发展与变革。

一　越南签订自由贸易协定的现状

越南参与区域经济一体化和签署自由贸易协定（FTA）的历程，大致可

* 李果，厦门大学东南亚研究中心世界经济专业研究生。

以分为三个阶段。第一阶段是1995年加入东盟后，越南按照“共同有效关税优惠计划”（CEPT）进行了降税，并于1996年加入东盟自由贸易区（AFTA）；第二阶段是2004年以来以东盟成员国的身份，陆续加入东盟与其他重要伙伴（中国、韩国、日本、印度、澳大利亚、新西兰）的自由贸易协定中；第三阶段是2011年以后单独与智利、韩国、欧亚经济联盟、欧盟等达成自由贸易协定。目前，越南共签署13项自由贸易协定，其中10项已生效（见表1）。目前，越南正在开展中的自由贸易协定主要有11个，其中有3个正在谈判中，分别是越南—欧洲自由贸易联盟自由贸易协定、区域全面经济伙伴协定（RCEP）、越南—以色列自由贸易协定。

表1 越南自由贸易协定（FTA）缔结情况

序号	已签署的自由贸易协定	英文简写	签署日期	生效日期
1	东盟自由贸易协定	AFTA	1992年1月28日	1993年1月1日
2	中国—东盟全面经济合作协议	ACFTA	2004年11月29日	2005年7月1日
3	东盟—韩国自由贸易协定	AKFTA	2006年8月24日	2007年6月1日
4	东盟—日本全面经济伙伴关系协议	AJCEP	2008年4月14日	2008年12月1日
5	日本—越南经济伙伴协定	VJEPA	2008年12月25日	2009年10月1日
6	东盟—澳大利亚和新西兰自由贸易协定	AANZFTA	2009年2月27日	2010年1月1日
7	东盟—印度全面经济合作协议	AIFTA	2009年8月13日	2010年1月1日
8	越南—智利自由贸易协定	VCFTA	2011年11月11日	2014年1月1日
9	越南—韩国自由贸易协定	VKFTA	2015年5月5日	2015年12月20日
10	越南—欧亚经济联盟自由贸易协定	VN - EAEU FTA	2015年5月29日	2016年10月5日
11	越南—欧盟自由贸易协定	EVFTA	2015年12月2日	—
12	东盟—香港自由贸易协定	AHKFTA	2017年11月12日	2019年1月1日
13	全面与进步跨太平洋伙伴关系协定	CPTPP	2018年3月8日	—

资料来源：根据 The International Trade Advisory Committee（INTAC）（http://wtocenter.vn/）整理。

20世纪90年代后，越南积极参与区域经济一体化进程，与主要贸易伙伴国签署自由贸易协定，究其原因，主要是以区域贸易自由化潮流的蓬勃兴起为国际背景，周边地区和国家贸易自由化引发的示范效应和竞争效应，尤其是越南革新开放后对外经济战略调整、国内产业结构转换和经济体制改革的需要，以及政治、安全战略等非经济方面的考量。

从国际经济环境看，贸易自由化是当今世界发展的主流趋势，世界贸易组织（WTO）一直致力于推动多边贸易体制的建立。2001年，世界贸易组织展开了多哈谈判，致力于达成一个全球统一的贸易协定。随着WTO成员数量不断增多，协调难度也日益增加，注定了多边贸易体制的建立会是一个漫长而曲折的过程。由于发达国家和发展中国家在农业问题上始终无法达成一致，使多哈谈判屡次受阻且进展缓慢。在多边贸易体制建立困难的情况下，世界各国另辟蹊径，逐渐抛开WTO以达成区域贸易协定推动贸易自由化。区域贸易协定一般是地缘相近、经济联系比较紧密的国家之间自愿达成，谈判主体的减少使得多边或双边谈判容易达成一致的规则和承诺，因此在多边贸易谈判进展缓慢的情况下，世界各国都以区域贸易协定为优选，加快谈判步伐，以占据区域经济一体化进程中的领先地位。美、欧、日三个主要经济体竞相建立自己的FTA网络，东亚地区众多国家也迎头赶上，出现了WTO外区域性贸易协定热的局面。

从区域和周边国家FTA发展状况看，进入20世纪90年代后，亚洲地区兴起了FTA缔结的浪潮，中国、日本、韩国和新加坡均纷纷缔结FTA，对越南参与FTA产生了示范效应。近几年，以东盟为主体构建FTA进入瓶颈期，几乎没有与区域外经济体达成自由贸易协定，因而原来越南单纯以东盟成员国的身份参与FTA的方式已不适应开放与革新的进程。在东盟国家中，以新加坡为代表，不满足于东盟缓慢的FTA进程，从2001年开始构建自己的FTA网络，目前拥有亚洲最广大的自由贸易协议网络，新加坡积极的FTA策略为东盟其他成员国参与FTA建设起到了示范作用。因此，越南在参与以东盟为主导的自由贸易协定的同时，积极寻求与区外国家或集团签署双边或多边FTA。此外，自美国退出TPP后，虽然其余11国在TPP基础上达成了新的CPTPP，但新协定生效时间充满不确定性。在区域贸易自由化实质进展缓慢的情形下，越南独自展开双边或多边FTA的构建是其最优选择。

从越南国内的革新开放进程看，参与自由贸易协定是越南对外经济战略调整的需要。自1986年越南提出了“革新开放”政策后，对外经济战略作出了全新的改革和调整。1988年，越共政治局提出了“广交朋友、少树敌”的对外战略思想。越共六大后，越南在苏联、西方国家和中国之间寻求战略平衡，提出要改善同西方国家的关系，缓和与中国的关系。1991年，越共七大进一步调整对外政策，提出“越南愿意与世界上所有国家成为朋友”的外交方针，主动参加国际组织，积极争取加入东盟。1996年，越共八大正式提出了“多元化和全方位”的对外战略，2001年越共九大、2006年越共十大进一步完善和丰富了这一新的对外战略，越南更加积极主动地参加国际和区域组织。1995年越南加入东盟，1996年成为亚欧合作组织的成员国，1998年成为亚太经合组织成员，2007年加入WTO。2011年越共十一大后，越南对外战略强调“积极主动地融入国际”，而不只是融入“国际经济”，加强了与大国的外交，推动与各伙伴国关系的发展，签署了多项自由贸易协定。2016年，越共十二大基本沿袭了十一大的提法，继续采取大国平衡战略，进一步推动和深化与各国的政治经济合作，积极展开自由贸易协定谈判。

从越南经济发展与结构调整看，参与自由贸易协定将助推国内经济的革新与开放。越南的工业化水平不高，仍以劳动主导型工业为主，其丰富低廉的劳动力虽然创造了一定生产能力，但其产品多数销往国外市场，对外依存度较高，越南参与FTA可以促其更快融入全球经济体系，从而可开辟更大的国际市场空间，保持对外贸易的持续增长，提振本国经济。同时，参与FTA能有效改善营商环境，增加对海外投资者的吸引力。另外，越南属于外向型经济，大量依靠进口原材料，进行加工贸易产品生产，出口产品多为工业初级产品和资源初级产品。越南签署FTA，清除贸易、服务、技术领域的壁垒，加快了自贸区内商品、资本、技术等生产要素的流动，借助FTA可以与先进国家进行产业合作，帮助越南引进资本、技术与管理，提高出口产品附加值和质量，促进工业制造能力的提升。越南在实施“革新开放”后，国内经济保持了持续和快速的增长势头，成为新兴市场的热点国家。但是，近年来越南劳动力成本逐步上升，劳动力优势的逐步减弱，加上全球经济持续低迷带来的出口压力，让越南政府意识到，只有以更大的力度推进改革，尤其是推进国有企业改革，迫使越南企业增强竞争力，越南才能在国际市场立足，为“越南制造”赢得更为广阔的市场。参与自由贸易协定后，国外企业和进口产品的进入将倒逼越南国内企业进行技术和管理升级，政府相关职能部门也将加快体制改革和政策调整以完成自贸协定的承诺。

此外，越南积极参与 FTA 不仅出于经济利益的考虑，还存在政治、安全战略等非经济方面考虑。当前，域外大国利用 FTA 来谋取政治利益，FTA 被当作区域布局的重要手段，通过缔结 FTA 构建新的地缘政治集团，以期在区域获得较大的影响力。越南与域外大国签署 FTA，借助“大国平衡”战略可以为本国争取经济利益，还能带动外交活动，为其提供更广阔的国际政治舞台，以此提升其在东盟的地位和影响力。

二　越南的自由贸易协定主要内容

自 20 世纪 90 年代以后，越南积极参与区域经济一体化，与主要贸易伙伴国签署自由贸易协定（FTA）。目前，越南已签署 13 个自由贸易协定，这些自由贸易协定大致可以分为越南参与的多边自由贸易协定、越南签署的双边自由贸易协定、越南签署的多边自由贸易协定。

（一）越南参与的多边自由贸易协定

1. 东盟自由贸易区协定（AFTA）

1992 年 1 月，在第四次东盟首脑会议上正式提出建立东盟自由贸易区（AFTA），计划从 1993 年起 15 年内建成 AFTA。1995 年，越南成为东盟成员国，也成为东盟自由贸易协定参与国。在 AFTA 建设进程中，东盟成员国签署了《共同有效优惠关税计划》（the Common Effective Preferential Tariff Scheme，CEPT），其核心内容是逐步削减其关税到 5% 以下，消除所有非关税壁垒。东盟 6 个老成员国于 2002 年将大部分产品关税税率降至 0% ~ 5%，并且在 2010 年实现零关税，而越南、老挝、缅甸和柬埔寨 4 国要求于

2015 年降至零关税。2009 年 2 月 26 日，第十四次东盟首脑会议中，东盟成员国签署了《东盟货物贸易协定》（ASEAN Trade in Goods Agreement, ATIGA），取代了 1992 年签署的《共同有效优惠关税计划》（CEPT）。《东盟货物贸易协定》于 2010 年 5 月 17 日生效，东盟 6 国（文莱、印尼、马来西亚、菲律宾、新加坡和泰国）在 2009 年以前消除绝大部分产品的关税，而东盟 4 国（柬埔寨、老挝、缅甸和越南）的减税期限相对延长。

根据东盟货物贸易协定（ATIGA），越南的降税过程分为 2012～2014 年和 2015～2018 年两个阶段。到 2014 年，越南已取消 72% 的约 6900 个税目产品的关税，2015 年又消除了约 1700 个税日的关税。从 2016 年 9 月 1 日起，越南开始按照东盟货物贸易协定 2016～2018 年进口关税方案进行新一轮减税，到 2018 年剩余近 700 个税目税率削减到零。根据协定，进口关税为零的项目包括汽车、摩托车、汽车零部件、植物油、热带水果、家用电器、牛奶和奶制品。某些农产品，如家禽、鸡、柑橘类水果、糙米、加工肉类和糖，将继续征收 5% 的关税。[①]

2. 中国—东盟自由贸易协定（ACFTA）

2002 年，中国与东盟签署了《中国—东盟全面经济合作框架协议》，这标志着中国—东盟自由贸易区建设正式启动。随后，中国与东盟先后签署了全面经济合作框架协议、货物贸易协议、服务贸易协议和投资协议。2010 年 1 月 1 日，中国与东盟 6 国的大部分产品实现了零关税，其余 4 国关税将陆续取消，这标志着中国—东盟自由贸易区全面建成。

在中国—东盟货物贸易协议第 3 条关税减免中，双方约定了不同产品类别的逐年降税计划，协定将产品分为 3 类即早期收获产品、敏感产品和正常产品；关税的削减模式分为三组，东盟 6 国和中国为一组，缅甸、老挝、柬埔寨为一组，越南单独为一组；正常产品的减税期限被划分为三个阶段，东盟 6 国和中国的减税时间期限和税目比例要求较高，越南次之，对老挝、缅

① Vietnam to Implement Multiple FTA Tariff Cuts in 2018, Dezan Shira & Associates, Vietnam Briefing, http://www.vietnam-briefing.com/news/vietnam-multiple-ftas-tariff-cuts-2018.html/, January 10, 2018.

甸、柬埔寨的要求较低，最终东盟10国和中国都必须在2018年之前实现多有正常类产品零关税。越南方面，正常产品基本上每年的降税幅度为5%～10%，最终要求越南在2015年消除正常产品关税；敏感产品细分为敏感清单和高度敏感清单，东盟6国和中国可列入敏感产品的税目上限为400个HS六位税目及进口总值的10%，敏感清单产品关税税率在2018年前降至0%～5%，高度敏感清单产品关税税率在2015年前降至50%，越南可列入敏感产品的税目上限为500个HS六位税目，敏感清单产品关税税率在2020年前降至0%～5%，高度敏感清单产品关税税率在2018年前降至50%。

3. 东盟—韩国自由贸易协定（AKFTA）

2003年10月，韩国提出建立与东盟自由贸易区的构想。2005年12月双方达成《东盟—韩国全面经济合作框架协议》，2006年8月签订《货物贸易协定》，2007年11月签订《服务贸易协定》，2009年签订《投资协定》。

在韩国—东盟货物贸易协定中，关税减让模式与中国—东盟自由贸易协定基本相同，分三组国家对正常产品和敏感产品进行关税减让安排。正常产品分三个阶段实现零关税，韩国和东盟6国现已全部实现了零关税，而越南将于2018年降至零关税，缅甸、老挝、柬埔寨在2020年降至零关税。越南方面，正常产品基本上每年的降税幅度为5%～10%，最终要求越南在2016年实现正常产品的零关税；敏感产品分为敏感清单和高度敏感清单，高度敏感清单再细分为五组。协定对各国敏感产品的税目上限规定基本相同，差异主要体现在减税时间期限上，东盟6国和韩国的时间期限为2016年；越南为2021年；老挝、缅甸、柬埔寨为2024年。

4. 东盟—日本全面经济伙伴关系协议（AJCEP）

2003年10月，日本与东盟签署了《东盟－日本全面经济合作框架协议》，制定了日本－东盟自由贸易区建设的计划。2008年4月，日本与东盟达成《东盟－日本全面经济伙伴协议》（AJCEP），并于2008年12月1日生效。在此之前，日本分别与新加坡、马来西亚、泰国、印尼、菲律宾、文莱各自签订了双边自由贸易协定。

在东盟—日本全面经济伙伴协议的货物贸易中，协议将产品分为五组，缔约各方按照各组要求进行减税。越南承诺从2008年12月1日开始削减关税，在2025年1月1日实现零关税。越南对日本提出1161个敏感产品，其中高度敏感产品主要是车辆及零部件领域。

5. 东盟—澳大利亚和新西兰自由贸易协定（AANZFTA）

2004年11月，在东盟—澳大利亚—新西兰纪念峰会上，各国领导人正式决定启动东盟—澳新自由贸易区谈判。2009年2月27日，东盟—澳大利亚和新西兰自由贸易协定在泰国签署。澳大利亚、新西兰、文莱、马来西亚、缅甸、菲律宾、新加坡和越南8国于2010年1月1日生效，泰国于2010年3月12日生效，老挝于2011年1月1日生效，柬埔寨于2011年1月4日生效，印度尼西亚于2012年1月10日生效。[①] 2014年8月26日，双方又签署了《修正东盟—澳大利亚—新西兰自由贸易协定的第一议定书》，于2015年10月1日生效，东盟成员国（除印度尼西亚和柬埔寨）将实行新的原产地证书和新的操作证明程序，柬埔寨于2016年7月1日实行。[②]

东盟—澳新自由贸易区计划于2020年基本建成，于2025年全面建成。该协定实施后，各国的零关税税目比例将大幅提升到85%以上，其中澳大利亚、新西兰、新加坡将实现所有税目零关税，越南的零关税税目比例将从29%提高到89.8%。澳大利亚、新西兰、文莱、马来西亚、菲律宾、泰国、越南计划到2020年实现该目标，柬埔寨和缅甸计划到2024年前实现，印尼计划到2025年实现。到2025年，该自贸区建成时双方95%以上的商品贸易将实现税率在5%以下，澳大利亚和新西兰的农牧产品和东盟国家的服装鞋类产品将能够自由进入对方市场，从而提高双方福利水平。

6. 东盟—印度全面经济合作协议（AIFTA）

2002年11月，在第一次东盟—印度峰会上印度提出要建立东盟—印度

① Background to the ASEAN-Australia-New Zealand Free Trade Agreement, Department of Foreign Affairs and Trade, http://dfat.gov.au/trade/agreements/aanzfta/Pages/background-to-the-asean-australia-new-zealand-free-trade-area.aspx.

② The First Protocol entered into force on 1 October 2015, Department of Foreign Affairs and Trade, http://dfat.gov.au/trade/agreements/aanzfta/for-business/Pages/for-business.aspx.

自由贸易区。2003 年 10 月，在第二次东盟—印度峰会上双方达成了全面经济合作框架协议（AITIGA），并成立了谈判委员会开始货物贸易、服务贸易、投资协定等的谈判。2009 年 8 月，达成了《东盟—印度全面经济合作框架下货物贸易协定》，该协定于 2010 年 1 月 1 日生效。目前，《服务贸易协定》和《投资协定》仍在磋商中。

在东盟—印度货物贸易协定的关税减免中，产品被分为正常产品、敏感产品、特殊产品、高度敏感清单、排除清单五类。正常产品要求减至零关税；敏感产品 分为三档，税率在 5% 以上的降至 5%，税率为 5% 的最多可以保留 50 个税目，税率为 4% 的降至零关税；特殊产品需在 2019 年前降至规定税率水平；高度敏感清单分 3 类进行减税；排除清单则保持税率不变。在自贸协定开始实施时，印度对东盟国家的平均关税（13%）高于东盟国家对印度的关税（8.2%），因此，印度的降税速度更快。到 2014 年，印度和东盟的平均关税已经分别降到 6.2% 和 5.2%，双方的平均关税差距已明显缩小。[①]

7. 东盟—香港自由贸易协定（AHKFTA）

2010 年，中国—东盟自由协定生效后，中国香港提出要加入中国—东盟自由贸易区。2013 年 4 月，中国香港与东盟就建立双边自由贸易协定达成一致意见，并在 2014 年第十三次中国—东盟经贸部长会议上宣布东盟—香港自由贸易协定谈判正式启动。经过十轮谈判，2017 年 9 月，中国香港和东盟宣布谈判结束，并于 2017 年 11 月正式签署了香港 - 东盟自由贸易协定，该协定将于 2019 年 1 月 1 日正式生效。

该协定最主要的目的是促进货物和服务从中国香港流向东盟，涵盖了四个领域，即商品贸易的关税减免，减少服务贸易的限制，延长商务旅行者的停留时间，以及更好的投资保护。在贸易方面，大多数东盟国家将取消或减少从香港进口货物的关税。在减少限制方面，双方同意取消对外资参与和雇

---

① Ranajoy Bhattacharyya, Avijit Mandal: India-ASEAN Free Trade Agreement: An ex post evaluation, Journal of Policy Modeling 38 (2016) 340 - 352.

佣人数的限制，泰国、越南和菲律宾允许中国香港公司持有公司50%或全部的所有权。在商务旅行的问题上，中国香港商务旅客可以在东盟国家停留90天。①

（二）越南签订的双边自由贸易协定

1. 日本—越南经济伙伴协定（JVEPA）

2008年12月25日，日本与越南签订了经济伙伴关系协定（VJEPA），它是越南脱离东盟框架单独签订的第一个双边自由贸易协定，该协定于2009年10月生效。在关税减免部分，该协定将产品分为七组，A组在协定生效时免税，Bn组在协定生效后n+1年内等额削减至零关税，C组在协定生效时变为基准税率，P组按照关税计划表中最后一栏要求减免关税，Q组实行关税配额，R组协议生效后第五年再商议，X组不参与关税减免。日本承诺10年内取消94%税目的进口关税，越南则承诺在16年内将90.6%税目降至零关税。该协议生效后10年约有92%的产品能免除关税。2016年9月1日，越南政府开始实施“越南—日本经济伙伴关系协定”2016~2019年进口关税方案。根据新的方案，三年内越南将显著降低对日本关税税率，化妆品、日用品、衣服及配饰和药品等多种日本出口商品将享受到关税优惠。

2. 越南—智利自由贸易协定（VCFTA）

越南与智利的自由贸易协定谈判开始于2008年10月，2011年11月正式签署双边自由贸易协定。越南承诺，对智利在15年内削减87.8%的关税税率，智利也承诺在10年内取消越南出口额99.62%的关税，其中81.8%在协定生效时就能立即免税，税目比例达到83.54%，大量产品如纺织品、海鲜、咖啡、茶、计算机和计算机组件关税税率将会从6%降至0%。此外，协定中原产地规则也较宽松，只要40%以上的原材料来源于两国的商品就

① Vietnam and the ASEAN-Hong Kong Free Trade Agreement, Vietnam Briefing, http://www.vietnam-briefing.com/news/vietnam and the asean hong kong free trade agreement.html/, November 24, 2017.

能满足要求。[①]

3. 越南—韩国自由贸易协定（VKFTA）

韩国与越南的自由贸易协定谈判于2012年8月启动，经过8次正式谈判和中期会晤后，双方在2014年底结束谈判，并于2015年5月正式签署了越南—韩国自由贸易协定，并于2015年12月20日起正式生效。韩国和越南的减税模式分为三大类，第一类是立即消除关税，第二类是从基准税率开始逐年减税，第三类是保持基准税率不变。产品的基准税率分为A、B两个部分，A部分以参与方的最惠国税率、自贸区的优惠关税税率中较低者作为基准税率；B部分以2015年1月韩国—东盟自由贸易协定的优惠关税税率为基准税率。韩国在2016年，越南在2021年前将基本完成关税的减免。

（三）越南签订的多边自由贸易协定

1. 越南—欧亚经济联盟自由贸易协定（VN-EAEU FTA）

欧亚经济联盟于2015年成立，成员国包括俄罗斯、亚美尼亚、白俄罗斯、哈萨克斯坦和吉尔吉斯斯坦。2015年5月29日，欧亚经济联盟与越南正式签署了自由贸易协定，并于2016年10月5日生效。

根据越南和欧亚经济联盟的关税削减计划表，双方将分别于2027年和2025年前实现大部分产品零关税，其中标有“U”的货物不受任何关税承诺的限制，适用最惠国待遇；标有“T”的货物免征关税；标有“Q”的货物应按照附件中各缔约方关于关税配额的有关说明执行，并单独规定了鸡蛋、烟草、大米的关税配额额度及关税削减进程。根据该协定，约有88%的货物能够减让或取消关税，其中59%的货物在协议生效时将立即减免，剩下29%的货物关税也将在5～10年内逐步减少。到2025年欧亚经济联盟出口到越南的产品关税将由10%降到1%，而越南出口到欧亚经济联盟的产品关税将由9.7%降至2%。

---

① Vietnam-Chile Free Trade Agreement（VCFTA），http：//wtocenter.vn/other-agreement/vietnam-chile-free-trade-agreement-vcfta.

该协定生效后，将会增加欧亚经济联盟出口到越南的肉类和奶制品、小麦、面粉、香烟、化肥、石油和石油产品、钢管、轮胎和轮胎汽车等产品。另外，也将增加越南对欧亚经济联盟国家鱼类、大米、水果、蔬菜、坚果和轻工业产品、电子设备、皮革制品、家居用品的供应。2014 年，越南与欧亚经济联盟之间的贸易额为 40 亿美元。在自贸协定签署后，双方贸易额有望在 5 年内达到 100 亿美元。①同时，欧亚联盟各成员国仍保留对敏感产品的保护，对肉、奶、茶、咖啡、糖、管道、飞机和汽车等没有降低关税的义务。

2. 欧盟—越南自由贸易协定（EVFTA）

欧盟—越南自贸协定第一轮谈判于 2012 年 10 月 8 日在河内举行，经过历时两年半的十三轮谈判，双方在 2015 年 2 月 2 日签署《欧盟—越南自由贸易协定》。根据协定，越南和欧盟的关税减免模式有 6 种，A 组在协定生效时免税，Bn 组在协定生效后 n + 1 年内等额降至零关税，B10* 组在协定生效后 11 年内逐步降至零关税，B10** 组在协定生效时变为基准税率，并在 11 年内逐步降至零关税，R75 组从 2016 年 120 欧元/吨起每年减少 5 欧元/吨，2025 年以后维持在 75 欧元/吨，CKD 组不参与减税。越南将在 10 年内将工业产品和水产品税率降至 0%，农产品降至 2.6%，欧盟在 7 年内将工业产品税率降至 0%，其他的则将降至 2% 左右。越南—欧盟自贸协定正式生效后，欧盟出口到越南的 65% 的产品将享受零关税，其余部分将在 10 年内消除关税。越南方面，出口到欧盟的 71% 的产品享受零关税，7 年后将实现 99% 的货物零关税。同时，欧盟对越南部分农产品实行关税配额，配额内免税。

欧盟是一个高端市场，该市场对进口商品的规格与标准的检验较为严格。目前，越南享有欧盟的普惠制度（GSP）关税优惠的商品仅占 42%。越南与欧盟自由贸易协定生效后，出口到欧盟市场的越南商品类中将有至少

① What Does the Eurasian Economic Union-Vietnam FTA Mean for Your Business?, Maria Kotova, Vietnam Briefing, http://www.vietnam-briefing.com/news/eurasian-economic-unionvietnam fta.html/, June 4, 2015.

90%的产品可享受零关税，为越南企业提供巨大的发展空间。[①]据估计，越南向欧盟贸易出口额将增长30%～40%，欧盟对越南贸易出口额将增长20%～25%。越南和欧盟之间的进出口贸易并不存在互相竞争问题，而其互补性相当强。在出口方面，虽然欧盟目前是越南最大出口市场之一，但越南在欧盟的商品市场份额仍较低。从越南与欧盟自贸协定中，越南获得最大利益的产业正是欧盟正在征收高税率的纺织品、鞋类、农产品等主力出口产业；在进口方面，越南企业将从欧盟进口质量好、稳定和价格更合理的货品和原料，也能获得欧盟各国的机械设备、高科技产品，进而提升生产率和改善自身产品的质量，可以吸引欧盟服务业企业加大对越南投资。

3. 全面与进步跨太平洋伙伴关系协定（CPTPP）

“跨太平洋伙伴关系协定”（TPP）是由美国、加拿大、墨西哥、秘鲁、智利、新西兰、澳大利亚、日本、新加坡、文莱、马来西亚和越南12个成员国签署的自由贸易协定。2018年1月美国宣布退出TPP，随后除美国外的11个成员国达成共识并推出替代版。2017年11月，11个TPP成员国宣布达成“全面与进步跨太平洋伙伴关系协定”（CPTPP）。2018年3月8日，在智利举行正式签署仪式。

“全面与进步跨太平洋伙伴关系协定”（CPTPP）在货物、服务、采购和投资方面的承诺与原有的TPP都没有改变，但冻结了有关知识产权和其他内容的20项条款。CPTPP协议中各成员国均有单独的关税承诺表。在越南的减税承诺表中，产品被分为五组，EIF组在协定生效时立即取消关税，Bn组在n年内逐步消除关税，从第n年1月1日起免税，VNn－X组根据相应规定降低从价税税率，从第n年1月1日起免税，TRQ组实行关税配额，CKD组不参与减税。

与TPP相比，越南在CPTPP项目下的收益将有所减少。TPP覆盖全球40%的GDP和30%的全球贸易，CPTPP则只占全球GDP的14%，全球贸易的17%，更重要的是美国是越南的重要出口国，美国约占越南出口的20%。

---

① 《越南与欧盟自由贸易协定》为越南经济发展敞开大门，越通社，2015年3月10日。

根据越南国家社会经济信息和预测中心的数据，CPTPP 将使越南 GDP 增长 1.32%，远低于 TPP 所预测的 6.7%；CPTPP 关税减免的收益占 GDP 的比重为 1.1%，也低于 TPP 所预测的 6.79%。在 TPP 协议下，越南出口预计将增长 15%，而在 CPTPP 下越南出口预计仅增长 4%，进口增速也将从 10.5% 降至 3.8%。[①]

三　越南参与 FTA 的贸易与投资效应

近十多年来，越南积极参与区域经济一体化的进程，签署了多项自由贸易协定（FTA），它对越南的进出口贸易、引进外资和提升企业竞争力均产生了积极影响，但也带来一些负面效应。

（一）促进越南进出口贸易的高速增长

如果以 2005 年越南参与中国—东盟自贸区的“货物贸易协定”生效为分界线，可以发现在全球进出口贸易增速下滑的环境下，越南则在参与 FTA 后的十年进出口贸易高速增长。显然，随着越南参与 FTA 的进程，与相关贸易对象国的关税削减和贸易便利有效促进了越南的进出口贸易，并使越南企业深入参与全球生产链和供应链。

据统计，2006～2016 年，越南进出口贸易从 847.17 亿美元增至 3513.85 亿美元，增长 4 倍。其中，2007 年进出口贸易额突破千亿美元，2011 年超过 2000 亿美元，2015 年超过 3000 亿美元。这一期间，越南进出口贸易年均增长率保持在两位数（除 2009 年和 2016 年）。其中，2006～2010 年，越南进出口贸易总额年均增长 17.8%，出口总额年均增长 17.4%，进口总额年均增长 18.2%；2011～2015 年，越南进出口贸易总额年均增长 15.8%，其中出口总额年均增长 17.5%，进口总额年均增长 14.3%（见表 2）。

---

① TPP Revived as CPTPP: What it means for Vietnam, Vietnam Briefing, http://www.vietnam-briefing.com/news/tpp-revived-cptpp-means-vietnam.html/#more-13907, November 22, 2017.

表 2　2005～2016 年越南进出口贸易的发展状况

单位：百万美元，%

年份	进出口	增长率	出口	增长率	进口	增长率	净出口
2005	69208.2	18.4	32447.1	22.5	36761.1	15.0	-4314.0
2006	84717.3	22.4	39826.2	22.7	44891.1	22.1	-5064.9
2007	111326.1	31.4	48561.4	21.9	62764.7	39.8	-14203.3
2008	143398.9	28.8	62685.1	29.1	80713.8	28.6	-18028.7
2009	127045.1	-11.4	57096.3	-8.9	69948.8	-13.3	-12852.5
2010	157075.3	23.6	72236.7	26.5	84838.6	21.3	-12601.9
2011	203655.5	29.7	96905.7	34.2	106749.8	25.8	-9844.1
2012	228309.6	12.1	114529.2	18.2	113780.4	6.6	748.8
2013	264065.5	15.7	132032.9	15.3	132032.6	16.0	0.3
2014	298066.2	12.9	150217.1	13.8	147849.1	12.0	2368.0
2015	327792.6	10.0	162016.7	7.9	165775.9	12.1	-3759.2
2016	351384.6	7.2	176580.8	9.0	174803.8	5.4	1777.0

资料来源：General Statistics Office of Viet Nam，http：//www.gso.gov.vn/default_en.aspx？tabid=780.

在入世和签署自贸协定初期，越南贸易逆差急剧扩大，在 2008 年贸易逆差达 180 亿美元，相当于出口总额的 29%。但从 2009 年开始，越南的贸易逆差开始逐年减少，并且在 2012 年、2013 年、2014 年和 2016 年均实现了贸易顺差。从贸易差额与出口总值的比率看，2001～2005 年比率为 17.5%，2006～2010 比率上升到 22.4%，2011～2015 年大幅减少到 1.6%。贸易差额的逆转变化反映了越南参与 FTA 对进出口贸易的影响。在自贸协定签署的初期，越南进口市场被迅速打开，而对出口的促进作用相对滞后，由此造成了越南贸易逆差先扩大后缩小的变化趋势。造成越南入世和参与 FTA 初期进口贸易急剧增加的主要原因是，关税减免使得外来产品更加容易进入越南市场，导致越南进口增加；越南是以加工贸易为主，外部市场的扩大使得生产产品原材料的进口大幅增长；FDI 大量流入越南带动进口。

（二）推动出口产品结构的优化

随着越南深入参与到区域经济一体化中，越南的出口产品在国际市场上的竞争力逐步提高，出口产品结构得以优化。2006～2015 年，越南出口产品中加工和精制产品占比增加，而原材料和初加工产品占比减少。2005 年越南出口产品中原材料及初加工产品占 49.6%，到 2015 年这一比率下降到 18.6%，加工和精制产品占到 81.4%。越南减少了供应有限、对环境有影响的燃料、矿石的出口，也减少了低附加值的农林牧渔产品出口，工业制成品和加工品出口扩大（见图 1）。

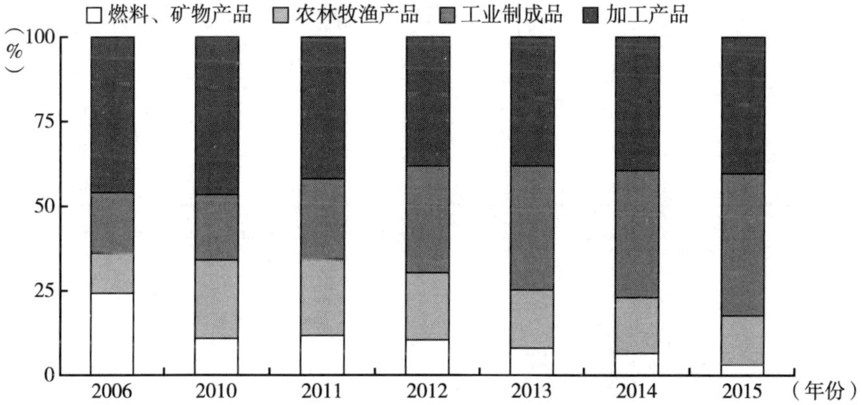

图 1　2006～2015 年越南出口产品结构变化

资料来源：Vietnam's exports and imports of goods-International integration and development 2005－2015.

2006～2015 年，越南工业制成品出口高速增长，工业制成品出口额年均增速 35.6%，其中 2006～2010 年年均增速 34.4%，2011～2015 年均增速 36.8%。由此，工业制成品在出口产品的比重从 11.4% 升至 41.6%（见表 3）。由于三星、IBM 等大型制造企业在越南大量投资和扩产，越南的通信、电子及零件产品的出口显著增长，出口产品正逐步转变为中高技术产品，如手机、电脑、电子产品、零部件、汽车、机械设备等，这些产品在出口中的比例由 2006 年的 12% 迅速增加到 2015 年的 37%（见图 2）。另外，越南燃料、矿物产品的出口占比从 24.8% 减少到 3.6%。其原因主要是越南需要保证国内快速增加的用煤需求，越南工业部和越南煤炭与矿产集团减少了煤炭出口量，同时也由于世界原油价格自 2014 年的不断下滑，原油价格平均每年下滑6.65%。此外，农林牧渔产品的出口占比由22.6%下降到14.5%，出口总额增速也由2006~2010年的22.8%下降到2011~2015年的17.4%。

表3　2006~2015年越南出口的商品结构

单位：%

年份	燃料、矿物产品	农林牧渔产品	工业制成品	加工产品
2006	24.8	22.6	11.4	41.2
2010	11.5	22.8	19.5	46.1
2011	12.0	22.5	23.8	41.6
2012	10.7	20.0	31.4	37.8
2013	8.2	17.2	36.7	37.8
2014	7.0	16.6	37.0	39.3
2015	3.6	14.5	41.6	40.2

资料来源：Vietnam's exports and imports of goods-International integration and development 2005 - 2015.

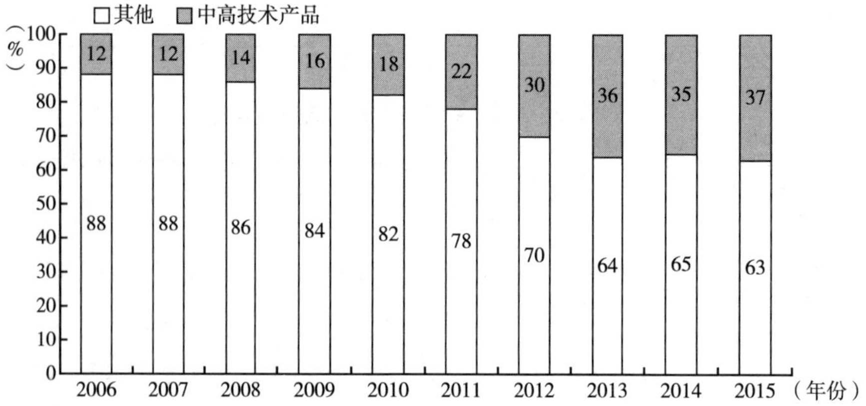

图2　2006~2015年越南中高技术产品出口占比（%）

资料来源：Vietnam's exports and imports of goods-International integration and development 2005 - 2015.

（三）FTA的投资效应显现

自入世和签署自贸协定以来，越南加大了对外开放力度，放松市场管制，促进投资自由化，由此投资吸引度大幅提升，外国直接投资（FDI）大量涌入。据统计，2006～2016年，越南外国直接投资从120.04亿美元增至268.91亿美元，增长2倍多，外资项目总数从987个增至2613个。2006～2008年，越南FDI均成倍增长。2009年，受国际金融危机影响，越南FDI大幅回落。自2012年起，越南FDI逐渐恢复增长。尽管受到国际经济环境的影响，越南FDI起伏变化较大，但越南FDI流入量的世界占比一直是在稳步提升的，从2006年的0.17%提高至2016年的0.72%。自2015年起，越南已超越马来西亚成为东盟国家中仅次于新加坡的第二大FDI流入国（见表4）。

表4　2006～2016年越南引进的外国直接投资（FDI）

单位：百万美元，%

年份	总项目数	注册金额	增长率	比重
2006	987	12004.5	75.5	0.17
2007	1544	21348.8	77.8	0.37
2008	1171	71726.8	236.0	0.64
2009	1208	23107.5	-67.8	0.64
2010	1237	19886.8	-13.9	0.58
2011	1186	15598.1	-21.6	0.47
2012	1287	16348.0	4.8	0.53
2013	1530	22352.2	36.7	0.62
2014	1843	21921.7	-1.9	0.69
2015	2120	24115.0	10.0	0.67
2016	2613	26890.5	11.5	0.72

注：比重是指当年越南FDI流入量占世界FDI流入量的百分比。

资料来源：General Statistics Office of Viet Nam，http：//www.gso.gov.vn/default_en.aspx?tabid=776.

随着越南自贸协定的相继生效，越南的关税逐步削减，越南以其优惠的关税待遇和廉价的劳动力优势吸引大量外国企业到越南投资，自贸协定的签署使得不少日韩企业将生产基地转移至越南。截至2016年底，越南外国直接投资的前十大来源地中有7个是越南的FTA伙伴国。其中，韩国为越南的最大 FDI 来源地，其次为日本和新加坡，注册金额分别达到 505.53 亿美元、424.34 亿美元和 382.55 亿美元（见表 5）。

表 5　越南外国直接投资（FDI）主要来源地（截至 2016 年底）

排名	国家	项目总数	注册金额
1	韩　　国	5773	50553.5
2	日　　本	3292	42433.9
3	新 加 坡	1796	38255.4
4	中国台湾	2516	31885.5
5	英　　国	687	20482.1
6	中国香港	1168	17003.1
7	马来西亚	543	11966.5
8	中　　国	1562	10527.6
9	美　　国	817	10141.7
10	泰　　国	445	7799.7

资料来源：General Statistics Office of Viet Nam，http：//www.gso.gov.vn/default_en.aspx? tabid = 776.

（四）参与 FTA 带来的消极影响

尽管参与 FTA 能够扩大越南的农产品出口市场，但同样越南农产品市场也会被迫放开，随着对农产品进口的限制逐步减小，来自澳大利亚、新西兰、欧盟、美国等地的大量农产品进口必然严重威胁到越南农业的发展。同时，越南参与自贸协定不仅包括货物的自由贸易，也包括服务市场的开放，由于越南国内市场尚未成熟，国内市场的开放使得越南的本土企业受到不小的冲击。越南产品的品牌仍较薄弱，较难获得海外市场消费者的认可。同时，越南参与自贸协定还带来如知识产权、劳工权益、环境保护等问题。自贸协定对知识产权的严格保护可能使越南产品成本大增，对劳工的权益保障、福利提升将使得越南的廉价劳动力优势减弱。

随着自贸协定带来的贸易规模快速增加，越南将会面临越来越多的贸易摩擦，如果不能处理好这些贸易纠纷，可能会适得其反。同时，还存在有关贸易保护措施的风险，当关税壁垒不再是保护企业的有效工具的时候，进口市场一般会采取更多反倾销关税、反补贴或保障措施来保护其生产业，当其他国家采取上述措施时，越南企业可在法律方面上受到障碍。

此外，由于越南参与多个自由贸易协定，也引发了自由贸易协定的“意大利面碗效应”。所谓“意大利面碗效应”是指因为多个 FTA 的叠加，反而导致原产地规则出现了不一致、错综复杂、不灵活的解释，甚至导致相关的文书工作和交易费用计算（交易成本）的复杂化。由于越南签署的自贸协定也出现重叠现象，各个协定下同种商品可能面临不同的关税规定和原产地规则，企业在使用时混淆不清容易产生困惑，由此导致时间和交易成本的上升，甚至放弃对 FTA 的利用。

四　越南参与 FTA 经济效应的实证分析——基于引力模型

虽然越南较早参与 FTA，但国内外学界对越南自由贸易协定的关注不多，直到越南加入 TPP 后才引起了国内外学者的兴趣并对此进行了研究。总体上，有关越南 FTA 的研究不多，而采用计量经济模型进行实证研究的文献则更少。因此，本文将选用引力模型对越南参与 FTA 经济效应进行实证检验。

（一）基本贸易引力模型

物理学家牛顿发现的万有引力定律：两物体之间的相互引力与两个物体的质量成正比，与两物体之间的距离成反比。在万有引力定律的启发下，学界发现在国际贸易领域也有类似的规律，即两国的贸易规模和两国的经济总量成正比，与两国的距离成反比。由此，建立了最基本的贸易引力模型：

$$T_{ij} = K(Y_i \times Y_j / D_{ij}) \tag{5-1}$$

式中，T_{ij} 表示两个国家 i 国和 j 国之间的贸易流量规模；K 为模型的常系数；Y_i 、Y_j 分别表示 i 国和 j 国的经济总量（一般用 GDP 表示）；D_{ij} 为两国间的距离（一般用两国首都之间的距离表示）。

在基本贸易引力模型基础上，通过取自然对数，将公式（5－1）从非线性方程转换为线性方程，并且按照研究目的的不同，不断加入新的解释变量，如人口、国民收入、关税等，使得引力模型更加丰富细化，运用更加广泛。转换后的贸易引力模型公式变为：

$$\ln(T_{ij}) = \alpha + \beta\ln(Y_i * Y_j) + \gamma\ln(D_{ij}) + \varepsilon_{ij} \quad (5-2)$$

式中，α、β、γ 为回归系数，ε_{ij} 为随机误差项。

（二）模型设定

为了研究制度因素对贸易流量规模的影响，将语言、文化、区域经济一体化、贸易限制措施等制度因素构造成虚拟变量加入贸易引力模型，使得贸易引力模型具备了更好地现实贸易解释能力。本文主要考察 FTA 对双边贸易流量的影响，因此初始模型的设定以公式（5－2）为基础，在模型中加入关键解释变量——FTA 虚拟变量，将模型初步设定为：

$$\ln(TRADE_{vj}) = \beta_0 + \beta_1\ln(GDP_{jt}) + \beta_2\ln(GDPPC_{jt}) + \beta_3\ln(D_{vj}) + \beta_4 FTA_{jt} + \varepsilon \quad (5-3)$$

为了区分 FTA 对进口和出口的不同影响，以越南的出口和进口作为被解释变量，增加两个方程：

$$\ln(EXPORT_{vj}) = \beta_0 + \beta_1\ln(GDP_{jt}) + \beta_2\ln(GDPPC_{jt}) + \beta_3\ln(D_{vj}) + \beta_4 FTA_{jt} + \varepsilon \quad (5-4)$$

$$\ln(IMPORT_{vj}) = \beta_0 + \beta_1\ln(GDP_{jt}) + \beta_2\ln(GDPPC_{jt}) + \beta_3\ln(D_{vj}) + \beta_4 FTA_{jt} + \varepsilon \quad (5-5)$$

式中 v 代表越南，j＝1，2，……代表越南的贸易伙伴国；$TRADE_{vj}$ 表示越南与国家 j 的双边贸易总额，$IMPORT_{vj}$ 表示越南对国家 j 的进口额，$EXPORT_{vj}$ 表示越南对国家 j 的出口额；GDP_{jt} 表示国家 j 在 t 年时的实际 GDP；$GDPPC_{jt}$ 表示越南与国家 j 的人均 GDP；D_{vj} 表示越南河内和国家 j 首都之间的距离；FTA_{vjt} 为虚拟变量，若 t 年越南与贸易伙伴国 j（地区）签订 FTA，则为 1，否则为 0。ε 表示模型的残差项。

根据贸易引力模型，双边贸易流量与两国的经济规模成正比，与两国之间的距离成反比，因此，GDP_{jt} 和 $GDPPC_{jt}$ 的预期符号为正，D_{vj} 的预期符号为负。

（三）样本选取及数据来源

由于引力模型属于对 FTA 贸易效应的事后研究，因此本文的研究对象选取的是与越南已经签署 FTA 并已生效一段时间的国家，选取了 16 个贸易伙伴国即文莱、柬埔寨、印度尼西亚、老挝、马来西亚、缅甸、菲律宾、新加坡、泰国、中国、韩国、日本、印度、澳大利亚、新西兰、智利作为样本。由于 1995 年越南加入东盟，因此本文选取 1995 ~ 2016 年的数据进行实证分析。

越南与各国间的进出口数据来自越南统计局（General Statistics Office of Vietnam，http：//gso. gov. vn），GDP 和人均 GDP 数据均来自世界银行（World Bank）世界发展指标年度数据库，越南与各国首都的距离数据来自 CEPII 数据库，由于该数据库包含四种不同定义的距离，其中“distcap”为贸易双方首都的球面距离，因此选择“distcap”作为本文的距离数据。FTA 虚拟变量根据自由贸易协定的签署时间赋予相应值。①

为了更好地验证自由贸易协定的签署对贸易流量的影响，本文对原始数据进行了一些处理。首先，将 16 个国家分为七组：东盟九国（文莱、柬埔寨、印度尼西亚、老挝、马来西亚、缅甸、菲律宾、新加坡和泰国）、中国、日本、韩国、印度、智利、澳大利亚和新西兰，将东盟九国、澳大利亚和新西兰视作一个整体，能够与自由贸易协定更好地对应。在此基础上，对东盟九国、澳大利亚和新西兰的各项数据进行求和或求均值，形成对应的新值。

---

① http：//www. cepii. fr/CEPII/en/bdd_ modele/download. asp? id =6.

（四）计量过程、结果及解释

采用 EVIEWS 7.0 软件对上文的三个方程进行面板数据混合模型估计，估计结果如表 6 所示。

表 6　混合模型实证结果

解释变量	公式(5－3)	公式(5－4)	公式(5－5)
C	2.500375 * (1.365923)	－4.210566 *** (1.574912)	5.422737 *** (1.455149)
LNGDP	0.718048 *** (0.064748)	0.875862 *** (0.074654)	0.641986 *** (0.068977)
LNGDPPC	0.225537 *** (0.036535)	0.293233 *** (0.042125)	0.190630 *** (0.038922)
LNDIST	－0.826703 *** (0.101810)	－0.479500 *** (0.117387)	－1.087688 *** (0.108460)
FTA	1.197191 *** (0.127981)	0.147563 *** (0.147563)	1.245566 *** (0.136342)
R^2	0.890124	0.872511	0.882397
调整后 R^2	0.886868	0.868734	0.878913
F 值	273.4146	230.9788	253.2328
DW 值	0.231726	0.259053	0.240873
样本数 N	140	140	140

注：***、**、*分别表示统计量在 1%、5%、10% 的显著水平上通过检验。

上述三个公式中，被解释变量分别为越南与其他 15 个国家的贸易总额、出口额、进口额，各解释变量均通过 1% 显著水平检验（除模型一中常数项在 10% 显著水平上通过检验），模型总体拟合效果较好。

根据计量结果，LNGDP 的系数显著为正，与预期相符，说明越南与贸易伙伴国之间的贸易流量与伙伴国的经济总量正相关。一般来说，一国国内生产总值越大，其对外贸易规模也越大，其产品在满足国内需求后还可以销往国外，因此贸易伙伴国经济规模越大，与越南的贸易流量越大。根据模型实证结果，贸易伙伴国 GDP 每增加 1%，越南的进出口总额增加 0.71%，出口额增加 0.87%，进口额增加 0.64%。

LNGDPPC 的系数显著为正，与预期相符，说明越南与贸易伙伴国之间的人口收入差距越大，两国的贸易流量越大。根据模型实证结果，贸易伙伴国与越南的人均 GDP 差值每增加 1%，越南的进出口总额增加 0.22%，出口额增加 0.29%，进口额增加 0.19%。

LNDIST 的系数显著为负，与预期相符，说明越南与贸易伙伴国的贸易流量与两国之间的距离负相关，即距离越远，物流运输成本越高，两国间的进出口就越少。根据模型实证结果，贸易伙伴国与越南的距离每增加 1%，越南的进出口总额减少 0.83%，出口额减少 0.48%，进口额减少 1.09%。

FTA 的系数显著为正，与预期相符，说明 FTA 与贸易流量正相关。此结论与前文的分析一致，越南参与众多 FTA 的确对越南的双边贸易起到了促进作用。这也能反映出目前越南在东盟对外自贸协定进展缓慢的形势下，单独签署 FTA 并积极加入各种区域经济合作中的动力所在。此外，对比系数后我们发现，签署 FTA 后对越南的进口的影响要大于对出口的影响。因此，通过实证检验，证明越南通过参与 FTA，确能够促进对外贸易而从中获得较大的经济利益。

为了进一步比较各个 FTA 对越南贸易的影响差异，接下来本文采用固定效应模型进行了第二次考察。估计结果如表 7 所示。

表 7　固定效应模型实证结果

解释变量	公式(5-3)	公式(5-4)	公式(5-5)
C	4.246504 * (2.410915)	-12.67972 *** (2.468725)	4.246504 * (2.410915)
LNGDP	0.680706 *** (0.107966)	1.258684 *** (0.110555)	0.680706 *** (0.107966)
LNGDPPC	0.185244 *** (0.054885)	0.165567 *** (0.056202)	0.185244 *** (0.054885)
LNDIST	-1.005208 ** (0.174833)	0.038902 (0.179025)	-1.005208 *** (0.174833)

续表

解释变量	公式(5-3)	公式(5-4)	公式(5-5)
CHN-FTA	1.381067*** (0.271692)	0.384713 (0.278207)	1.381067*** (0.271692)
JPN-FTA	0.822778*** (0.283663)	0.464429 (0.290464)	0.822778*** (0.283663)
KOR-FTA	1.844436*** (0.263712)	1.455314*** (0.270035)	1.844436*** (0.263712)
IND-FTA	1.601771*** (0.731706)	1.817729** (0.749251)	1.601771*** (0.731706)
CHL-FTA	1.110407*** (0.419691)	1.572325*** (0.429755)	1.110407*** (0.419691)
AANA-FTA	0.939338*** (0.287665)	0.711565** (0.294563)	0.939338*** (0.287665)
ASEAN-FTA	1.185185*** (0.242337)	2.035300*** (0.248148)	1.185185*** (0.242337)
R^2	0.892922	0.896094	0.892922
调整后 R^2	0.884621	0.888040	0.884621
F 值	107.5730	111.2512	107.5730
DW 值	0.265350	0.255884	0.265350
样本数 N	140	140	140

注：***、**、*分别表示统计量在1%、5%、10%的显著水平上通过检验，括号内为标准差。

根据上表实证结果，公式（5-3）显示，7个经济体与越南签署的FTA系数都为显著为正，表明越南参与FTA能够增加越南的双边贸易总额。通过比较系数大小发现，越南与韩国的FTA（包括东盟—韩国FTA和越南—韩国FTA）对越南双边贸易流量影响最显著。

在公式（5-4）中，距离、中国—越南FTA、日本—越南FTA三个变量没有通过显著性检验，说明这三个变量对越南出口的影响较小。距离的系数为0.03且不显著，说明距离对越南出口几乎没有影响，这似乎与理论相悖，但实际上可以理解，对越南来说，重要的伙伴国地理位置都比较接近，多集中于亚洲地区，因而距离对越南出口的“阻抗作用”并不是很大。从系数上看，越南参与到东盟自由贸易区后对越南出口的促进作用最大，反映出越南加入东盟自由贸易区对越南贸易发展的关键作用和重要意义。而越南参与到与中国、日本的 FTA 中为何对越南出口作用不显著还有待深入研究。

在公式（5－5）中，各解释变量均通过 1% 显著水平检验。从系数上看，越南与韩国的 FTA 对于越南进口影响最大。根据前文分析，这一结论合理，因为韩国多年来都是越南的最大外国直接投资来源国，大量韩国企业尤其是电子企业在越南投资建厂后，必然从韩国进口大量生产原材料进行生产。

五　结语

尽管越南参与自由贸易协定（FTA）起步较晚，但越南较好地把握了发展时机，采取了渐进式参与 FTA 的进程。在加入东盟区域性组织后，主要以东盟成员国身份参与 FTA，而近年来则独自展开了 FTA 的谈判。

从参与 FTA 的动因看，越南积极参与 FTA 有其外部和内部原因。在国际上，世界多边贸易体制受阻促使得区域贸易自由化的浪潮兴起，中国、日本、韩国、新加坡都积极缔结 FTA，给越南带来示范和竞争效应，促使越南在参与以东盟为主导自贸协定的同时，积极寻求与区外国家或集团签署双边或多边 FTA。在国内，自 1986 年越共六大提出“革新开放”后，越南积极调整了对外战略，迅速融入国际经济一体化中，越南通过参与 FTA，以此扩大对外贸易，吸引外资，并推动其产业结构的升级和深化国内的改革。

从参与 FTA 的范围看，越南现已签署 13 项自由贸易协定，其中 10 项已生效实施。越南 FTA 的缔结对象不仅包括周边重要国家如中国、日本、韩国等，还包括欧亚经济联盟、欧盟等重要经济体，越南 FTA 全球布局已初步形成；早期越南参与的自贸协定主要涉及关税减免、原产地规则、海关手续、卫生和植物检疫措施、知识产权等内容，而近年来与韩国、欧盟等签署的新一代自贸协定则新增了政府采购、电子商务、可持续发展等内容，这些自贸协定趋向于广覆盖和高标准。

从参与 FTA 的效应看，越南自贸协定的签署对经济发展促进作用明显。自 2005 年以来，越南进出口贸易高速增长，贸易逆差逐年减少，出口结构逐步优化，并吸引大量国外直接投资，企业竞争力逐步提升。当然，越南参与 FTA 也存在一些消极影响，如多个 FTA 的重叠导致的“意大利面碗效应”，参与 FTA 后对国内产业和企业造成的冲击，以及贸易摩擦增加，尽管如此，越南参与 FTA 总体来说仍是利大于弊。

参考文献

Cho Jungran，“Analysis of Issues of Vietnam's Joining the TPP”，Journal of International Logistics and Trade；Incheon13. 2（Aug 2015）：33 – 36，38 – 53.

Kien Tran Nhuan and Heo Yoon，“Technology，Factor Proportion and Complementarity：Trade Relations between Korea and Vietnam” Journal of International Logistics and Trade；Incheon12. 1（Apr 2014）：23 – 42.

Nguyen Dong Xuan，“Trade liberalization and export sophistication in Vietnam”，The Journal of International Trade & Economic Development；London25. 8（Dec 2016）：1071 – 1089.

Ranajoy Bhattacharyya，Avijit Mandal：India-ASEAN Free Trade Agreement：An ex post evaluation，Journal of Policy Modeling 38（2016）340 – 352.

Sen Rahul，“Bilateral Free Trade and Economic Cooperation Agreements in ASEAN：Evolution，Characteristics and Implications for Asian Economic Integration”，ISEAS Working Papers. Economics and Finance；Singapore（2007）：1 – 40.

Thanh Hoan Phan and Ji Young Jeong，“Potential Economic Impacts of the Vietnam-Korea Free Trade Agreement on Vietnam”，Journal of East Asian Economic Integration；Seoul20. 1（Mar 2016）：67 – 90.

To Minh Thu and Hiro Lee，“Assessing the Impact of Deeper Trade Reform in Vietnam Using a General Equilibrium Framework”，Journal of Southeast Asian Economies；Singapore32. 1（Apr 2015）：140 – 162.

Toh Mun Heng and Vasudevan Gayathri，“Impact of Regional Trade Liberalization on Emerging Economies：The Case of Vietnam”，ASEAN Economic Bulletin；Singapore21. 2（Aug 2004）：167 – 182.

Vo Tri Thanh. "Vietnam's Trade Liberalization and International Economic Integration: Evolution, Problems, and Challenges", ASEAN Economic Bulletin; Singapore22. 1 (Apr 2005): 75 -91.

Vo Tri Thanh, "Vietnam's Perspectives on Regional Economic Integration", Journal of Southeast Asian Economies; Singapore32. 1 (Apr 2015): 106 - 124.

专 题 篇

Thematic Reports

B.14 东盟国家海洋经济发展格局与前景

王 勤*

摘 要： 东盟国家多为海洋国家，海岸线漫长、海域辽阔，海洋资源丰富。近年来，东盟国家的海洋经济迅速发展，海洋产业成为国民经济的重要组成部分。本文以东盟主要国家海洋经济的发展为主线，阐述各国主要海洋产业发展的现状和特征，探讨这些国家主要海洋产业对国民经济的贡献，并提出中国—东盟海洋产业合作的对策建议。

关键词： 东盟国家 海洋经济 区域海洋合作

* 王勤，厦门大学东南亚研究中心主任、教授，博士生导师，经济学博士。

近年来，东盟国家的海洋经济迅速发展，各国制定和实施了海洋经济发展战略与政策，推动海洋经济的发展，促进海洋经济结构的调整。作为海洋经济的主导部门，海洋渔业、海洋油气、海洋船舶、交通运输、滨海旅游快速发展，海洋产业已成为国内经济的重要组成部分，各国的海洋经济呈现出广阔的发展前景。

一　东盟国家海洋经济的迅速发展

除老挝是内陆国外，东盟国家都拥有漫长的海岸线，海域辽阔，海洋资源丰富。其中，印尼拥有3.5万公里的海岸线，菲律宾的海岸线为1.8万公里，马来西亚的海岸线为4192公里，越南的海岸线为3260多公里，缅甸海岸线为3200公里，泰国海岸线为2800多公里，文莱、柬埔寨和新加坡也有一定的海岸线。因此，这些国家发展海洋经济和海洋产业，具有得天独厚的条件。

印度尼西亚是世界上最大的岛屿国家，由17840个海岛组成，70%的国土被海洋覆盖，海域面积约为580万平方公里，拥有世界上第二长海岸线。近年来，印尼海洋产业迅速发展，成为该国重要的经济部门。CMFSER（2009）运用I－O模型对印尼海洋产业对国民经济的贡献进行的研究结果显示，2005年印尼海洋产业的增加值为573.047万亿印尼盾，占GDP的19.92%；海洋产业就业人数为1086.8万人，占总就业人数的11.38%。其中，油气产业对经济的贡献最大，其次是海洋服务、滨海旅游，海洋服务、滨海旅游和渔业。[①] 2014年，佐科总统在就职演说中提出，要建设海洋强国，提升全民海洋意识，建设“海上高速公路”，推进海上互联互通，发展海洋经济，维护海上安全，开展海洋外交，并在国内新设海洋事务统筹部。

马来西亚是一个海洋国家，地处亚洲大陆和东南亚群岛的衔接处，全境

① Rikrik Rahadian. The Contribution of the Marine Economic Sectors to the Indonesian National Economy. Tropical Coasts, 2009, Vol. 16 No. 1: 54－59.

被南海分隔成东西两部分，马六甲海峡有近一半的水域属于马来西亚领海。马来西亚是世界上第24大贸易国，对外贸易带动马来西亚海洋交通运输业的发展。2017年，马来西亚的巴生港（Klang Port）和丹戎帕拉帕斯港（Tanjung Pelepas Port）的集装箱吞吐量分别达到1206万和833万标准箱（TEU），成为世界第12大和第19大集装箱港。马来西亚国际航运公司（MISC）是全球最大船运集团之一，拥有油气、化学品运输船只87艘。[①] 马来西亚海洋服务业主要集中于港口和船运业，外资参与度高，政府允许国有港口私有化，外商可通过持有港口股权或者为国内船运公司提供国际航线等服务参与港口经营。[②] 同时，马来西亚是除印尼之外的东盟第二大产油国，石油开采的50%以上来自马来盆地的海上塔皮斯油田。马来西亚在沙巴（Sabah）和沙捞越（Sarawak）州的大陆架发现了储量巨大的液化天然气，近年天然气产量逐年稳步提升。

菲律宾是全球最大的群岛国家之一，由7100多个岛屿组成，具有漫长的海岸线。菲律宾的渔业资源发达，是世界上第八大渔业国。菲律宾的珊瑚礁面积达2.7万平方公里，提供了全国近15%的海洋渔业资源。[③] 菲律宾是世界上第三大水生植物生产国，仅次于中国和印尼。虽然菲律宾的海洋油气资源尚未被大量开采，但天然气开发相对迅速，已探明的天然气储量为3.9万亿立方英尺。近年，菲律宾通过引进韩国和日本的资本，船舶工业迅速发展，并成为世界上第四大造船国。菲律宾重视滨海旅游业的发展，全国25个最大的旅游景点有18个分布在沿海地区。菲律宾既是世界上重要的劳务输出国，也是世界上重要的海上劳务输出国。菲律宾一直是世界上最大的船员输出国，海上就业人员（船员）占世界近40%。据菲律宾海外就业组织（POEA）统计，2013年，菲律宾海外就业人数达183.6万人，其中海上就

① MISC. Fleet Summary http：//www. misc. com. my/About_ MISC-@ -Fleet_ Summary. aspx.

② Nazery Khalid. The Importance of the Maritime Sector in Socioeconomic Development：A Malaysian Perspective. Tropical Coasts，2009，Vol. 16 No. 1：16 –21.

③ Department of Environment and Natural Resources. Initial Valuation of Selected Uses and Habitats and Damage Assessment of Manila Bay. Manila Bay Environmental Management Project.

业人数达 36.7 万人。①

作为一个海岛型的城市国家，新加坡的经济发展与海洋密切相关。新加坡是世界上重要的海洋战略枢纽和港口，同时也是世界第三大炼油中心、国际航运中心、国际贸易中心和区域旅游中心。新加坡自然资源匮乏，属于高度外向型经济，外贸总额约为国内生产总值（GDP）的 3 倍。新加坡港口运输发达，与全球 600 多个港口通航，新加坡是世界上第二大集装箱港。另外，新加坡的临港工业发展迅速，特别是作为世界主要的港口，新加坡成功吸引了西方大型石油公司在此投资设厂，成为世界第三大炼油中心。同时，旅游业是新加坡经济的一个重要支柱。从 1980 年起，每年抵达新加坡的游客人数均超过新加坡人口总数。2014 年，到访新加坡的游客为 1509.5 万人次，旅游收益为 235.6 亿新元。②

泰国海岸线漫长，海洋资源丰富，海洋产业在国民经济中占有重要地位。据测算，2008 年，海洋产业对泰国国民经济的贡献分为海洋资源和海洋产业活动两部分，其中海洋资源（生物资源和非生物资源）贡献比例为 9.9%，海洋活动（包括海上交通运输、滨海旅游等）贡献比例为 90%。③1992 年以来，泰国一直是世界前十大渔业国家。泰国渔业的年产量为 300 万～400 万吨，其中 160 万吨为海洋渔业。泰国的海洋捕捞远大于内陆捕捞，海水养殖远大于淡水养殖。同时，作为东盟接待跨境旅游人数最多的国家，泰国大力发展滨海旅游业，使滨海旅游成为泰国旅游业的重要组成部分，并成为泰国外汇的重要来源。据泰国国家经济社会局（NESDB）统计，泰国滨海旅游业占整个旅游业收入的近 30%，将近 50% 的旅游收入来自国际游客。

2007 年 5 月，越南出台了《至 2020 年海洋战略规划》，提出 2020 年前实现海洋强国的目标。根据越南海洋战略的蓝图，到 2020 年，越南海洋经

---

① POEA（Philippine Overseas Employment Administration），http://www.poea.gov.ph/.

② Singapore Department of Statistics，Yearbook of Statistics Singapore 2015，p.197，p.199.

③ Srisuda Jarayabhand. Contribution of the Marine Sector to Thailand's National Economy. Tropical Coasts，2009，Vol.16 No.1：22－36.

济产值占 GDP 的比重将从 47% ~48% 增加到 53% ~55%，出口比重将达到 55% ~60%。2012 年 6 月，越南通过了《越南海洋法》，以此落实海洋战略和实现海洋强国的目标。近年来，越南加快了海上油气田勘探和开发，现已勘探的石油和天然气储量分别为 27 亿桶和 128000 亿立方米，分别占世界油气储量的第 35 和第 42 位；越南海洋渔业发展潜力巨大，但海洋渔业开发能力不足，多数渔船只能在近海作业，近年越南加快海洋渔业的发展，准备建造大型捕鱼船只，向深海渔场进军；越南政府在沿海地区建立 15 个经济特区，这些海岸经济区包括海防、岘港、下龙湾、芽庄和头顿等海港城市，并推进海岸经济区的都市化和港口化；越南加快发展航运业和港口建设，造船业已初具规模。目前，越南拥有港口 126 个，其中 24 个是国际海港。越南北方的海防港是全国最大的港口，也是最大的船务和造船中心。

二 东盟国家海洋产业发展的现状

近年来，东盟国家的海洋经济迅速发展，海洋产业成为国内重要的产业部门。各国政府纷纷制定海洋产业发展战略与政策，实施海洋产业的调整与升级，海洋渔业、海洋油气、海洋交通运输、海洋船舶和滨海旅游已逐渐成为海洋经济的主导部门，其对国民经济的贡献率不断上升。

（一）海洋渔业

一国的海域和海岸线，是发展海洋渔业的基本维度。东盟国家拥有漫长的海岸线和广阔的海域，渔业资源十分丰富。据联合国粮农组织（FAO）的统计，2000 ~2015 年，东盟十国的渔业产量从 1708 万吨升至 4220 万吨，占世界渔业生产量的比重则由 12.5% 上升到 21.6%。2015 年，印尼渔业年产量达 1955 万吨，越南为 620.8 万吨，菲律宾为 450.3 万吨，缅甸为 295.3 万吨，泰国为 258.7 万吨，马来西亚为 200.3 万吨，柬埔寨为 75.1 万吨，老挝为 17.1 万吨，新加坡为 0.8 万吨。

在东盟国家中，印尼是世界上第七大渔业产国，苏门答腊东海岸的巴干亚比亚比是世界著名的大渔场。东盟国家的海洋捕捞远大于内陆捕捞，海水养殖远大于淡水养殖，各国海洋渔业产品占渔业总产量的比重在 75% ~ 93%。从注册的渔船规模看，印尼拥有最大登记量的渔船，其次是菲律宾、马来西亚；动力化程度泰国排第一位、马来西亚紧随其后。新加坡传统捕捞渔业所占比重小，却是世界上最大的观赏鱼出口国，占世界出口总值的 1/3。2014 年，东盟国家从事渔业的人口达到 817 万人，其中缅甸近 300 万人，印尼为 267 万人，菲律宾为 190 万人，马来西亚为 17 万人，柬埔寨为 60 万人，越南为 45 万人。东盟国家 80% 的渔民从事海洋捕捞，菲律宾、马来西亚、印尼和文莱在海洋捕捞部门渔民数量分别为 87%、84%、82% 和 80%。①

（二）海洋油气业

在东盟国家中，石油天然气大部分来自沿海大陆架。印尼、马来西亚石油储量相对丰富，菲律宾油气资源有限，马来西亚、泰国和菲律宾近几年对海底液化天然气的勘探和开采增长迅速，印尼和马来西亚分别成为世界上第二、三大液化天然气（LNG）出口国。2011 年文莱、印尼和马来西亚为天然气净出口国，与菲律宾持平，新加坡和泰国为净进口国。新加坡虽然缺乏油气资源，但是其利用有利的地理位置，发展炼油工业，建成世界上第三大炼油中心。

随着各国工业化进程，东盟国家的石油和天然气的生产与消费量出现较大变化，对进口石油和天然气的依赖度持续攀升。近年，印尼、马来西亚、菲律宾、新加坡、泰国的石油生产均小于石油消费。由于原油产量减少，2004 年印尼成为石油净进口国，2008 年印尼曾退出石油输出国组织（OPEC）。马来西亚预计也将成为石油净进口国，菲律宾、新加坡和泰国一直是石油进口国家。据国际能源组织（IEA）数据显示，随着东盟国家的石

---

① FAO. FAO yearbook 2016. Fishery and Aquaculture Statistics 2014. The Food and Agriculture Organization. USA. pp. 32 -4.

油需求不断增长，加上当地石油生产日趋成熟，当地的石油进口量到2030年的时候将是现在的4倍，东盟国家石油进口占总需求的74%，而这一数据在2008年仅为25%。[①]

长期以来，印尼是亚洲的产油大国，且是世界上第二大天然气出口国，油气产业一直是印尼的重要支柱产业。2011年，印尼的油气产业增加值占GDP的7%，向政府缴纳的税务和开发权费用约350亿美元，占政府收入的25%，油气出口收入占出口总收入的15%，油气产业直接和间接创造的就业机会分别超过3万人和30万人。[②] 印尼的石油生产在1976年达到顶峰，并且持续了近20年时间，1995年因油田老化且缺乏投资产量开始下降。目前，印尼石油日产87.7万桶原油，其中50万桶在国内提炼，其余近40万桶必须输出国外提炼。每日须进口约40万桶原油，但同时也出口约40万桶原油。[③]

（三）海洋交通运输

伴随着东盟国家国际贸易的迅速发展，作为国际贸易主要载体的海洋交通运输业得以迅速发展。由于东盟国家多为海洋国家，国际贸易大部分是通过海洋运输完成，促使各国商业船只和港口均在世界上占据重要位置。根据联合国贸易与发展会议（UNCTAD）统计，近年来，东盟各国注册商业轮船载重吨位（DWT）均呈增长之势，尤其是新加坡和印尼增长较快。2018年1月，新加坡注册商业商船为2629艘，103583千载重量吨位，居世界第5位；印尼注册商业商船为1948艘，20299千载重量吨位，居世界第20位；马来西亚注册商业商船为662艘，19524千载重量吨位，居世界第22位；越南注册商业商船为991艘，9221千载重量吨位，居世界第30位；泰国注册商业商船为402艘，7559千载重量吨位，居世界第33位。[④] 同时，在各国的船舶种类中，散货船占比超过50%，其余为杂货船和油轮。

---

① Maritime Energy Resources in Aisa, NBR special report 35, December2011.

② 《印尼离不开油气开发业》，印尼《国际日报》2012年12月6日。

③ 《印尼每日仍进口40万桶原油》，印尼《国际日报》2012年8月4日。

④ UNCTAD（2018）. Review of Maritime Transport 2018, p. 30.

港口是海洋交通运输的重要基础设施，港口货物吞吐量反映了一国海洋交通运输业的发展水平。据统计，2014 年东盟六国的集装箱吞吐量为 9303 万标准箱，占世界集装箱吞吐量的 13.6%。其中，新加坡为 3483.2 万标准箱、马来西亚为 2271.9 万标准箱、印尼为 1190.1 万标准箱、越南为 942.5 万标准箱、泰国为 828.4 万标准箱、菲律宾为 586.9 万标准箱，分别居世界的第二、第四、第八、第十一、第十三和第十七位。同时，新加坡港、马来西亚巴生港、丹戎帕拉帕斯港、泰国林查班港跻身世界 20 大集装箱港的行列。① 长期以来，新加坡是世界上最繁忙的海港之一。从 1986 年起，新加坡超过荷兰鹿特丹而跃居世界第一大港。1978 年，新加坡港集装箱吞吐量在世界仅列第 13 位，1988 年跃升到第 2 位，1990 年和 1991 年跃居第 1 位，1992 年后降为第 2 位。2005 ~ 2009 年，新加坡港集装箱吞吐量均为世界第 1 位，2010 年后被上海超过。2017 年，新加坡港的集装箱吞吐量为 3367 万个标准箱，居世界第二位，仅次于上海。

（四）船舶工业

近年来，世界船舶工业快速发展，日本、韩国、中国是世界三大造船国，东盟国家的造船业异军突起，菲律宾迅速跻身世界第四大造船国，越南的造船业也已经初具规模。目前，菲律宾的年造船完工量已超过欧洲，位居中国、韩国和日本之后。印尼、马来西亚、泰国的造船业仍以建造小型船舶为主，新加坡主要从事修船和索具制造。

菲律宾和越南造船业的迅速兴起，得益于韩国、日本大型跨国船舶企业在当地的投资。在东盟国家，规模较大的船舶制造企业是菲律宾韩进苏比克船厂、菲律宾常石重工宿务船厂和越南现代越新船厂。其中，韩进苏比克船厂是韩国韩进重工在菲律宾苏比克湾投资建设的船厂，一期工程耗资约 16 亿美元，于 2007 年 11 月竣工，占地 240 万平方米，建有一座长 370 米、宽 100 米、深 12.5 米的船坞，其 2014 年的造船完工量为 19 艘（123 万载重

---

① UNCTAD (2018). Review of Maritime Transport 2018, p. 73.

吨）；常石重工宿务船厂是日本常石集团于1994年在菲律宾宿务岛投资建设的一家船厂，主要建造散货船，其2014年的造船完工量为20艘（163.1万载重吨）；现代越新船厂是韩国现代集团和越南船舶工业集团于1996年合资成立的一家船厂，主要建造散货船，并开始涉足油船建造业务，其2014年的造船完工量为8艘（38.7万载重吨）。日本和韩国造船企业将投资东盟的船厂定位为生产基地，主要建造技术含量相对较低的散货船。

此外，近年来印尼、马来西亚、泰国也纷纷出台措施，推动本国造船业发展。印尼政府批准成立了由外资100%控股的造船企业，并已吸引常石集团到该国投资建设一家新船厂，主要建造近海船舶，以满足国内运输需求。马来西亚和泰国也计划扩大造船规模，提升造船能力。

（五）滨海旅游

滨海旅游是旅游业重要的组成部分，包括在沿海地区以及海上发生的所有旅游、休闲和娱乐活动。海洋旅游与滨海旅游含义接近，但海洋旅游还包括远海运动。东盟国家拥有丰富的滨海旅游资源，沿海众多自然风景具有巨大的旅游价值。菲律宾长滩岛的沙滩被誉为世界七大美丽沙滩之一，印尼的金芭兰海滩、沙努尔海滩、库塔海滩是浮潜与深潜的极佳场地，泰国巴东海滩、查汶海滩、苏梅岛、普吉岛等均为著名的旅游胜地。滨海旅游是东盟国家旅游业发展最快的市场，它成为这些国家重要的外汇来源之一。据统计，2000~2015年，到东盟的国际游客人数从3613.2万人次增至10894.5万人次，增长66.8%。其中，泰国从957.9万人次增至2992.3万人次，马来西亚从1022.2万人次增至2572.1万人次，新加坡从606.2万人次增至1523.1万人次，印尼从506.4万人次增至1040.7万人次，越南从214万人次增至794.4万人次，菲律宾从199.2万人次增至536.1万人次，柬埔寨从46.6万人次增至477.5万人次。[①] 2015年，以直接和间接与旅游相关的旅游经济衡

① World Tourism Organization. International tourism, number of arrivals, http://data.worldbank.org/indicator.

量，各国旅游经济占 GDP 的比重分别为：柬埔寨为 30.6%、印尼为 6.2%、马来西亚为 13.5%、缅甸为 6.9%、菲律宾为 19.4%、新加坡为 9.5%、泰国为 19.3%、越南为 8.7%；各国旅游经济从业人员占就业总数的比重分别为：柬埔寨为 27.5%、印尼为 5.6%、马来西亚为 11.8%、缅甸为 5.8%、菲律宾为 17.9%、新加坡为 8.5%、泰国为 14.2%、越南为 7%。①

近年，东盟国家积极开拓邮轮旅游市场。2014 年，到访印尼的旅游邮轮共 126 艘，搭载的国际乘客人数达 8.4827 万人次。印尼决定在外南梦（Banyuwangi）的 Marina Boom 建成国际游艇港口，并向国际邮轮管理公司推介印尼旅游胜地。② 菲律宾宿务省正致力于将宿务建成仅次于首都马尼拉的第二个邮轮旅游的目的地，以吸引更多的国际游客。③ 2015 年 7 月，泰国政府批准了交通部提交的开发游艇、邮轮港口设施的提案，游艇港口设施的选址包括 33 个位于安达曼海和泰国湾的地点。目前，安达曼海上、泰国湾分别有 6 个和 5 个港口，这些港口可以供 2000 艘游艇停靠。不过，可停靠邮轮的港口仅有曼谷、兰察邦和普吉港，且为邮轮提供服务的条件欠佳。④

三　东盟互联互通与海洋经济合作

2010 年 10 月，东盟推出了《东盟互联互通总体规划》（Master Plan on ASEAN Connectivity）。它确定了未来五年实现互联互通的战略目标、主要任务、关键项目和资金筹措，它是实现东盟共同体的关键战略。东盟的互联互通战略，包含基础设施的互联互通（physical connectivity）、机制的互联互通（institutional connectivity）和民间的互联互通（people-to-people connectivity）。其中，一些关键项目涉及区域海洋产业合作。例如，马六甲—北干巴鲁互

① World Bank. Travel & Tourism Economic Impact 2016 of Cambodia, Indonesia, Lao PR, Malaysia, Myanmar, Philippines, Singapore, Thailand and Vietnam.

② 《外南梦将成为国际游艇港口》，印尼《国际日报》2015 年 9 月 14 日。

③ 《宿务省拟打造成为游轮目的地》，菲律宾《世界日报》2015 年 9 月 1 日。

④ 《开发游艇邮轮港口设施获批》，泰国《星暹日报》2015 年 7 月 29 日。

连、西加里曼丹—沙捞越互连、滚装网络和海上短程运输项目、东盟运输便利化协议的落实、东盟内部签证的放宽等。[①]

在东盟基础设施互联互通中，提出海洋交通运输、综合运输走廊，以及能源基础设施的建设。在航海运输方面，除新加坡和马来西亚外，其他东盟国家的航海运输网络相对落后。东盟计划为航海运输网络共建立47个主要港口，但由于港口基础设施和服务水平参差不齐，阻碍了航运服务的有效开展。在未来几年中，东盟将加强这47个港口的性能和容量，包括改善仓储服务和疏浚水道等，具体包括建立连接大陆和群岛的高效、可靠的航线，这些新兴或有潜力的航线有沙敦/庄—槟城—勿拉湾、马六甲—杜迈、达沃—比通、三宝颜—山打根、穆阿拉—附近港口等。同时，加强世界和地区主干航线与国内航线的联系，并研究建立东盟滚装网络的可行性。在综合运输走廊方面，东盟将加强部门间合作，构建多式联运的交通运输体系。具体计划包括：研究潜在的多式联运走廊，使东盟成为全球供应链上的一环；建成东西经济走廊，包括缅甸境内缺失环节的建设，在仰光和岘港发展终端港口；根据现有的交通项目如东盟公路网和泛亚铁路，发展东盟陆港网络。[②]在能源基础设施方面，东盟制定了第三个能源合作行动计划（2010～2015年），更加强调能源安全和区域的可持续发展。东盟还制定了《跨东盟天然气管道总规划》和《东盟（能源）互联互通总规划》，拟于2020年建立东盟区域的天然气管道联通网络，实现天然气的跨国界运输。此外，东盟还设立了石油委员会天然气中心。

在东盟民间互联互通中，将旅游作为其中的重要内容。旅游业发展是东盟区域一体化的优先部门，也是目前东盟12个优先一体化部门中唯一完成了区域一体化路线图各项措施的部门。根据《2004～2010年东盟旅游部门一体化路线图》，东盟区域旅游合作已形成多层次、多渠道的合作机制。东盟采取了一系列旅游业发展措施，通过旅游自由化、提升旅行相关服务和设

---

① ASEAN Secretariat (2011). Master Plan on ASEAN Connectivity. Executive summary. i–ii.

② ASEAN Secretariat (2011). Master Plan on ASEAN Connectivity. Chapter 3: key strategies for enhanced ASEAN connectivity, p. 41.

施的建设，增强旅游业相关人员的技能，鼓励私营部门的参与，以增强东盟旅游业的吸引力。东盟旅游部门一体化的实施已使来自东盟区内外的游客数量大幅增加，促进了当地的经济发展，创造了大量就业机会。《东盟互联互通总体规划》提出，东盟仍需要进一步加强对该地区旅游部门的整合，包括统一签证规定、发展第三者责任险、旅游相关服务的标准化、旅游基础设施的升级、简化入境手续等。2011 年，东盟公布了《2011～2015 年东盟旅游战略规划》。该规划明确指出未来五年东盟旅游业发展的目标，提出东盟区域旅游合作的三大任务，即加强区域富有体验和创新性产品的开发，注重旅游市场营销和投资策略的发展；不断提高区域人力资源水平、服务质量和完善旅游服务设施；加快旅游的便利化，实现区域的互联互通。

四　中国—东盟区域海洋经济合作

东盟是我国最重要的周边地区之一，中国和东盟均有漫长海岸线，海洋资源丰富。在中国—东盟自由贸易区的框架下，双边经贸关系迅速发展，海洋经济合作尚处于起步阶段，海洋产业合作将成为区域经济合作的新亮点。

近年来，中国与东盟国家领导人多次强调中国与东盟海上合作是双边合作的优先领域和重点方向。2011 年 11 月，中国政府提出，中国高度重视与东盟国家构筑海上互联互通网络，愿采取有力举措与东盟国家发展冷藏船、滚装船以及集装箱班轮直线，推进海上旅客和货物运输便利化。从海洋科研与环保、互联互通、航行安全与搜救、打击跨国犯罪等领域做起，逐步将合作延伸扩大到其他领域，形成中国—东盟多层次、全方位的海上合作格局，并建议双方成立相应机制并对此加以研究，制定合作规划。为开展海上务实合作，中方设立了 30 亿元人民币的中国—东盟海上合作基金。

为推进中国与南海及其周边国家的海洋合作，2012 年，中国国家海洋局颁布《南海及其周边海洋国际合作框架计划（2011～2015）》，国家海洋局与东盟国家相关海洋管理部门、科研机构建立了广泛的海洋合作伙伴关系。2010 年 5 月，中国—印尼研究中心揭牌，成为中国海洋领域在海外建立的首个联合研究中心，双方开展了海洋与气候变化观测研究、海洋和海岸带环境保护、海洋资源开发利用领域的合作项目。2013 年 6 月，中泰气候与海洋生态系统联合实验室正式挂牌，双方海洋合作由此进入实质性发展阶段。2016 年，中国国家海洋局又颁布《南海及其周边海洋国际合作框架计划（2016～2020）》，为中国与南海及其周边国家、地区、国际组织等合作伙伴，在海洋经济、政策、环境等 7 个方面开展合作确立了实施框架，它包括海洋与气候变化、海洋环境保护、海洋生态系统与生物多样性、海洋防灾减灾、区域海洋学研究、海洋政策与管理、海洋资源开发利用与蓝色经济发展等领域。

在新的国际和区域形势下，实施中国—东盟海上互联互通，推进区域的海洋经济合作具有深远的战略意义。它将有助于进一步扩大中国—东盟经济合作的规模，拓展双边合作的领域，推进区域经济一体化的进程，也有利于将南海建成和平、友谊和合作之海。

首先，加快实施中国—东盟海上互联互通战略与政策。在中国—东盟海上互联互通的总体框架下，制定和实施中央政府相关部门参与中国—东盟海上互联互通的具体政策和措施，与东盟国家建立海上互联互通的合作协商机制。中央政府已设立 30 亿元人民币的中国—东盟海上合作基金，各职能部门可以根据部门情况，设立具体项目基金，以鼓励与扶持一些重要合作项目的启动和建设。

其次，注重选择中国—东盟海洋产业合作的领域。根据中国—东盟海洋资源和临港产业的优势，参照东盟互联互通规划，制定中国—东盟海洋产业合作的中长期战略目标、合作领域和主要项目。在平等合作和互利共赢的原则下，一方面积极开展港口合作、海洋渔业、海洋船舶、海洋油气、临港产业、滨海旅游、海洋科研与环境保护、海洋教育与文化交流等，加快海上互联互通大通道的建设；另一方面，要注重区域海洋产业安全，尤其是海洋资源开发产业（海洋渔业、海洋油气资源等）的合作项目，强化海洋产业安全和防范产业风险意识，做好海洋产业项目的可行性研究，建立相关项目的风险防范机制。

最后，积极鼓励和扶持临海省份参与中国—东盟海洋经济合作。近年来，中国政府积极推进海洋经济的发展，海洋经济已成为国内经济新的重要增长极。国务院已批准山东、浙江、广东、福建为国家海洋经济发展的试点省份，浙江舟山成为海洋经济新区。为此，各海洋省份相继制定和实施了一系列海洋经济发展规划和专项规划。作为中国的几个海洋大省，应该率先参与中国—东盟海上互联互通战略和海洋产业合作，根据各自海洋资源和海洋产业优势，选择区域产业合作的领域和项目，兴建区域海洋经济合作区，开展海洋渔业、海洋运输、临港产业、滨海旅游、海洋科研与文化交流等合作。

B.15
东盟国家海洋经济发展战略与政策

杨程玲*

摘　要：　东盟国家多为海洋国家，具有丰富的海洋资源，发展海洋经济具有得天独厚的条件。近年来，东盟国家的海洋经济迅速发展，各国制定和实施了海洋经济发展战略与政策，海洋产业成为国民经济的重要组成部分。本文拟就东盟国家海洋经济发展战略与政策做一分析。

关键词：　东盟　海洋经济　发展战略

伴随着东盟国家海洋经济的迅速发展，各国积极制定海洋发展战略与政策。印尼、越南明确提出了海洋强国战略，其他国家也相应出台了海洋发展战略，各国相继出台了海洋法以及相关的法规，设立专门的海洋管理机构，并实施相关的海洋产业政策。

一　东盟国家的海洋经济发展战略

东盟国家（除老挝外）均为海洋国家，海岸线漫长、海域辽阔，具有丰富的海洋资源。近年来，随着东盟国家海洋经济的迅速发展，海洋产业成为各国经济的重要产业部门，为此各国积极制定和调整海洋发展战略，一些国家还确立了海洋强国的目标，出台了海洋发展政策措施。

---

* 杨程玲，汕头大学讲师，经济学博士。

（一）印尼的“全球海洋支点”战略

近年来，印尼海洋经济迅速发展，政府积极制定本国海洋经济发展战略与政策。2000 年，梅加瓦蒂政府成立海洋事业及渔业部，负责管理海洋经济的相关产业。2004 年，印尼政府公布了 2005～2025 年国家发展计划，明确提到必须重新认识海洋社会，发展海洋导向型经济，必须对海域实施管理保证其繁荣，以可持续的方式利用海洋资源，并建立整合型的海洋经济。2009 年，印尼发布的 2010～2014 年印尼中期发展计划指出，要重点发展海运、海洋工业、渔业、滨海旅游业、海洋能源及矿业等海洋产业。2011 年 5 月，印尼政府提出了《2011～2025 年印尼经济发展总体规划》（PM3EI）。此项规划依据印尼海岛国家的特点，将国家经济分为六大经济走廊，以港口和港口城市为基点，通过海上捷运，将印尼群岛东西连接起来。[①]

2014 年，印尼总统佐科提出“海洋强国”的目标，把海洋经济提高到国家发展的重要战略地位。2014 年 5 月，在印尼大选中，佐科提出“全球海洋支点”战略，即加强印尼的海洋安全、拓展涵盖印度洋和太平洋的地区外交、提高印尼海军在东亚地区的分量。2014 年 10 月，在其就任印尼总统的致辞中，又提出将印尼建设成为“全球海洋支点”的愿景。2014 年 11 月，在第九届东亚峰会上，印尼总统佐科详细阐述了印尼“全球海洋支点”（global maritime axis）战略。印尼的“全球海洋支点”包括五大支柱：一是复兴海洋文化理念。印尼位于太平洋和印度洋的交汇处，是一个海洋群岛国家，海洋在未来的印尼发展举足轻重。二是管理好海洋资源，发展海洋渔业，实现海洋的“粮食安全”和主权。三是通过重点港口建设、航运和海上旅游等，促进互联互通，发展海洋经济。四是促进海洋安全合作，处理领海争端，打击非法捕捞和海盗，保护海洋环境。五是加强海上防御力量，保护国家领海主权完整和海洋资源，维护区域海洋航行安全。

---

① Masterplan: Acceleration and Expansion of Indonesia Economic Development. 2011 – 2025. pp. 31 – 33.

为了实施海洋强国战略，开发海洋资源，印尼政府恢复海事统筹部，协调下属的海洋事务和渔业部、交通部、能源和矿产资源部以及旅游部，统一管理和协调各部门涉海事务。2015 年，印尼政府发布的《2015～2019 年中期建设发展规划》（RPJMN）提出海洋交通设施的便利化，实施“海上高速公路”建设规划，计划投资 699 万亿印尼盾（约合 574 亿美元）。为实现印尼主要岛屿间的互联互通，实施“海上高速公路”计划，兴建各岛屿港口、陆上铁路、公路等设施，一方面，通过船舶运输构建海上交通网络，推动地区经济平衡发展，使印尼成为全球海上交通运输一大枢纽；另一方面，印尼政府加快了船舶制造业的发展步伐，计划在 2019 年前投资兴建 100 家新型造船厂。①

（二）越南海洋强国战略

20 世纪 80 年代中期以来，越南实施经济开放革新政策，开始重视海洋经济的发展。1990 年，越南国家科学技术委员会战略研究院编制了《海洋战略》（草案）。1993 年 5 月，越共七届中央颁布了《关于近期发展海洋经济的若干任务》的决定，提出成为“海洋强国”的战略目标。

2007 年 1 月，越共十届四中全会讨论并通过了《2020 年越南海洋战略》。该战略要求“要牢固捍卫国家海洋主权和权益，为国家保持稳定发展做出贡献”，并提出到 2020 年，越南的海洋经济生产总值占全国 GDP 的 53%～55%，出口额占总出口额的 55%～60%。越南海洋战略主要包括重点开发具有优势的行业、加强海洋经济的基础设施建设、将沿海地区划分为四个重点发展海洋经济的区域、加强对海洋的管理。

2012 年 6 月，越南第十三届国民议会第二届会议通过了《越南海洋法》，并于 2013 年 1 月正式生效。该法律规定了越南对基线、内水、领海、毗连区、专属经济区、大陆架、岛屿和群岛下的主权和管辖权。《越南海洋法》第 43 条提出，越南将大力发展海洋经济，并优先发展海洋经济的六大

① 《印尼海洋产业发展潜力巨大》，印尼《国际日报》2013 年 10 月 7 日。

领域，即海洋石油天然气及矿产资源的勘探、开采和加工业，海洋运输、海港建设、船舶建造和维修、海上通信业；海洋和海岛旅游及海岛经济开发；海洋渔业和海产品加工业；服务于海洋经济的科学技术开发；培养海洋经济的科技人才。

2018 年 10 月，越共举行十二届八中全会，会议审议了关于越南海洋战略的决议落实 10 年工作总结，通过了有关 2030 年越南海洋经济可持续发展战略及 2045 年展望的决议，旨在充分开发海洋经济的潜力，逐步将越南建成海洋强国。该发展战略提出，到 2030 年前，越南的海洋经济将占全国国内生产总值的 10%，沿海地区各省市地方生产总值（CRDP）占全国国内生产总值的 65% ~70%；完成海洋、沿海地区和岛屿地区的经济、社会和环境可持续发展的目标；促进沿海地区海洋经济发展，改善居民收入，将促进海洋经济可持续发展与构建和谐海洋社会融合在一起；保护与实现生物多样性和海洋生态体系可持续发展，维护海洋环境，预防自然灾害，应对气候变化和海平面上升。在工业 4.0 背景下，注重把海洋经济从依靠海洋资源开发利用，造成环境污染转向依靠知识、科技，充分发挥海洋潜力与优势。紧密监察并杜绝造成海洋环境污染事故，尤其是海洋塑料废物污染；保护和推动生物多样性和海洋生态体系可持续发展，应对气候变化和海平面上升；提高海洋国际合作效果。同时，按照《联合国海洋法公约》等国际法规，捍卫越南的海域、大陆架和岛屿主权、主权权利和管辖权，通过和平方式解决争端；维护社会秩序安全、维护祖国海洋岛屿和平稳定环境，以推动经济可持续发展。

（三）东盟其他国家海洋经济发展战略

除了印尼和越南外，东盟其他国家相继提出了海洋经济发展战略与政策，新加坡和马来西亚极力打造海运大国，泰国的海洋发展战略侧重于滨海旅游与物流，菲律宾的全面海洋战略虽然制定的较早，注重经济与环境的同步发展，但是并没有全面执行。

早在 1985 年，马来西亚国际贸易和工业部就制定了三个战略规划，分别是《1986～1995 年马来西亚工业战略规划》（First Industrial Master Plan, 1986－1995）、《1996～2005 年马来西亚工业战略规划》［Second Industrial Master Plan（IMP2），1996－2005］和《2006～2020 年马来西亚工业战略规划》（Third Industrial Master Plan，2006－2020：Malaysia，towards global competitiveness：IMP3）。其中，IMP3 的主题是“马来西亚——全球竞争力”。该规划的目标是在全球贸易和投资环境的背景下，马来西亚能够保持高水平的国际竞争力，马来西亚将致力于打造现代、高效和安全的海事部门，使马来西亚成为一个成功的海洋国家。该规划确定造船、物流和旅游作为其中的战略性产业。该计划提出运输业对马来西亚工业发展做出了重大贡献，而海运部门则是重要的组成部分，包括造船、重型工程和船舶修理等活动（见表 1）。

表 1　东盟六国海洋相关的经济发展战略

国家	海洋相关的经济发展战略
印尼	《2007 年海岸与海洋发展投资政策》《国家中期发展计划（2010～2014）》《2011～2025 年印尼经济发展总体规划》《2015～2019 年中期建设发展规划》（RPJMN）、《海岸带和小岛屿的管理与规划（2008）》《国家海洋政策（2014）》
马来西亚	1986～1995 年工业战略规划（IMP1）、1996～2005 工业战略规划（IMP2）、2006～2020 年工业战略规划（IMP3）、《1982 年国家港口计划（EPU）》、《2010 年马来西亚促进海洋旅游规划》、《2010 年巴生港总体规划》、《2011 年造船/修理战略计划》
菲律宾	《菲律宾海洋政策》（1994 年）、《菲律宾 21 世纪议程》《2004～2010 年菲律宾中期计划》《2011～2016 菲律宾发展计划》《国家海岸带综合治理计划 2012～2016》
泰国	《Thailand's Eleventh Plan 2012－2016》《二十年经济发展战略计划（2017～2036 年）》《国家海岸和海洋资源战略》《国家经济与社会发展规划》（从 1997～2001 年到 2012～2016 年）
新加坡	《新加坡蓝色计划（2009）》《可持续增长战略（2010～2030）》《新加坡可持续发展蓝图（2015）》
越南	《2006 年越南海岸带综合管理战略》《2007 年至 2020 年海洋战略规划》《2009 年海洋资源综合管理和环境保护政策》《2009 年越南海洋和沿海地区在泰国湾的社会经济发展总体规划》《2004 年越南可持续性发展战略方向》《2012 年越南海洋法》《2007 年至 2020 年海洋战略》

资料来源：根据 PEMEA. 2005. Framework for National Coastal and Marine Policy Development; PEMSEA. 2015. Regional Review: Implementation of the Sustainable Development Strategy for the Seas of East Asia（SDS-SEA）2003－2015 编制。

1994 年，菲律宾政府发布了《菲律宾国家海洋政策》，提出菲律宾海洋战略的基本原则和主要内容。该政策框架提出，在开发与利用海洋资源的同时，要注重海洋资源的可持续性发展。根据菲律宾群岛国家的特点，强调海事及海洋部门对于国家发展的重要性。2000 年，菲律宾政府出台了《菲律宾 21 世纪议程》（The Philippine Agenda 21，PA 21），提出以生态系统为基础的岛屿综合开发战略。《2004～2010 年菲律宾中期计划》中，菲律宾提出六年内加快石油和天然气的勘探和开采，将陆运网络与岛内导航路线相连接，降低交通运输成本和交易成本，提高旅游的便利性。同时，通过开发 200 万公顷土地（包括内陆和近海水产养殖）创造了 6000 万个工作岗位，并将捕捞社区发展成为生产、加工和销售社区。《2011～2016 年菲律宾发展计划》强调，作为菲律宾经济发展的重要支撑，渔业和农业具有几乎相等的地位，明确提出未来 6 年渔业发展目标，制定实现渔业可持续发展的具体措施，加强对沿海和海洋资源的管理，保护生物多样性和生态系统。①

2016 年，泰国颁布了二十年经济发展战略计划（2017～2036 年），泰国总理巴育称，该发展战略是泰国 4.0 经济战略。相对比以前的“泰国 1.0”是传统农业，“泰国 2.0”是轻工业，“泰国 3.0”是重工业，而“泰国 4.0”则是高附加值产业。泰国制定了十大目标产业，作为泰国未来经济发展的新引擎。作为“泰国 4.0”战略性项目，泰国政府优先推动东部经济走廊（EEC）建设。根据政府规划，东部经济走廊有望成为东盟海上交通中心，它连接缅甸土瓦深水港、柬埔寨西哈努克港和越南头顿港。泰国东部经济走廊横跨北柳、春武里和罗勇三府，目标定位为高科技产业集群区，计划在 5 年内投资 1.5 万亿泰铢，兴建 15 个重大项目，其中包括建设兰乍邦港第 3 个泊位，使港口集装箱吞吐量从 700 万标准箱提升到 1800 万标准箱，将兰乍邦港建成世界 15 大港口之一。

① PEMSEA. 2015. Regional Review：Implementation of the Sustainable Development Strategy for the Seas of East Asia（SDS-SEA）2003－2015.

二 东盟国家海洋法律法规与管理机制

随着海洋在各国经济与社会发展中的地位的提升，东盟国家出台了大量相关的海洋法律法规。东盟国家大多对海洋管理采用的是高层协调和相对集中管理、政府涉海部门分工负责、地方政府与民间积极参与的综合管理模式。东盟国家注重海洋资源环境的管理，并制定了相关的法律和规定。

（一）东盟国家相关海洋法律法规

东盟国家承诺以《联合国海洋法公约》为准则，维护海洋权益、发展海洋经济、保护海洋环境。《联合国海洋法公约》是指1982年的决议条文，它对内水、领海、临海、大陆架、专属经济区（EEZ）、公海等重要概念做了界定。东盟国家采用（修订）联合国海洋法公约分别为：新加坡、马来西亚、印尼、泰国、越南、菲律宾、缅甸，采用时间均是1982年，修订时间分别为1994年、1996年、1986年、2011年、1994年、1984年和1996年；柬埔寨采用的时间为1983年，至今没有修订；文莱采用和修订的时间分别为1984年和1996年。[①]

在采用联合国海洋法公约前后，东盟国家就制定了各种与海洋主权相关的法律和规定。关于临海主权的法律法规有：20世纪50～60年代印尼的大陆架法；20世纪70～90年代印尼、菲律宾和越南制定与确立各类海洋区域和开展海洋活动有关的法规体系，如印尼的《大陆架法》（1973年）、《专属经济区法》（1983年），越南的《关于越南领海、毗连区、专属经济区和大陆架声明》（1974年）、《关于越南领海基线的声明》（1982年）、《海岸警卫队法》（1998年）。印尼于2014年9月通过了《海洋法》（第32号国家法令），涉及海洋资源使用、维护和保护以及政策执行中的横向与纵向合

① 《联合国海洋法公约》采用与修订时间表，http：//www. un. org/Depts/los/reference_ files/status2010. pdf。

作。泰国的《海洋和海岸资源管理促进法案》于2015年6月24日生效。2013年1月1日，《越南海洋法》正式生效（见表2）。

表2　东盟六国海洋相关的法律和规定

国家	海洋相关的法律和规定
印尼	《大陆架法》(1973年)、《专属经济区法》(1983年)、《自然生物资源保护法》(1990年)、《领海法》(1996年)、《环境管理与保护法》(1997年)、《渔业法》(2004年)、《自治法》(2004年)、《国土空间法》(2007年,2014年修订)《海岸带与岛屿管理法》(2005年)、《沿海和海洋发展投资政策发案》(2005年)、《关于航运任务的港务局管理质量提高法》(2009年)、《沿海和海洋管理部门法》(2004年)
马来西亚	《海运货物运输法》(1950年)、《商船条例》(1952年)、《港务局法令》(1963年)、《环境质量修正条例》(1985年)、《环境影响评命令》(1987年)、渔业管理《渔业法规》(1985年)、《港口(私有化)法令》(1990年)
菲律宾	《菲律宾渔业法》(1998年)、《菲律宾领海基线法》(2009年)、《海洋与海岸带综合管理法》(第533号行政令)(2006年)、《海岸警卫队》(2009年)
新加坡	《商船法》(2008年)
泰国	《海洋与海岸管理促进法案》(2015年)
越南	《关于越南领海、毗连区、专属经济区和大陆架声明》(1977年)、《关于越南领海基线的声明》(1982年)、《油气法》(1993年,2000年修订)、《环境保护法》(1994年,2005年修订)、《海岸警卫队法》(1998年)、《国家边境法》(2003年)、《渔业法》(2003年)、《海洋资源综合管理与环境保护政府令》(2009年)、《越南海洋法》(2012年)

资料来源：根据PEMEA. 2005. Framework for National Coastal and Marine Policy Development; PEMSEA. 2015. Regional Review: Implementation of the Sustainable Development Strategy for the Seas of East Asia（SDS-SEA）2003－2015编制。

东盟国家针对特定的海洋产业，制定了相关的法律法规。马来西亚制定了1950年的《海运货物运输法》、1952年的《商船条例》、1963年的《港务局法令》、1985年的《渔业法规》、1990年的《港口（私有化）法令》；印尼2004年的《渔业法》和2009年的《关于航运任务的港务局管理质量提高法》；1998年菲律宾的《渔业法》；1993年越南的《油气法》（2000年修订）；2008年新加坡的《商船法》。

近年来，东盟国家注重海洋和海岸综合管理，制定和实施了一系列的法规，积极推动海洋综合管理。例如，2007年发布和2014年修订的《印尼海岸带与岛屿管理法》、2004年的《印尼沿海和海洋管理部门法》；1985年的

《马来西亚环境质量修正条例》和1987年的《马来西亚环境影响评命令》；2015年的《泰国海洋与海岸管理促进法案》；以及2009年的《越南海洋资源综合管理与环境保护政府令》。

（二）东盟国家的海洋管理机构

东盟国家大多对海洋管理采用的是高层协调和相对集中管理、政府各涉海部门分工负责、地方政府与民间积极参与的综合管理模式。

第一，设立海上协调机构。1992年联合国环境与发展大会通过的《21世纪议程》指出，“每个沿海国家都应考虑建立，或在必要时加强适当的协调机制，在地方一级和国家一级上，对沿海和海洋区及其资源实施综合管理，实现可持续发展”。据2006年“海洋、海岸与岛屿全球会议”统计，约有100个沿海国制定了海洋综合管理计划，并实施了海洋综合管理。印尼、菲律宾、越南都设置了高层协调机构，分别是国家海洋委员会、海洋与海岛委员会以及国家海洋监控委员会。这种协调机制不仅协调管理部门之间、中央与地方之间、执法队伍之间，而且也协调管理部门与执法队伍之间。例如，印尼国家海洋委员会的职能是对海洋政策方面的建议和意见进行评估，然后向总统提交报告；为统一整合海洋政策和处理涉海事物，与政府和非政府组织等保持密切磋商；督促检查和评价海洋政策与战略的实施情况以及完成总统交办的其他事宜。菲律宾的国家海岸监控系统是中央层面的部际间机制，任务是采用协调和连贯的方法处理海洋问题和开展维护海洋安全工作，强化国家对海洋的管理。越南海洋与海岛委员会的职能则是统一协调国家海洋事务和海洋战略、政策和规划的编制工作。

第二，建立相对集中的海洋管理部门。印尼的海洋与渔业部于2000年成立，负责海洋与渔业事业，管辖范围包括海洋、淡水以及其自然资源，任务是管理、保护和合理、可持续地开发利用海洋及其资源。2000年11月23日，印尼总统发布第165号总统令，规定了海洋与渔业部的使命、职能、组织架构及其在政府体制中的地位。越南于2008年宣布成立海洋与岛屿管理局，隶属于越南自然资源和环境部，负责就海洋与岛屿事物为越南自然资源与环境部提供咨询意见，协助部长处理海洋和岛屿事物，促进海洋与岛屿的综合和统一管理。菲律宾在环境与自然资源部（DENR）设置沿海和海洋管理处，管理着沿海的862个直辖市，74个城市和72个省。[①] 马来西亚交通运输部下设海事处（Marine Department Malaysia），其职责是管理与马来西亚水域内航运和港口有关的事项。在马来西亚海事处成立之前，由三个不同的独立部门组成，分别由马来西亚半岛海事处，沙巴海事处和沙捞越海事处组成。

第三，政府各涉海部门与地方政府的分工合作。东盟海洋管理体制中最普遍的管理方式，就是政府各涉海部门与地方政府的分工合作。印尼现行的海洋管理体制，管理体制主要由海洋渔业部、交通部、海关、矿产能源部、环境部等部门的纵向管理组成，辅以各省、地区政府的横向管理。其中，地方和省政府管理距离海岸4海里、4~12海里的海域；马来西亚海洋管理主要由交通部、农业部、文化部、艺术和旅游部、科技与创新部、自然资源与环境部、财政部、马来西亚海事研究中心、国内与国外事务部、马来西亚经济计划署等部门负责；菲律宾主要涉海部门包括环境与自然资源部、农业部、交通与通信部、能源部、海军部、科技部、国会、地方政府，地方政府管理距岸15公里的海域；泰国主要涉海机构包括农业合作社、交通运输部、能源部、渔业部、自然资源与环境部（海洋与海岸资源局）；越南主要涉海机构包括农业与农村发展部、交通部、能源部、水利和水资源部、科技部、海岸警备队和沿海地方政府，各地方设置海洋与海岛厅。[②]

第四，建立民间涉海行业组织。这些民间涉海组织分布在各海洋产业、行业，如渔业就有很多的专业协会，海运业有船东协会，新加坡还有海洋产业协会。印尼的海洋合作论坛则是由国家政府、地方政府、大学、非政府组织、专业机构、主要社区以及相关行业的合作论坛，主要是根据《海岸带和岛屿管理相关法》（2007年）而设立的。

---

① Romulo A V, Raymundo J T, Edward E P, et al. Measuring the contribution of the maritime sector to the Philippine economy. Tropical coasts. 2009, 16（1）, p. 60.

② PEMSEA. "The Marine Economy in Times of Change", Tropical Coasts, 2009, 16（1）.

总的来说，这种综合管理体制有助于发挥国家对海洋宏观管理的需求和作用，同时权利下放到部级、地方甚至民间组织，有利于激发涉海行业的积极性。但是，由于涉海领域广泛，缺乏统一和集中的管理存在诸多问题。例如，马来西亚实行联邦制，政府涉海机构至少有14个，负责海洋的机构至少也有26个，会出现机构重叠和多头管理的矛盾。以港口和航运为例，在10个港口管理机构中，其中有6个联邦政府机构，4个地方政府机构，海事部还负责管理全国80个小型港口，导致了港口规划和管理的不协调。①

（三）各国海洋及海岸带的资源环境管理

东盟国家拥有漫长的海岸线，海洋资源十分丰富。近年来，东盟国家注重海洋资源环境的管理，并制定了相关的法律和规定，主要包括水质量管理、在矿产与能源管理、海岸资源管理以及自然资源管理。②

在水质量管理方面，多数国家制定了防止水污染的规定，订立相关法律法规监控水质量。2004年，印尼发布了《海水质量标准的法令》，2008年颁发了《水资源管理法》；2006年，越南制定《2020年国家水资源战略》；2006年，菲律宾制定了《水资源管理计划框架》，针对饮水安全问题颁布了《菲律宾洁净水法》；2006年，泰国制定了《国内废水收集及处理系统的计划》，2012年制定了《水管理的行动计划》。

在矿产与能源管理方面，各国重视在油气开采和利用过程中的风险减控，印尼、越南和菲律宾分别制定了《针对溢油事故应急计划》（2006年）、《溢油事故处理的行动计划》（2010年）和《国家溢油应急计划》（2014年）。除了风险控制，还颁布相关的法令，使得油气资源对环境造成的危害进行管控。例如，印尼的《油污损害赔偿责任修正法案》（2005

① Saharuddin A H. National ocean policy—new opportunities for Malaysian ocean development. Marine Policy，2001，25（6）：427－436.

② PEMSEA. 2015. Regional Review：Implementation of the Sustainable Development Strategy for the Seas of East Asia（SDS-SEA）2003－2015. Partnerships in Environmental Management for the Seas of East Asia（PEMSEA），Quezon City，Philippines. p. 236.

年）、菲律宾的《石油污染赔偿法》（2007 年）、越南的《政府许可的海洋空间区域的海洋资源利用与开发法令》（2014 年）。

在海岸资源管理方面，为了保护该地区的海洋和沿海生物资源，印尼、马来西亚和菲律宾组成了区域合作计划，提出了关于保护珊瑚礁、渔业和粮食安全的珊瑚三角倡议。2002 年，东盟国家环境部长通过了“东盟海洋遗产地标准”和“国家海洋保护区标准”，对现有和新的保护区进行指定和管理，其目的是减少对自然、生态或文化等高价值区域的威胁，以及促使自然资源再生。[①] 在过去十年间，该地区的海洋保护区的范围一直在增加。2007 年，海洋保护区总面积约为 87778 平方公里，比 1995 年增加 56%。海洋保护区的国家数量最多的国家是菲律宾，共有 339 个海洋保护区，拥有约 7000 个岛屿。[②] 该地区最大的海洋保护区是珊瑚三角，印尼苏拉威西州的萨武海海洋国家公园，占地面积 3.5 万平方公里，拥有约 500 种珊瑚，14 种鲸鱼和 336 种鱼类。[③] 此外，东盟国家也通过支持可持续滨海旅游、加强海岸管理、减轻自然灾害风险等措施加强自然保护区资源管理。例如，印尼制定了《支持发展海洋旅游和加强国家海洋公园可持续性的管理和控制指示（2005 年）》《灾害管理法（2007 年）》等。[④]

在生态资源管理方面，东盟国家除了出台渔业法外，还制定了渔业管理法案，如印尼《关于延长渔船捕捞许可证的第 56 号法令》（2014 年）、《鱼类资源储量保护》（2007 年），《渔业管理第 45/2009 号》（2009 年）；越南的《2006～2010 年渔业部门的项目支持》、《2020 年渔业发展战略》（2010 年）；泰国的《2009～2018 年海洋渔业管理战略计划》。同时，东盟国家还

① The economics of Ecosystems and Biodiversity for Southeast Asia（ASEAN TEEB）Executive summery 2012.

② Fourth ASEAN State of the Environment Report 2009 Jakarta：ASEAN Secretariat，October 2009，Printed in Malaysia.

③ Luke Brander and Florian Eppink The economics of Ecosystems and Biodiversity for Southeast Asia（ASEAN TEEB）Scoping study 2015.

④ PEMSEA. 2015. Regional Review：Implementation of the Sustainable Development Strategy for the Seas of East Asia（SDS-SEA）2003－2015. Partnerships in Environmental Management for the Seas of East Asia（PEMSEA），Quezon City，Philippines. p. 236.

出台了保护生物多样性的法律法规，如印尼的《生物多样性基本法》（2008年）、越南的《生物多样性法》（2008年）、菲律宾的《海洋生态系统保护和管理法》（2006年）、新加坡的《濒危物种法案》（2008年）。此外，东盟国家非常重视物种入侵导致的生态环境变化，特别是通过压载水转移的入侵物种，如印尼颁布了《关于禁止转运的部长级第57号法令（2014年）》。①

三 东盟国家的海洋产业政策

近年来，东盟国家的海洋产业迅速发展，海洋产业成为国民经济的重要产业部门。为此，许多国家根据各自的海洋资源状况，制定和实施了海洋渔业政策、海洋油气业政策、海洋运输业政策和滨海旅游业政策。

（一）各国海洋渔业政策

近年来，由于全球市场对渔业产品的需求不断增长，加上捕捞技术的提高，导致东盟国家海洋渔业资源的过度开发。据估计，东盟国家海洋渔业储存量大约仅是十年前的1/10，并以惊人的速度继续下降。虽然水产养殖发展较快，曾经被认为将弥补海洋捕捞渔业需求与供应之间日益增长的差距，但水产养殖也受到许多因素的限制，包括可用水、土地和饲料的限制。因此，为确保海洋渔业的可持续发展，东盟国家采取了一系列具体措施：②

1. 完善渔业管理体制

东盟国家对渔业均有独立的管理部门，且有相关的法律提供政策性的保

① PEMSEA. 2015. Regional Review: Implementation of the Sustainable Development Strategy for the Seas of East Asia (SDS-SEA) 2003 - 2015. Partnerships in Environmental Management for the Seas of East Asia (PEMSEA), Quezon City, Philippines. p. 236.

② FAO Fishery and Aquaculture Country Profiles. Indonesia \ Mayasia \ Philippines \ Vietam \ Thailand2017.

证。印尼海洋事务和渔业部（MMAF）包括七个部门，分别为秘书处、捕捞总局、监察处、水产养殖总局、海洋与小岛发展与研究开发署、产品加工和销售总局、渔业检疫与质量总局与渔业人力资源发展总局。2004 年，印尼颁布了渔业法第 31 号（经修正的第 45 号/2009 法律），其中规定海洋事务和渔业部与海军和海警共同执法；马来西亚渔业部包括发展和执行两大部门，其中发展规划部包括水产养殖发展署、渔业延伸署、渔业和海洋公园署、资源许可和管理署、规划和国际关系署、发展和法律事务司以及研究署，执行部包括行政和财务署、鱼类检疫和质量保证署、人力资源开发署、资源保护署、渔业信息管理司以及工程署；菲律宾渔业管理部门包括渔业和水产资源、环境和自然资源部（DENR）、渔业研究部门、渔业协调部门、农业部、国家测绘和资源信息管理局、菲律宾海岸警卫队、财政部及其海关协调离岸管理局，这些部门统一在菲律宾渔业代码和地方政府法规下对渔业进行管理；泰国设立渔业部，其主要职能有渔业法律或法规的实施及运用、渔业研究与调查、使用法律管理与利用渔业资源、渔业产品研发、渔业技术的研发、国际渔业事务的管理、渔业信息系统的开发，以及处理由渔业部授权或由其内阁委托的其他工作。这些部门在泰国渔业法、水域鱼类管理法案、渔船法、野生动物保护法与国家环境质量提高与保护法的框架下实施渔业管理；越南则由渔业资源保护部和地方 37 个分部门统筹管理，这些部门有行政署、金融投资局、科学技术局、人事劳资局、监察局、国际合作局、法律署、水产养殖局、渔业资源开发利用和保护局、国家渔业质量保证和兽医局。越南于 2003 年制定了渔业法，其中包括渔业资源的保护和发展，渔业操作，水产养殖，渔业活动的渔船和服务单位，鱼类和渔业产品的加工、销售、进出口贸易，渔业活动的国际合作，渔业活动的国家管理、奖励与制裁、行政规定等。

2. 加强渔业贸易便利化以及国际合作

海洋渔业合作是东盟国家开展海洋区域和国际合作的重点，区域和国际合作可以获得渔业发展的资金、技术和经验，还可以获得捕捞、养殖场地准入许可，提高渔业管理的标准化和渔产品贸易的便利性。印尼主要参与了珊瑚礁管理和重建项目、珊瑚三角倡议以及孟加拉湾大海洋生态系统，还加入欧盟的IUU认证，与区域渔业管理组织合作，共同管理高度洄游鱼种；马来西亚积极参与东盟渔业合作与发展管理，渔业部与东盟渔业开发中心（SEAFDEC）展开了合作。马来西亚参与由联合国粮农组织主持的项目“孟加拉大海洋生态系“海湾可持续管理，从澳大利亚、加拿大和挪威等国获得对水产养殖、海洋渔业、海洋捕捞渔业的监测和控制，以及在海洋公园管理中利用遥感进行珊瑚礁评估的援助；菲律宾获得的外援有两个项目，分别是美国国际开发署/菲律宾实施五年生态系统可持续渔业的改进（ECOFISH）项目与珊瑚三角倡议；泰国注重双边渔业合作，实现双边的渔场准入，该国渔船可以在孟加拉国、柬埔寨、印尼、马达加斯加、马来西亚、缅甸和索马里海域作业。同时，泰国还参与了多边渔业合作，其中包括亚太经合组织（APEC），孟加拉海湾多领域经济技术合作倡议（BIMSTEC），印尼、马来西亚和泰国的增长三角，印度洋沿岸协会的区域合作。泰国加入了食品和农业组织（FAO）合作、东盟渔业发展中心（SEAFDEC）、亚洲水产养殖中心网络（NACA）、国际食品法典委员会、欧盟委员会、德国技术合作（GTZ）、日本国际合作机构（JICA）、挪威发展署（NORAD）、美国国际开发署等多边渔业技术合作；越南的渔业部门过去十年得到的双边或多边机构资助相对较少，该部门的官方发展援助资源有限。2006～2010年，越南渔业部获得主要来自丹麦和北美洲，少部分来自日本国际合作机构、世界银行和湄公河委员会的援助，总额达到7亿美元，共支持14个重点项目。此外，丹麦投资越南渔业部门援助项目（SPS），包括海洋渔业、海产品加工、国有企业重组和水产养殖等行业。

3. 注重渔业的研发与人力资源培训

为了加强海洋渔业的研发和人力资源培训，印尼设置海洋事务与渔业研发机构，属下有海洋水产研究所（雅加达）、内陆渔业研究所（Palembang）、淡水研究所（茂物）、淡水养殖技术研究所和海洋社会经济研究所。印尼海洋和渔业部设立人力资源开发署负责渔业教育、培训和推广；马来西亚最大的渔业研发机构是马来西亚水产研究所，该研究所属下分支机构遍布全国，如淡水渔业研究中心（森美兰）、柔佛港研究中心、砂拉越州水产研究所。马来西亚海洋渔业人才培养与培训机构有东盟渔业发展中心；菲律宾国家渔业研究机构是菲律宾渔业研究的重要力量，菲律宾国立大学的米沙鄢（UPV）和海洋科学研究所（MSI），马尼拉的海洋科学和渔业活动和州立大学设立的渔业研究所，中吕宋国立大学（CLSU）和棉兰老岛州立大学（MSU）都是重要的渔业科研与人才培养基地；越南的渔业研究机构有海洋水产研究所（RIMF）、渔业经济规划研究所（IFEP、河内）、水产养殖1号研究所（ria1、北宁）、水产养殖2号研究所（ria2、胡志明市）、水产养殖3号研究所（ria3、Nha Trang）、渔业信息中心（河内）以及湄公河委员会，越南还设立了芽庄水产大学、水产养殖与渔业学院、河内农业大学（河内）、农业和林业大学、渔业技术学院等，提供海洋渔业人才培养的专业、学位和课程。

（二）各国的海洋油气业政策

东盟国家大多是石油净进口国，天然气净出口国。随着经济增长对能源需求的增加，各国能源自给率趋于下降，加快海洋油气资源的开发、调整与改革油气产业政策，成为多数东盟国家经济发展的迫切任务。

1. 设置专属机构，国家统一管理

为了加快开发化石能源，东盟国家更多是依靠政府的力量。印尼设立了能源与矿产资源部，下设电力和能源利用总局、石油和天然气总局、地质和矿产资源总局，印尼国有的油气企业包括印尼国有煤炭公司、印尼国有燃气公司（PGN）、国有天然气公司、印尼国有能源公司（PLN），马来西亚设立能源部，除了管理国家能源有限公司（TNB），还有马来西亚国家石油公司（PETRONAS）负责化石能源的开发及利用；泰国能源部管理替代能源的开发和效率部（DEDE）、矿物燃料部（DMF）、能源政策和规划办公室（EPPO）及电力局；菲律宾能源部管理国家电力公司（NPC）、国家输电公司（TRANSCO）、菲律宾国家石油公司（PNOC）、电力部门的资产负债管理公司（PSALM）和电力批发现货市场（WESM）。

2. 对油气业管理体制进行改革，引入市场竞争机制

过去几十年，除了新加坡，其他东盟国家均由国有公司控制化石产业。印尼国家石油公司（PERTAMIN）和马来西亚国家石油公司（PETRONAS）完全控制了国内油气行业。2001 年 10 月，印尼通过了油气法 22/2001 号法令，要求到 2003 年之后放松对国家油气业的管制。目前，多家外资公司进入印尼石油产品市场，如英国石油公司（BP）和马来西亚国家石油公司（PETRONAS）；马来西亚通过鼓励外资进入本国竞争，埃克森美孚旗下的勘探与生产公司和马来西亚国家石油公司旗下的 Petronas Carigali 公司，有意合作投资超过 100 亿林吉特，用于在马来西亚开发新的油气资源。

3. 不断调整和完善油气法规，促进油气产业的发展

长期以来，东盟国家积极调整和完善油气法规，鼓励与扶持油气产业的发展。早在 1960 年，印尼就出台了石油和天然气工业法，从租让合同到工作合同，再到产量分成合同制和联合经营产量分成合同制；马来西亚政府制定了各种油气相关政策，这些政策有鼓励发展油气能源的国家能源政策（1979 年）、提高油气能源利用效率的国家资源耗竭政策（1980 年）和预防油气能源耗竭的燃料多样化政策（1981 年、1999 年）等；越南于 1970 年颁布《油气法》，宣布可以授予石油开采权的地区。2000 年，越南对油气法进行了修改和补充；菲律宾于 1971 年建立石油工业委员会（OIC），负责调节石油行业，并确保石油产品价格合理和货源充足；1961 年泰国政府颁布了石油开采条例，1971 年修订了石油法案和所得税法，这些法案规定开采权和专利权。1977 年，泰国政府为应对石油危机，出台《国家石油机构法》。

4. 加大油气行业基础设施投资，兴建区域内天然气管道合作网

近年来，东盟国家加大了油气行业基础设施的投资，完善天然气基础生产与输送设备的建设，以缓解各国能源短缺。新加坡是世界上炼油业和石油贸易的三大中心之一，其日产量为 130 万桶/天。紧随其后的泰国和印尼的日产量分别为 120 万桶/天和 110 万桶/天。目前，东盟国家正在重点筹备建设的几个炼油项目，包括新加坡裕廊芳烃公司（JAC）已建成冷凝分离厂并

投入使用，泰国、马来西亚和印尼正在建设一批规模较小的炼油厂，并在2011年前投入使用。[①] 目前，东盟国家建成并投入使用的天然气终端设备项目有11个（总产量为5800万吨/年），2个正在筹备建设中（预计总产量为600万吨/年），2014年总产量达到6400万吨/年。其中，印尼1977年建成的Dontang A-H Trains项目，年产量是2230万吨，占现有东盟天然气总产量的34.2%。印尼、菲律宾、新加坡和泰国正在筹建的液化天然气终端再气化项目共6个，产量达到1380万吨/年。

东盟区域内天然气管道合作网是由东盟石油理事会（ASCOPE）和东盟各国国家石油公司（NOCs）负责筹备建设的，其目的是确保东盟成员国天然气的供应，鼓励使用环境友好型燃料、降低区域对石油的使用和依赖、吸引跨国公司投资以促进经济发展。目前，天然气管道主要集中在生产区域的马来西亚和印尼，已经建成的管道主要连接两国国内的主要城市，以及连接到新加坡、菲律宾和泰国的主要城市，已建成的9个双边合作的天然气管道，其中6个管道的起点是马来西亚，其余3个管道的输送源为印尼。

（三）各国的海洋运输业政策

东盟国家海域辽阔，海洋运输在经济发展和对外贸易中居重要地位。针对东盟多数国家海洋运输发展的相对滞后状况，各国制定了海洋运输业政策，调整了海洋运输管理体制，加强港口和航线的基础设施建设，构建区域海洋运输网络，构建可持续发展的海上交通系统。

1. 设置港口港务局，实现民营化管理

为了提高海运的效率和竞争力，多数东盟国家对港口和商船实施民营化管理。为提高港口经营的效率，更好地适应不断变化的航运环境，新加坡港分两步实现港口民营化。新加坡于1996年2月成立海运与港口管理局（Maritime and Port Authority of Singapore，MPA），接管了原来由新加坡港务局行使的制定法律法规方面的职能。1997年10月，新加坡国际港务集团

---

① IEA. World Energy Outlook（2009），pp. 535－618，Paris.

（PSA International Pte Ltd，PSA）成立，PSA 接替从前的新加坡港务局管理和经营新加坡港的集装箱服务和其他海运服务，这家公司是由新加坡政府的投资公司淡马锡控股公司全资拥有的国有企业。马来西亚巴生港港务局是一家国有公司，该公司成立于 1963 年，并从马来西亚铁路管理局接管了巴生港。伴随马来西亚政府对政联企业的私有化改革进程，巴生港也进行了马来西亚第一个港口设施私有化改革。1986 年，巴生港务局将集装箱服务设施转让给私有的北港公司（Kelang Container Terminal Berhad）经营。1992 年，巴生港务局将其他的港口服务设施和服务转让给私有的 Kelang Port Management Sdn Bdn 公司经营。2002 年，随着马来西亚北港公司（NMB）与巴生港管理公司（KPM）经营业务的整合，新的马来西亚北港公司代表 KMP 公司经营港口业务。泰国港务管理局（The Port Authority of Thailand，PAT）是泰国境内管理与监督国有和私人港口物流公司的主要机构，它是泰国政府运输和通讯部门监督下自主管理的一个国有公司。2000 年 11 月，随着泰国港口局第 1951 号法令的实施，PAT 正式注册成为有限责任公司，允许股份制经营，逐渐成为被国内外航运船队认可的港口服务公司，每年贡献的税收收入在国有企业中位居全国前十名。

2. 加强港口和航线的基础设施建设，提高航运业的效率

近年来，东盟国家加大了对港口基础设施的投资和建设，新加坡增加了对丹戎巴葛（Tanjong Pagar）、布拉尼（Brani）、巴西班让（Pasir Panjang）、三巴旺（Sembawang）以及亚逸楂湾岛（Chawan）、布孔岛（Keppel Island）炼油厂码头的建设，完善 4 个集装箱码头和 54 个集装箱泊位的设施；马来西亚全国有 50 多个港口，主要港口有巴生港（Kelang Port）、丹戎帕拉帕斯港（Tanjung Pelepas Port）、古晋港（Kuching Port）、马六甲（Melaka Port）和槟城港（Penang Port）等。马来西亚加快了马来西亚第一大港巴生港的建设，巴生港包括南港、北港和西港三个港口。同时，丹戎帕拉帕斯港已经成为马来西亚的第二大集装箱港口，丹戎帕拉帕斯港设有大面积的保税区，并且由管理港口的 PTP 公司来管理。泰国的主要港口有曼谷港（Bangkok Port）、林查班港（Laem Chabang Port）、普吉港（Phuket Port）和宋卡港

(Songkhala Port)。其中，曼谷港和林查班港是最重要的港口，承担全国95%的出口和几乎全部进口商品的吞吐。

印尼和菲律宾均属于群岛国家，为航运系统的竞争力，两国较早将ROPEX的航运系统运用于短程距离的航线，随后扩展到中、远程航线。印尼和菲律宾的滚装船舶主要依靠收购日本二手船舶，都面临着老化容易发生事故的问题。在航运管理上，印尼既有国家航运公司，也有私人航运公司，因而除了有商业航线还有补助航线；菲律宾只有私人航运公司，且没有航前的补贴。亚洲开发银行（2010）对菲律宾航海线路（RORO shipping routs）进行初步评估，结果表明该系统降低了运输成本，并且建立和拓展新的区域联系和区域市场，货物运输更高效，特别是针对海上航线贫困的区域，促进本地区经济发展，物流活动更频繁地交付与重组，提高了国内航运业的效率。①

3. 构建区域海洋运输网络，加强海上互联互通

为了加快区域航运市场开放，东盟相继颁布了《东盟运输合作框架计划（1999～2004年）》《东盟运输行动计划（2005～2010年）》，2006年首次发布"东盟区域海运一体化和竞争力提升路线图"。2011年5月，东盟发布了"东盟互通互联总体规划"，首次提出了互联互通的概念，并将海上互联互通作为东盟互联互通的一种重要内容。该规划提出，加强47个指定港口的性能和容量，包括改善仓储服务和疏通水道；加强与世界和地区主干航线的联系，并研究建立东盟滚装网络的可行性；加强交通部门间合作，构建多式联运的交通运输体系。《2011～2015东盟运输行动计划》中有关海运部门的主要目标，是建立一个综合、具有竞争力和无缝的海运网络，构建海上安全和环境友好型港口。② 2016～2025年海运的具体目标和行动除了延续东盟海上互联互通的原有计划之外，还注意到了航运业要为旅游业服务的战

① The Master Plan and Feasibility Study on the Establishment of an Aseanroll-on/roll-off (RO-RO) ShippingNetwork and Short Sea Shipping Final Report Summary.

② ASEAN Secretariat. ASEAN Strategic Transport Plan 2011 – 2015. Jakarta: ASEAN Secretariat, December 2010.

略，提出了制定邮轮促进政策，发展邮轮旅游景点，改善邮轮基础设施，推广邮轮旅游的计划。①

4. 注重生态环境保护，构建环境友好型海上交通

2009年，东盟启动了“东盟国家港口可持续发展（SPD）”项目，该项目由德国技术合作公司（GTZ）与东盟港口协会（APA）合作，旨在协助选定港口和码头，使之符合国际安全、健康和环境的相关法规和标准，提高安全和环境管理水平。② 为了实现港口可持续发展，东盟港口协会采用港口安全、健康和环境管理系统，对港口业务进行管理。目前，东盟港口可持续发展项目仍处于初步发展的阶段，选定几个港口作为试点，参与的港口包括菲律宾的伊洛伊洛和卡加延德奥罗港、泰国的曼谷和林查班、柬埔寨的西哈努克和金边、越南的西贡港、印尼的丹戎普里奥克港口和马来西亚的沙巴和柔佛港。根据SPD（2009～2015）的计划，六个港口依据国际标准进行管理，未来减少由港口活动而产生的20%排放量，并减少20%事故率。③

（四）各国的滨海旅游业政策

全球旅游竞争力报告显示，东盟国家的自然和文化遗产是其主要竞争优势，其缺陷在基础设施和商业环境、监管框架和人力资源方面。为了提高旅游业的竞争力，东盟国家积极调整旅游发展战略与政策，注重旅游市场营销、产品开发、人力资源、连通性和基础设施以及旅游便利化。④

---

① ASEAN Secretariat. ASEAN Transport Strategic Plan 2016 - 2025. Jakarta: ASEAN Secretariat, December 2015.

② Mr. Hector E. Miole, Workshop on Greener Ports in the ASEAN Region The East Asian Seas Congress 2009. "Partnerships at Work: Local Implementation and Good Practices" Manila, Philippines, 23 - 27 November 2009.

③ Ms. Lawan Oungkiros proceedings of the Special Workshop on Green Ports: Gateway to Blue Economy, The East Asian Seas Congress 2012 " Building a Blue Economy: Strategy, Opportunities and Partnerships in the Seas of East Asia" Changwon City, Republic of Korea, 9 - 13 July 2012.

④ ASEAN. 2015. ASEAN Tourism Strategic Plan 2016 - 2025. www. asean. org.

1. 政府主导，制定旅游业的发展规划

东盟各国政府一直重视旅游业的发展，把旅游业作为本国的重点产业，许多国家将旅游业列入国民经济发展总体规划，并对旅游业投入巨额资金。进入21世纪以后，印尼政府出台了促进旅游业的多项措施，修改落地签证政策，实施外国游客购物退税办法，为商务和旅游提供便利条件；马来西亚政府在各个五年经济计划中都对发展旅游业提出了明确的发展目标和措施，国家旅游发展政策包括1975年的“马来西亚旅游发展计划”（Malaysia Tourism Development plan），1989年的“国家旅游业发展指引”（Guidelines for National tourism development），1990年的“马来西亚旅游政策文件”（Malaysia tourism policy document），1992年的“国家旅游政策研究”（National Tourism Policy Study），2003年的“国家旅游政策”（The Second National Tourism Policy）；越南出台了“至2020年和面向2030年越南旅游发展规划”，计划到2030年将吸引国际游客量1800万人次，国内游客量7100万人次，国际游客量年均增长率为5.2%，国内游客量年均增长率为4.1%，旅游业收入额达708万亿越盾（约合352亿美元）；泰国制定了“可持续旅游国家议程”，政府划拨特别预算来实施可持续旅游发展规划，该预算额度不少于国际旅游收入的2%；新加坡出台了一系列旨在推动旅游业可持续发展，且便于实施的政策，在现行政策中最为重要的项目有旅游发展援助计划、入境旅游营销双重扣税、当地贸易展览会双重扣税和旗舰店的投资津贴计划。

2. 颁布旅游的相关法律，设置旅游业管理部门

东盟各国相继颁布了旅游法，成立旅游业的专门机构，对旅游业进行统一管理。1993年印尼颁布旅游法，越南于2006年发布了旅游法，菲律宾则于2009年颁布旅游法，各国的旅游法对政府机构在旅游管理方面的职责和权力均做出了明确的规定。同时，各国均设置了旅游业的管理机构。新加坡成立了旅游促进局，印尼旅游业由旅游局的统一管理，泰国政府还设立旅游管理委员会，分别由政府交通部、外交部、内务部、国家经济发展委员会、国家环境保护委员会、立法委员会、泰国航空公司、泰国旅游局等高管组成，政府还在每个省建立省级旅游开发促进委员会，强化地方政府对旅游业

的管理，并创建一套旅游监控系统。

3. 根据各国的旅游资源优势，开发多层次的旅游产品系列

为适应区域旅游市场的变化，东盟国家认识到必须加强其旅游产品，使之更具互动性，以满足不断变化的消费者的需要。该地区面临的挑战是开发一套独特的旅游产品。东盟各国开发的旅游产品，一共包括 20 项，分别是文化、自然、巡航、海洋、城市、居民、食品、医疗旅游、节日庆典、冒险、游戏、创意、教育、会展、购物中心、商业、手工艺品、体育旅游、朝圣旅游。[①] 在本国资源和社会经济条件限制下，东盟国家的旅游产品开发各不相同。在旅游产品的数量上，旅游产品超过 10 项的国家有菲律宾（14 项）和新加坡（13 项）。泰国和柬埔寨均为 10 项，马来西亚为 8 项、文莱为 7 项、印尼为 6 项、缅甸和越南为 5 项；从旅游产品的潜力来看，除了新加坡自然旅游资源缺乏之外，东盟国家在文化、自然和邮轮旅游方面都有相关的旅游产品，并成为最具开发潜力产品；从产品的乘数效应来看，东盟国家旅游业较容易产生较大的产出效应，特别是新加坡和泰国，拥有商业、购物中心等以服务为载体的产品。同时，为了推广这些旅游产品，东盟旅游协会（ASEANTA）鼓励私营部门共同推动和推广东盟旅游活动，东盟旅游营销工作组负责深入了解中国、日本、韩国、印度、美国、欧盟和俄罗斯等主要的市场特点，并通过展会、媒体、会议和出版等活动进行旅游产品推广。

4. 推动东盟区域旅游市场一体化，实现产业集群效应

2004 年，东盟国家制定了“区域一体化旅游协定”，并出台了“东盟旅游部门一体化路线图”。为实现 2015 年东盟共同体的总体目标，制定了《2011～2015 年东盟旅游战略计划》（ATSP）。2015 年，东盟旅游部长在菲律宾共同发布了《2016～2025 年东盟旅游战略规划》。在未来 10 年内，东盟将着力打造单一的旅游目的地作为区域旅游业发展的首要目标，并制定了包括吸引旅游业投资、丰富旅游产品、增强市场推广能力、提高旅游业人力资源水平等措施。其中，为了实现未来十年东盟旅游的愿景，要开展东盟作

① ASEAN. 2009. ASEAN Tourism Strategic Plan 2010－2015. www. asean. org.

为单一目的地的营销活动，实施东盟区域旅游标准，推动东盟成员国相互承认安排旅游专业人士（MRA - TP），采用新的创新方式进行旅游目的地和产品开发与营销。

参考文献

Jarayabhand, Padermsak, S. Jarayabhand, C. Chotiyaputta, and S. Praisankul. 2009. Contribution of the marine sector to Thailand's national economy. Paper presented at the East Asian Seas Congress 2009. Manila, Philippines, Nov 2009.

Jarayahand, S., Chotiyaputta, C. and Jarayahand, P., et al. Contribution of the marine sector to Thailand's national economy. Tropical Coast, 2009, 16 (1): 22 - 26.

Khalid, N., Ang, M., and Joni, Z. M. The importance of the Maritime Sector in Socioeonomic Development: A Southeast Asian Perspective. Tropical Coasts, 2009, 16 (1): 4 - 21.

Mcilgorm A. Ocean Economy Valuation Studies in the Asia-Pacific Region: Lessons for the Future International Use of National Accounts in the Blue Economy. Journal of Ocean and Coastal Economics, 2016, 2 (2).

Mokhtar, M. B., and Aziz, S. A. B. A. G. Integrated coastal zone management using the ecosystems approach, some perspectives in Malaysia. Ocean & Coastal Management, 2003, 46 (5): 407 - 419.

Nazery Khalid, Margaret Ang, Zuliatini Md Joni. The importance of the Maritime Sector in Socioeconomic Development: A Malaysian Perspective. Tropical Coast, 2009, 16 (1): 16 - 21.

Othman, M. R., and Bruce, G. J., and Hamid S. A. The strength of Malaysian maritime cluster: The development of maritime policy. Ocean & Coastal Management, 2011, 54 (8): 557 - 568.

PEMSEA (Partnerships in Environmental Management for the Seas of East Asia). 2015. Sustainable Development Strategy for the Seas of East Asia (SDS-SEA). PEMSEA, Quezon City, Philippines.

RikrikRahadian, Tajerin, and Agus Heri Purnomo. The Contribution of the Marine Economic Sectors to the Indonesian National Economy. Tropical Coasts, 2009, 16 (1): 54 - 59.

Romulo, A. V., and Raymundo, J. T., Edward, E. P., and et al. Measuring the Contribution of the Maritime Sector to the Philippine Economy. Tropical Coast, 2009, 16

(1): 60 - 70.

Saharuddin, A. H. National ocean policy—new opportunities for Malaysian ocean development. Marine Policy, 2001, 25 (6): 427 - 436.

Jarayahand, S., Chotiyaputta, C. and Jarayahand, P., et al. Contribution of the marine sector to Thailand's national economy. Tropical Coast, 2009, 16 (1): 22 - 26.

Tuan, V. S., and Duc, N. K. The contribution of Viet Nam's economic marine and fisheries sectors to the National Economy from 2004 - 2007. Tropical Coasts, 2009, 7: 36 - 39.

B.16

东盟四国船舶制造业迅速发展及其动因

王 林*

摘 要： 随着东盟四国（菲律宾、越南、印尼和马来西亚）海洋经济蓬勃发展，船舶制造业成为重点发展的产业部门之一。2015年，东盟四国建造的船舶吨位均在世界前20名之列。本文以东盟四国船舶制造业的发展为主线，分析这些国家船舶制造业发展的动因，论证各国船舶制造业比较优势和竞争优势，并展望其船舶制造业的发展前景。

关键词： 东盟四国 船舶制造业 比较优势

近年来，东盟四国（菲律宾、越南、印尼和马来西亚）船舶制造业迅速发展，菲律宾已成为仅次于中、日、韩的第四大造船国，越南进入第六大造船国的行列，印尼和马来西亚的造船业也有了较快的发展。在世界船舶制造业产业转移的背景下，东盟四国船舶制造业的比较优势和竞争优势已逐步形成，并展现了广阔的发展前景。

一 东盟四国船舶制造业发展现状

尽管东盟四国均为海洋国家，海岸线漫长，但船舶制造业一直发展缓

* 王林，厦门大学东南亚研究中心世界经济专业研究生。

慢，严重滞后于世界船舶制造业。随着世界船舶制造业的产业转移，日本、韩国等大型造船企业在东盟四国的投资设厂，将船舶制造产业向当地转移，这些国家的船舶制造业获得难得的发展机遇。在联合国贸易及发展会议（UNCTAD）发布的54个主要造船国家或地区的数据中，2015年菲律宾建造的船舶吨位列世界第4位，越南列第6位，印尼列第16位，马来西亚列第18位。①

近年来，菲律宾的船舶制造业快速发展，2010年首次超过欧洲国家成为全球第四大造船中心。2015年，菲律宾登记的船厂共有114家，吕宋、维萨亚斯和棉兰老岛各51家、27家和36家，大、中、小型船厂分别为7家、14家和93家，从业人员约4.5万人。菲律宾造船业以外资为主，韩进重工苏比克船厂（HHIC-Phil）、日本常石造船集团宿务造船厂（THICI）、新加坡吉宝造船厂（Keppel Shipyard）是菲律宾造船业的主体企业。韩进重工苏比克船厂成立于2009年，是菲律宾规模最大的造船厂，也是全球十大船厂之一。截至2017年1月，韩进重工苏比克船厂累计已交付99艘船及10个钢结构，总价值58亿美元。2017年初，该船厂交付了菲律宾建造的第一艘超大型油轮，这也是菲律宾建造的最大船舶。2010～2015年，菲律宾新接造船订单量年均182.28万总吨，同期手持订单量和造船完工量均值分别为478.75万总吨和173.37万总吨。2015年，菲律宾三大订单量总吨数均高于2010～2015年的均值，其中新接订单量为45艘，共计226.80万总吨，占世界造船订单量的2.96%。同期，手持订单量为93艘，共计517万总吨，占全球订单量的2.56%（见表1）。菲律宾主要建造散货船和集装箱船，2015年交付的186.5万总吨船舶中，散货船和集装箱船分别为86.9万总吨和99.5万总吨，预计2018年将建造超过480万总吨的船舶。②

---

① UNCTADstat. Ships built by country of building, annual, 2014－2016, http://unctadstat.unctad.org/wds/TableViewer/tableView.aspx?ReportId=89493.

② UNCTAD. Review of Maritime Transport 2016. http://unctad.org/en/PublicationsLibrary/rmt2016_en.pdf, 2016－11－07.

表 1　2015 年世界主要造船国家订单概况

国家	手持订单量			新接订单量			造船完工量		
	数量（艘）	吨位（千总吨）	占比（%）	数量（艘）	吨位（千总吨）	占比（%）	数量（艘）	吨位（千总吨）	占比（%）
中　国	2354	77855	38.49	712	25327	33.06	941	25160	37.20
日　本	991	40585	20.07	513	20855	26.83	520	13005	19.23
韩　国	774	59974	29.65	276	29257	30.85	360	23365	34.55
印　尼	110	181	0.09	33	52	0.07	171	182	0.27
马来西亚	129	106	0.05	21	16	0.02	105	61	0.09
菲律宾	93	5170	2.56	43	2268	2.96	40	1865	2.76
越　南	206	1606	0.79	81	554	0.72	89	591	0.87
世　界	6039	202265	100	2108	76620	100	2841	67636	100

资料来源：根据 Ship & Maritime Equipment Association（SEA）：Market Developments Report 40（http：//www. seaeurope. eu/template. asp？ f = publications. asp&jaar = 2016）的数据编制。

越南船舶制造业一直发展迟缓，近年来越南船舶制造业开始突飞猛进。1999 ~2002 年，越南造船业年均接单量仅 2 万修正总吨。① 2002 ~2006 年，越南新接订单量从 4.6 万修正总吨扩大到 84 万修正总吨。2007 年越南新船接单金额首次突破 60 亿美元，位居世界第五。越南的船舶制造业集中度高，越南船舶工业总公司（Shipbuilding Industry Corporation，SBIC）是越南最大的国有造修船企业，其年产能占全国船舶生产总量的 70% 左右。越南全国可以建造 1000 吨级以上船舶的造船厂约 120 家，其中越南船舶工业总公司子公司有 8 家。② 在越南，主要的外国船厂有 DAMEN（荷兰）、HYUNDAI（韩国）、PIRIOU（法国）、TRIYARDS（新加坡）等。③ 近十年来，越南的造船工业平均增速为 25% ~30%。④ 2015 年，越南手持订单量为 206 艘，共

① 越南船舶吨位采用的单位以修正总吨为主。

② 越南船舶工业总公司（SBIC）拥有的 8 家子公司是：伐林造船（Pha Rung Shipyard）、白腾造船（Bach Dang Shipyard）、下龙造船（Ha Long Shipyard）、盛龙造船（Thinh Long Shipyard）、金兰造船（Cam Ranh Shipyard）、西贡造船（Sai Gon Shipyard）、西贡造船与海产工业（Saigon Shipmarin）和禁江造船（Song Cam Shipyard）。

③ Pham Binh Minh. Vietnam shipbuilding industry：The next phase of development. OECD Council Working Party on Shipbuilding（WP6），2013.

④《2020 年后越南海运经济有望位居第一位》，越通社，2015 年 5 月 10 日。

计130万修正总吨，占世界手持订单总量的1.2%；新接订单量为81艘，共计42.6万修正总吨，占世界份额的1.1%，仅次于中国（33.3%）、日本（26%）、韩国（25.7%）、菲律宾（2.7%）、意大利（2%）、德国（1.7%）和芬兰（1.5%）；越南交付船只89艘，共计49.5万修正总吨，占世界比重的1.3%。① 越南已有能力生产制造散货船、集装箱船、液化天然气运输船等国际标准货运船舶，但订单主要集中在小吨位的中小型低级船舶，以干散货船等技术含量低的船型为主。

印尼是全球最大的群岛国家，拥有大小船厂250余家，其中198家为造船厂。印尼造船业的核心在巴淡岛自由贸易区，集中了110家造船厂。印尼船厂普遍只能建造小型船舶，有能力建造5000~10000载重吨（DWT）及以上货轮的船厂不到10家，且仅有一家国有造船厂（Penataran Angkatan Laut，PT PAL）具备建造5万载重吨船舶的能力。2015年，印尼船舶生产能力不足100万载重吨，修船能力约1200万载重吨。印尼希望2020年能够建造所有类型的船舶，造修船最大吨位达20万载重吨，2025年最大造船能力达30万载重吨。印尼船厂的订单主要来自国有企业和政府部门，2015年印尼手持订单量为18.1万总吨，占世界比重的0.09%；新接订单量5.2万总吨，占世界比重的0.07%；共完工171艘船，共计18.2万总吨，占世界比重的0.27%。

马来西亚共有99个船厂，其中西马有31个船厂，东马的沙捞越和沙巴共有68个船厂，当地船厂主要建造和修理中小型船只。2016年，马来西亚造修船业收入约为55.6亿林吉特。2015年，马来西亚造船业手持订单量、新接订单量和造船完工量分别为10.6万总吨、1.6万总吨和6.1万总吨，分别占世界份额为0.05%、0.02%和0.09%。2016年，马来西亚新建船只125艘，其中72%由东马的船厂完成。同期马来西亚船东花费90亿美元订购113艘新船，其中马来西亚船厂捕获的订单共计45艘，占比39.8%，但船舶价值只有约5亿美元，占其中的5.5%。

① Ship & Maritime Equipment Association（SEA）. Market Developments Report 40. http://www.seaeurope.eu/template.asp? f=publications.asp&jaar=2016，2016-06-18.

随着东盟国家船舶制造业的快速发展，各国船舶出口规模不断扩大。2001～2016年，菲律宾的船舶出口从0.48亿美元增至10.40亿美元，出口到日本、新加坡、马绍尔群岛和利比里亚等国，2016年贸易顺差为8.23亿美元；越南船舶出口呈波动上升趋势，从2011年起越南的船舶贸易由逆差转为顺差，2014年创下10.64亿美元顺差的新高，但2016年降至4.67亿美元；2001～2011年，印尼船舶出口额从0.49亿美元增至11.37亿美元，2016年降至4.92亿美元，贸易逆差为4.98亿美元，主要出口至新加坡、马来西亚、澳大利亚、俄罗斯等地；马来西亚船舶出口规模不大但波动较大，主要出口到印度、新加坡、阿联酋和印尼等地，马来西亚船舶贸易处于逆差状态（见表2）。

表2　2001～2016年东盟四国船舶进出口额

单位：亿美元

国家	项目	2001年	2005年	2010年	2011年	2012年	2013年	2014年	2015年	2016年
印尼	出口	0.49	1.96	11.37	11.97	8.19	9.42	7.14	3.75	4.92
	进口	9.48	3.29	19.60	19.46	18.08	11.31	12.13	11.08	9.90
	净出口	-8.99	-1.33	-8.23	-7.49	-9.89	-1.89	-4.99	-7.33	-4.98
马来西亚	出口	0.53	5.85	6.83	3.51	6.93	3.39	3.14	1.74	1.89
	进口	1.16	8.55	10.49	7.44	7.19	8.74	4.85	4.11	10.69
	净出口	-0.63	-2.70	-3.66	-3.93	-0.26	-5.35	-1.71	-2.37	-8.80
菲律宾	出口	0.48	1.38	4.04	6.38	10.76	5.45	15.69	15.28	10.40
	进口	0.08	0.06	1.41	1.17	1.22	1.03	1.26	1.70	2.17
	净出口	0.40	1.32	2.63	5.21	9.53	4.42	14.43	13.58	8.23
越南	出口	0.05	0.23	5.10	7.83	10.34	8.19	10.64	10.28	4.67
	进口	0.89	1.01	5.95	4.21	1.72	1.57	1.11	1.52	1.69
	净出口	-0.84	-0.78	-0.85	3.62	8.62	6.62	9.53	8.76	2.98

资料来源：根据Trade Map：Trade statistics for international business development（https：//www.trademap.org/Index.aspx）的数据编制。

二　东盟四国船舶制造业迅速发展的原因

近年来，东盟四国的船舶制造业迅猛发展，菲律宾、越南跻身于世界造船业的前列。究其原因，主要是世界船舶制造业向东盟四国的产业转移，这些国家具有发展造船业的比较优势和市场需求，而政府成为船舶制造业发展的重要推动力。

（一）世界船舶制造业向东盟四国的产业转移

近几十年来，全球船舶制造业历经了两次产业转移，世界造船业中心大体呈现从欧洲到亚洲、从日本到韩国的转移过程。在第一次产业转移过程中，日本、韩国的造船业借助土地和劳动力等资源的比较优势迅速发展，并最终全面赶超欧洲；在第二次产业转移中，韩国借助技术及成本的优势超越日本，成为世界造船业的中心。随着世界船舶制造业的产业调整与转移，造船业逐步形成了中日韩“三足鼎立”的局面。近年来，韩国造船业受到海岸线资源不足、生产工人和技术人员相对短缺等问题制约，开始将其造船业大规模向中国、菲律宾、越南等国转移。

菲律宾和越南造船业的迅速兴起，得益于韩国、日本大型跨国船舶企业在当地的投资。日本和韩国造船企业将投资东盟国家的船厂定位为生产基地，主要建造技术含量相对较低的散货船。在菲律宾，韩国的韩进重工苏比克船厂、日本常石造船集团宿务造船厂、新加坡吉宝集团等是菲律宾造船业的主力，政府允许外国公司100%持股是推动菲律宾造船业发展的主要原因之一。越南与韩国合资的 Hyundai Vinashin（HVS）船厂在2009～2012年共修理和改造967艘船，是越南船舶修造业实力最雄厚的合资企业，其船舶维修业务水平代表了越南在该领域的最高水准。

（二）东盟四国具有发展造船业的比较优势和市场需求

东盟四国均为海洋国家，海岸线漫长，印尼有3.5万公里的海岸线，菲律宾的海岸线为1.8万公里，马来西亚的海岸线为4192公里，越南的海岸线为3260多公里。东盟四国具备建造大型船舶的深水海岸线，对比俄罗斯、北欧等寒气逼人的造船国家及地区和印度、中东、墨西哥等酷暑难耐的造船国家及地区，其气候条件有利于室外造船作业。同时，船舶制造业是典型的劳动密集型产业，充足而廉价的劳动力构成了东盟四国造船业在国际竞争中占据比较优势的基础性因素。

随着东盟四国经济的迅速发展，各国的海洋运输业步入快车道，使得船舶制造业的市场需求不断扩大。近年来，印尼实施“海上高速公路”建设规划，2015～2019 年政府拟投资 699 万亿印尼盾。其中，441.6 万亿盾用于兴建港口，101.7 万亿盾用于购买船舶，未来 5 年每年至少需要 1000 艘船舶，而印尼国内产能只能满足当地市场 30% 的需要；2004 年以来，菲律宾政府致力于发展海上交通，海上高速公路系统和连接全国各主要岛屿的滚装船（RO-RO）码头成为重点项目；在“2020 年国内水路交通运输发展总体规划”中，越南计划在 2020 年船运交通货运量和客运量分别为 2.1 亿吨/年和 5.4 亿人次/年。为此，越南国内水路交通运输业至少需要投资 44.5 亿美元。其中，水路交通基础设施投资约 22.3 亿美元、运输工具投资约 22 亿美元、水路航运维修投资约 0.2 亿美元。

为了加快海洋渔业的发展，2016 年印尼海洋事务和渔业部计划建造 3500 艘渔船，合同总价值约 3 亿美元；马来西亚从 2017 年 1 月起开始落实渔船建造标准，计划到 2050 年国内围网渔船和 C 级以上渔船完全遵照标准造船，到 2020 年至少新建 300 艘 C 级以上的渔船；2014 年越南政府拨款 10 万亿越南盾，计划通过优惠信贷方式在 2020 年前为渔民建造 3 万艘铁壳渔船。同年 7 月，政府又批准了一项 16 万亿越南盾的资金分配使用方案，为渔检和海警部门建造船只和配备设施以及协助渔民建造远海捕捞渔船。

（三）政府大力推动国内船舶制造业的发展

为推动船舶制造业发展，菲律宾将造船业列为八大优先投资产业之一，政府强调航运业、船舶工业的发展，提出要成为东亚地区换乘船、造船、船员人员配置中心和海洋相关企业聚集地。2004 年 4 月，菲律宾颁布共和国 9295 法案以促进本国航运、造修船行业的发展，该法案允许外资进入造修船行业，或者开展夹板制造、船坞运营和海洋码头修理等业务，对进入船舶工业的外资提供了一系列财政和非财政优惠。[1] 在菲律宾2012年优先投资计划中，航运和造船被列在了清单上，造船业享受了许多税务减免优惠和投资刺激，包括对造船厂设备和其他资本设备的进口免税，造船厂建设、扩建和现代化所需的零部件的免税。针对菲律宾运营商长期偏爱购买国外二手船的现象，菲律宾船级社呼吁其在更新船队时向当地船厂下单订船。

2014年10月，越南政府总理颁发第1901号决议，正式批准造船工业发展计划，该计划提出重组全国现有造船厂系统，集中、充分利用现有基础设施和人力资源；发展服务造船工业的辅助工业；发展船只销售市场、国内和出口船只修缮服务；培训专业并符合国际标准的人力资源；形成研究与发展能力，为南部、中部及北部三个行业集群区提供服务。针对发展服务造船工业的辅助工业，越南财政部提出了原料、零配件的进口税及享受优惠的名单，实现海关及行政手续现代化、审核提供优惠的手续流程等，以实现政府设定的2020年配套设施国产率60% ~70%的目标。2015 ~2020年，越南造船业的任务是总产值年均增长5% ~7%，预留70% ~80%的产能用于服务国内市场，年出口船舶总吨位达176万~216万吨，约占世界造船市场的0.48%。[2]

2014年10月，印尼总统佐科提出了海洋强国的理念和建设“海上高速公路”的计划。2015年初，印尼海事统筹部决定制定造船业五年发展总体规划，修订2003年第38号政府条例，豁免造船业增值税；制定新的政府条例，豁免船舶机件进口税；对投资额超过500亿盾、提供就业机会超过300个的造船厂给予减税优惠；提供降低土地租金等非财政激励措施；将泗水理工学院国家船舶设计中心纳入工业部直属，进一步提高本国船舶设计能力等。为吸引外资到印尼投资造船业，政府规定外商投资造船业可以100%全资，同时提供税收减免、土地使用、审批程序等方面的优惠待遇。同年6月，佐科总统视察巴淡岛的造船厂之后，宣布国有企事业单位及政府部门禁止向外国采购船舶，而必须向本国造船厂订造。

① Rotterdam. Study on the Competitiveness of the European Shipbuilding Industry. ECORYS, 2009.

② 《越南造船工业发展计划获批》，越南通讯社，2014年10月23日。

2011 年 12 月，马来西亚政府提出了马来西亚造修船工业首个发展路线图（SBSR 2020），旨在推动马来西亚造修船行业的发展。该路线图提出马来西亚专注于中小型船舶的生产，计划国内新船市场和国际新船市场份额到 2020 年分别达到 80% 和 2% 。[①] SBSR 2020 计划包括建立有利于行业发展的商业友好政策、加强制度框架和监管框架建设、加强人才培养及完善财务激励计划、促进内部投资等 7 个关键策略和 40 个行动计划，且 50% 的行动计划正在进行中或已完成。同时，政府推出了一系列激励措施来促进造修船工业的发展，包括原材料经国际认可的分类标准认证后免除 SIRIM 样品测试；[②] 政府采购的船只在本国建造、国防船舶修理外包给当地企业；登记造船厂享受进口关税和销售税的豁免，且修船和出口新建船只在销售税的基础上没有增值税；SBSR 工业被列入可以申请先锋地位和投资税收津贴的行业名单等。[③]

三　东盟四国船舶制造业的竞争力

随着东盟四国海洋经济的迅速发展，各国的船舶制造业逐步成为海洋经济的重要产业部门，菲律宾、越南的船舶制造业的比较优势和竞争优势已逐步形成。本文从东盟四国船舶制造业的国际市场占有率、贸易竞争指数和显示性比较优势指数，分析各国该产业国际竞争力的变化。

（一）国际市场占有率（MS）

一国产品在国际市场的占有率可以体现该产品所处产业的国际竞争力，

① Aida Syukrena Mohd Idris. Overview of the Malaysian SBSR industry. OECD Council Working Party on Shipbuilding（WP6），2015.

② SIRIM 是马来西亚唯一一家引导认证的机构，任何工厂或公司都可以向 SIRIM 提出申请，并依照产品认证体系下公认的标准进行审核及获得认可。这些认证是自愿的，但是在很多情况下，应政府管理的要求会要求强制性认证。

③ Malaysian Industry-Government Group for High Technology（MIGHT）. Malaysian Shipbuilding/Ship Repaire Industry Report 2017/2018. http：//www. might. org. my/download/sbsr-industry-report-2017/2018，2017.

国际市场占有率的计算公式如下：$MS_{ai} = E_{ai}/E_{aw}$

E_{ai}表示 i 国家 a 产品的出口值，E_{aw}表示世界上 a 产品的出口值。国际市场的占有率越高，意味着该产品所处产业所具有的国际竞争力越强，反之则越弱。

从东盟四国船舶制造业的国际市场占有率看，2001 年印尼、马来西亚和菲律宾的国际市场占有率相差不大，但经过 16 年的发展后，菲律宾的国际市场占有率已由 2001 年的 0.1%增至 2016 年的 0.84%，船舶出口额已是印尼的 2.11 倍、马来西亚的 5.5 倍；同期越南的国际市场占有率由 0.01%增至 0.37%，增长 30 多倍，是东盟国家中国际市场占有率增长最快的国家（见图 1）。2016 年，船舶制造业国际市场占有率排在前三位的是韩国、中国和日本，其国际市场占有率分别为 26.68%、18.12%和 10.38%，东盟四国的国际市场占有率排名顺序依次是菲律宾、印度尼西亚、越南和马来西亚。

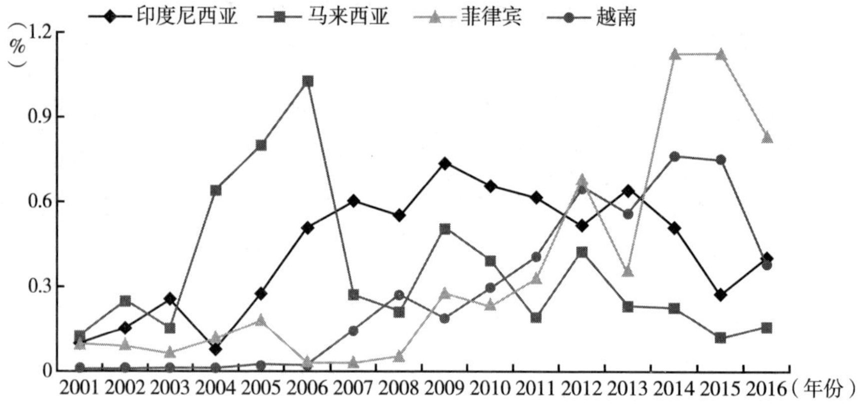

图 1　2001～2016 年东盟四国船舶制造业国际市场占有率

资料来源：根据 Trade Map. Trade statistics for international business development（https://www.trademap.org/Index.aspx）数据整理。

（二）贸易竞争指数（TC）

TC 指数是测度国际竞争力常用的指标之一，它表示一国进出口贸易的差额占进出口贸易总额的比重，计算公式为：$TC_{ai} = (E_{ai} - I_{ai}) / (E_{ai} + I_{ai})$

E_{ai}表示 i 国家 a 产品的出口值，I_{ai}表示 i 国家 a 产品的进口值。该指标是一个相对量，数值分布在 -1 至 1 之间，剔除了经济膨胀、通货膨胀等宏观因素波动的影响。一般认为 TC 指数取值（-1，-0.6）时有极大的竞争劣势；TC 指数取值（-0.6，-0.3）时有较大的竞争劣势；TC 指数取值（-0.3，0）时有微弱的竞争劣势；TC 指数取值（0，0.3）时有微弱的竞争优势；TC 指数取值（0.3，0.6）时有较强的竞争优势；TC 指数取值（0.6，1）时有极强的竞争优势。

从东盟四国船舶制造业的贸易竞争指数（TC）来看，除 2007 年前后外，菲律宾船舶制造业的 TC 指数均大于零，且基本处于（0.6，1）的水平，整体上表现出较强的竞争优势；越南船舶制造业的国际竞争力持续上升，并显现出较强的竞争优势，其 TC 指数已由 2001 年的 -0.89 上升至 2014 年的 0.81，最近两年略有下降，2016 年为 0.47；印度尼西亚的 TC 指数除 2007 年略大于零之外，其余年份的 TC 指数均为负值，马来西亚除个别年份外 TC 指数也均为负值，这表明印度尼西亚和马来西亚的船舶制造业不具备竞争优势（见图 2）。2001～2016 年，中、日、韩三大造船国的 TC 指数均值分别为 0.79、0.95、0.89，具有极强的竞争优势。与中、日、韩相比，东盟四国船舶制造业的竞争力仍然较弱。

（三）显示性比较优势指数（RCA）

RCA 指数通过某商品在某国出口中所占的比重与世界贸易中该商品占世界贸易总额的比重之比来表示，剔除了国家总量波动与世界总量波动的影响，表现了一个国家某个产业的出口与世界平均出口水平相比的相对优势。RCA 的计算公式如下：$RCA_{ai} = (E_{ai}/E_i) / (E_{aw}/E_w)$

E_{ai}表示 i 国家 a 产品的出口值，E_i表示 i 国家所有商品的出口值，E_{aw}表示世界上 a 产品的出口值，E_w表示世界上所有商品的出口值。RCA 指数大于 2.5，表明该国该类产业在世界市场上具有极强的比较优势；RCA 指

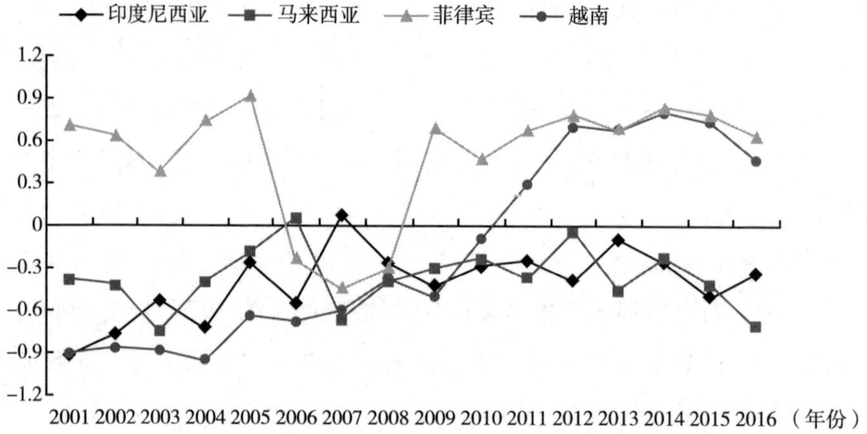

图2　2001～2016年东盟四国船舶制造业TC指数

资料来源：根据 Trade Map. Trade statistics for international business development（https://www.trademap.org/Index.aspx）数据整理。

数取值（1.25，2.5）时该国该类产业在世界市场上具有很强的比较优势；RCA指数取值（0.8，1.25）时该国该类产业在世界市场上具有较强的比较优势；RCA指数小于0.8，表明该国该类产业在世界市场上不具备比较优势。

从东盟四国船舶制造业的显示性比较优势指数（RCA）来看，2001～2016年，菲律宾的RCA指数波动幅度较大，且整体呈上升趋势。2008年之前，菲律宾的RCA指数均未达到0.8，船舶制造业不具备比较优势。2009年首次突破0.8，意味着菲律宾船舶制造业初具比较优势，之后基本处于具有很强甚至是极强的比较优势的状态；除2012年和2014年外，越南船舶制造业RCA指数数值均偏低，基本不具有比较优势，但RCA指数整体呈上升趋势。虽然近些年越南的船舶贸易一直处于顺差状态，但越南的船舶制造业在国际市场上仍不具备比较优势；这一时期，印度尼西亚和马来西亚的RCA指数均小于0.8，意味着两国船舶制造业在国际市场上均不具有比较优势，这与两国船舶贸易一直处于逆差状态的事实相符，但整体上印度尼西亚的RCA指数值大于马来西亚的RCA指数值（见图3）。

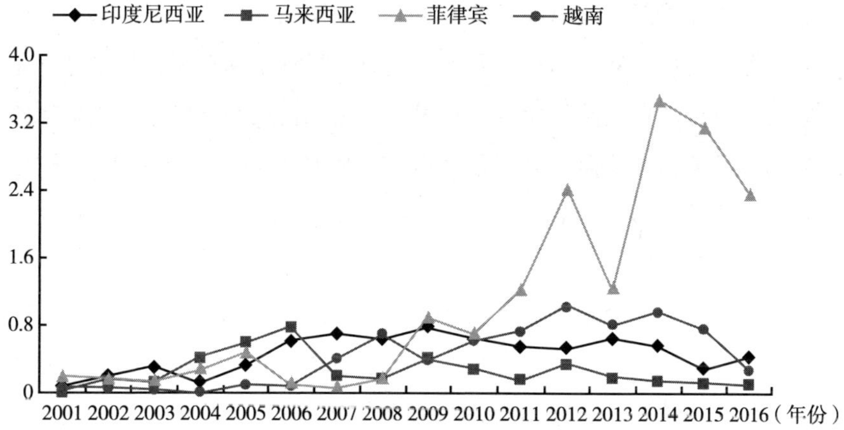

图3　2001～2016年东盟四国船舶制造业RCA指数

资料来源：根据Trade Map. Trade statistics for international business development（https：//www. trademap. org/Index. aspx）数据整理。

四　东盟四国船舶制造业发展的前景

东盟四国均为海洋国家，海洋资源丰富，具备建造大型船舶的深水海岸线。随着世界船舶制造业的产业转移，大型造船企业纷纷到东盟四国投资设厂，东盟四国成为世界造船业产业转移的热点地区。由于船舶制造业是典型的劳动密集型产业，充足而廉价的劳动力是东盟四国造船业的比较优势。同时，近年来东盟四国的海洋经济迅速发展，各国对海洋船舶的需求强劲，加之政府对船舶制造业的扶持政策，东盟四国船舶制造业展现出广阔的发展前景。不过，在全球船舶需求放缓的背景之下，东盟四国船舶制造业仍面临着激烈的国际竞争。

随着西欧船舶制造业的全面萎缩，全球造船中心东移，新兴造船国家迅速崛起。当前，全球航运市场运力过剩、造船市场产能过剩，各国船舶制造业的竞争日益加深。同时，国际海事组织、国际船级社协会等国际组织针对海运安全和环保推出一系列新规范、新标准，对船舶技术标准的要求日趋严格，绿色造船和绿色航运成为行业的主流，东盟四国必须面对和适应国际海事、船舶等新的规则标准和技术要求。同时，尽管全球造船市场低迷，但超大型集装箱船、液化天然气船等高技术、高附加值船型在整个市场需求结构中所占比重显著上升。但是，东盟四国在高附加值船舶领域缺乏竞争能力，而低附加值船舶领域又面临世界经济增速放缓、国际航运市场不景气的难题。

东盟四国绝大部分新船型的设计仍参照日、韩企业，自主创新品种少，主要船用设备依赖引进国外专利技术。由于造船生产技术水平偏低，且生产设备不足，使得这些国家船舶产品结构层次难以提升。目前，各国自主开发设计的船型大多为低附加值的散货船。同时，东盟四国船舶制造业的配套产业不足，主要船载机械设备及零部件依赖进口，船舶配套设备国产化率低。印尼70%以上的船用零部件及原料依赖进口，而越南船只包括劳工成本、焊接材料和家具等在内只有1/3左右的成本是在本地生产。东盟四国船舶配套企业规模小、生产技术能力不足，少数已经具备一定优势的配套产品又无法得到国外船东的认可。此外，东盟四国造船业的技术人员和熟练工人缺乏，直接影响到该行业的可持续发展。

参考文献

Adelle Neary. Jokowi Spells Out Vision for Indonesia's "Global Maritime Nexus". Southeast Asia from Scott Circle, 2014 - 11 - 26.

Aida Syukrena Mohd Idris. Overview of the Malaysian SBSR industry. OECD Council Working Party on Shipbuilding (WP6), 2015.

BPS-Statistics Indonesia. Sea Transportation Statistics 2016. https://www.bps.go.id/website/pdf_ publikasi/Statistik-Transportasi-Laut-2016 - -. pdf, 2017 - 11 - 27.

Costas Th. Grammenos. The Handbook of Maritime Economics and Business. London: LLP, 2002.

Engr. Daniel A. Reyes. The Philippines' Shipbuilding Industry. OECD Council Working Party on Shipbuilding (WP6), 2013.

Eva Grey. Southeast Asia's shipbuilding evolution. Ship Technology, 2015.

Malaysian Industry-Government Group for High Technology (MIGHT). Malaysian Shipbuilding/Ship Repaire Industry Report 2017/2018. http://www.might.org.my/download/sbsr-industry-report-20172018/, 2017.

Ministry of Planning And Investment of The Socialist Republic of Vietnam (MPI). Logistics set for high growth, marine transport expected to benefit. http://www.mpi.gov.vn/en/Pages/tinbai.aspx? idTin =31401, 2016 -02 -02.

Nazery Khalid. Status Update of the Malaysian Shipbuilding/Ship Repairing Industry. OECD Council Working Party on Shipbuilding (WP6), 2015.

Partnerships in Environmental Management for the Seas of East Asia (PEMSEA). Regional Review: Implementation of the Sustainable Development Strategy for the Seas of East Asia (SDS-SEA) 2003 -2015. http://pemsea.org/sites/default/files/SDS-SEA% 20Regional% 20Review% 20FULL% 20 (02022016) .pdf, 2015 -11 -15.

Pham Binh Minh. Vietnam shipbuilding industry: The next phase of development. OECD Council Working Party on Shipbuilding (WP6), 2013.

Ozgur Umut Senturk. The Shipbuilding Industry in Viet Nam. OECD Journal: General Papers, 2010, (3): 71 -103.

B.17

泰国海洋经济发展现状与趋势

梅海阳 *

摘　要：　近年来，泰国海洋经济迅速发展。泰国依托海洋资源，大力发展海洋经济，制定了本国的海洋经济发展战略与政策，促进海洋经济结构的升级，海洋渔业、海洋交通运输、滨海旅游和海洋油气业快速发展，并展现了广阔的发展前景。

关键词：　泰国　海洋经济　海洋产业

泰国地处亚洲中南半岛中南部，海域辽阔，海洋资源丰富，其疆域沿克拉地峡向南延伸至马来半岛，其南部的狭窄部分位于印度洋与太平洋之间，其海岸线长达2616.4公里。泰国领海和专属经济区的总面积达812517平方公里，其中专属经济区的面积为299397平方公里，同时拥有230063平方公里的沿海大陆架。① 近年来，泰国依托海洋资源，大力发展海洋经济，制定了本国的海洋经济发展战略与政策，促进海洋经济结构的调整升级，海洋渔业、海洋交通运输、滨海旅游和海洋油气业快速发展，并展现了广阔的发展前景。

一　泰国海洋经济发展现状

历史上，泰国的主要安全威胁都是来自大陆，泰国第一次遭遇海上

---

* 梅海阳，厦门大学东南亚研究中心世界经济专业研究生。

① Wikipedia，https：//en. wikipedia. org/wiki/Exclusive_ economic_ zone.

安全威胁是在西方殖民扩张时期。二战后至冷战结束，泰国的国家战略仍主要以陆地为重心，《联合国海洋法公约》（1982）的制定、对海上贸易依赖性的增强、人口增长以及工业化对陆地资源的快速消耗、海上天然气的探明、渔业以及旅游业收入的增长等都没能显著提高泰国对其海上事务的重视度。20 世纪 90 年代后，鉴于海洋权益在国家发展中的巨大经济和战略意义，以及地区海上安全局势的发展变化，泰国政府逐渐意识到维护海洋权益和开发海洋资源的重要性，相继推行了海洋经济的政策措施。①

冷战结束后，在坚持独立自主的大国平衡战略的同时，泰国海上战略的重点逐渐转变为维护海洋安全和权益，建立和平的海上环境。由于泰国约九成的进出口货物都依赖海上运输，所以维护国家领海主权和海洋权益，确保海上交通运输系统正常运转对泰国来说至关重要。自 1993 年，泰国国家安全委员会陆续颁布了《维护国家海洋权益的政策和战略（1993～1999）》《国家海洋安全政策（1999～2003）》《国家海洋安全政策（2005～2009）》《国家海洋安全战略（2012～2016）》《国家海洋安全计划（2015～2021）》等多部有关维护海洋权益的政策或战略。泰国《国家海洋安全计划（2015～2021）》提出了泰国海洋的六大目标：第一，保护和维护国家领海主权免受各种形式的威胁；第二，保护和维护在水中活动或参与海上活动的人的生命、权利和财产；第三，以和平与和谐的方式管理和使用海洋，以平衡与可持续的方式实施所有活动，增强国家获取海洋利益的潜力；第四，保护和恢复海洋资源和环境；第五，发展人力资源，提高对海洋重要性的认识，培养保护海洋资源的意识；第六，制定国家海洋法律，提高治理能力②。

泰国成立了国家层面的海洋事务委员会和协调机构。1997 年之前，泰国海洋事务的相关管理职能分属渔业、商业、交通、旅游、国防等诸多国家

---

① 〔德〕舒尔茨、赫尔曼、塞勒等：《亚洲海洋战略》，鞠海龙、吴艳译，人民出版社，2014，第 260～268 页。

② 泰国国家安全委员会，http：//www. nsc. go. th/Pages/DocDownload. aspx。

部门，部门间各自为政，缺乏统一的协调机制，导致职能缺失或重叠，管理效率低下。为改变低效率的海洋管理结构，1997 年泰国政府设立了“维护海洋权益执勤协调中心”统一协调管理海洋事务，该中心直接隶属国家安全委员会，下设三个分区分别负责安达曼海域、泰国湾南部和泰国湾北部的海洋事务。因该中心主要是较被动地协调各单位，不具备综合筹划指导职能，泰国政府随后设立“管理协调执勤委员会”，并于 2007 年和 2010 年，在其下增设“国家海洋利益知识管理分委员会”、“国家海上安全及海洋利益知识普及分委员会”和“国家维护海洋权益及海上安全法律及机构分委员会”，协助处理有关国家海洋利益的各方面事务。

近年来，泰国政府对于发展本国渔业及相关产业，出台了一系列国家计划和政策，包括《泰国渔业法（2015 年修正）》《泰国渔业管理计划、国家海洋渔业管理政策（2015 ~2019）》《泰国预防、制止和消除 IUU 捕捞计划（2015 ~2019）》《渔业部战略（2017 ~2021）》等，这些政策计划的出台为泰国海洋渔业的发展指明了方向。例如，《渔业部战略（2017 ~2021）》提出了渔业发展的四项战略，即提高生产效率，增强渔民素质；发展渔业产品检验标准，提高渔业产品的价值和竞争力；加强渔业资源管理，保持其多样性和可持续性；加强渔业机构组织的人力资源管理，优化工作流程。[①] 泰国政府定期组织渔民参与培训活动，传授捕鱼方法、航海技术、导航系统使用方法、海洋法知识、营救和自救办法、通信设备使用方法等。对于海洋养殖业和水产加工业，泰国政府在政策上给予支持，如虾农可以低利率向农业合作银行贷款，泰国中央银行为虾农向商业银行的贷款提供担保，泰国投资局对虾养殖业相关领域的投资给予优惠等。

作为地区海洋大国，泰国重视国家海运业的发展，制定了一系列发展战略。近年来，泰国加强了港口等基础设施建设。泰国提出改善曼谷 PAT 港泊位以适应国际滚装船的发展，发展和扩建莱卡邦港，开发水路和管道运输系统以提高运输量和降低运输成本等一系列措施。为了提高不同交通运输方

① 泰国渔业部，http：//www4. fisheries. go. th/index. php/dof/main。

式之间的连接性，发展港口、铁路、公路相连通的系统，泰国国家铁路局（SRT）有计划发展北柳府和沙拉武里府到林查班港的双程列车。同时，泰国希望开发更多海运航线，使其航线网络覆盖全世界，打造区域海运枢纽和货物集散中心、物流中心。[①] 林查班港是泰国最大的港口，政府于1988年开始开发该港口综合体，经过多期的投资建设与打造，如今的林查班港包括七个集装箱码头、一个多用途码头、一个滚装码头、一个客运滚装码头、一个普通货运站、一个造船厂码头和相邻的港湾购物中心。此外，泰国政府积极扶持商业船队建设，泰国进出口银行联合其他金融机构给海运经营者提供低息贷款、放宽分期付款期限，让海运业者购置新船和大船，扩大船队规模，提高国家海运业运力。

滨海旅游是泰国旅游产业的重要特色，泰国政府十分重视发展滨海旅游。泰国在《经济与社会发展计划（2017～2021）》中提出，完善与旅游相关的法律，制定并执行旅游标准；提高旅游产品和服务的质量，升级滨海旅游的活动和服务，打造优质旅游；开展旅游推广计划，如健康旅游、文化旅游、水路和铁路旅游；关注旅游景点的开发与修复；研究生态旅游区的生态承载力、控制游客人数；保护海洋资源、防止海岸侵蚀，促进旅游业可持续发展；开发一个潜在的旅游城市，为旅游业增值；关注旅游业人力资源开发；促进和发展旅游目的地之间的旅游联系；发展旅游目的地与邻国的联系，实现共同发展等。[②] 泰国政府注重旅游宣传、旅游立法、旅游点的开发与提高，同时大力兴建酒店等相关旅游配套设施、严格培训旅游服务人员、实施部分国家旅客落地签进一步简化入境手续、修建游艇码头打造邮轮中心，积极与其他国家就旅游行业进行对话，吸引外商投资泰国旅游业，加强本国旅游景点和邻国旅游景点之间的联系。

在地理上，泰国处于主要油气生产国和主要油气消费市场之间，政府的能源治理与政策多倾向于将泰国发展为区域能源中心和调整国内能源消费结

---

① 泰国交通运输政策规划办公室，http://www.otp.go.th/。

② 泰国国家经济和社会发展委员会办公室，http://www.nesdb.go.th/main.php?filename=index。

构等方面。近年来，泰国增加对能源基础设施的投资，致力于将泰国建设成亚洲石油化工产品交易平台。泰国政府通过价格补贴等形式鼓励运输部门更多地使用天然气，促进家用汽车用汽油中使用汽油醇和生物柴油，促进替代能源的研发、生产和使用，其目标是在10年内替代化石燃料至少25%，推进清洁能源发展机制，减少温室气体排放，应对全球变暖，提高消费者的节能意识，促进和推动全面节能。① 另外，泰国加大海洋尤其是深海海域的油气探采力度，开放多个深海区块，招标进行海洋油气探采。泰国国家石油公司在国际海洋油气探采舞台日益活跃，积极参与东南亚海上油气项目，如缅甸海上深水区块MD－7项目；泰国和马来西亚两国国家石油公司合作开发泰国湾下部海域。

随着全球气候变化和海洋经济的发展，泰国的海洋生态环境也日益恶化。自2007年，泰国受海浪侵蚀的海岸线长达600公里，导致土地快速流失和海洋生物数量锐减。泰国政府逐渐认识到海洋环境恶化的严重性，陆续出台了一系列措施保护和修复海洋生态环境。1997年，泰国政府颁布了《促进维护国家环境质量计划及政策（1997～2016)》，近30年出台的各部《国家经济与社会发展纲要》均体现了对自然环境保护和可持续发展的高度重视。2006年，泰国政府委托水运厅研究解决海岸线侵蚀问题，联合公路厅、市政规划厅等一同修筑海堤。2009年，泰国海洋资源厅、渔业厅、水路交通局和泰国海军等部门联合开展“携手共建鱼之家”项目，通过联合制造人造珊瑚礁等方式，维护和修复泰国湾和安达曼海区域的海洋生物资源。泰国学术界、各类基金会和民间团体也积极投身于海洋环境保护中，研究解决珊瑚礁白化等环境问题。

二　泰国主要海洋产业发展状况

随着泰国海洋经济迅速发展，海洋产业成为国内重要的产业部门。泰国

① 泰国能源开发与保护网站，http：//energy. mfu. ac. th/policies-goverment-energy. php。

政府制定了海洋产业发展战略与政策，实施海洋产业的调整与升级，海洋渔业、海洋交通运输、滨海旅游和海洋油气逐渐成为海洋经济的主要部门，它们对国民经济的贡献率不断上升。

（一）海洋渔业

在泰国，渔业是仅次于种植业的农业部门。泰国海域辽阔，海岸线漫长，泰国湾和安达曼湾是得天独厚的天然海洋渔场，曼谷、宋卡、普吉等地是重要的渔业中心和渔产品集散地，全国 77 个府市中有 23 个临海，再加上泰国附近海域少有强风恶浪，出海几乎全年不间断，良好的地理条件使泰国具备了发展海洋渔业的天然优势位。

泰国的海岸线分东西两侧，天然形成泰国东、西两块海洋渔业产区。东侧接泰国湾，是泰国最重要的海洋渔业产区，渔场面积为 3428 万公顷，最高持续渔获量 91 万吨，其中中上层鱼类 14 万吨，底层鱼类 77 万吨；西侧通安达曼海，渔场面积为 1942 万公顷，最高持续渔获量 29 万吨，其中包括中上层鱼类 9 万吨，底层鱼类 20 万吨。泰国海洋渔业资源种类丰富，经济鱼类有 850 多种，其中中上层鱼类包括青干金枪鱼、马鲛鱼、小沙丁鱼、羽鳃鲐等；底层鱼有鳝鱼、金线鱼、石首鱼、大眼鲷等；另有多种经济价值较高的海洋生物，如鱿鱼、对虾、蛤、梭子蟹和乌贼等。自 20 世纪 60 年代，泰国海洋渔业的产量快速增长。1960 年泰国海洋渔业产量仅为 15.61 万吨，1972 年为 155.08 万吨，2015 年为 200.26 万吨，在 1950 ~2015 年，泰国海洋渔业产量峰值出现在 2005 年，2005 年的海洋渔业产量达 338.03 万吨（见图 1）。

2011 ~2015 年，泰国海洋渔业产量在总渔业产量中的占比维持在 77% 左右，可见海洋渔业在泰国渔业中占主导地位，而这一比例在 20 世纪 60 年代后期至 20 世纪末一直处于 90% 左右的高位，出现在 1977 年的峰值更是高达 94.45%。就种类而言，泰国海洋渔业的产量主要是由龙虾等甲壳纲动物、海洋鱼类以及贝壳和软体动物的构成，这三类水产品的产量占泰国海洋渔业总产量的 95% 左右，另外 5% 左右的水产品是洄游鱼类及其他水生动物

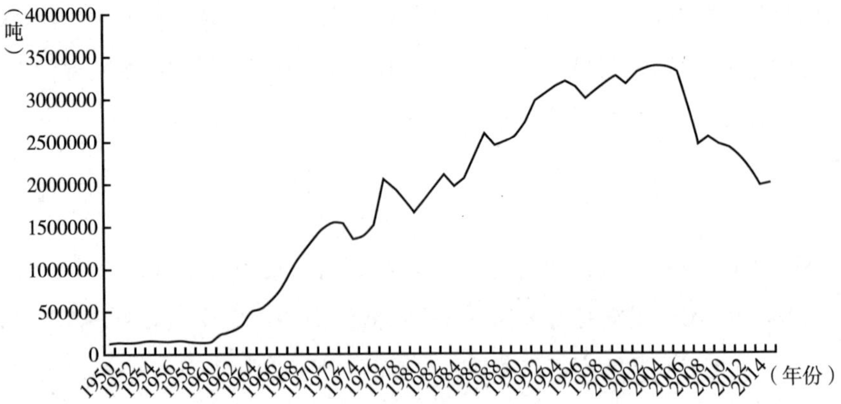

图1　1950～2015 年泰国海洋渔业产量

资料来源：根据 FAO Fishery Statistical Collections 数据编制。

（见表 1）。同时，捕捞渔业的发展带动了鱼罐头加工业、熏鱼业、鱼粉业和冷冻业等水产品加工业在泰国的发展。

表1　2011～2015 年泰国渔业产量的构成

单位：吨

区域	种类	2011 年	2012 年	2013 年	2014 年	2015 年
内陆水域	淡水鱼	582456.5	649366	622368	575514	566919
	甲壳纲动物（如蟹）	22152.9	19879	19629	18062	17418
	其他水生动物	4450	4437	4061	3303	3204
	小计	609059.4	673682	646058	596879	587541
海洋水域	水生植物（如藻类）	0	0	0	0	0
	甲壳纲动物（如蟹）	695861	695688	398065	348685	362059
	洄游鱼类	16204	19392	16868	16710	17124
	淡水鱼	0	0	0	0	0
	海洋鱼类	1276596	1241231	1279723	1237624	1239885
	其他水生动物	105491	41712	127695	65195	76610
	贝类和软体动物	333370	320023	353935	302804.9	306927
	小计	2427522	2318046	2176286	1971018.9	2002605
总计		3036581.4	2991728	2822344	2567897.9	2590146
海洋水域产量占比（%）		79.94	77.48	77.11	76.76	77.3

资料来源：根据 FAO Fishery Statistical Collections 数据编制。

泰国海洋渔业产品主要服务国内消费，一部分用于出口。泰国是世界市场主要水产品供应国之一，其海产品因优良的品质和有竞争力的价格而畅销海外，全球有 60 多个国家和地区进口泰国的水产品，主要包括美国、日本、欧洲等国家和地区。2014 年的统计数据，泰国是继中国、挪威和越南之后世界第四大渔业产品出口国，出口量为 65.65 亿美元。泰国是世界上对虾的主要生产国和出口国，是世界最大的金枪鱼罐头生产国，是世界鱿鱼和墨鱼最主要的出口国之一。1992 年，泰国水产品出口曾一度超过美国居世界第一位，直到 2002 年被中国取代。泰国水产品的出口带动了国内水产品捕捞、养殖和加工领域的就业，增加了国民收入，是泰国重要的创汇来源。

泰国渔业厅统计，2013 年泰国的渔民数量为 93512 户，渔船数量为 58678 艘，大部分从事海洋渔业，泰国渔船主要分为家庭捕捞用的小渔船和商业渔船。2013 年泰国渔船中约有 1.8 万艘大型商业渔船，这些渔船在泰国的可工作海域为 9.47 万平方海里，主要的作业区域为泰国湾海岸和安达曼海域，其中 66% 在泰国湾海岸，34% 在安达曼海域。值得一提的是，泰国渔船的动力化水平居东盟国家中首位。

近年来，泰国海洋渔业的发展面临瓶颈，海洋渔业资源急剧减少，从事海洋渔业的劳动力缺乏。面对海洋渔业出现的问题，泰国渔业行业协会采取了一些措施来提高渔业的可持续生产和发展。2013 年 11 月，泰国八家私营渔业企业和渔业机构签署了谅解备忘录，旨在通过改善整个渔业供应链的海洋食品安全来吸引更多的海内外订单，减少来自贸易竞争对手的压力，关注渔业的可持续性发展，鼓励合法和负责任的渔业。同时，泰国还努力寻求同周边国家的海洋渔业合作，共同开发深海渔业资源。2015 年，泰国推出新渔业法，重新规定近海捕捞作业区域和捕捞工具，对泰国海域海洋水产资源的合理利用进行重新规划；设立府治一级的渔业委员会，让当地民众可参与海洋水产资源的管理；鼓励水产养殖和规定质量确定办法；制定码头国家主权管理规定，即在泰国码头停泊的外国渔船加强控制，须出示清楚文件证明没有进行 IUU 渔业，如发现违法将实施罚款处理；控制在泰国领海外海域进行捕捞作业，要求到外国海域捕捞的泰国渔船先向渔业厅申请批文，并要设置渔船定位系统，违反者最高罚款100万泰铢。①

（二）海洋交通运输业

泰国东临泰国湾可出太平洋，西接安达曼海可入印度洋，具备良好的海运条件，海运承担着泰国95%的国际贸易货运。2015年，泰国的国内海运港口数242个，国际海运港口7个；国内海运旅客流量2889.3万人次，国际海运旅客流量450.4万人次；国内海运货物吞吐量5187.2万吨，国际海运货物吞吐量2.08亿吨（见表2）。泰国的海洋交通运输线路四通八达，通过分析2016年泰国班轮运输的连接性指数，可以发现同泰国双边连接性指数较高的国家和地区主要集中在亚洲，同泰国双边连接性指数排在前十的国家和地区分别为新加坡、中国大陆、中国香港、韩国、马来西亚、中国台湾、美国、越南、斯里兰卡和阿拉伯联合酋长国。

表2　2007～2016年泰国海洋交通运输发展状况

项目	2007	2008	2009	2010	2011	2012	2013	2014	2015	2016
国内海运港口数(个)	322	235	212	215	216	242	242	242	242	242
国内海运旅客流量(千)	14372	13533	12056	13985	21442	22601	20229	20312	28893	—
国内海运货物吞吐量(千吨)	31216	35982	35692	36731	41273	44261	45441	46673	51872	—
国际海运港口数(个)	7	7	7	7	7	7	7	7	7	8
国际海运旅客流量(千)	275	306	348	486	552	612	705	659	4504	—
国际海运货物吞吐量(百万吨)	142	147	132	130	157	178	170	183	208	—
国际海运集装箱吞吐量(千标准箱)	6177	6680	5932	6499	7091	7056	7547	8119	8359	8507

资料来源：根据ASEAN Statistical Yearbook 2016/2017整理。

近年来，泰国的注册商业轮船载重吨位（DWT）呈现增长趋势。据联合国贸易和发展会议（UNCTAD）的统计，2017年，泰国注册商用轮船数量为781艘，载重吨位为5375千载重量单位，为世界第34位。② 近十多年，

① 泰国农业与合作社部，https：//www.moac.go.th/ewt_ news.php? nid = 14170&filename = 。

② UNCTAD（2017），Review of Maritime Transport 2017，p.32.

油轮的占比逐渐升高，而杂货船的占比逐渐降低。2005~2016年，按船型划分的轮船载重量，泰国的油轮载重量从61.9万吨增至281.6万吨，散货船载重量从156.2万吨降至133.3万吨，杂货船载重量从180.5万吨降至43.1万吨，集装箱船载重量从27.4万吨降至27万吨。[①]

港口是海运物资的集散地，港口货物吞吐量反映了一国海洋交通运输的发展水平。据统计，2014年泰国集装箱吞吐量为828.4万标准箱，位列世界第13位。[②] 泰国港务局的数据显示，2016年和2017年，曼谷港的船只数量分别为3045艘和3039艘，进港货物量分别为1196.73万吨和1128.75万吨，出港货物分别为909.75万吨和927.46万吨，即总的货物吞吐量分别为2106.48万吨和2056.21万吨，集装箱吞吐量分别为149.80万标准箱和149.62万标准箱。2008年，泰国林查班港二期工程的完工和三期工程的投建，林查班港成为泰国最大的深水港，其发展速度较曼谷港更快。2016年和2017年，林查班港的船只数量分别为11414艘和11834艘，进港货物量分别位2988.87万吨和3305.71万吨，出港货物分别为4846.82万吨和5018.35万吨，即总的货物吞吐量分别为7835.69万吨和8324.06万吨，集装箱吞吐量分别为722.74万标准箱和778.45万标准箱。[③] 单就曼谷港2003~2017年这15年的货物吞吐量和集装箱吞吐量的变化，可以发现其增幅较小，发展速度较缓慢，甚至出现轻微的减少，部分原因是距其60海里的林查班港的发展，林查班港2016年的货物吞吐量约为2003年的2.73倍，集装箱吞吐量翻了一番多。不过，泰国的港口运输业仍然缺乏竞争力。世界经济论坛（WEF）发布的2017~2018年全球竞争力报告显示，泰国的港口基础设施质量得4.3分，在140个经济体中排在第63位，海关手续负担项的得分为4.0，排名是第78位。[④]

---

① UNCTAD http：//unctadstat. unctad. org/CountryProfile/MaritimeProfile/en-GB/764/index. html.

② UNCTAD（2015）. Review of Maritime Transport 2015，p. 67.

③ Port Authority of Thailand. http：//www. port. co. th/sitenew/en/sathiti. php.

④ WEF. The Global Competitiveness Report 2017－2018，p. 287，两项得分的最低值为1，最高值为7，如海关手续负担得分为1表示海关效率极低，为7则表示海关效率极高。

（三）滨海旅游业

近年来，泰国旅游业快速发展，旅游业成为泰国的支柱产业，旅游业占泰国 GDP 的比重超过 10%。自 2005 年，泰国的入境旅游人数持续快速增长，尤其是 2010 年之后（除 2014 年）泰国每年的入境旅游人数增长量约 400 万，2016 年，赴泰国的国际游客人数累计 3258 万，同比增长 8.91%；国际游客人数超过泰国总人口的 1/3，是泰国当年出境旅游人数的 4 倍；旅游收入 1.64 万亿泰铢，同比增长 12.64%；外国游客每次旅行在泰国平均逗留时间已经增至 9.56 天，日均开销水平也提至 5268.42 泰铢，增长 3.25%。①

泰国旅游业的发展很大程度上得益于其丰富的海洋旅游资源，普吉岛、芭堤雅、苏梅岛和涛岛都是闻名遐迩的海滨旅游度假胜地。普吉岛是泰国最大的岛屿，岛屿的西海岸正对安达曼海，阳光普照之下的海滩闪烁着安达曼海拍岸的浪花，被世人赞誉为安达曼海的“珍珠”，2016 年普吉接待游客人数超过 1300 万；芭堤雅以阳光、沙滩、海鲜名扬天下，被誉为“东方夏威夷”，风光旖旎，气候宜人。欧瑞国际有限公司和世界级市场研究公司按照游客数量，将芭堤雅列入世界 100 座顶尖旅游城市的第 20 名。② 苏梅岛位于泰国湾，是泰国第三大岛，岛上椰林遍布，海滩众多，水清沙白，风景秀丽，至今岛上还保持一份自然纯朴的原始风味，给人一种独立于都市之外的原始感和舒适感。涛岛也称龟岛，位于泰国南部，因珊瑚礁和海洋生物富集而闻名，是世界级的潜水胜地，每年有约 60 万游客造访这里，带来 30 亿泰铢的收入。

赴泰国旅游主要客源国（地区）是中国大陆、韩国、日本、中国香港和东盟其他国家等，泰国成为中国游客最青睐的目的地国家之一（见表 3）。中国大陆赴泰旅游人数一路攀升，从 2011 年的 172.1 万人次增长至 2017 年

① 《25 日泰国旅游节再度来袭》，《星暹日报》2017 年 1 月 17 日。

② 《芭堤雅跻身顶尖城市前 20 名》，《星暹日报》2017 年 9 月 22 日。

的980.6万人次，尤其是近三年增长速度很快，部分原因在于泰国政府对中国游客实施了一段时间的免签证费措施。2016年最受中国游客欢迎的境外目的地中，泰国占据前10席中的5席，包括涛岛、苏梅岛、曼谷、清迈和普吉，其中涛岛、苏梅岛和普吉是滨海旅游目的地。

表3　2011～2017年赴泰旅游人数按地域划分

单位：千

地域	2011年	2012年	2013年	2014年	2015年	2016年	2017年
东盟内部	5595	6281	7282	6642	7920	8585	9120
亚洲(除东盟)	6511	8136	10607	9799	14051	15279	17083
中国香港	412	474	588	483	670	751	821
韩国	1006	1164	1295	1123	1373	1464	1709
中国台湾	448	394	502	394	553	522	573
中国大陆	1721	2787	4637	4636	7937	8758	9806
印度	915	1013	1051	933	1069	1195	1412
日本	1128	1374	1536	1268	1382	1440	1544
亚洲其他	881	931	996	962	1068	1149	1218
欧洲	5101	5651	6306	6162	5631	6175	6511
法国	516	576	612	635	681	739	740
德国	619	682	738	715	762	838	849
意大利	186	201	207	220	246	266	264
荷兰	199	208	219	212	222	236	222
英国	845	873	905	908	948	1004	994
欧洲其他	2737	3110	3626	3472	2773	3092	3441
美洲	953	1083	1167	1100	1235	1407	1542
加拿大	194	219	230	211	228	245	258
美国	682	769	823	764	868	976	1056
美洲其他	76	95	113	125	140	187	227
大洋洲	934	1047	1022	943	923	911	939
澳大利亚	830	930	900	832	807	796	817
新西兰	101	114	118	108	112	112	118
大洋洲其他	3	3	3	3	3	3	4
非洲	138	156	163	164	162	172	187
总　计	19232	22354	26547	24810	29922	32529	35382

资料来源：根据CEIC数据库整理。

在世界经济论坛2017年发布的各国旅游业竞争力指数中，泰国的综合指数得分4.4，在136个国家和地区中排名第34位。泰国旅游在自然资源、旅游服务设施、价格等方面的竞争优势显著，其中自然资源世界竞争力排名是第7位，旅游服务设施世界排名第16位，价格竞争力的世界排名为世界第18位（见图2）。泰国旅游业的发展也存在一些潜在的不利影响因素。过去的十多年，泰国旅游业一直深受政治动荡影响，其中包括数轮反政府街头抗议和两次军事政变，如2014年泰国军事政变导致外国访泰人数出现了2010年以来的首次下滑。交通事故、溺水等安全问题频发，世界经济论坛给出的泰国旅游安全方面的排位是118位，在136个参评国家中排位靠后。另外，泰国旅游的环境可持续性排位是122位，排位靠后。泰国需注重保护游客生命财产安全、提升旅游质量、保护自然环境，实现旅游业的可持续发展。

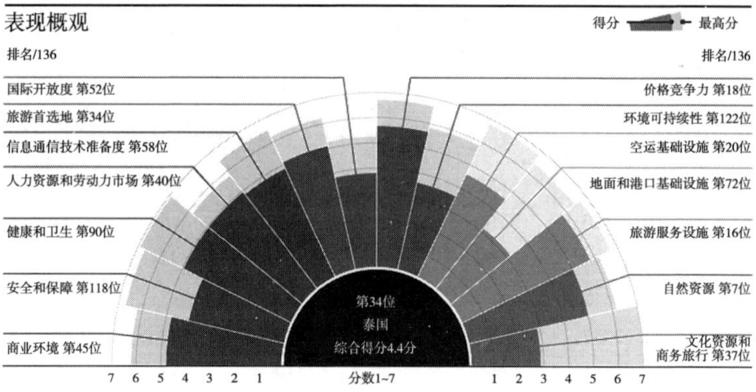

图2 2017年泰国旅游业竞争力

资料来源：根据WEF The Travel & Tourism Competitiveness Report 2017编制。

（四）海洋油气业

泰国的石油天然气大部分来自沿海大陆架和海洋区域，约80%的原油产自泰国湾海域。与东南亚其他一些国家相比，泰国海洋油气资源相对匮乏。2016年底，泰国石油和天然气的探明储量分别为4亿桶和0.2万亿立方米，储产比分别为2.3和5.4；探明的石油和天然气储量仅能持续2.3年和5.4年，远低于50.6年和52.5年的世界平均值。同时，泰国天然气的探明储量仅占世界总探明储量的0.1%，石油探明储量占世界总探明储量的比重更是低于0.05%。

泰国是一个石油和天然气生产国，但其仍然需要大量进口以维持其日益增长的能源需求。具体而言，泰国国内的石油储量与供给有限，国内的石油消耗很大程度上依赖进口。2016年，泰国石油产量约为47.9万桶/天，而每天的消费量超过138万桶，这意味着泰国每天需要进口大概90万桶的原油。另外，泰国已探明天然气储量相对较多，2006～2014年其天然气产量持续增长，但是同样不能实现自给，2016年泰国天然气产量约为386亿立方米，消费量约为483亿立方米，差额约97亿立方米，泰国天然气主要是从缅甸、阿曼和卡塔尔进口，缅甸主要供应管道天然气，阿曼和卡塔尔主要供应液化天然气。在泰国的初级能源消耗中，石油占比最大，2014年该比例超过40%，紧随其后的是天然气，占比为28%，煤炭消耗约占12%。总体而言，泰国能源净进口占其能源使用量的百分比维持在40%左右。

近年来，泰国十分关注海洋油气的开发和利用，海洋油气工业取得较快的发展。1980年，泰国的石油产量从1.3千桶/日提高至2016年的479千桶/日，天然气年产量从1990年的65亿立方米提高至2016年的386亿立方米。泰国的海洋油气开发可以追溯到二十世纪六七十年代，1971年泰国颁布石油法后，海上石油对外合作开始展开，1973年发现了埃拉旺凝析气田，1974年发现了班波和沙墩气田，但大多数没有投产。20世纪90年代后，几十家外国公司在泰国进行油气勘探开发，油气勘探开发主要集中在泰国湾和安达曼海的Mergwi盆地，主要的资源是天然气和凝析油，钻探井上百口，平均探井成功率50%左右，发现新油气田数近50个，但是油气田的规模相对较小。泰国在海洋油气领域积极寻求与外合作，如泰国和马来西亚两国石油公司共同成立Trans Thai-Malaysia（TTM）合资公司，合作开发泰国湾下部海域，泰国和柬埔寨曾签订谅解备忘录，同意对有争议海域进行合作开发。不过，泰国能源部的官员表示，如不能发现新油气田，几年之后泰国石油、天然气产能堪忧。就目前已探明的油气储量，如保持当前的消耗速度而没有新的可供开采的油气田，预计可供应使用的时间不足 5 年。

三　泰国海洋经济发展的趋势

随着泰国经济逐步进入平稳增长的轨道，政府出台了一系列发展规划与政策，加快了传统产业调整和升级，新兴产业建设也进入快车道，其中海洋产业是未来颇具潜力的新兴产业。不过，当前泰国海洋经济发展过程中仍存在着不少障碍与问题。

自 2014 年 5 月巴育政府执政以来，泰国经济逐步进入平稳增长的轨道，并出台了一系列发展规划与政策。泰国制定了 2017 ~ 2021 年的发展目标，包括年平均经济增长不低于 5%，到 2021 年人均国民收入将达到 8200 美元。在“泰国 4.0”战略下，泰国提出了泰国东部经济走廊（EEC）计划。东部经济走廊主要涵盖北柳府、春武里府和罗勇府三个泰国湾沿海府，拥有泰国最重要的两大深水港林查班港和马达普港，以及正在开发中的萨达西港口。同时，东部经济走廊还拥有泰国 3 号和 7 号两条国道，并计划建设芭堤雅—马达普港高速公路、北柳—空西诰—甘阔铁路、曼谷—罗勇高铁和芭堤雅轻轨，能够连接曼谷和东部地区各重要的工业区、码头和城市。东部经济走廊还是泰国著名的旅游目的地，包括芭堤雅、西昌岛、象岛等国际旅游景区。泰国的东部经济走廊计划将以东部经济特区的发展带动国家产业结构调整升级，也将加速海洋产业及其相关产业的发展。

尽管泰国海洋经济快速发展，但各海洋产业发展过程中仍存在诸多障碍和问题。近年来，泰国渔业资源急剧减少，海洋渔业劳动力缺乏，泰国海洋渔业因存在乱用童工、渔民生存作业状况恶劣等问题收到欧盟给予的黄牌警告，欧盟对泰国渔业的相关禁令自 2015 年起已长达两三年之久，泰国海产品出口欧盟受到限制。此外，泰国还存在着海洋渔业的食品安全问题。2017 年 1 月，美国因检测出泰国出口的虾样本有呋喃妥因代谢物残留而禁止部分泰国虾类的进口。针对渔业资源急剧减少的问题，泰国规定禁捕期和禁捕区，投放鱼苗，在沿海海域改捕捞为养殖，加大对其他国家进入泰国海域进行非法捕捞的打击力度，泰国通过开发海洋渔业设备和海洋水产养殖技术，对渔民就新设备、新技术进行培训，提高渔民的工作效率和经济收入，从而吸引更多劳动力投入海洋渔业。针对渔业产品食品安全问题，泰国渔业厅和相关行业协会加强对海洋渔业产品生产的双重监管，保障海洋渔业产品的食品安全。

泰国海洋运输在成本方面缺乏竞争力，多种交通运输方式之间的连接性较弱。根据世界银行的物流绩效指数报告，泰国 2016 年的物流绩效得分 3.26，在 160 个国家和地区中排第 45 位。针对港口基础设施质量缺乏竞争力的问题，泰国政府将加大资金投入、吸引外资合作，优化港口基础设施，开拓和发展新港口，泰国正在加快不同交通运输方式之间的连接，发展更多的集散中心，降低运输成本。针对海关效率较低的问题，泰国将提高海运方面的信息化水平，利用信息化技术简化海关手续、提高海关效率水平。

近年来，赴泰游客数量持续增长，快速增长的赴泰游客数量给泰国旅游资源的保护和可持续性带来了挑战，一些热门景点的游客接待量超过其最佳容量，给滨海旅游资源带来的破坏往往是严重的、难以修复的。同时，泰国旅游业还存在着强制消费、欺诈等乱象，加上泰国恐怖主义抬头，宗教冲突不断，游客安全问题多发，对其旅游业的发展产生了负面影响。针对旅游资源的可持续性问题，泰国政府加强了对珊瑚礁、海洋生物等滨海旅游资源的保护，重视自然资源的承载能力和滨海旅游业的可持续发展。另外，泰国政府强化和完善了服务保障措施，加大旅游安全设施的建设，加强对旅游业服务公司及其人员的登记和管理。

此外，泰国海洋油气资源相对匮乏，海洋油气的勘探和开采是一项高技术、高投入、高风险的产业，泰国目前尚不具备自主进行海上油气开发的技术能力，主要依赖于外国公司。但是，泰国深海油气勘探开采活动规模较小，对大型跨国公司没有足够的吸引力，泰国海洋油气产业的发展受到资金方面的限制。

四　中国与泰国的海洋经济合作

中泰两国是地区性海洋大国，拥有广阔的海域面积、漫长的海岸线和丰富的海洋资源，地理人文较为相近，在海洋经济与文化合作领域具有共同的需求，在海洋科技研发、防灾减灾、气候变化等领域面临着共同的挑战。作为中泰关系持续稳定发展的重要推动力，中泰海洋合作将成为两国关系发展的新亮点。

2011 年 12 月，中国国家海洋局与泰国自然资源与环境部签署了《中华人民共和国国家海洋局与泰王国自然资源与环境部关于海洋领域合作的谅解备忘录》，这是中泰两国政府间首份海洋领域合作文件，其签署标志着中泰两国在海洋领域的合作全面展开。2012 年 1 月，中国国家海洋局颁布了《南海及其周边海洋国际合作框架计划（2011～2015）》，旨在以增进互信、互利共赢的原则，与周边国家共同开展在海洋领域的国际合作，科学认知、保护、开发利用海洋，减轻海洋灾害的影响，建设美丽和谐海洋，促进经济与社会的发展，为地区的和平与稳定做出贡献。2012 年 4 月，第一届中泰海洋领域合作联委会会议顺利召开，中国海洋局与泰国自然资源与环境部签署《中泰海洋领域合作谅解备忘录》《关于建立中泰气候与海洋生态联合实验室的安排》。同时，“共同建立中泰联合实验室”也写入了《中泰关于建立全面战略合作伙伴关系的联合声明》。2013 年 6 月，中泰气候与海洋生态联合实验室在泰国普吉正式挂牌启用，这是我国与泰国在海洋领域的第一个联合研究实体，也标志着中泰海洋合作进入实质性发展阶段。2013 年 10 月，中泰签署了《中华人民共和国国家海洋局与泰王国自然资源与环境部海洋领域合作五年规划（2014～2018）》，双方建立起完备的长期合作机制。

在巩固既得合作成果的基础上，中泰两国应该加强两国海洋经济合作，共建海上丝绸之路，促进海上互联互通；加强海洋产业间贸易，扩大港口建设和船舶制造领域的投资与合作；促进两国滨海旅游业的交流与合作，加强两国海洋科研领域的务实合作，提高海洋管理与保护水平。在海洋渔业领域，泰国和我国南部省份在渔业捕捞、养殖技术、加工技术、市场消费、渔业保护等互补性较强，两国可以建立海洋渔业合作机制，增强沟通和交流，制定和实施联合养护和管理措施，防止过度捕捞，实现中泰海洋渔业可持续发展；在海洋油气领域，泰国是与中国海外石油合作开发最早的国家之一，目前中石油、中石化、中海油均与泰国的石油公司进行合作，中国是南海周边唯一具有自主进行深海油气资源开发能力的国家，中国的海洋油气开发能力和泰国的海洋油气开发诉求匹配，具有良好的合作开发前景；在滨海旅游领域，两国可相互学习借鉴滨海旅游发展经验，加强海滨旅游城市合作，相互支持旅游城市宣传推广，开通更多直飞航班，加强旅游业人力资源的联合培养，合作开发旅游线路和旅游产品，推动双向旅游交流规模不断扩大；在海洋可持续领域，两国应建立信息共享平台，对濒危海洋生物合作观测和保护，继续联合开展珊瑚礁观测及修复工作，加强对珊瑚礁生态系统的研究，提高对珊瑚礁的保护和修复能力。同时，加强海洋观测与监测技术交流，加强海洋生物多样性与生物基因技术等领域合作。

附　　录

Appendix

B.18 附录1 《中国—东盟战略伙伴关系2030年愿景》

我们，中华人民共和国和东盟成员国国家元首/政府首脑于 2018 年 11 月 14 日齐聚新加坡，出席第 21 次中国—东盟领导人会议暨中国—东盟建立面向和平与繁荣的战略伙伴关系 15 周年纪念峰会；

忆及我们 2003 年 10 月 8 日在印尼发表的《中国和东盟国家领导人关于面向和平与繁荣的战略伙伴关系的联合宣言》和 2013 年 10 月 9 日在文莱发表的《第 16 次中国—东盟领导人会议暨纪念中国—东盟战略伙伴关系 10 周年联合声明》，致力于促进中国—东盟的睦邻友好和互利合作；

认识到中国与东盟建立战略伙伴关系 15 年来为地区和平、稳定与繁荣作出了巨大贡献，进一步拓展了中国—东盟合作，强化了中国—东盟关系，使之成为最具实质性、最具活力和互利共赢的关系之一；

认识到东盟成立 50 年来不断发展，并在 2015 年建成东盟共同体，中国改革开放 40 年取得伟大成就，中国—东盟关系已迈入新时代；

忆及2017年11月13日在菲律宾马尼拉举行的第20次中国—东盟领导人会议同意发表《中国—东盟战略伙伴关系2030年愿景》，以规划双方关系未来方向，为建设开放包容、持久和平、普遍安全、共同繁荣和可持续发展的世界作出贡献；

进一步重申依据国际法相互尊重彼此独立、主权和领土完整，及不干涉他国内政原则。东盟国家重申坚持一个中国政策；

认识到当前地区和平稳定来之不易，增进中国和东盟间互信和信心、提升合作水平非常重要；

兹同意以下内容：

中国—东盟总体关系

一、全面有效执行《落实中国—东盟面向和平与繁荣的战略伙伴关系联合宣言行动计划（2016～2020）》及其后续文件等举措，开展更紧密的合作，打造更高水平的中国—东盟战略伙伴关系，实现双方互利共赢的美好未来。东盟赞赏中国致力于促进更紧密的中国—东盟合作，包括构建中国—东盟命运共同体的愿景。

二、进一步深化战略关系，提升互信和信心，依据国际法和平解决分歧，不诉诸武力或以武力相威胁，保持友好对话协商，加强高层交往，促进地区和平、安全与稳定。

三、加强能力建设，调动各方资源，开展支持东盟一体化和共同体建设的互利合作，提升中国—东盟战略伙伴关系，对接《东盟互联互通总体规划2025》与中方“一带一路”倡议共同的重点领域，努力以互利共赢方式促进区域各互联互通战略的对接。东盟赞赏中方提出“3＋X合作框架”，即以政治安全合作、经济合作、人文交流为三大支柱，以双方同意的合作领域为支撑。

四、进一步提升战略伙伴关系，继续坚持自1991年中国与东盟建立对话关系以来指导双方关系、在《联合国宪章》、《东盟宪章》、《东南亚友好合作条约》、和平共处五项原则、《东亚峰会互利关系原则宣言（巴厘原则）》以及公认的国际法原则中体现的基本原则、共同价值观和规范。

五、坚定反对日益上升的保护主义和逆全球化思潮，重申国际贸易与投资是实现经济可持续增长、减少社会不平等、保障各国人民享有更美好生活的重要引擎。

六、通过促进南南合作等方式，加强《东盟愿景2025》同联合国2030年可持续发展议程的对接。

七、重申我们致力于支持和帮助东盟缩小成员国间发展差距，包括落实《东盟一体化倡议第三份工作计划》，以及加强中国和东盟国家在双边、次区域和区域层面的合作。依据《东盟愿景2025》促进东盟一体化建设。

八、欢迎在相关次区域框架和合作机制中继续加强合作，支持缩小地区发展差距的努力。

政治安全合作

九、重申中国和东盟国家间长期友好，尊重各国依据本国国情独立选择自身发展的道路。

十、在防务、安全、非传统安全和应对跨境威胁等领域通过开展对话、建立信任措施和加强合作，增进双方互信与理解。

十一、重申维护东盟在不断演变的区域架构中的中心地位的重要性，在东盟与中日韩、东亚峰会、东盟地区论坛、东盟防长扩大会等东盟主导的各机制中继续加强对话与协调，深化区域安全合作，维护开放、透明、包容和基于规则的区域架构。

十二、加强高层往来和政策沟通，拓展各层级交往，促进治国理政经验交流。

十三、重申致力于维护和促进南海和平、安全与稳定，尊重和致力于：（1）南海航行与飞越自由；（2）根据包括1982年《联合国海洋法公约》在内的公认的国际法原则，由直接相关的主权国家通过友好协商和谈判，以和平方式解决其领土和管辖权争议，不诉诸武力或以武力相威胁；（3）在行动上保持自我克制，避免使争议复杂升级，扰乱和平稳定。

十四、进一步重申致力于全面有效完整落实《南海各方行为宣言》，在协商一致基础上争取早日达成和通过一个实质和有效的“南海行为准则”。

注意到2017年8月中国和东盟国家外长通过的“准则”框架是朝达成有效“准则”迈出的重要一步。继续加强务实对话和海上合作，提升互信与信心，包括用好外交高官热线，落实《中国与东盟国家关于在南海适用〈海上意外相遇规则〉的联合声明》和《关于未来十年南海海岸和海洋环保的领导人宣言（2017～2027）》等。

十五、在东盟防长扩大会机制下深化中国与东盟务实防务合作，增进理解与友谊，共同应对威胁地区和平稳定的跨境和非传统安全挑战；欢迎中国和东盟国家海军为增进互信，成功举行首次中国—东盟海上联合演习。

十六、通过相关机制加强反腐败合作。

十七、认识到有效应对恐怖主义、跨境犯罪等非传统安全威胁和跨境挑战的紧迫性，有必要加强地区共同的韧性与合作。

经济合作

十八、认识到中国目前是东盟最大贸易伙伴、第三大外国直接投资来源国和重要的外国游客来源地，欢迎中国和东盟贸易、投资和旅游往来继续强劲快速增长。

十九、努力深化经贸联系，促进互联互通，实现到2020年双向贸易额1万亿美元、投资额1500亿美元的目标，期待到2030年取得更多贸易投资成果。

二十、加强双方贸易、投资和旅游往来，包括落实中国—东盟自贸协定和《中华人民共和国与东南亚国家联盟关于修订〈中国—东盟全面经济合作框架协议〉及项下部分协议的议定书》，包括完成中国—东盟自贸区升级议定书“未来工作计划”；探讨促进贸易投资往来的新倡议，提升营商环境，探讨自贸区进一步升级可能性以及在电子商务、竞争和知识产权等新领域开展合作。

二十一、重申致力于加快完成现代、全面、高质量和互利的《区域全面经济伙伴关系协定》谈判，大力促进全球贸易，提升经济增长，创造更多就业，以包容性方式提高地区人民生活水平。

二十二、加强物理和规制联通，依据《东盟互联互通总体规划2025》

战略目标促进市场紧密融合，提升数字互联互通，包括支持落实《东盟信息通信技术总体规划2020》等。

二十三、深化金融合作，包括推动亚洲基础设施投资银行等国际金融机构积极参与，调动私营资本，提升能力建设，支持区域基础设施发展。

二十四、通过中国“一带一路”倡议等平台，本着包容、互利和尊重国际法的原则，进一步促进海洋经济合作领域的对话交流。

二十五、重申致力于鼓励东盟国家和中国航空公司挖掘潜力，用好《中国—东盟航空运输协定》及其第一、第二议定书，实现区域更大范围联通，努力实现中国和东盟航空服务全面自由化的终极目标。

二十六、促进区域知识产权生态系统建设，通过及时的知识产权认证和保护以及知识产权跨境商业化和适用，支持和促进创新。

二十七、在共同关心的领域探讨科技创新合作和协作，包括抓住数字经济和技术创新机遇，应对潜在的新技术挑战，在电信、电子商务和智慧城市发展等领域实现创新驱动发展。欢迎建立“东盟智慧城市网络”，欢迎中国支持“东盟智慧城市网络”。

二十八、促进产能、技术创新，促进中小微企业发展和区域增长，支持落实《东盟中小企业发展战略行动计划（2016～2025）》，分享中小微企业最佳实践和经验，组织研讨会、培训班等能力建设活动。

二十九、建立正式高级别合作机制，加强、深化和拓展双方旅游合作。

三十、积极融入经济全球化，进一步促进经济一体化，包括支持建立东亚共同体长期目标，为地区民众带来福祉。

三十一、认识到在新版《中国—东盟清洁能源能力建设项目》以及“东盟清洁煤利用路线图研究”框架下，采取区域措施促进清洁能源发展的重要性。

三十二、鼓励中国—东盟蓝色经济伙伴关系，促进海洋生态系统保护和海洋及其资源可持续利用，开展海洋科技、海洋观测及减少破坏合作，促进海洋经济发展等。

三十三、探讨新科技、数字和技术创新带来的机遇，应对新技术对经济发展潜在共同挑战，欢迎2018年“中国—东盟创新年”为双方创新合作注入新动力。

社会文化合作

三十四、通过中国—东盟教育交流周等平台，加强教育创新和学术交流。

三十五、鼓励双方人文交流与合作，共创美好未来，继续在语言、文化、艺术和遗产等领域促进青年交流，提升相互理解，深化友谊，通过相关教育机构在各层级、不同领域为青年学者举办培训。

三十六、加强环保、水资源管理、可持续发展、气候变化合作，包括落实《中国—东盟环境保护战略（2016～2020）》，支持《东盟社会文化共同体蓝图2025》相关战略措施等。

三十七、重申加强中国—东盟文化关系意识的重要性，鼓励开展文化交流，继续提升双方文化遗产保护意识。

三十八、加强建设性对话与合作，促进积极老龄化，更好地应对老龄化社会挑战。

三十九、促进政府间政策沟通，欢迎中国在适当领域为东盟国家提供援助，以实现联合国2030年可持续发展议程目标，包括依据各自可持续发展目标消除各种形式贫困。

B.19

附录2 2017年东南亚大事记*

1月

•2 日，俄罗斯两艘军舰抵达菲律宾首都马尼拉南港码头，对该国展开为期 6 天的友好访问。

•5 日，中国海军一艘 039 型常规动力潜艇“长城号”和远洋打捞救生船“长兴岛”号访问了马来西亚。这是中国海军潜艇首访马来西亚。

•12 ~ 15 日，应中国共产党中央委员会总书记、中华人民共和国主席习近平的邀请，越南共产党中央委员会总书记阮富仲对中国进行正式访问。

•15 日，中国和越南发表《中越联合公报》。

•12 ~ 17 日，日本首相安倍晋三对菲律宾、澳大利亚、印度尼西亚和越南进行国事访问。

•14 日，越美签署 100 亿美元协议，将在越南开发四座燃气发电厂。

•16 日，泰国“临时宪法”修订版正式生效。

•16 日，新加坡国防部长黄永宏与新西兰国防部长格里·布朗利举行首届新加坡 - 新西兰防长会议。双方会后发表联合声明，重申两国的双边防务关系，并表达进一步加强防务合作的意愿。

•19 日，新加坡国防部常任秘书陈英杰与印度国防秘书莫汉·库马尔在新加坡国防部长黄永宏及印度驻新加坡最高专员阿什拉夫的见证下，更新了新加坡空军部队和印度空军部队在印度举行联合军事训练和演习的双边协定。

---

* 此部分由厦门大学东南亚研究中心图书馆主任、副研究馆员，文学博士张长虹整理。

•20 日，越南从俄罗斯订购的第六艘基洛级潜艇“巴地头顿”号抵达越南庆和省金兰湾。

•26 日，菲律宾国防部长德尔芬·洛伦扎纳表示，按照美菲两国 2014 年签署的《加强防务合作协议》，美军今年将开始在 5 个菲军事基地建设军事设施。

2月

•6 日，印度尼西亚与韩国第一次高级别战略对话在印尼首都雅加达举行。

•7 日，中国—缅甸外交国防 2 +2 高级别磋商在中国云南省昆明举行。

•7 ~8 日，在越南政府总理阮春福和老挝政府总理通伦·西苏里的共同主持下，越老政府间委员会在河内召开了第 39 次会议，见证了四个文件的签署。

•9 ~10 日，应新加坡外交部长维文的邀请，印度尼西亚外交部长雷特诺对新加坡展开正式访问。

•11 日，柬埔寨反对党救国党主席桑兰西通过社交媒体宣布，其因个人原因辞去党主席职务并脱离救国党。

•20 ~21 日，东盟外长非正式会议在菲律宾举行。

•20 ~22 日，为落实中菲两国领导人共同见证签署的《中国海警局和菲律宾海岸警卫队关于建立海警海上合作联合委员会的谅解备忘录》，中菲海警在菲律宾苏比克举行了海警海上合作联合委员会第二次筹备会暨成立会议。

•22 日上午，越南国会对外委员会、越南外交部、俄联邦驻越大使馆在国会大厦举办“加强越南与俄联邦各地之间的伙伴关系”座谈会。越南国会主席阮氏金银和正在访问越南的俄联邦委员会主席马特维延科出席座谈会，并发表讲话。

•25 ~26 日，印度尼西亚总统佐科对澳大利亚进行国事访问。并于 26

日发表联合声明，宣布全面恢复两国军事关系。当天，两国签署“海洋边界保护”协定。

•27 日，中共中央政治局常委、国务院副总理张高丽在北京会见新加坡副总理张志贤，并共同主持中新双边合作联委会第 13 次会议、苏州工业园区联合协调理事会第十八次会议、天津生态城联合协调理事会第九次会议和中新（重庆）战略性互联互通示范项目联合协调理事会第一次会议。

•27 日，第 19 次落实《南海各方行为宣言》工作组会在印度尼西亚巴厘岛举行。

•28 日，日本天皇明仁和皇后美智子首次对越南进行国事访问。

3月

•1 日，沙特阿拉伯国王萨勒曼对印度尼西亚进行国事访问，这是沙特阿拉伯国家元首 46 年来首次访问印度尼西亚。

•1 日，越南政府颁发《批准越南社会主义共和国政府与美利坚合众国政府关于对所得避免双重征税和防止偷漏税的协定及议定书的决议》。

•1 ~2 日，第 32 届东盟—日本论坛会议在文莱斯里巴加湾市举行。

•2 日，马来西亚副总理扎希德宣布自 3 月 6 日起取消对朝鲜公民的免签政策。

•4 日，马来西亚外交部宣布，马来西亚政府决定驱逐朝鲜驻马来西亚大使。

•4 日，日本提供给马来西亚的大型巡逻船驶离广岛造船厂。

•5 日，日本《朝日新闻》报道称，安倍政府正式启动“巡逻船外交”。

•5 ~10 日，应越南国会主席阮氏金银的邀请，老挝国会主席巴妮·雅陶都率领老挝国会高级代表团对越南进行正式友好访问。

•6 日，中国国家主席习近平在北京中南海会见柬埔寨国王西哈莫尼和太后莫尼列。

•10 日，东盟各成员国经济部长会议在菲律宾首都马尼拉举行。

•14～15 日，越南政府副总理兼外交部长范平明访问柬埔寨。15 日，第 9 次越柬边境省合作与发展会议在柬埔寨首都金边召开，会议结束后，双方发表了联合公报。

•15 日，耗资 1 亿美元的马柬泰海底光缆正式启用。

•19～20 日，应缅甸总统吴廷觉的邀请，菲律宾总统杜特尔特率团对缅甸进行访问。访问期间，杜特尔特总统分别会见了缅甸国家顾问昂山素季、总统吴廷觉和缅甸国防总司令敏昂莱。

•20～22 日，菲律宾总统杜特尔特对泰国进行正式访问。

•21～23 日，第 24 届东盟—新西兰对话会在新西兰举行。

•21～24 日，应越南政府总理阮春福的邀请，新加坡总理李显龙对越南进行正式访问。

•22～25 日，第 5 届东盟法院院长会议在文莱斯里巴加湾举行。

•29 日，第 14 届东盟与俄罗斯高官会在老挝万象举行。

•30 日～4 月 4 日，应印度总理莫迪的邀请，马来西亚总理纳吉布对印度进行正式访问。

4月

•1 日，缅甸议会于 2016 年 10 月通过的新《投资法》正式生效。

•5 日，越南政府总理阮春福在政府总部会见来访的泰国皇家军队总司令素拉蓬·素瓦纳阿德大将。

•6 日，泰国国王拉玛十世玛哈·哇集拉隆功在曼谷王宫签署新宪法，标志着泰国自君主立宪制以来的第二十部宪法正式颁布实施。

•6～11 日，应中国国家主席习近平的邀请，缅甸总统吴廷觉对中国进行国事访问。10 日，两国发布联合新闻公报。

•7 日，第 8 次湄公河—恒河流域合作高官会议在印度首都新德里举行。

•10 日，运载 14 万吨原油的苏伊士型“联合动力号”油轮成功靠泊中缅原油管道起点马德岛港并开始卸油，中缅原油管道工程宣告正式投入运营。

•14 日，越南人民海军“黎贵惇”号风帆训练舰在文莱海军基地靠岸，所载 120 名海军官员和见习海军对文莱进行为期三天的访问。

•17 日，中国—越南双边合作指导委员会第 10 次会议在北京举行。中国国务委员杨洁篪和越南政府副总理兼外交部部长范平明共同主持。中国全国政协主席俞正声会见范平明。

•16 ~18 日，应中国国务委员杨洁篪的邀请，越南政府副总理兼外交部长范平明率越南代表团赴北京出席越中双边合作指导委员会第 10 次会议。

•20 ~21 日，应美国国务卿雷克斯·蒂勒森的邀请，越南政府副总理兼外交部长范平明对美国进行正式访问。

•24 日，马来西亚在首都吉隆坡举行第 15 任最高元首吉兰丹州苏丹穆罕默德五世的登基加冕仪式。

•24 ~27 日，应柬埔寨王国首相洪森和老挝人民民主共和国总理通伦·西苏里的邀请，越南政府总理阮春福分别对柬埔寨王国和老挝人民民主共和国进行正式访问。

•26 ~29 日，第 30 届东盟国家领导人峰会在菲律宾首都马尼拉举行。

•26 ~29 日，第 30 届东盟峰会在菲律宾首都马尼拉举行，本届峰会的主题是“拥抱变革，融入世界”。会后，东盟各国领导人签署了《东盟关于行政服务推动实现东盟 2025 愿景的宣言》，发表了东盟领导人联合声明。

•27 日 ~5 月 1 日，俄罗斯太平洋舰队旗舰“瓦良格”号导弹巡洋舰编队停靠越南金兰湾军港，对越南进行为期五天的访问。

•30 日，菲律宾总统杜特尔特与印度尼西亚总统佐科在菲律宾共同出席了达沃—桑托斯—比栋滚装船运航线开通仪式。

•30 日 ~5 月 2 日，中国海军远航访问编队抵达菲律宾东南部城市达沃，进行为期三天的友好访问。

•30 日 ~5 月 9 日，缅甸国务资政兼外交部长昂山素季对比利时、意大利、英国三个欧洲国家进行友好访问。

5月

• 2 ~ 4 日，应新加坡总理李显龙的邀请，老挝总理通伦·西苏里对新加坡进行国事访问。

• 4 ~ 5 日，美国政府在华盛顿举行第 30 届美国东盟对话会议和第二次美国东盟外长特别会议。

• 4 ~ 8 日，泰国海军与马来西亚海军联合举行第 63 次“SEAEX THAMAL”海上军事演习。

• 5 日，俄罗斯海军太平洋舰队舰艇支队抵达泰国东海岸的梭桃邑港，展开为期五天的访问。

• 6 日，中国海军远航访问编队抵达越南胡志明市，开始为期四天的友好访问。

• 8 日，美国和菲律宾 2017 年度“肩并肩”联合军演拉开帷幕，为期十天。

• 9 日，东盟圆桌对话会在加拿大首都渥太华举行，回顾东盟 50 周年以及东盟—加拿大关系 40 周年的发展历程。

• 9 ~ 10 日，应马来西亚总理纳吉布邀请，老挝总理通伦对马来西亚进行正式访问。

• 10 日下午，应越南国会主席阮氏金银的邀请，缅甸上议院议长兼联邦议会议长曼温凯丹率领缅甸联邦议会高级代表团对越南进行正式访问。

• 10 ~ 12 日，世界经济论坛东盟峰会在柬埔寨首都金边召开。

• 12 ~ 15 日，中国海军远航访问编队对马来西亚槟城进行为期四天的友好访问。

• 13 ~ 17 日，应中国国务院总理李克强的邀请，柬埔寨王国首相洪森对中国进行正式访问。

• 14 ~ 15 日，“一带一路”国际合作高峰论坛在北京举行。马来西亚总理纳吉布、老挝国家主席本扬、缅甸国务资政昂山素季、菲律宾总统杜特尔特、越南国家主席陈大光、柬埔寨首相洪森、印度尼西亚总统佐科、泰国外长敦、文莱首相府部长兼外交与贸易部第二部长林玉成出席高峰论坛。

•15 日，中国国家主席习近平和菲律宾总统杜特尔特在人民大会堂见证两国官员签署4项协议。当天，中国与越南签署《中越联合公报》。

•17～18 日，中国与东盟国家在中国贵阳市举行落实《南海各方行为宣言》第14次高官会和第21次联合工作组会。会议于18日审核通过了“南海各方行为准则”框架。

•18 日，印度和新加坡开始在南海争议海域举行代号为“SIMBEX”的双边演习。

•18 日，中国海军远航访问编队抵达缅甸仰光，进行为期四天的友好访问。中缅两国海军于21日下午在莫塔马湾海域首次举行海上联合演练。

•19 日，美国海军高速运输舰“Fall River”号停靠越南金兰湾港。日本海上自卫队大型护卫舰“出云”号于20日靠港越南金兰湾。这是日美舰艇首次同时在金兰湾停靠。

•19 日上午10点10分，中缅管道南坎原油计量站采样显示，原油纯油头已经顺利到达该站。这标志着中缅原油管道（缅甸段）投产成功，中缅油气管道项目进入新的历史阶段。

•20 日，东帝汶新总统弗朗西斯科·古特雷斯·卢奥洛在帝力国民议会大厦宣誓就职。

•21～27 日，新加坡总统陈庆炎对波兰和捷克进行国事访问。

•22～24 日，菲律宾总统杜特尔特对俄罗斯进行国事访问。23日，杜特尔特宣布在菲南部棉兰老岛、巴西兰岛、苏禄群岛和塔威塔威群岛等地区实施为期六十天的戒严，以应对棉兰老岛上政府军警与“穆特组织”等反政府武装的战斗。

•24 日，第17届东盟打击跨国犯罪高官会议在老挝万象举行。

•24～29 日，第2届21世纪彬龙和平大会在缅甸首都内比都召开。本届会议共讨论通过37项协议条款，由政府、国防军、政党以及民地武代表在闭幕式上共同签署。

•29～31日，越南政府总理阮春福对美国进行正式访问。美国总统特朗普于当地时间31日在白宫会见阮春福。双方发表了关于加强越南与美国全面伙伴关系的联合声明。

6月

•2～4日，第16届香格里拉对话会在新加坡举行。

•4～8日，应日本首相安倍晋三的邀请，越南政府总理阮春福对日本进行正式访问。双方发表了关于进一步深化越日广泛战略伙伴关系的联合声明。

•11～12日，应中国外交部长王毅的邀请，新加坡外交部长对中国进行正式访问。

•16日，日本海上保安厅和越南海上警察在越南中部岘港附近海域实施了联合训练。

•17～23日，应俄罗斯国防部长谢尔盖·绍伊古的邀请，缅甸国防军总司令敏昂莱对俄罗斯进行访问。

•19日，马来西亚、菲律宾和印度尼西亚军舰正式开始在苏禄海执行联合巡逻任务，以遏制菲南极端分子在该水域的活动。

•22日，泰国立法议会以218票赞成、3票弃权表决结果通过《制定国家战略法草案》，泰国将根据此法设立以总理为主席的国家战略委员会，为国家制定长期战略。

•22～23日，第21届东盟与韩国对话会在柬埔寨暹粒市举行。

•25日，越老柬三国阵线主席第三次会议在越南河内举行。

•26日，缅甸、泰国、柬埔寨、老挝举行毒品销毁活动，共焚毁了重量超过12万公斤、总值约10亿美元的毒品。

•28日，应中国外交部长王毅的邀请，菲律宾外交部长卡亚塔诺对中国进行正式访问。30日，中国国务院总理李克强在北京会见卡亚塔诺。

•28日～7月1日，越南国家主席陈大光对俄罗斯进行正式访问。

•29 日，第 14 届东盟地区论坛安全政策会议在菲律宾首都马尼拉开幕。

7月

•3 ~8 日，老挝国会主席巴妮·雅陶都率领代表团队对越南进行访问，并出席在山罗省举行的越老建交 55 周年暨《越老友好合作条约》签署 40 周年系列纪念活动。

•4 日，第 9 届东盟—印度对话会在印度首都新德里举行。

•5 日，越南政府与联合国签署 2017 ~2021 年阶段联合战略计划。

•5 日，第 24 届东盟—欧盟高官会议在泰国曼谷举行。

•5 ~6 日，应新加坡总统陈庆炎的邀请，文莱苏丹波基亚对新加坡进行国事访问。

•6 日，中国国家主席习近平在德国汉堡会见新加坡总理李显龙。

•7 ~14 日，缅甸国防军总司令敏昂莱率领代表团对印度进行友好访问。

•8 ~11 日，应荷兰首相马克·吕特的邀请，越南政府总理阮春福对荷兰进行正式访问。

•11 日，泰国内阁会议审议批准了曼谷—呵叻泰中高铁项目，首段全长 253 公里，项目总造价 1794 亿 1300 万铢，泰国政府将承担所有费用。

•13 日，老挝—菲律宾双边合作联合委员会首次会议在菲律宾马尼拉举行。

•17 日，第 53 次东盟知识产权合作工作组会议在河内举行。

•19 日，根据佐科总统签署的法令，印度尼西亚司法人权部宣布取消伊斯兰解放阵线的法律地位。

•20 ~22 日，应柬埔寨国王西哈莫尼的邀请，越共中央总书记阮富仲对柬埔寨进行国事访问。22 日，双方发表关于加强越柬友谊与合作关系的联合声明。

•21 日，印度尼西亚国会全会批准通过选举法草案。

•22 日，菲律宾国会召开特别会议，同意将南部棉兰老岛实施的戒严令延长至 2017 年 12 月 31 日。

•24 日，中国—东盟卫星导航国际合作联盟在南宁成立。

•24 ~ 25 日，中国外交部长王毅对泰国和菲律宾进行正式访问。

•25 日，中国—东盟互联互通合作委员会第 3 次会议在印度尼西亚首都雅加达召开。

•25 ~ 27 日，第 38 届东盟禁毒事务高官会在越南河内举行。

•26 ~ 28 日，应印度尼西亚外长蕾特诺的邀请，老挝外长沙伦塞对印尼进行正式访问。

•29 日，印度尼西亚、马来西亚、菲律宾、澳大利亚、新西兰和文莱六国在印尼万鸦佬举行“防范外国恐怖分子与跨国恐怖主义次区域双边会议”。

•31 日，中国国务委员、公安部部长郭声琨在北京会见老挝国防部部长占沙蒙。会见后，双方共同签署了《中华人民共和国公安部与老挝人民民主共和国国防部关于建立边防三级联系机制深化湄公河联合巡逻执法的谅解备忘录》。

8月

•5 ~ 8 日，第 50 届东盟外长会议、中国—东盟（10 + 1）外长会、东盟与中日韩（10 + 3）外长会、东亚峰会外长会和东盟地区论坛外长会以及纪念东盟成立 50 周年活动在菲律宾马尼拉举行。

•7 ~ 10 日，应美国国防部长詹姆斯·马蒂斯的邀请，越共中央政治局委员、中央军委副书记、国防部长吴春历大将对美国进行正式访问。

•6 ~ 9 日，柬埔寨首相洪森对日本进行正式访问。

•8 日，第 11 届中国—东盟民间友好大会在柬埔寨暹粒市闭幕并通过《暹粒宣言》。

•12 日，老挝总理通伦·西苏里在首都万象表示，老挝撤回此前部署在老柬边境地区的军队，双方同意将通过持续对话寻求边境争议的解决方案。

•14～18 日，题为“共享价值、共同命运”的印度—东盟青年高级会议在印度中央邦的博帕尔市拉举行。

•17～19 日，越南总理阮春福对泰国进行正式访问。

•19～31 日，第 29 届东南亚运动会在马来西亚吉隆坡举行。本届运动会的主题为“一同崛起”。

•22 日，中国—印尼高层经济对话第 3 次会议在北京举行。中国国务委员杨洁篪与印度尼西亚经济统筹部长（副总理级）达尔敏共同主持会议。

•22～26 日，越共中央总书记阮富仲先后对印度尼西亚和缅甸进行国事访问。

•30 日，越共中央委员、国防部副部长阮志咏上将和日本防卫副大臣真布朗在越南芽庄市共同主持第 5 次越日防务政策对话。

9月

•8 日，中国全国政协主席俞正声在北京会见缅甸联邦议会人民院议长吴温敏。

•11 日，中共中央政治局常委、中国国务院副总理张高丽在广西南宁分别会见前来出席第 14 届中国—东盟博览会和中国—东盟商务与投资峰会的文莱苏丹哈桑纳尔、柬埔寨首相洪森、越南政府常务副总理张和平和老挝副总理宋赛。

•12 日，应美国总统特朗普的邀请，马来西亚总理纳吉布对美国进行工作访问。

•13 日，第 9 届东盟—日本防卫副部长级会议在日本福冈举行。

•13 日，中国国家主席习近平在北京同来华访问的文莱苏丹哈桑纳尔举行会谈。

• 13 日，新加坡总选举官宣布，新加坡总统选举唯一候选人、前国会议长哈莉玛自动当选该国第八任总统。哈莉玛也是新加坡首位女总统。14 日，哈莉玛正式宣誓出任新加坡第八位总统。

• 13 ~ 16 日，中国国务委员兼国防部部长常万全上将对老挝进行正式友好访问，并与老挝国防部部长占沙蒙共同主持中老两军首次边境高层会晤。其间，常万全拜会了老挝人民革命党中央总书记、国家主席本扬 · 沃拉吉，与占沙蒙举行会谈。

• 18 ~ 19 日，应越南共产党邀请，中共中央政治局常委、中央书记处书记刘云山对越南进行正式访问，在河内分别会见越共中央总书记阮富仲、政府总理阮春福、国会主席阮氏金银，与越共中央政治局委员陈国旺举行会谈。

• 19 ~ 21 日，应柬埔寨人民党邀请，中共中央政治局常委、中央书记处书记刘云山对柬埔寨进行正式访问，在金边分别会见柬埔寨人民党主席、政府首相洪森和代理国家元首、人民党副主席、参议院主席赛冲。

• 19 ~ 21 日，新加坡总理李显龙对中国进行正式访问。19 日，中国国务院总理李克强同李显龙举行会谈。20 日，中国国家主席习近平在北京人民大会堂会见李显龙。

• 19 日，第 62 次湄公河联合巡逻执法编队在中国关累港解缆起航，开启为期 4 天 3 夜的联合巡逻执法行动。

• 23 日，印度海军"什瓦里克"级隐身护卫舰"萨特普拉"号（F48）和"卡莫尔塔"级反潜轻型护卫舰"卡德马特"号（P－29）抵达越南北部的海防港，进行为期四天的访问。

• 25 日，中国海军远航访问编队三艘舰艇——东海舰队导弹驱逐舰长春舰、导弹护卫舰荆州舰、综合补给舰巢湖舰依次停靠文莱摩拉港，进行为期三天的友好访问。

• 26 ~ 27 日，应俄罗斯总理的邀请，老挝总理通伦 · 西苏里对俄罗斯进行正式访问。其间，两国签署了七项合作协议。

• 27 日，第 5 次越澳外交与国防战略对话在澳大利亚召开。

•27 日，第 35 届东盟能源部长会议在菲律宾首都马尼拉举行。

•28 日，马来西亚《东方日报》讯，马来西亚与老挝、泰国签署了“购电与轮换协议”，从 2018 年 1 月开始，马来西亚将向老挝购买 100 兆瓦水力发电并通过泰国电网传输电力，这是东盟首个多边跨国购电项目。

•28 ~ 29 日，美国财政部长威尔伯·罗斯对万象进行工作访问，这是美国财政部长首次访问老挝。

10月

•1 ~ 3 日，应缅甸国防军总司令敏昂莱的邀请，由越南国防部部长吴春历大将率领的越南高级军事代表团对缅甸进行正式访问。

•2 日，菲律宾国防部宣布，菲律宾与美军将于 2 ~ 11 日联合举行名为“与海上战士同行”的军演。

•2 ~ 4 日，受美国总统特朗普邀请，泰国总理巴育对美国展开正式访问，并于 2 日在华盛顿会晤特朗普。

•4 日，中国海军远航访问编队抵达泰国梭桃邑，开始为期四天的友好访问。

•4 ~ 5 日，东盟互联互通协调委员会第 3 次会议、东盟互联互通协调委员会与 14 个对话伙伴国和欧盟磋商会议在菲律宾首都马尼拉举行。

•7 日，缅甸国家顾问昂山素季前往文莱皇宫与文莱苏丹哈吉·哈桑纳尔·博尔基亚进行会晤。

•11 ~ 12 日，老挝总理通伦对印度尼西亚进行国事访问。

•12 日，马来西亚、菲律宾和印度尼西亚三国宣布正式启动联合空中巡逻，以应对三国交界的苏禄海区域的恐怖主义威胁、海盗和跨国犯罪等活动。

•13 日，越南国防部长吴春历访问印度尼西亚，与印尼国防部长里亚米扎尔德举行会谈。

•15 ~ 18 日，2017 年越南和美国国防政策对话会在华盛顿举行。

• 17 日，菲律宾总统杜特尔特正式宣布马拉维从恐怖分子手中解放。菲律宾国防部长洛伦扎纳在 26 日宣布，马拉维反恐战事正式结束。

• 21 ~26 日，新加坡总理李显龙对美国进行正式访问。

• 23 ~24 日，第 11 届东盟国防部长会议、第 7 次中国—东盟防长非正式会晤和第 4 届东盟国防部长扩大会（10 +8 防长会）在菲律宾邦板牙省克拉克自由港区举行。24 日，东盟在菲律宾宣布正式启动东盟防务热线机制。中国国务委员兼国防部部长常万全出席会议，与俄罗斯、新加坡、马来西亚和韩国等国国防部长分别进行双边会谈，并对菲律宾进行正式友好访问。

• 24 日，人民币与瑞尔（柬埔寨货币）跨境贸易与投资论坛在柬埔寨金边举行。

• 26 日，中国—东盟科技产业合作论坛暨中国—东盟科技产业合作委员会成立会议在北京举行。

• 28 日，澜沧江—湄公河合作第 5 次高官会在云南省昆明市举行。

• 30 ~31 日，菲律宾总统杜特尔特对日本进行访问。

• 31 日，中国—东盟国家首次海上联合搜救实船演练在广东湛江海域举行，来自中国、泰国、菲律宾、柬埔寨、缅甸、老挝和文莱 7 个国家相关机构的代表和海上搜救力量参演。

11月

• 1 日，新加坡与文莱在新加坡召开第 6 届国防政策对话。

• 2 ~3 日，应越南副总理兼外长范平明的邀请，中国外交部长王毅对越南进行正式访问。

• 3 日，首次越澳国防政策对话会在澳大利亚首都堪培拉召开。

• 10 日上午，中国海警 46305 舰及 101 名官兵抵达越南海防市，开始为期四天的访问。这是中国海警舰船首次抵达越南进行访问。

• 10 日，菲律宾海军与澳大利亚皇家海军开展联合海上演习，以加强菲律宾南部边界安全。

• 10 日，亚太经合组织与东盟领导人首次对话会在越南岘港举行。10～11 日，亚太经合组织第 25 次领导人非正式会议在越南举行，中国国家主席习近平赴越南岘港出席此次会议。

• 10～13 日，东盟青年会议在菲律宾邦板牙举行。

• 11～12 日，美国总统特朗普对越南进行国事访问，并出席在越南举行的亚太经合组织领导人非正式会议。

• 12 日，第 31 届东盟峰会及相关会议期间，东盟同中国香港特别行政区政府签署了自由贸易协定与相关投资协定。

• 12 日，美国总统特朗普访问菲律宾，并出席东盟峰会。

• 12～14 日，中共中央总书记习近平对越南、老挝进行国事访问。

• 12～16 日，中国国务院总理李克强出席在菲律宾马尼拉举行的第 20 次中国—东盟（10+1）领导人会议、第 20 次东盟与中日韩（10+3）领导人会议、第 12 届东亚峰会、第 31 届东盟峰会等活动，并对菲律宾进行正式访问。

• 13 日，第 20 届东盟—日本峰会在菲律宾马尼拉举行。

• 13 日，中共中央总书记、国家主席习近平对老挝进行国事访问，在万象国家主席府同老挝人民革命党中央委员会总书记、国家主席本扬举行会谈。

• 14 日，由东盟主导的区域全面经济伙伴关系协定领导人会议在菲律宾马尼拉举行。

• 16 日，柬埔寨最高法院作出裁决，解散柬反对党救国党，并禁止该党 118 人五年内参政。

• 19 日，缅甸总统廷觉在内比都会见中国外交部部长王毅，同日，王毅还在内比都会见了缅甸国防军总司令敏昂莱，并同缅甸国务资政兼外交部部长昂山素季举行了会谈。

• 22 日，菲律宾总统杜特尔特签署行政命令，正式宣布终止与菲律宾共产党的和平谈判。

• 23 日，缅甸国务资政府部发表声明说，缅甸与孟加拉国当天签署了协助若开邦离境民众返回缅甸的协议。

• 24 日，主题为“迎接变革，携手前进”的第二届中国—东盟青年峰会在北京举行。

• 24 日，中共中央总书记、国家主席、中央军委主席习近平在北京会见来华访问的缅甸国防军总司令敏昂莱。

• 24 日，泰国王宫事务处发布已获泰国国王哇集拉隆功批准的内阁改组名单，泰国副总理、总理府部长等多个职位出现调整。

• 24 日，印度尼西亚央行行长阿古斯在曼谷与马来西亚及泰国的央行负责人签署了一项有关三国使用本币结算谅解备忘录，未来三国有望打破贸易壁垒，直接以本币结算贸易和投资。这项决定将于 2018 年 1 月 2 日开始生效。

• 24 ~26 日，中国最高人民检察院检察长曹建明访问文莱。25 日上午，中国首席大检察官、最高人民检察院检察长曹建明同文莱总检察长哈雅提·赛勒举行工作会谈，并签署了两国最高检察机构联合声明。25 日下午，曹建明与文莱苏丹哈桑纳尔举行会晤。

• 27 ~30 日，应越南社会主义共和国主席陈大光的邀请，波兰共和国总统安杰伊·杜达对越南进行国事访问。

• 30 日，“第 17 届东盟电信部长会议和东盟 +7 对话伙伴电信部长会议”在柬埔寨暹粒举行。来自东盟 10 国和中国、日本、韩国、印度、欧盟、美国的电信部长、高官和国际电联负责人以及国际地区知名电信企业、银行、媒体共 400 人参加。

12月

• 1 日，中共中央总书记、国家主席习近平在北京会见前来出席中国共产党与世界政党高层对话会的缅甸国务资政昂山素季。

• 5 ~7 日，应菲律宾外交部长卡耶塔诺的邀请，柬埔寨外交部长巴速坤对菲律宾进行正式访问。

• 8～10 日，第一届东盟电影节在荷兰乌得勒支市举行。

• 12 日，以“推动 21 世纪亚洲的数字和物理联系”为主题的东盟与印度互联互通峰会在印度首都新德里召开。

• 14～15 日，中国—印度尼西亚海上合作技术委员会第 10 次会议在印尼首都雅加达举行。

• 15 日，沧澜江—湄公河合作第 3 次外长会在中国云南召开。

• 19 日，柬老越发展三角区协调委员会第 11 次会议在平福省举行。

• 19～21 日，应越共中央总书记阮富仲和国家主席陈大光的邀请，老挝人民革命党中央总书记、国家主席本扬·沃拉吉对越南进行正式访问。

• 21 日，柬埔寨国防部高级代表团与越南国防部高级代表团第 3 次副部长级国防政策对话在柬埔寨国防部总部举行。

• 21 日下午，中泰铁路合作项目一期工程开工仪式在泰国呵叻府巴冲县举行。

B.20

附录3 东南亚发展统计*

表1 2017年东南亚10国的国土、人口与经济规模

国家	面积 （平方公里）	人口 （千人）	国内生产总值 （百万美元）	人均国内生产总值(美元)
文　莱	5765.0	421.3	12212	28466
柬埔寨	181035.2	15717.7	22340	1421
印　尼	1916862.0	261890.9	1013926	3867
老　挝	236800.0	6752.8	17090	2531
马来西亚	331388.0	32049.7	317042	9892
缅　甸	676576.0	53388.0	65607	1229
菲律宾	300000.0	104921.4	313875	2992
新加坡	719.9	5612.3	323954	57722
泰　国	513139.5	67653.2	455704	6736
越　南	331231.0	93671.6	223927	2390
总　计	4493516.6	642078.9	2765677	4305

资料来源：根据 ASEAN Secretariat Database 有关年份数据编制。

表2 2008～2017年东南亚10国国内生产总值（GDP）

单位：百万美元

国家	2008年	2009年	2010年	2011年	2012年	2013年	2014年	2015年	2016年	2017年
文　莱	14451	10815	13741	18534	19050	18100	17103	12943	11444	12212
柬埔寨	11073	10354	11229	12804	14027	15221	16689	18091	19427	22340
印　尼	512753	545854	710068	846523	874639	904692	889385	855020	931216	1013926
老　挝	5291	5595	6752	8061	10192	11955	13274	14420	15903	17090
马来西亚	231382	202627	250773	298142	314895	322159	337461	294457	294009	317042
缅　甸	24408	26962	41004	56502	60282	61863	66331	59795	64602	65607
菲律宾	173427	168644	199976	224108	250458	268800	284913	292508	304611	313875

* 此部分由厦门大学图书馆经济分馆杨玉花副研究馆员整理。

续表

国家	2008 年	2009 年	2010 年	2011 年	2012 年	2013 年	2014 年	2015 年	2016 年	2017 年
新加坡	192240	192408	236422	275199	290670	304456	311538	304096	309766	323945
泰国	291803	281916	341338	370722	397763	420617	407303	401764	411774	455704
越南	99126	106018	116300	135541	155820	171219	186224	193628	205439	223927
总计	1555954	1551193	1927603	2246136	2387796	2499082	2530221	2446722	2568191	2765668

注：国内生产总值（GDP）按当前市场价计算。

资料来源：根据 ASEAN Statistical Yearbook2016 – 2017，ASEAN Secretariat Database 数据编制。

表 3　2004 ~ 2017 年东南亚 10 国经济增长率

单位：%

年份	文莱	柬埔寨	印尼	老挝	马来西亚	缅甸	菲律宾	新加坡	泰国	越南	东盟
2004	0.5	10.0	5.0	6.9	7.2	13.8	6.7	9.5	6.3	7.8	6.5
2005	0.4	13.6	5.7	7.3	5.3	13.6	4.8	7.4	4.2	7.5	5.8
2006	4.4	10.8	5.5	8.3	5.6	13.1	5.2	8.9	5.0	7.0	6.0
2007	0.6	10.2	6.3	6.0	6.3	12.0	6.6	9.1	5.4	7.1	6.6
2008	-2.4	6.7	6.0	7.8	4.8	10.3	4.2	1.8	1.7	5.7	4.7
2009	-1.8	0.1	4.6	7.5	-1.5	10.5	1.1	-0.6	-0.7	5.4	2.5
2010	2.6	6.0	6.2	8.1	7.4	9.6	7.6	15.2	7.5	6.4	7.5
2011	3.7	7.1	6.5	8.0	5.3	5.6	3.7	6.2	0.8	6.2	5.0
2012	0.9	7.3	6.3	7.9	5.5	7.3	6.7	3.9	7.2	5.2	6.2
2013	-2.1	7.4	5.6	8.0	4.7	8.4	7.1	5.0	2.7	5.4	5.2
2014	-2.5	7.1	5.0	7.6	6.0	8.0	6.1	3.6	1.0	6.0	4.7
2015	-0.4	7.0	4.9	7.3	5.0	7.0	6.1	3.0	3.0	6.7	4.8
2016	-2.5	6.9	5.0	7.0	4.2	5.9	6.9	2.4	3.3	6.2	4.8
2017	1.3	6.8	5.1	6.9	5.9	6.8	6.7	3.6	3.9	6.8	5.3

资料来源：根据 ASEAN Statistical Yearbook 2016 – 2017，ASEAN Secretariat Database 编制。

表 4　2000 ~ 2017 年东南亚 10 国人均国内生产总值（GDP）

单位：美元

国家	2000 年	2005 年	2010 年	2011 年	2012 年	2013 年	2014 年	2015 年	2016 年	2017 年
文莱	18469	26569	35525	47116	47648	44561	41521	31024	27054	28466
柬埔寨	288	453	801	900	971	1041	1128	1208	1282	1421
印尼	807	1295	2977	3498	3564	3636	3527	3347	3600	3867
老挝	375	511	1079	1262	1565	1799	1949	2221	2402	2531
马来西亚	3844	5511	8772	10259	10671	10663	10989	9442	9286	9892

续表

国家	2000年	2005年	2010年	2011年	2012年	2013年	2014年	2015年	2016年	2017年
缅　甸	192	237	811	1127	1190	1209	1276	1140	1221	1229
菲律宾	978	1209	2147	2363	2595	2737	2853	2880	2950	2992
新加坡	23007	29866	46570	53089	54715	56389	56957	54941	55243	57722
泰　国	1976	2909	5071	5599	5982	6301	6079	5975	6105	6736
越　南	403	701	1338	1543	1755	1908	2053	2111	2216	2390
平　均	1159	1698	3271	3767	3953	4084	4081	3902	4048	4305

注：人均国内生产总值（GDP）按当前市场价计算。

资料来源：根据 ASEAN Statistical Yearbook，ASEAN Secretariat Database 有关年份数据编制。

表5　1996～2016年东南亚10国三次产业结构的变化

单位：%

国家	农业			工业			服务业		
	1996年	2000年	2016年	1996年	2000年	2016年	1996年	2000年	2016年
文　莱	1.6	1.6	0.8	59.0	59.5	61.9	39.4	38.9	37.3
柬埔寨	45.2	39.6	21.7	16.7	23.3	35.7	38.1	37.1	42.6
印　尼	15.4	16.6	12.8	43.0	43.7	40.6	41.6	39.7	46.6
老　挝	53.5	52.1	17.6	21.1	22.7	37.5	25.4	25.2	44.9
马来西亚	9.6	8.4	8.1	44.1	44.2	38.9	46.3	47.4	53.0
缅　甸	44.4	42.9	27.5	16.2	17.3	30.9	39.4	39.7	41.6
菲律宾	21.1	19.9	8.0	35.6	34.7	33.8	43.3	45.4	57.5
新加坡	0	0.1	0.0	33.3	34.0	26.3	66.5	65.9	73.7
泰　国	9.3	10.3	6.3	43.4	44.3	36.1	47.3	44.5	57.6
越　南	25.1	23.3	17.3	31.3	35.4	39.1	43.6	42.1	43.6

资料来源：根据 ASEAN Statistical Yearbook 有关年份的数据编制。

表6　2000～2016年东南亚国家的通货膨胀率

单位：%

国家	2000年	2006年	2007年	2008年	2009年	2010年	2011年	2012年	2013年	2014年	2015年	2016年
文　莱	1.6	-0.7	1.3	2.6	1.2	-2.1	1.8	0.4	0.2	-0.2	-0.1	-1.6
柬埔寨	0.3	2.8	10.8	12.5	5.3	3.1	4.9	2.5	4.6	2.4	2.8	3.9
印　尼	9.3	6.6	6.6	11.1	2.8	7.0	3.8	4.3	8.4	2.7	3.4	3.0
老　挝	10.6	-3.7	5.5	3.2	3.9	5.8	7.7	4.7	6.6	2.4	0.9	2.5
马来西亚	2.1	3.1	2.4	4.4	1.1	2.2	3.0	1.2	3.2	2.7	2.7	1.8
缅　甸	—	—	—	—	—	—	—	6.0	4.4	-0.1	10.3	6.6

续表

国家	2000年	2006年	2007年	2008年	2009年	2010年	2011年	2012年	2013年	2014年	2015年	2016年
菲律宾	6.5	4.3	3.9	8.0	4.5	3.6	4.2	3.0	4.1	2.7	1.5	2.6
新加坡	2.1	0.8	4.4	-5.6	-0.6	4.6	5.5	4.3	1.5	-0.1	-0.6	0.2
泰国	1.5	3.5	3.2	0.4	3.5	3.0	3.5	3.6	1.7	0.6	-0.9	1.1
越南	-0.6	6.6	12.6	19.9	6.5	11.8	18.1	6.8	6.0	1.8	0.6	4.7

资料来源：根据 ASEAN Statistical Yearbook 有关年份数据编制。

表7　2006～2016年东南亚国家政府财政赤字占GDP的比重

单位：%

年份	文莱	柬埔寨	印尼	老挝	马来西亚	缅甸	菲律宾	新加坡	泰国	越南
2006	21.99	-1.50	-0.99	-3.90	-3.20	—	-0.99	0.51	2.16	-1.62
2007	14.99	0.64	-1.43	-2.58	-3.10	—	0.18	3.02	-1.58	-2.01
2008	24.34	0.12	-0.08	-4.06	0.82	—	-0.88	1.44	-0.99	-1.94
2009	3.92	3.33	-1.58	-2.40	0.22	—	-3.72	-0.29	-4.15	-5.84
2010	7.71	3.53	-0.73	-2.15	0.98	—	-3.49	0.30	-2.46	-3.35
2011	25.63	3.78	-1.14	-1.87	0.31	—	-2.04	1.16	-4.21	-1.78
2012	15.55	—	-1.86	-1.26	-4.50	—	-2.30	1.61	-4.18	—
2013	7.60	—	-2.22	-5.41	-3.90	—	-1.42	1.33	-1.85	—
2014	-0.98	-4.92	-2.14	-3.85	0.09	—	-0.58	0.15	-2.91	—
2015	-13.96	-4.70	-2.59	-4.46	0.18	—	0.91	-0.99	-2.94	—
2016	—	-4.20	-2.49	-5.20	—	—	—	1.26	-2.38	—

资料来源：根据 ASEAN Statistical Yearbook 2016－2017 编制。

表8　1950～2016年东南亚10国的商品进出口贸易总额

单位：亿美元

国家	1950年	1955年	1960年	1965年	1970年	1975年	1980年
文莱	0.87	1.29	1.00	1.01	1.79	13.22	51.53
柬埔寨	0.57	0.86	1.65	2.08	0.93	0.65	1.96
印尼	12.40	15.76	13.15	14.03	21.10	118.72	327.43
老挝	0.01	0.20	0.20	0.34	1.21	0.57	1.20
马来西亚	15.42	16.39	20.97	23.32	30.88	74.09	237.78
缅甸	2.30	4.07	4.86	4.72	1.63	3.70	8.25
菲律宾	7.07	10.08	13.39	15.92	22.77	60.50	140.36
新加坡	20.75	23.63	24.69	22.24	40.15	135.09	433.83
泰国	5.13	6.73	8.58	13.64	20.09	54.88	157.19
越南	1.63	3.32	3.26	2.29	3.81	13.31	16.52
合计	66.15	82.33	91.75	99.59	144.36	474.73	1376.05

资料来源：根据 WTO Statistics Database 数据编制。

表9　1950~2017年东南亚10国的商品进出口贸易总额（续）

单位：亿美元

国家	1985年	1990年	1995年	2000年	2005年	2010年	2015年	2017年
文　莱	35.87	32.14	44.93	54.43	77.40	114.45	95.82	83.85
柬埔寨	1.40	2.50	20.42	25.47	70.19	119.34	204.13	259.30
印　尼	288.52	475.37	860.47	956.39	1627.21	2934.42	2930.61	3254.98
老　挝	2.47	2.64	9.00	8.65	14.35	38.06	80.02	90.50
马来西亚	277.43	587.10	1516.05	1801.92	2556.05	3632.34	3751.69	4129.88
缅　甸	5.86	5.95	22.08	40.47	57.40	134.21	283.14	298.00
菲律宾	100.66	211.59	458.43	768.10	907.42	1099.64	1335.78	1617.29
新加坡	490.97	1135.04	2427.75	2723.49	4296.96	6626.58	6433.83	7009.26
泰　国	163.63	561.13	1272.25	1309.81	2291.14	3762.27	4169.63	4594.57
越　南	25.55	51.56	136.04	300.87	692.03	1570.76	3276.75	4258.41
合　计	1392.36	3065.02	6767.42	7990.60	12590.15	20032.07	22561.40	25596.04

资料来源：根据 WTO Statistics Database，Total merchandise trade 数据编制。

表10　2017年东南亚国家在世界货物、服务贸易中的排名

项目	世界排名	出口国	金额（亿美元）	比重（%）	世界排名	进口国	金额（亿美元）	比重（%）
货物贸易	14	新加坡	3730	2.1	16	新加坡	3280	1.8
	21	泰　国	2370	1.3	24	泰　国	2230	1.2
	25	马来西亚	2180	1.2	25	越　南	2120	1.1
	27	越　南	2140	1.2	26	马来西亚	1950	1.0
	29	印　尼	1690	1.0	30	印　尼	1570	0.9
	44	菲律宾	630	0.4	35	菲律宾	980	0.5
		合　计	12740	7.2		合　计	12130	6.5
服务贸易	10	新加坡	1640	3.1	9	新加坡	1710	3.4
	19	泰　国	750	1.4	29	泰　国	460	0.9
	32	马来西亚	370	0.7	30	马来西亚	420	0.8
	33	菲律宾	360	0.7	33	印　尼	320	0.6
					38	菲律宾	260	0.5
		合　计	3120	5.9		合　计	3170	6.2

注：表中仅包括东南亚国家货物进出口贸易进入世界前50位、服务进出口贸易进入世界前40位的国家。

资料来源：根据 WTO World Trade Statistical Review 2018 编制。

表 11　1993～2016 年东盟区内贸易的变化

单位：亿美元

年份	东盟区内贸易		东盟区外贸易		东盟总贸易	
	出口	进口	出口	进口	出口	进口
1993	436.81	387.63	1629.56	1845.48	2066.37	2233.11
1994	585.72	469.12	1881.93	2203.30	2467.65	2672.42
1995	701.79	536.02	2265.18	2649.53	2966.97	3185.55
1996	809.74	642.11	2423.88	2863.95	3233.61	3506.06
1997	853.52	646.21	2573.18	2913.51	3426.70	3559.72
1998	693.13	516.05	2473.38	2078.52	3166.51	2594.57
1999	749.04	577.71	2669.08	2235.75	3418.12	2813.46
2000	933.80	734.66	3167.61	2723.91	4101.41	3458.57
2001	826.81	676.40	2876.75	2494.89	3703.56	3206.35
2002	867.07	732.02	2971.48	2549.11	3838.54	3299.63
2003	1003.19	758.80	3307.15	2840.10	4367.82	3636.56
2004	1200.69	1017.97	4055.67	3581.48	5517.39	4921.86
2005	1638.63	1410.31	4842.85	4357.12	6481.48	5767.43
2006	1892.54	1636.19	5616.53	4907.07	7509.07	6543.25
2007	2178.59	1853.65	6439.46	5668.15	8618.05	7521.80
2008	2513.18	2205.09	7279.18	7012.27	9792.36	9217.36
2009	2002.36	1767.43	6105.49	5502.68	8107.85	7270.11
2010	2643.98	2384.66	7846.45	7139.34	10490.43	9524.00
2011	3160.18	2669.20	9261.72	8892.18	12412.09	11561.38
2012	3278.51	2776.17	9296.85	9452.67	12575.36	12228.84
2013	3386.13	2791.38	9398.03	9755.14	12784.17	12546.53
2014	3302.09	2779.04	9637.78	9633.17	12939.88	12412.21
2015	2872.79	2393.94	8846.27	8617.35	17190.06	11011.28
2016	2762.19	2397.94	8742.60	8460.70	11504.79	10858.65

资料来源：根据 ASEAN Secretariat ASEAN Trade Statistical Database 数据编制。

表 12　2016 年东南亚 10 国十大贸易对象国

国家(地区)	出口		进口		进出口	
	金额（百万美元）	比重（%）	金额（百万美元）	比重（%）	金额（百万美元）	比重（%）
东盟区内	276218.7	24.0	239794.2	22.1	516012.9	23.1
中　　国	143518.7	12.5	224507.7	20.7	368026.4	16.5
欧　　盟	130414.6	11.3	103146.5	9.5	233561.1	10.4
美　　国	131071.3	11.4	80730.1	7.4	211801.4	9.5
日　　本	96036.8	8.3	105855.6	9.7	201892.4	9.0

续表

国家(地区)	出口		进口		进出口	
	金额（百万美元）	比重（%）	金额（百万美元）	比重（%）	金额（百万美元）	比重（%）
韩　　国	45711. 1	4. 0	78540. 2	7. 2	124251. 3	5. 6
印　　度	37634. 0	3. 3	20815. 2	1. 9	58449. 2	2. 6
澳大利亚	32993. 5	2. 9	19795. 3	1. 8	52788. 8	0. 6
加 拿 大	7394. 2	0. 6	5237. 0	0. 5	12631. 2	0. 5
俄 罗 斯	4782. 1	0. 4	7174. 5	0. 7	11956. 6	0. 5
贸易总额	905775. 0	78. 7	885596. 3	81. 5	1791371. 3	78. 3

资料来源：根据 ASEAN Statistical Yearbook 2016 – 2017 编制。

表 13　2015 ~ 2016 年东南亚 10 国进出口贸易的十大商品及其比重

单位：%

	2015 年		2016 年	
出口	85 章电机、电器、音像设备及其零附件	24. 7	85 章电机、电器、音像设备及其零附件	25. 6
	27 章矿物燃料、矿物油及其产品：沥青等	11. 6	84 章核反应堆、锅炉、机械器具及零件	11. 4
	84 章核反应堆、锅炉、机械器具及零件	11. 4	27 章矿物燃料、矿物油及其产品：沥青等	9. 5
	87 章车辆及其零附件（铁道车辆除外）	3. 5	71 章珠宝、贵金属及制品；仿首饰；硬币	3. 7
	71 章珠宝、贵金属及制品；仿首饰；硬币	3. 3	87 章车辆及其零附件（铁道车辆除外）	3. 7
	39 章塑料及其制品	3. 2	39 章塑料及其制品	3. 2
	90 章光学、照相、医疗等设备及零附件	3. 0	90 章光学、照相、医疗等设备及零附件	3. 1
	15 章动、植物油、脂蜡；精制食用油脂	2. 8	15 章动、植物油、脂蜡；精制食用油脂	2. 8
	40 章橡胶及其制品	2. 5	40 章橡胶及其制品	2. 5
	29 章有机化学品	2. 2	29 章有机化学品	2. 3
进口	85 章电机、电器、音像设备及其零附件	22. 6	85 章电机、电器、音像设备及其零附件	23. 4
	27 章矿物燃料、矿物油及其产品：沥青等	14. 7	84 章核反应堆、锅炉、机械器具及零件	13. 1
	84 章核反应堆、锅炉、机械器具及零件	13. 2	27 章矿物燃料、矿物油及其产品：沥青等	12. 1
	39 章塑料及其制品	3. 8	39 章塑料及其制品	4. 0
	87 章车辆及其零附件（铁道车辆除外）	3. 6	87 章车辆及其零附件（铁道车辆除外）	3. 9
	71 章珠宝、贵金属及制品；仿首饰；硬币	3. 4	72 章钢铁	3. 3
	72 章钢铁	3. 2	71 章珠宝、贵金属及制品；仿首饰；硬币	3. 2
	90 章光学、照相、医疗等设备及零附件	2. 5	90 章光学、照相、医疗等设备及零附件	2. 8
	73 章钢铁制品	2. 1	73 章钢铁制品	1. 9
	29 章有机化学品	2. 0	29 章有机化学品	1. 9

注：根据 HS 编码两位数商品编制。

资料来源：根据 ASEAN Statistical Yearbook 2016 – 2017 编制。

表 14　2015～2016 年东盟与中国进出口贸易的十大商品及其比重

单位：%

	2015 年		2016 年	
出口	85 章电机、电器、音像设备及其零附件	28.0	85 章电机、电器、音像设备及其零附件	26.8
	27 章矿物燃料、矿物油及其产品:沥青等	11.0	27 章矿物燃料、矿物油及其产品:沥青等	10.9
	84 章核反应堆、锅炉、机械器具及零件	9.3	84 章核反应堆、锅炉、机械器具及零件	8.8
	39 章塑料及其制品	6.2	39 章塑料及其制品	5.9
	40 章橡胶及其制品	4.9	40 章橡胶及其制品	4.9
	90 章光学、照相、医疗等设备及零附件	3.7	90 章光学、照相、医疗等设备及零附件	4.7
	29 章有机化学品	3.4	29 章有机化学品	3.3
	15 章动、植物油、脂蜡;精制食用油脂	3.2	15 章动、植物油、脂蜡;精制食用油脂	3.0
	71 章珠宝、贵金属及制品;仿首饰;硬币	3.2	44 章木材及其木制品;木炭	2.3
	26 章矿砂、矿渣及矿灰	2.3	26 章矿砂、矿渣及矿灰	2.2
进口	85 章电机、电器、音像设备及其零附件	29.9	85 章电机、电器、音像设备及其零附件	28.8
	84 章核反应堆、锅炉、机械器具及零件	17.9	84 章核反应堆、锅炉、机械器具及零件	17.5
	72 章钢铁	6.2	72 章钢铁	6.6
	73 章钢铁制品	3.8	39 章塑料及其制品	3.6
	39 章塑料及其制品	3.1	73 章钢铁制品	3.4
	27 章矿物燃料、矿物油及其产品:沥青等	3.1	27 章矿物燃料、矿物油及其产品:沥青等	3.3
	87 章车辆及其零附件(铁道车辆除外)	2.6	87 章车辆及其零附件,但铁道车辆除外	2.3
	29 章有机化学品	1.9	90 章光学、照相、医疗等设备及零附件	2.0
	90 章光学、照相、医疗等设备及零附件	1.9	29 章有机化学品	1.9
	76 章铝及其制品	1.8	76 章铝及其制品	1.9

注：根据 HS 编码两位数商品编制。

资料来源：根据 ASEAN Statistical Yearbook 2016－2017 编制。

表 15　1990～2017 年东南亚吸收的外国直接投资（FDI）流入量

单位：百万美元

国家	1990 年	1995 年	2000 年	2005 年	2010 年	2015 年	2016 年	2017 年
文　莱	7	583	550	290	481	173	－150	－46
柬埔寨	—	151	149	381	1342	1823	2476	2784
印　尼	1092	4419	－4495	8336	13771	11641	3921	23063
老　挝	6	95	34	28	279	1119	997	813
马来西亚	2611	5815	3788	4065	9060	10082	11336	9543
缅　甸	225	318	208	110	6669	2824	2989	4341
菲律宾	550	1459	2240	1854	1298	4447	6915	9524

续表

国家	1990 年	1995 年	2000 年	2005 年	2010 年	2015 年	2016 年	2017 年
新 加 坡	5575	11943	15515	18090	55076	62746	77454	62006
泰 国	2575	2070	3410	8067	14568	5624	2068	7635
东 帝 汶	—	—	—	1	29	43	5	7
越 南	180	1780	1298	1954	8000	11800	12600	14100
东 南 亚	12821	28633	22697	43176	110572	117322	120613	133771

资料来源：根据 UNCTAD World Investment Report 有关年份的数据编制。

表 16 1990～2017 年东南亚吸收的外国直接投资（FDI）流入存量

单位：百万美元

国家	1990 年	1995 年	2000 年	2005 年	2010 年	2017 年
文 莱	33	642	3868	2125	4140	6162
柬 埔 寨	38	356	1580	2471	6329	20794
印 尼	8732	20626	25060	41187	160735	248510
老 挝	13	211	588	681	1888	6560
马来西亚	10318	28731	52747	44460	101620	139540
缅 甸	281	1210	3452	6480	14507	27806
菲 律 宾	4528	10148	13762	14978	25896	78788
新 加 坡	30468	65644	110570	237009	632760	1284929
泰 国	8242	17684	30944	61413	139286	219368
东 帝 汶	—	—	—	19	155	339
越 南	1650	7150	14730	22444	57004	129491
东 南 亚	64303	152403	257603	433267	1144320	2162289

资料来源：根据 UNCTAD World Investment Report 有关年份的数据编制。

表 17 2014～2016 年东盟国家吸收外国直接投资（FDI）的十大来源地

国家(地区)	2014 年		2015 年		2016 年	
	金额（百万美元）	比重（%）	金额（百万美元）	比重（%）	金额（百万美元）	比重（%）
欧 盟	37861.4	28.5	20827.9	17.3	32239.0	32.9
东盟区内	21555.9	16.2	21552.4	17.9	24662.0	25.2
美 国	13577.7	10.2	23433.9	17.4	12214.4	12.5
日 本	12981.5	9.8	14757.9	12.2	11535.6	11.8
中国香港	8627.3	6.5	4142.0	3.4	9885.0	10.1

续表

国家(地区)	2014年		2015年		2016年	
	金额(百万美元)	比重(%)	金额(百万美元)	比重(%)	金额(百万美元)	比重(%)
中　　国	6184.8	4.6	6460.5	5.4	9799.3	10.0
韩　　国	4690.3	3.5	5710.4	4.7	5743.5	5.9
中国台湾	1872.6	1.4	2421.5	2.0	4197.4	4.3
澳大利亚	4495.3	3.4	1891.0	1.6	3397.3	3.5
加拿大/印度	1411.1	1.1	1153.1	1.0	1046.8	1.1

注：①2016年为初步数据；②第十大FDI来源地2014年和2015年均为加拿大，2016年为印度。

资料来源：根据ASEAN Statistical Yearbook 2016－2017编制。

表18　2006～2016年到访东盟国家的游客人数

单位：千人次

年份	文莱	柬埔寨	印尼	老挝	马来西亚	缅甸	菲律宾	新加坡	泰国	越南	总计
2006	158	1700	4871	1215	18472	653	2688	9752	13822	3583	56914
2007	179	2015	5506	1624	20236	732	3092	10288	14464	4150	62285
2008	226	2125	6429	2005	22052	661	3139	10116	14597	4254	65605
2009	157	2162	6324	2008	23646	763	3017	9681	14150	3772	65680
2010	214	2508	7003	2503	24577	792	3520	11639	15936	5050	73753
2011	242	2882	7650	2724	24714	816	3917	13171	19098	6014	81229
2012	209	3584	8044	3330	25033	1059	4273	14491	22354	6848	89225
2013	3279	4210	8802	3779	25716	2044	4681	15568	26547	7572	102199
2014	3886	4503	9435	4159	27437	3081	4833	15095	24780	7874	105084
2015	218	4775	10407	4684	25721	4681	5361	15231	29881	7944	108904
2016	219	5012	11519	4239	26757	2907	5967	16404	32530	10013	115566

资料来源：根据ASEAN Statistical Yearbook 2016－2017编制。

表19　2013～2016年到访东盟国家游客的十大来源地

国家(地区)	2013年		2014年		2015年		2016年	
	人数(千人)	比重(%)	人数(千人)	比重(%)	人数(千人)	比重(%)	人数(千人)	比重(%)
东盟区内	46154	45.2	49223	46.8	45992	42.2	46570	40.3
中　　国	12651	12.4	13059	12.4	18596	17.1	20339	17.6

续表

国家(地区)	2013年		2014年		2015年		2016年	
	人数（千人）	比重（%）	人数（千人）	比重（%）	人数（千人）	比重（%）	人数（千人）	比重（%）
欧　盟	8595	8.5	9275	8.8	9570	8.8	10138	8.8
韩　国	4873	4.8	5018	4.8	5839	5.4	6465	5.6
日　本	4724	4.6	4634	4.4	4703	4.3	4782	4.1
澳大利亚	4303	4.2	4384	4.2	4191	3.8	4314	3.7
美　国	3478	3.1	3254	3.1	3382	3.1	3788	3.6
印　度	2946	2.9	3071	2.9	3308	3.0	2787	2.4
中国台湾	2061	2.0	1920	1.8	2099	1.9	2355	2.0
俄罗斯/中国香港	2446	2.4	2378	2.3	1513	1.4	1830	1.6

注：2015年，中国香港到访东盟国家的游客列第10位（人数151.5万人，占1.4%）。
资料来源：根据ASEAN Statistical Yearbook 2016－2017，ASEAN Secretariat Database编制。

表20　2016年东盟国家的交通基础设施状况

国家	文莱	柬埔寨	印尼	老挝	马来西亚	缅甸	菲律宾	新加坡	泰国	越南
公路(公里)	2999	54541	518153	58885	238823	136102	32633	3496	234	326000
铁路(公里)	—	652	5204	3.5	1641	6077	495	200	4034	2554
国内港口(个)	—	5	2150	—	13	22	412	—	242	—
国际港口(个)	1	3	136	—	15	9	150	2	8	240
国内机场(个)	—	5	208	9	25	31	73	—	31	12
国际机场(个)	1	3	29	4	6	3	11	2	6	9

注：①公路：文莱、菲律宾为2015年，新加坡为2014年，越南为2013年数据；
②铁路：菲律宾为2015年，越南为2012年数据；
③国内港口、国际港口：印尼为2014年数据，越南为2012年数据；
④国内机场、国际机场：菲律宾为2015年数据，越南为2012年数据。
资料来源：根据ASEAN Statistical Yearbook 2016－2017编制。

表21　2018年东盟国家的各类自由贸易协定

（截至2018年8月）

国家	正在谈判中		已签署未生效	已签署并生效	总数
	已签署框架协定	谈判中			
文　莱	0	1	2	8	11
柬埔寨	0	1	1	6	8
印　尼	0	8	3	9	20
老　挝	0	1	1	8	10

续表

国家	正在谈判中		已签署未生效	已签署并生效	总数
	已签署框架协定	谈判中			
马来西亚	1	4	3	14	22
缅　　甸	1	2	1	6	10
菲律宾	0	2	1	8	11
新加坡	0	9	2	22	33
泰　　国	1	8	1	13	23
越　　南	0	4	2	10	16

注：(1) 已签署框架协定：指涉及各方签署框架性协议（FA），并以此作为未来谈判的框架；(2) 谈判中：指有关各方通过有关部门宣布正式启动谈判或设定日期，或已开始第一轮谈判；(3) 已签署未生效：指有关各方已完成谈判后签署了自由贸易协定，但协定未正式生效；(4) 已签署并生效：指有关自由贸易协定获立法或行政审批，并开始生效。

资料来源：ADB Asia Regional Integration Center. http：//aric. adb. org/fta。

表 22　2018 年东南亚国家营商环境的世界排名

国家	营商环境便利度	开办企业	办理施工许可	获得电力	登记产权	获得信贷	保护少数投资者	纳税	跨境贸易	执行合同	办理破产
文　　莱	56	58	48	24	136	2	40	104	144	61	60
柬埔寨	135	183	179	137	123	20	108	136	108	179	74
印　　尼	72	144	108	38	106	55	43	114	112	145	38
老　　挝	141	164	40	149	65	77	172	156	124	97	168
马来西亚	24	111	11	8	42	20	4	73	61	44	46
缅　　甸	171	155	73	151	134	177	183	125	163	188	164
菲律宾	113	173	101	31	114	142	146	105	99	149	59
新加坡	2	6	16	12	19	29	4	7	42	2	27
泰　　国	26	36	43	13	68	42	16	67	57	34	26
东帝汶	178	151	159	114	187	170	81	139	98	190	168
越　　南	68	123	20	64	63	29	81	86	94	66	129

资料来源：根据 World Bank Doing Business 2018 数据编制。

表 23　2005～2018 年东南亚国家全球竞争力的世界排名

年份	文莱	柬埔寨	印尼	老挝	马来西亚	缅甸	菲律宾	新加坡	泰国	东帝汶	越南
2005～2006	—	111	69	—	25	—	73	5	33	113	74
2006～2007	—	103	50	—	26	—	71	5	35	112	77
2007～2008	—	110	54	—	21	—	71	7	28	127	68
2008～2009	39	109	55	—	21	—	71	5	34	129	70
2009～2010	32	110	54	—	24	—	87	3	36	126	75
2010～2011	28	109	44	—	26	—	85	3	38	133	59
2011～2012	28	97	46	—	21	—	75	2	39	131	65
2012～2013	28	85	50	—	25	—	65	2	38	136	75
2013～2014	26	88	38	81	24	—	59	2	37	138	70
2014～2015	—	95	34	93	20	134	52	2	31	136	68
2015～2016	—	90	37	83	18	131	47	2	32	—	56
2016～2017	—	89	41	93	25	—	57	2	34	—	60
2017～2018	46	94	36	98	23	—	56	3	32	—	55

资料来源：根据 WEF The Global Competitiveness Report 有关年份的数据编制。

表 24　1992～2018 年东南亚五国国际竞争力的世界排名

年份	印尼	马来西亚	菲律宾	新加坡	泰国
1992	37	14	33	2	26
1993	38	14	35	3	26
1994	36	18	37	2	26
1995	34	23	36	2	27
1996	41	23	31	2	30
1997	39	17	31	2	29
1998	40	20	32	2	39
1999	46	27	32	2	34
2000	45	25	38	2	33
2001	46	28	39	2	34
2002	47	24	40	8	31
2003	57	21	49	4	30
2004	58	16	52	2	29
2005	59	28	49	3	27
2006	60	23	49	3	32
2007	54	23	45	2	33

续表

年份	印尼	马来西亚	菲律宾	新加坡	泰国
2008	51	19	40	2	27
2009	42	18	43	3	26
2010	35	10	39	1	26
2011	37	16	41	3	27
2012	42	14	43	4	30
2013	39	15	38	5	27
2014	37	12	42	3	29
2015	42	14	41	3	30
2016	48	19	42	4	28
2017	42	24	41	3	27
2018	43	22	50	3	30

资料来源：根据 IMD World Competitiveness Yearbook 有关年份的数据编制。

表 25　1980～2018 年东南亚国家人类发展指数（HDI）

国家	1980	1985	1990	1995	2000	2005	2010	2015	2018
文　莱	0. 750	0. 760	0. 784	0. 807	0. 818	0. 838	0. 843	0. 865	0. 853
柬埔寨	—	—	—	0. 407	0. 438	0. 536	0. 536	0. 563	0. 582
印　尼	0. 423	0. 460	0. 481	0. 527	0. 543	0. 640	0. 665	0. 689	0. 694
老　挝	—	—	0. 376	0. 411	0. 448	0. 511	0. 539	0. 586	0. 601
马来西亚	0. 559	0. 600	0. 631	0. 674	0. 705	0. 747	0. 769	0. 789	0. 802
缅　甸	0. 279	0. 307	0. 298	0. 340	0. 380	0. 472	0. 520	0. 556	0. 578
菲律宾	0. 550	0. 552	0. 571	0. 586	0. 602	0. 638	0. 654	0. 682	0. 699
新加坡	—	—	—	—	0. 801	0. 840	0. 897	0. 925	0. 932
泰　国	0. 486	0. 528	0. 566	0. 603	0. 626	0. 685	0. 716	0. 740	0. 755
东帝汶	—	—	—	—	0. 404	0. 448	0. 491	0. 605	0. 625
越　南	—	—	0. 435	0. 486	0. 528	0. 598	0. 653	0. 683	0. 694

注：人类发展指数（HDI）以预期寿命、受教育程度、人均 GDP（PPP）为衡量指标。2018 年，在全球 189 个国家和地区的人类发展指数排名中，文莱列第 39 位、柬埔寨列第 146 位、印尼列第 116 位、老挝列第 139 位、马来西亚列第 57 位、缅甸列第 148 位、菲律宾列第 113 位、新加坡列第 9 位、泰国列第 83 位、东帝汶列第 132 位、越南列第 116 位。

资料来源：根据 UNDP International Human Development Indicators 有关年份的数据编制。

B.21 后　记

本课题研究依托于教育部哲学社会科学发展报告建设项目，中央高校基本科研业务费专项资金资助。本课题组主要由教育部人文社会科学重点研究基地——厦门大学东南亚研究中心、南洋研究院的部分科研人员和研究生组成，他们主要从事东南亚的区域和国别研究。

东南亚研究是厦门大学的优势学科和特色学科。1921 年，来自东南亚的爱国华侨陈嘉庚先生创办了厦门大学。长期以来，“面向东南亚、面向华侨华人、面向海洋”成为厦门大学的传统办学特色。1956 年，厦门大学创建了南洋研究所（现为南洋研究院），它是我国最早设立的东南亚研究机构，也是新中国最早建立的国际问题研究机构之一。2000 年 9 月，在此基础上组建的厦门大学东南亚研究中心被教育部正式批准为人文社会科学重点研究基地。经过 50 多年的积累，已形成了国际政治、世界经济、国际关系、中外关系史、宗教与民族等多学科和综合性的东南亚研究体系，并在国内外享有较高的学术声誉。

2012 年，本中心正式出版了第一部《东南亚蓝皮书：东南亚地区发展报告》，其后每年出版。同时，厦门大学东南亚研究中心每年在北京举办《东南亚地区发展报告》发布会，邀请外交部、中联部、商务部、教育部等官员，在京国际问题研究机构的专家学者，以及国内主流媒体的记者参会，新华网、中新网、人民网、国际在线、《经济日报》、《中国社会科学报》、中国高校人文社会科学信息网等新闻媒体均对此进行了系列报道。

《东南亚蓝皮书：东南亚地区发展报告（2017～2018）》，是厦门大学东南亚研究中心组织编写的第六部年度报告。本报告以年度东南亚地区发展为主题，密切跟踪各国的政治、经济、对外关系等发展动态，集区域研究、国别研究和专题研究为一体，将形势分析、学术探讨和对策研究相结合，注重地区研究的权威性、前沿性和时效性，对东南亚地区近期和中期发展进行分析与预测，以揭示全球化和区域化进程中东南亚地区发展的格局与趋势。

本课题的研究和成果出版，首先要感谢基地教师和科研人员的通力合作，感谢厦门大学社科处处长陈武元教授、冯文晖副处长的大力支持和帮助，感谢基地图书馆人员的积极协助，感谢社会科学文献出版社皮书出版分社社长邓泳红、陈晴钰编辑的辛勤工作。

囿于写作时间和篇幅所限，本书对近期东南亚政治、经济、对外关系等领域研究的广度和深度仍有待进一步扩展与深化，书中难免有不妥之处，望读者批评指正。

《东南亚地区发展报告》编委会

2018 年 11 月

Abstract

Southeast Asia, located in the southeast of Asia continent, is geographically divided into two sub-regions, namely Mainland Southeast Asia and Malay Archipelago. Mainland Southeast Asia includes Cambodia, Myanmar, Thailand, Laos, Peninsular Malaysia and Vietnam. Malay Archipelago includes Indonesia, East Malaysia, Singapore, Philippine, Brunei and East Timor. Southeast Asia is located at the crossroads of Asia continent, Oceania, the Pacific Ocean and the Indian Ocean, thus occupying an important strategic position. The Association of Southeast Asian Nations (ASEAN) is the most important regional organization in Southeast Asia. Ten of the eleven states of Southeast Asia are members of ASEAN, while East Timor is an observer state.

In recent years, ASEAN has successfully safeguarded overall political stability, maintained a moderate economic growth and accelerated the regional integration process. The Philippines, Vietnam, Laos and Myanmar completed their regime change in 2016, even though the new governments have behaved differently. In 2018, general elections were held in Malaysia and Cambodia. The former marked the end of half-century's administration of the ruling coalition and the latter meant that Hun Sen began his sixth term as Prime Minister of Cambodia. Moreover, the campaign period for the 2019 presidential election has officially kicked off in Thailand and Indonesia, and issues of leadership succession in Singapore have also been put on the agenda. Meanwhile, in the context of the profound adjustment of the global economy, the economic volume of Southeast Asia has kept rising and ASEAN is still one of the most economically dynamic regions globally. Although uncertainties in the international and domestic markets have increased, the medium-term economic prospects of ASEAN are still cautiously optimistic. In 2015, The ASEAN Community was formally established, which marked a new era of ASEAN regional integration. For three years, ASEAN has been fully committed to building a people-oriented、rules-based community, and made further progress. As a group, ASEAN is now the third most populous region (after China and India), the sixth largest economy (after the United States, China, Japan, Germany, and the United Kingdom), and the fourth largest trading entity (behind the United States, China and Germany) in the world. It is also one of the most popular destinations for foreign direct investments (FDI) among developing countries. According to their prediction, ASEAN could have become the fourth largest economy all over the world by 2030, only after the United States, EU and China.

Southeast Asia is one of the most significant regions surrounding China and plays a vital role in building "the Belt and Road". In the remarks to the 25th Asia-Pacific Economic Cooperation (APEC) Economic Leaders' Meeting on Nov. 11, 2017, President Xi Jinping said that China and ASEAN should forge the higher level of strategic partnership, build a closer China-ASEAN Community of common destiny and inject new impetus into the joint development and common prosperity of the Asian-Pacific region. When attending the 20th ASEAN-China Leaders' Meeting, Chinese Premier Li Keqiang announced that China and ASEAN should promote the formulation of the strategic partnership vision between China and ASEAN toward 2030, upgrade the China-ASEAN cooperation framework from "2 + 7" to "3 + X", and construct of the new multi-field cooperation framework that focus on three pillars—political security, economy and trade, and people-to-people exchange. Therefore, with the building of ASEAN Community and the implementation of China's "the Belt and Road" Initiative, the position and role of ASEAN in "the Belt and Road" Initiative will be further enhanced. Among all economies along "the Belt and Road", ASEAN has the largest national GDP, trade volume, and foreign direct investment, Vietnam, Malaysia, Thailand and Singapore are China's top four largest trade partners, Singapore, Indonesia, Laos, Vietnam, Myanmar, and Thailand are China's top six largest foreign investment destinations. In addition, ASEAN is the key area of the Belt and Road infrastructure connectivity, the cooperation zone of international production capacity and equipment manufacturing, the leading choice of upgrading China's free trade area, the gathering place that Chinese enterprises implement the "going out" strategy, and the demonstration area of people-to-people exchange.

This report aims to study the annual development of Southeast Asia. It tracks the latest progress and dynamics of politics, economics and foreign relations in Southeast Asian countries, analyzes and forecasts their short-term and medium-term developing trend, reveals the development patterns of Southeast Asia in the process of globalization and regionalization, and provides references for the Chinese diplomatic and peripheral strategies accordingly. This report includes the general report, regional report, country report, and appendix: (1) General report review and predict ASEAN countries' political and economic situation; (2) Regional report discusses the hot topics and frontier issues every year from the aspects of economics, politics, society and external relations; (3) Country report focuses on the analysis and forecasting of ASEAN countries' politics, economics and foreign relations, including Cambodia, Indonesia, Laos, Malaysia, Philippines, Thailand, and Vietnam; (4) Appendix. 《The China-ASEAN Strategic Partnership Vision 2030》、Major Events in Southeast Asia in 2016 and Southeast Asia Development Statistics.

Keywords: Southeast Asia; Political and Economic Situation; ASEAN Community

Contents

I General Report

Abstract: In recent years, ASEAN has successfully maintained the political stability. The Philippines, Vietnam, Laos and Myanmar completed their regime change in 2016, even though the new governments have behaved differently. In 2018, general elections were held in Malaysia and Cambodia. The former marked the end of half-century's administration of the ruling coalition and the latter meant that Hun Sen began his sixth term asPrime Minister of Cambodia. Moreover, the campaign period for the 2019 presidential election has officially kicked off in Thailand and Indonesia, and issues of leadership succession in Singapore have also been put on the agenda. Meanwhile, in the context of the profound adjustment of the global economy, the economic volume of Southeast Asia has kept rising and ASEAN is still one of the most economically dynamic regions globally. Although uncertainties in the international and domestic markets have increased, the medium term economic prospects of ASEAN are still cautiously optimistic. In

2015, The ASEAN Community was formally established, which marked a new era of ASEAN regional integration. For three years, ASEAN has been fully committed to building a people-oriented、rules-based community, and made further progress.

Keywords: Southeast Asia; Political and Economic Situation; ASEAN Community

Ⅱ Regional Reports

Abstract: In the context of the profound adjustment of the global economy, the economic volume of Southeast Asia has kept rising and ASEAN is still one of the most economically dynamic regions globally. In 2017, the economic growth of Southeast Asian countries generally accelerated, and most of them grew faster than expected. In 2018, the global economy has maintained a recovery trendas a whole, but still undergoing deep adjustment. Although uncertainties in the international and domestic markets have increased, the medium-term economic prospects of Southeast Asian countries are still cautiously optimistic. This paper intends to analyze and predict the economic situations of Southeast Asia in 2017 and 2018.

Keywords: Southeast Asia; Economic Situation; Industrial Structure

Abstract: Driven by the international industrial division, which is mainly based on Intra-product Specialization, the global production network are rapidly formed and developed because of multinational corporations' contribution inconnecting different regions all over the world. ASEAN has become one important part in the global production network. Based on the changing pattern of international industrial division, this paper expounds the history of ASEAN countries' participation in global production networks, analyzes their individual features in joining the global production networks, and discusses their changing status in international industrial division.

Keywords: ASEAN; Global Production Networks; GVC Index

B. 4 The Study on The International Competitiveness of ASEAN -4 Countries Automobile Industry

Abstract: With the globalization and transnational restructuring of the industrial chain of the world's automobile industry, the competition pattern of the world's automobile industry has been changed. The globalization of the industrial chain of the automobile industry has led to the emergence of a new mode of specialized division of labor and cooperation. In particular, the wave of the fourth industrial revolution will have a huge impact on the world's automobile industry. In the new competition pattern of the world automobile industry, the four ASEAN countries began to actively adjust the development strategy of the automobile industry, determine the development direction of the automobile industry, and lay out the key areas of the automobile industry to enhance the international competitiveness of the automobile industry. Therefore, it is of great practical significance to analyze the development status and prospects of the automobile industry in the four ASEAN countries.

Keywords: Four ASEAN Countries; Automobile Industry; International Competitiveness

Abstract: With the accelerating process of ASEAN economic integration, the regional capital account liberalization has been put on the agenda, and the development goals, basic principles, and road map for the capital account liberalization have been successively launched. Undoubtedly, it will become a new highlight for ASEAN regional economic integration in the future. This paper tends to analyze the process, measures, and positive and negative effects of capital account liberalization under the framework of ASEAN regional economic integration.

Keywords: ASEAN Countries; Regional Economic Integration; Capital Account Liberalization

Abstract: With the acceleration of China – ASEAN regional economic integration, the volume and scope of China – ASEAN regional capacity cooperation has been gradually expanded. In the construction of ASEAN Community and the "one belt and road" initiatives, the planning of regional capacity cooperation has many similarities and conjunction points. When governments implement the industrial 4. 0 strategy, the capacity cooperation between China and ASEAN countries will contribute to the transformation of traditional industries and the development of emerging industries. Therefore, China – ASEAN regional capacity cooperation has a broad development prospects.

Keywords: China; ASEAN; Regional Cooperation on Production Capacity

Ⅲ Country Reports

B. 7 Cambodia's "Rectangular Strategy" and its Implementation Results

Zhu Jinhui / 117

Abstract: In 2004, the government of Cambodia proposed a "Rectangular Strategy" that focuses on optimizing administrative management with the aim of accelerating agricultural development, strengthening infrastructure construction and attracting more investment and developing human resources. In the past decades, Cambodia's "Rectangular Strategy" has been a strategic plan that guides the national economic and social development and has achieved remarkable results. In July 2018, the ruling People's Party led by Prime Minister Hun Sen of Cambodia was re-elected for a new five-year term. At the first government cabinet meeting, Prime Minister Hun Sen said that the sixth government would continue to strengthen and expand the "Rectangular Strategy" proposed by the fourth government.

Keywords: Cambodia; "Rectangular Strategy"; Economic Development

B. 8 Review and Prospects of Indonesian Political Economy from 2017 to 2018

Lin Mei, *Peng Xiaozhao* / 145

Abstract: Starting from 2017 to 2019, Indonesia came to a new round of election year including local election in 2017 and 2018 and presidential election. Political parties began to warm up for 2019 presidential election and may bring many risks to country. Indonesia got 5. 07% growth rate in 2017 which was the highest rate since 2014 and kept macro-economic stability with reduction of unemployment and poverty. Indonesian economy in the first half of 2018 maintained the trend of growing but will face the risk of falling down in the second half of 2018 because of interest-rising of American Federal Reserve Board and appreciation of US dollar.

Keywords: Indonesia; Politics and Economy; Dynamic

Abstract: Since the implementation of reform and opening up in the mid - 1980s, the foreign direct investment attracted by Laos has grew rapidly, which has become an important driving force for domestic economic growth and industrial restructuring. With its accession to the WTO and the ASEAN community, Laos has accelerated the process of opening its economy to the outside world. Laos has become a hot destination for foreign direct investment. Inthe context of changing international and regional situations, Laos is confronted with new chances and challenges in economic development and foreign investment attraction.

Keywords: Laos; Economic Development; Foreign Direct Investment (FDI)

Abstract: Under the situation of global economic slowdown, Malaysia's economy has maintained a sustained and stable growth. The economic growth rate will accelerate in 2017 and slow down in 2018. In October 2010, the Malaysian government launched its Economic Transformation Program, that has been successful but controversial. After Mahathir took power again, the trend of Malaysia's economy in transition attracted attention.

Keywords: Malaysia; Economic Growth; Economic Transformation

Abstract: After Rodrigo Duterte duterte came to power, rapidly improving relations between China and the Philippines, the expansion of bilateral cooperation, tend to be diversified and to expand bilateral trade and investment, labor service cooperation from monorail system to double track, China's assistance and concessional loans to increase for the Philippines, the two sides in the field of monetary and financial cooperation. The visit of Chinese leaders to the Philippines has laid a solid foundation for the future development of China-Philippines relations and put bilateral relations on the track of a virtuous circle. However, there are still many uncertainties in the development of China-Philippines relations.

Keywords: China; Philippines; Bilateral Relations

Abstract: Since 2014, Thailand's economic situation has improved, and the GDP growth rate has steadily increased. However, compared with other ASEAN countries, Thailand's economic performance is not satisfactory. From the perspective of International Political Economy, this paper attempts to explore the Thaksin system in Thailand, to analyze the "vicious circle" of the rotation of "literary regime and military coup" since the beginning of this century, and to predict the future trend of Thai economy.

Keywords: Thailand; Macroeconomics; Development Trend

Abstract: Since the 1990s, Vietnam has actively participated in the process of regional economic integration. At present, Vietnam has signed 13 free trade agreements (FTAs), and several more FTAs are under negotiation or feasibility study. Vietnam has almost reached free trade agreements with its all major trading partners, and become one of the most active countries in pursing FTAs within ASEAN. Therefore, an analysis of the current status, causes, and effects of Vietnam's participation in FTA has important practical significance for Chinese government to adjust its peripheral strategy in promoting the economic and trade cooperation between China and Vietnam.

Keywords: Vietnam; Free Trade Agreement (FTA); Economic Effects

Ⅳ Thematic Reports

Abstract: Most ASEAN countries are marine countries with a long coastline, vast maritime territories and rich marine resources. In recent years, the marine economy of ASEAN countries has developed rapidly, and the marine industry has become an important part in their national economy. By linking up the research fields of marine economy with its development process as a main thread, this paper expounds major ASEAN countries' current situation and characteristics of the development, explores the contribution of major marine industries to the national economy, and therefore puts forward some feasiblecountermeasures for promoting China-ASEAN's further cooperation in marine industries

Keywords: ASEAN Countries; Marine Economy; Regional Marine Cooperation

B. 15 Maritime Economy Development Strategies and Policies of ASEAN Countries *Yang Chengling / 272*

Abstract: Most ASEAN countries are marine countries with a long coastline, vast sea area and abundant marine resources, so they enjoy many advantages in developing marine economy. In recent years, the marine economy of ASEAN countries has developed rapidly and many countries already formulated and implemented their own strategies in promoting marine economy development. This article attempts to analyze the ASEAN countries'marine economy strategies and policies comprehensively.

Keywords: ASEAN; Marine Economy; Marine Strategies and Policies

B. 16 Rapid Development of Shipbuilding Industry in Four ASEAN Countries and Their Driving Forces *Wang Lin / 297*

Abstract: The booming of marine economy in Indonesia, Malaysia, Philippines and Vietnam has made shipbuilding become one of the Pillar industries in these four countries. Statistically, Ships Tonnage built by these four countries are respectively listed in the world's top 20 countries in 2015. This study follows the development of shipbuilding industry in these four countries to analyze their driving forces and then demonstrates their comparative advantage and competitive advantage. Finally, we discuss the prospect of shipbuilding industry development in these four countries.

Keywords: ASEAN -4; Shipbuilding Industry; Comparative Advantage

B. 17 Current Situation and Trend of Thailand's Marine Economy *Mei Haiyang / 312*

Abstract: In recent years, Thailand's marine economy has developed rapidly. Relying on rich marine resources, Thailand was committed to developing its marine economy, formulated its own marine economic strategies and policies, and promoted the upgrading of its marine economic structure. Great progresses have been made in Thailand's marine fishery, marine transportation, coastal tourism and marine oil and gas industry. Thailand's marine economy has broad development prospectsaccordingly.

Keywords: Thailand; Marine Economy; Marine Industries

V Appendix

权威报告·一手数据·特色资源

皮书数据库

ANNUAL REPORT(YEARBOOK) DATABASE

当代中国经济与社会发展高端智库平台

所获荣誉

- 2016年，入选“‘十三五’国家重点电子出版物出版规划骨干工程”
- 2015年，荣获“搜索中国正能量 点赞2015”“创新中国科技创新奖”
- 2013年，荣获“中国出版政府奖·网络出版物奖”提名奖
- 连续多年荣获中国数字出版博览会“数字出版·优秀品牌”奖

www.pishu.com.cn

成为会员

通过网址www.pishu.com.cn访问皮书数据库网站或下载皮书数据库APP，进行手机号码验证或邮箱验证即可成为皮书数据库会员。

会员福利

- 使用手机号码首次注册的会员，账号自动充值100元体验金，可直接购买和查看数据库内容（仅限PC端）。
- 已注册用户购书后可免费获赠100元皮书数据库充值卡。刮开充值卡涂层获取充值密码，登录并进入“会员中心”—“在线充值”—“充值卡充值”，充值成功后即可购买和查看数据库内容（仅限PC端）。
- 会员福利最终解释权归社会科学文献出版社所有。

社会科学文献出版社 SOCIAL SCIENCES ACADEMIC PRESS (CHINA) 皮书系列

卡号：038967225422

密码：

数据库服务热线：400-008-6695

数据库服务QQ：2475522410

数据库服务邮箱：database@ssap.cn

图书销售热线：010-59367070/7028

图书服务QQ：1265056568

图书服务邮箱：duzhe@ssap.cn

S 基本子库
UB DATABASE

中国社会发展数据库（下设12个子库）

全面整合国内外中国社会发展研究成果，汇聚独家统计数据、深度分析报告，涉及社会、人口、政治、教育、法律等12个领域，为了解中国社会发展动态、跟踪社会核心热点、分析社会发展趋势提供一站式资源搜索和数据分析与挖掘服务。

中国经济发展数据库（下设12个子库）

基于"皮书系列"中涉及中国经济发展的研究资料构建，内容涵盖宏观经济、农业经济、工业经济、产业经济等12个重点经济领域，为实时掌控经济运行态势、把握经济发展规律、洞察经济形势、进行经济决策提供参考和依据。

中国行业发展数据库（下设17个子库）

以中国国民经济行业分类为依据，覆盖金融业、旅游、医疗卫生、交通运输、能源矿产等100多个行业，跟踪分析国民经济相关行业市场运行状况和政策导向，汇集行业发展前沿资讯，为投资、从业及各种经济决策提供理论基础和实践指导。

中国区域发展数据库（下设6个子库）

对中国特定区域内的经济、社会、文化等领域现状与发展情况进行深度分析和预测，研究层级至县及县以下行政区，涉及地区、区域经济体、城市、农村等不同维度。为地方经济社会宏观态势研究、发展经验研究、案例分析提供数据服务。

中国文化传媒数据库（下设18个子库）

汇聚文化传媒领域专家观点、热点资讯，梳理国内外中国文化发展相关学术研究成果、一手统计数据，涵盖文化产业、新闻传播、电影娱乐、文学艺术、群众文化等18个重点研究领域。为文化传媒研究提供相关数据、研究报告和综合分析服务。

世界经济与国际关系数据库（下设6个子库）

立足"皮书系列"世界经济、国际关系相关学术资源，整合世界经济、国际政治、世界文化与科技、全球性问题、国际组织与国际法、区域研究6大领域研究成果，为世界经济与国际关系研究提供全方位数据分析，为决策和形势研判提供参考。

法律声明